北宋西京城市考古研究

王书林 ∕ 著

文物出版社

图书在版编目（CIP）数据

北宋西京城市考古研究／王书林著.—北京：文
物出版社，2020.6
（考古新视野）
ISBN 978 – 7 – 5010 – 6695 – 7

Ⅰ.①北…　Ⅱ.①王…　Ⅲ.①古城遗址（考古）－研究
－洛阳－北宋　Ⅳ.①K878.34

中国版本图书馆 CIP 数据核字（2020）第 082354 号

北宋西京城市考古研究

著　　者：王书林

责任编辑：谷　雨
装帧设计：肖　晓
责任印制：梁秋卉

出版发行：文物出版社
社　　址：北京市东直门内北小街 2 号楼
邮　　编：100007
网　　址：http：//www. wenwu. com
邮　　箱：web@ wenwu. com
经　　销：新华书店
印　　刷：北京京都六环印刷厂
开　　本：710mm×1000mm　1/16
印　　张：23
版　　次：2020 年 6 月第 1 版
印　　次：2020 年 6 月第 1 次印刷
书　　号：ISBN 978 – 7 – 5010 – 6695 – 7
定　　价：92. 00 元

内容提要

　　北宋洛阳城沿用自隋唐洛阳城，其文献和考古资料丰富，宋以后破坏改动较少，是研究洛阳城市史的重要环节。

　　本书使用古今重叠型城市考古的研究方法，梳理考古勘探、发掘以及历史文献材料，对西京外郭城、宫皇城及住宅、墓葬、官署等其他城市要素进行了复原研究。

　　研究表明，北宋西京外郭城以河南府廨所在临阛坊为中心，呈现出市政区、交通要道、商业区及官员宅邸集聚的面貌，且街道格局和功能趋于复杂；宫皇城建设以城墙、城门和大内区域为主，但东城却是宋时日常使用最为频繁的区域；平民墓葬多分布于城市周边，而官员墓葬则从北邙向洛南转移。这些特点体现了洛阳城的城市重心从宫城（西北）向府廨（东南）转移的过程，其本质是由西京洛阳与东都汴梁的地位消长，所带来的洛阳城市定位的转变。

　　本书将城市格局与人类活动相结合，展示了作为政治、经济、文化综合体的城市面貌，探讨了城市空间与城市生活的互动关系。

作者简介

王书林，1984 年生。本硕博均就读于北京大学考古文博学院，2018 年获博士学位。自 2009 年始就职于北京大学考古文博学院。研究方向为建筑考古、城市考古、文化遗产保护。

专家推荐意见（一）

唐宋变革是史学界讨论的重点话题之一。自1910年日本学者内藤湖南发表《概括的唐宋时代观》，"唐宋变革论"就成为史学界共同关注的话题，至今不断有学者发表与之相关的研究成果。实际上，唐宋之间的巨大变革，古人早已注意到，如明代史家陈邦瞻说："宇宙风气，其变之大者有三：鸿荒一变而为唐虞，以至于周，七国为极；再变而为汉，以至于唐，五季为极；宋其三变，而吾未睹其极也。"这种巨变影响到社会的不同方面，其中在城市方面的变革，被美国学者施坚雅称为"中世纪城市革命"（The medieval urban revolution）。这样的"革命"，自然以都城最为显著。北宋东京开封由地方城市逐渐升格为都城，因为有《东京梦华录》和《清明上河图》等资料，我们能够从文献和图像的角度得其仿佛，但是由于黄河的泛滥，相关的许多重要遗迹埋藏在泥土深处。因此，从考古学的角度而言，宋代的西京洛阳是值得特别关注的对象。宋代西京叠压在隋唐洛阳城之上，隋唐洛阳城的田野发掘工作为我们提供了一些研究唐、宋洛阳嬗变的资料。其中《隋唐洛阳城：1959~2001年考古发掘报告》《隋唐洛阳城天堂遗址发掘报告》等是我们对北宋洛阳城以及北宋与隋唐洛阳城之间变化展开研究的基础材料。

对于这些材料的解读，不同学科背景的学者会有各自不同的侧重角度。王书林是北京大学考古文博学院文物建筑方向的本科生，她的解读自然会带着建筑考古的视角。至于什么是建筑考古，不同的学者也会有自己的理解。在我看来，建筑是人为营造的空间，这种空间现在以地上和地下两种形式存在，所以，建筑考古的研究对象自然也应该包括地上与地下遗存两种对象。对于地下的建筑遗存，考古的发掘工作不仅仅是清理建筑遗迹的平面，挑选标本之后将建筑构件进行类型学的排比，还要尽量揭示出这一空间营造、使用和损毁的过程。比如一座寺院建筑，它可能遭到人为的破坏，也可能因为废弃时间久了，受到西北风的长期侵蚀，西北部分首先出现塌陷，不同的原因形成的遗迹现象肯定是不一样的，建筑构件如鸱尾的出土位置就会不一样。这种过程有可能会表现为复杂的叠压和打破关系，而这种复杂的关系很多时候却被我们简单化对待了。最近几年北京大学考古文博学院文物建筑方向的老师利用暑期带领学生开展了古代建筑的实验考古，这种实验是基于具体的田野发掘报告揭示的遗迹现象所做的复原，其主要目的并不是为了展示，而是研究其构造的过程。毋庸讳言，这种复原带有推测的成分，尤其是建筑的上部，可能并不完全符合当时建筑的原貌，但是这种复原会促进学术的研究，甚至反观我们以往发掘工作中可能遗漏的信息。记得有一位新石器时代考古方向的研究生在参加了这样的工作之后说，以前的发掘每天都是关注所刮的平面，参加了实验考古的收获之一，就是今后发掘建筑遗迹，在关注平面的同时会时时考虑它的立面构成。如果我们将建筑看作人为营造的空间，而人类的大部分活动又是在这种空间中进行的，那么，我们的建筑考古工作就应该视为考古田野工作的重要组成部分，面对地下考古遗存所进行的建筑考古研究就有大量的工作有待我们去做。

以梁思成、刘敦桢等学者为代表的营造学社对于中国古代建筑进行了许多居功至伟的调查和研究，他们的工作方法和研究思路启迪了后来的建筑史研究者，但是，如果将建筑视为人为营造的空间，地上建筑遗存同样有许多工作有待我们去开展。以往的工作侧重在建筑的年代和建筑结构、建筑技术方面，建筑师开展的建筑史研究，其目的"是为建筑创作（设计）服务的，是为今天的建筑实践做借鉴的，是古为今用的"（宿白《中国古建筑考古》）。这些研究在很大程度上是为了"在实际的操作中建立一个现代的中国建筑风格"（巫鸿《美术史的形状》），这种对中国建筑风格的追求本身所反映的是"中国知识精英对于现代民族国家发展和建设所持的理念"（赖德霖《中国近代建筑史研究》），因此，以往的建筑史研究对于古人的行为本身关注不够，也鲜有将建筑的使用作为一个持续的过程加以对待，所以许多维修过程忽视对不同时期建筑遗迹的保留。虽然我们现在对于南禅寺大殿的维修有了一定的反思，但这些反思还多是从"真实性"的方面去进行的。我们今天已经很难再发现一座新的古代建筑，对一座具体的建筑及其构件进行更精细的断代研究当然仍很必要，但是，"见物见人"是更重要的，从这个意义上说，很多地上建筑遗存的考古工作也有待我们去开展。在我们现在的分类管理中，地上地下的遗存分属不同的部门管理，一座古代的庙宇很可能只剩下一座大殿了，我们若要认识这座大殿所产生的环境和建筑在不同时期的历时性变化，地上和地下遗存都需要我们进行统一的考虑。

王书林受到过建筑与考古专业的系统训练，她自然会从建筑考古的视角去看待洛阳城的发掘材料。她运用 GIS 技术将以往的资料进行定位，通过安喜门位置的讨论，认识到"隋唐时期洛北里坊应与洛南里坊一样，均按边长 300 步规划，然至北宋时期，洛北里坊重新列布之后，则出现了坊的大小差异，从而出现街道不对位的情况，考古勘探所见街道布局应该反映的是北宋以后的面貌"。这种北宋街道与唐代门址之间的变化过程，反映的其实是北宋洛阳城外郭城的重心向东转移，偏于长夏门以东区域，坊墙被破坏、街道格局发生变化的史实。同样是基于建筑考古的视角，书林将具有建筑等级意义的琉璃材料和龙纹瓦当标示出来，根据它们在宫城内的分布，进而讨论宫城内布局的变化，得出新的认识。

城市是一个复杂的整体。美国学者凯文·林奇在《城市意象》中提出，道路、边界、区域、节点和标志五者构成了一座城市必不可少的要素，这些要素之间又会相互产生影响，共同形成了我们对于一座城市的印象。凯文·林奇对于城市要素的提取是基于对波士顿、泽西城和洛杉矶的研究，是否适合中国的城市，或者怎么样与中国的城市研究相结合另当别论，但是，城市的研究一定需要考虑诸多的因素则是可以肯定的。王书林将洛阳周围的墓葬材料、宗教遗迹等也纳入宋代洛阳城市的要素进行研究，所得出的个别结论当然可以进一步讨论，但这种思路应该是正确的。

没有一座城市在建造之初是为了留给后来的考古学家去发掘的，中国古代的城市大多是政治性的城市，它们的建造目的是为了防卫，这种防卫既有外防，也有内防。建造它们是一种建筑行为，使用它们具有很强的军事防御性，因此，对于古代城市的研究，我们需要去看看建筑学家怎么说，军事学家怎么想，如读一读工程兵工程学院主编的《中国筑城史》，对于宋代的重城结构也许有不同的思考角度。当然，地理学家、历史学家的研究都是重要的。统计一下学界对于城市考古的研究，不难发现其他相关专业大量引用考古界的文献（当然有原始材料的因素在内），但是，考古界对其他专业的关注就要少得多。本书对于不同学科的研究成果尽量予以了关注，这一点也是可取的。

2018 年 8 月 30 日

专家推荐意见（二）

王书林在北京大学考古文博学院杭侃先生指导下完成了博士论文《北宋西京城市考古研究》，本书基于该论文修改、完善而成。该书以北宋西京洛阳为研究对象，运用古今重叠型城市考古方法，对考古发现及历史文献进行全面梳理，试图综合利用多学科的研究方法和成果，在复原北宋西京城市格局的基础上，探讨北宋西京的功能分区以及城市与社会生活的互动关系，进而确定北宋洛阳城的城市定位。

北宋西京洛阳的研究是建立在隋唐洛阳城全面充分考古工作的基础之上的。隋唐洛阳城的全面考古工作肇始于 1954 年，北京大学阎文儒先生率队首次对隋唐洛阳城进行了勘察，初步搞清了隋唐洛阳城址的范围和形制。1959 年迄今，中国社会科学院考古研究所（1978 年改，原为中国科学院考古研究所）成立隋唐洛阳城队（曾名洛阳发掘队），致力于隋唐洛阳城的考古调查和发掘工作。通过全面而系统的工作，不仅建立了对隋唐洛阳城城市布局的基础认识，同时由于北宋西京洛阳与隋唐洛阳的叠压关系，也获得了大量关于北宋西京洛阳的基础材料，为北宋西京洛阳的城市复原研究奠定了基础。《隋唐洛阳城：1959～2001 年考古发掘报告》已于 2014 年正式出版。王书林的博士论文正是基于该发掘报告及近年又陆续公布的一些简报和研究的基础之上。

《北宋西京城市考古研究》一书共分六章，通过全面收集唐以后洛阳城的考古资料、历史文献、舆图图像和研究论述等资料，对既有研究成果进行了系统梳理和分析。论文中关于北宋西京若干问题的讨论，如对洛北唐宋里坊变化及唐代安喜门位置的认识，推论考古钻探所见街道遗迹反映了北宋道路情况与等级，漕河变迁情况，大内重要建筑认定及空间关系等，都值得关注。北宋西京洛阳城是典

型的古今重叠型城市，在宋代城市考古研究中具有重要学术意义，《北宋西京城市
考古研究》对于历史文化名城洛阳的文化遗产保护工作也具有较强的参考价值与
现实意义。

朱岩石

2018 年 8 月 30 日

目 录

第一章 绪论

一 研究缘起及选题意义

城市是一个复杂的综合体，集中反映了当时的政治、经济、社会和文化等各个方面。城市为居民生产生活提供场所，其格局和空间是历史的沉淀，反映了人类在不同阶段根据需求创造和改建的过程。因此，以城市为切入点，可以更全面且具体地了解社会历史和人类生活。

城市的复杂性决定了其研究需要多渠道获取信息，即历史文献和考古材料缺一不可。在研究中充分提取历史信息，并"根据遗迹遗物阐明许多新的具体而形象的城市面貌"，二者互证、互补，才能更好地复原历史时期人类生活。

选择北宋洛阳城作为研究对象，是基于以下考虑：

第一，北宋洛阳城为北宋西京。作为都城，它承载的内容较地方城址更为丰富，通过城市研究能管窥这一时期不同社会阶层的生活面貌。北宋洛阳城的研究对于宋代城市史和社会史的研究具有相当重要的意义。

第二，中世纪的两个重要城址——长安和洛阳相较，长安城的研究在研究方法、视角的探索及研究成果上均丰富一些。北宋时期东西京——开封和洛阳相较，学界对于东京开封的关注多于西京洛阳，研究成果也相对丰富①。

第三，北宋洛阳城沿用自隋唐洛阳城，其文献和考古资料相对丰富，研究基础

---

① 开封城因其宋都地位，颇受学界重视。其城址研究工作除基于考古材料的城市复原外，更多的是依靠历史文献，特别是围绕《东京梦华录》《清明上河图》等史料发表了一批研究成果。但从考古材料看，开封的考古工作起步于 20 世纪 80 年代，较洛阳晚，且面临淤积堆积厚、地下水位高、遗址埋藏深等诸多困难（见丘刚：《开封宋城考古综述》，《中国古都研究（第十六辑）——中国古都学会第十六届年会暨莒文化研讨会论文集》，北京：研究出版社，2003 年），其考古材料积累也较洛阳少。

较好。特别是隋唐洛阳城经六十余年的考古工作，积累了大量的考古资料，其中多涉及宋西京。然而学界多关注于隋唐洛阳城，对于北宋西京材料的梳理尚不系统，故对于宋西京的城市格局、居民生活及其历史地位均难有准确的把握。

第四，洛阳为都邑，自商始兴，由宋走向衰落，在中国建城史上具有举足轻重的地位。宋西京是其最后一个具有都城意义的城址，其城市建设关系到北宋以后的洛阳城市发展，是隋唐洛阳城向明清洛阳城过渡的重要环节。因此，北宋洛阳城的研究有助于填补洛阳城市史研究的缺环。

二　文献综述

北宋洛阳城沿用于隋唐洛阳城，故首先要对隋唐洛阳城的研究有所了解，鉴于已有较为详尽的研究综述发表①，本书即略述精要，将综述重点放在北宋洛阳城。

（一）古代记录与研究

1. 正史

关于北宋西京的记载，正史中多有提及。如李焘《续资治通鉴长编》②涉及西京政治、经济、官员体系、城市建设、城市生活、郊祀等诸多方面，但因卷本亡佚，北宋后期的史料大量缺失；《东都事略》③对西京重要官员和事件多有记载，特别是可补充哲宗以后西京的面貌；《宋会要辑稿·方域》④中记述了西京城市建设及大内宫殿情况；《宋史·地理志》⑤对西京宫城记述颇详，对皇城和外郭的城门也有一定交代。

---

① 程存洁：《唐代东都洛阳城市研究概况》，《中国史研究动态》1993 年第 10 期；姜波：《隋唐洛阳城研究史论》，《21 世纪中国考古学与世界考古学》，北京：中国社会科学出版社，2002 年，第 463～479 页；韩建华：《隋唐洛阳城考古发掘与城市研究的回顾与思考》，《西部考古》第二辑，西安：三秦出版社，2007 年，第 192～210 页；杨清越：《隋唐洛阳城遗址的分期和空间关系的考古学研究》，北京大学博士论文，2012 年。这几篇文章在不同时期对隋唐洛阳城的考古发现与研究进行了颇为详尽的梳理，可作为本书的研究基础。
② 李焘：《续资治通鉴长编》，北京：中华书局，1979 年。
③ 王称：《东都事略》，济南：齐鲁书社，2000 年。
④ 刘琳、刁忠民、舒大刚校点《宋会要辑稿》，上海古籍出版社，2014 年。
⑤ 脱脱等：《宋史》，北京：中华书局，2000 年。

2. 方志与地理类书籍

由于隋唐洛阳城的格局恢宏且影响深远，历代皆有对其城坊、宫殿进行记录、追忆乃至考订者。隋代宇文恺《东都图记》（《隋书》卷六八《宇文恺传》记）、诸葛颖《洛阳古今记》（《隋书》卷七六《诸葛颖传》记）是关于隋唐洛阳城最早的著述，但这些文献现皆无存。

唐代杜宝所撰《大业杂记》，虽为传奇小说，但其中有大量关于隋代洛阳城阙制度的描述和记载，进而有韦述《两京新记》，内容涉及宫苑、城坊，影响极大，只可惜其东都部分大多散佚。辛德勇先生将《大业杂记》和《两京新记》整理并辑校出版①。另有张彦远《历代名画记》对两京寺观壁画有所记录。

北宋时期，以宋敏求《河南志》② 最为丰富、翔实，多处章节自隋唐通叙至宋，为我们了解隋唐东都到北宋西京的建制沿革提供参考。北宋初年乐史《太平寰宇记》③ 记载东西京属县情况及其周围山形水系和重要史迹，结合北宋中后期王存《元丰九域志》④、后期欧阳忞《舆地广记》⑤ 等，可梳理北宋一朝西京属县的变化情况。南宋有王士点《禁扁》⑥ 叙述宫室，但细节不足。

明清以来，首要提及者为徐松《唐两京城坊考》⑦，该书广泛搜集有关唐两京的各类记载，对《两京新记》《长安志》《河南志》进行增补考订，影响极为深远，成为后世研究的基础。但也因其书以增补为要义，对考证着力相对较少，故其中的一些错讹也对后来的研究者造成误导。

另还有地方志书《河南郡志（弘治）》《河南府志（顺治）》《河南府志（康熙）》《河南府续志（雍正）》《河南府志（乾隆）》《洛阳县志（顺治）》《重修洛阳

---

① 韦述、杜宝：《两京新记辑校 大业杂记辑校》，辛德勇辑校，西安：三秦出版社，2006 年。

② 根据文献梳理，认为《元河南志》的很多内容应源于宋敏求《河南志》。王书林：《左图右史　图史相因——〈河南志〉对唐宋洛阳城研究价值的再认识》，《中国地方志》2019 年第 4 期。徐松：《河南志》，北京：中华书局，1994 年。

③ 乐史：《太平寰宇记》，北京：中华书局，2007 年。

④ 王存：《元丰九域志》，北京：中华书局，1985 年。

⑤ 欧阳忞：《舆地广记》，北京：国家图书馆出版社，2017 年。

⑥ 王士点：《禁扁》，北京：中国建筑工业出版社，2009 年。

⑦ 徐松：《唐两京城坊考》，北京：中华书局，1985 年。

县志（乾隆）》《洛阳县志（嘉庆）》《洛阳龙门志（同治）》等可作为参照，探讨隋唐东都——北宋西京——明清洛阳城——当代洛阳的城市发展历程。

3. 宋人笔记、小说

对于北宋西京的研究来说，还有一个宝库就是极为丰富的宋人文集、笔记和小说，重要者如张齐贤《洛阳搢绅旧闻记》①、尹洙《河南集》②、欧阳修《欧阳文忠全集》③、邵雍《伊川击壤集》④、司马光《涑水记闻》⑤、邵伯温《邵氏闻见录》⑥、文彦博《文潞公集》⑦、李格非《洛阳名园记》⑧ 等。这批在北宋西京生活的官员和文人，使西京成为北宋时期的文化高地，也在上述文献中留下了大量关于这座城市的记忆，是活生生的历史，反映了五代至宋洛阳城市的面貌。

（二）历史学研究

由于洛阳地位的特殊，学界对其城市历史颇为关注，如李久昌《国家、空间与社会——古代洛阳都城空间演变研究》⑨、王贵祥《古都洛阳》⑩、徐金星《河洛通览》⑪ 等皆是对洛阳乃至河洛地区城市史的长时段梳理。对于隋唐洛阳城的整理和研究则更为丰富，如李健超《增订唐两京城坊考》⑫、阎文儒《两京城坊考补》⑬、杨鸿年

① 张齐贤：《洛阳搢绅旧闻记》，北京：中华书局，1985 年。
② 尹洙：《河南集》（二十七卷），上海古籍出版社，1987 年。
③ 欧阳修：《欧阳文忠全集》，北京：中华书局，1936 年。
④ 邵雍：《伊川击壤集》，上海古籍出版社，2016 年。
⑤ 司马光：《涑水记闻》，北京：中华书局，1989 年。
⑥ 邵伯温：《邵氏闻见录》，北京：中华书局，1983 年。
⑦ 文彦博：《文潞公集》，太原：山西人民出版社，2008 年。
⑧ 李格非：《洛阳名园记》，文学古籍刊行社，1955 年。
⑨ 李久昌：《国家、空间与社会——古代洛阳都城空间演变研究》，西安：三秦出版社，2007 年。该书为洛阳都城的变迁史，具有深厚的历史地理基础，将洛阳"五大都城"——二里头遗址、偃师商城、周都洛邑、汉魏洛阳城、隋唐东都城视为一个都城整体空间进行综合研究，视角值得借鉴。
⑩ 王贵祥：《古都洛阳》，北京：清华大学出版社，2012 年。该书从夏都写至明清，包含宫室、石窟、祠宇、宅园等多方面内容，以建筑复原居多。
⑪ 徐金星编《河洛通览》，郑州：中州古籍出版社，2008 年。类似的洛阳城市通史类著作还有崔静一编《洛阳历代城池建设》、洛阳市文物管理局编《古都洛阳》等。
⑫ 徐松撰，李健超增订：《增订唐两京城坊考》，西安：三秦出版社，2006 年。
⑬ 阎文儒、阎万钧编《两京城坊考补》，郑州：河南人民出版社，1992 年。

《隋唐两京坊里谱》①，是对两京城坊的整理、考订和增补；辛德勇《隋唐两京丛考》② 在整理《两京新记》《大业杂记》《河南志》等基础上，以关键问题为引讨论城市格局；杨鸿年《隋唐两京考》③ 则以城、市、街、坊、官府为线索，对长安和洛阳进行深入的考证和探讨，所涉颇广，勾勒出两京城市格局概貌；郭绍林《隋唐洛阳》④ 介绍了隋唐洛阳城的建设发展历史，进而涉及东都的政治、经济和文化。

　　但针对北宋洛阳城的研究相对较少。早期较有影响力者，如程民生《宋代洛阳的特点与魅力》⑤、周宝珠《北宋时期的西京洛阳》⑥ 等，皆为概貌。近年来成书者如张祥云《北宋西京河南府研究》⑦ 则是集大成者，该书从西京的陪都地位谈起，涉及城阙宫殿、坊市遗迹、行政管理制度、水陆交通、经济、社会治安、文化风俗等方面，较为全面地展示了北宋西京城的概貌，但该书多聚焦于文献所见西京河南府的社会面貌，对北宋西京城市格局的描述主要基于《河南志》《宋史·地理志》《宋会要辑稿》《玉海》等文献的相互校补，并未对城阙、宫室、里坊做出准确的复原。

　　其他关于北宋西京的研究，皆为针对个别问题进行的短篇探讨，有涉及西京政治和地位者，如木田知生《北宋時代の洛陽と士人達——開封との對立のなかで》⑧、赵天改《论北宋首都定位的地缘政治基础》⑨、肖红兵《居洛士宦与北宋神哲朝政》⑩、张显运《从政治型都市文化到休闲娱乐型文化的嬗变——北宋洛阳城市文化研究》⑪

---

① 杨鸿年：《隋唐两京坊里谱》，上海古籍出版社，1999 年。
② 辛德勇：《隋唐两京丛考》，西安：三秦出版社，2006 年。
③ 杨鸿年：《隋唐两京考》，武汉大学出版社，2000 年。
④ 郭绍林：《隋唐洛阳》，西安：三秦出版社，2006 年。
⑤ 程民生：《宋代洛阳的特点与魅力》，《河南大学学报》（社会科学版）1994 年第 5 期。
⑥ 周宝珠：《北宋时期的西京洛阳》，《史学月刊》2001 年第 4 期。
⑦ 张祥云：《北宋西京河南府研究》，郑州：河南大学出版社，2012 年。
⑧ 木田知生：《北宋時代の洛陽と士人達——開封との對立のなかで》，《东洋史研究》1978 年第 38 卷。文章描述了唐末五代以来洛阳的城市面貌（城圈、坊市），概述洛阳之风物和交通，指出宋初实为东、西两京制（南京、北京之建都另有特殊的原因），东都开封和西京洛阳一方面互补关系，另一方面却存在着内在的对立关系（首都的竞争和士大夫集团的对立）。
⑨ 赵天改：《论北宋首都定位的地缘政治基础》，《理论界》2010 年第 1 期。
⑩ 肖红兵：《居洛士宦与北宋神哲朝政》，上海师范大学硕士论文，2011 年。
⑪ 张显运：《从政治型都市文化到休闲娱乐型文化的嬗变——北宋洛阳城市文化研究》，《洛阳师范学院学报》2012 年第 7 期。

等；涉及洛阳士人与文人交游者，如葛信来《北宋时期的洛阳士人》①、邵明华《邵雍交游研究》②、叶丽媛《邵雍诗歌与洛阳地域文化》③、何新所《试论西京洛阳的交游方式与交游空间——以邵雍为中心》④、张祥云《北宋西京洛阳的社会风尚》⑤ 等；涉及洛阳园林研究者，如李浩《〈洛阳名园记〉与唐宋园史研究》⑥、郁敏《从〈洛阳名园记〉中寻找北宋洛阳私家园林》⑦、贾珺《北宋洛阳私家园林考录》⑧、李优优《〈洛阳名园记〉丛考之"湖园"》⑨、李优优《〈洛阳名园记〉丛考之"李氏仁丰园"》⑩ 等；涉及交通考证者，如王文楚《北宋东西两京驿路考》⑪；涉及社会风俗者，如龚亚萍《北宋西京地区节庆娱乐活动研究》⑫ 等诸多方面。

由此可见，研究内容主要集中于熙丰变法后大量士人聚于洛阳，对城市建设和社会生活的影响。但其研究的深度、广度皆弱于隋唐长安城和洛阳城。

此外，城市研究领域中很多文献对本书的研究内容和方法皆有启发意义，举要如下：

第一，城市研究的落脚点在于人。

就城市考古学而言，城市研究的着眼点在于城市格局和功能区的发展与变化，而梁庚尧先生给我们提供了城市研究不同的视角，如《南宋城市的社会结构》⑬《南宋城

---

① 葛信来：《北宋时期的洛阳士人》，《许昌学院学报》2009 年第 3 期。

② 邵明华：《邵雍交游研究》，山东大学博士论文，2009 年。

③ 叶丽媛：《邵雍诗歌与洛阳地域文化》，山东师范大学硕士论文，2010 年。

④ 何新所：《试论西京洛阳的交游方式与交游空间——以邵雍为中心》，《河南社会科学》2011 年第 4 期。

⑤ 张祥云：《北宋西京洛阳的社会风尚》，《洛阳师范学院学报》2013 年第 1 期。

⑥ 李浩：《〈洛阳名园记〉与唐宋园史研究》，《理论月刊》2007 年第 3 期。

⑦ 郁敏、张亚辉：《从〈洛阳名园记〉中寻找北宋洛阳私家园林》，《太原城市职业技术学院学报》2010 年第 8 期。

⑧ 贾珺：《北宋洛阳私家园林考录》，《中国建筑史论汇刊》2014 年第 2 期。

⑨ 李优优：《〈洛阳名园记〉丛考之"湖园"》，《现代语文》（学术综合版）2014 年第 6 期。

⑩ 李优优：《〈洛阳名园记〉丛考之"李氏仁丰园"》，《科教文汇》（上旬刊）2015 年第 7 期。

⑪ 王文楚：《北宋东西两京驿路考》，《中华文史论丛》2008 年第 4 期。另有王文楚：《唐代两京驿路考》，《历史研究》1983 年第 6 期，对本书也有很大参考价值。

⑫ 龚亚萍：《北宋西京地区节庆娱乐活动研究》，河南大学硕士论文，2010 年。

⑬ 梁庚尧：《南宋城市的社会结构》，《大陆杂志》1990 年第 4 期。

居官户与士人的经济来源》① 等文章，讨论了城市中的社会结构，关注的是各功能区中不同阶层的人之生活状态和生活来源，以及这些功能区的变化对人们生活的影响。这一由物及人的研究视角，极具人文关怀，也道出了历史研究的本质是对于人的研究。

第二，城市空间的再认识。

要探讨城市与城市中生活的人的关系，就需要对城市空间进行更深入的剖析和解读。例如斯波义信《宋代江南经济史の研究》②，采用分层次的空间分析方法，从南北区域的划分，到江南文化圈的区隔，进而对个体城市内部的功能分区也有细致梳理和讨论；平田茂树《日本宋代政治制度研究述评》③，对于皇帝和臣僚之间的"对"和"场"进行时地梳理和论证，使政治史的研究更加丰满和真实；成一农《古代城市形态研究方法新探》④，对"中世纪城市革命"的命题提出质疑，对于坊、市之定义和存续都有较为深入的探讨，探讨了官市和民市，坊与坊墙等很多关键性问题，对我们已经固化的思维有所启发，也提到城市形态研究利用 GIS 的新技术和方法。

第三，城市空间与城市居民的关系。

宁欣《唐宋都城社会结构研究——对城市经济与社会的关注》⑤ 一文探讨地域空间，着眼点在于地域空间的变化与城市经济社会之间的互动，即地域空间的变化如何反映社会空间的变化，以及社会空间的变化如何促进地域空间的变化。作者在唐代坊市制的格局中大胆地把街道单列，作为关注对象，是这部书的一大亮点。正如作者所言："在相对封闭的坊市体制下，我们如果不仅仅把'街'作为一种履行交通功能的线性空间，而是将这一空间放在城市社会的空间背景中，思考'街'作为城市不可或缺的区域空间为城市社会搭起了什么样的舞台……讨论'街'的真正意义所在。"⑥

---

① 梁庚尧：《南宋城居官户与士人的经济来源》，梁庚尧编《宋代社会经济史论集》，台湾：允晨文化实业股份有限公司，1997 年，第 219～321 页。

② 斯波义信：《宋代江南经济史の研究》，东京：汲古书院，1988 年。[日] 斯波义信：《宋代江南经济史研究》，方健、何忠礼译，南京：江苏人民出版社，2001 年。

③ [日] 平田茂树：《日本宋代政治制度研究述评》，《宋代政治结构研究》，上海古籍出版社，2010 年，第 1～23 页。

④ 成一农：《古代城市形态研究方法新探》，北京：社会科学文献出版社，2009 年。

⑤ 宁欣：《唐宋都城社会结构研究——对城市经济与社会的关注》，北京：商务出版社，2009 年。

⑥ 宁欣：《唐宋都城社会结构研究——对城市经济与社会的关注》，第 106 页。

第四，从微观现象探讨宏观问题。

平田茂树《宋代城市研究的现状与课题——从宋代政治空间研究的角度考察》①，以及《宋代政治结构研究》② 一书中收录的另外三篇文章《宋代政治史料解析法——以"时政记"与"日记"为线索》《从〈欧阳修私记〉考察宋代的政治结构》《解读宋代的政治空间》皆清晰地反映了作者政治过程论的研究方法，从微观着手探讨宏观的变化，很有参考价值。斯波义信《宋代江南经济史の研究》试图通过定量分析来研究历史，除户口、税收等常用数据外，还利用了很多常被忽视的史料，例如进士来源、姓氏分析、灾患统计等，以探讨城市兴衰。

上述城市研究，都提出城市空间的重要性。以地域空间为切入点，视角新颖，但仍有一定不足：

一方面，对于城市格局，更多地关注城圈布局、内外城、城关和城郊等大区域格局，这样一些大格局的变化对于了解城市总体发展历程是必要的，但对于单体城市的研究，则显单薄。

另一方面，探讨空间与人的关系问题时，要么是一个想象的空间，即文献所记载的空间，难以落地；要么就是直接使用已有的复原图纸进行下一步分析，缺乏对细节的详细考究。

（三）考古学研究

北宋西京城市考古工作是依托隋唐洛阳城遗址的考古发掘工作进行的。在此，有必要对隋唐洛阳城的考古学研究进行梳理和概述。

自 1959 年隋唐洛阳城考古工作开展以来，陆续发表了一系列阶段性的成果并引起学界的广泛关注和讨论③，而最新出版的《隋唐洛阳城：1959～2001 年考古发掘报告》④是集大成者。书中对于 2001 年以前历次考古发掘进行了详细梳理和总结，也扼要地

① ［日］中村圭尔、辛德勇编《中日古代城市研究》，北京：中国社会科学出版社，2004 年，第 107～127 页。
② ［日］平田茂树：《宋代政治结构研究》，上海古籍出版社，2010 年。
③ 关于洛阳城的考古报告和研究非常丰富，涉及城址、墓葬、手工业、宗教遗址、大型建筑基址等多个方面，兹不一一赘列，待后文具体研究时根据需要单独引用。
④ 中国社会科学院考古研究所编《隋唐洛阳城：1959～2001 年考古发掘报告》，北京：文物出版社，2014 年。

介绍了近五十年来的重要考古发现，全面、系统地展示了这批珍贵的考古资料，是本书研究的重要参考材料。2016 年《隋唐洛阳城天堂遗址发掘报告》[①] 出版，为宫城大内建筑的研究提供了基础。

对于隋唐和北宋洛阳城的考古学研究，主要集中于城市格局的复原。正如杨清越所总结的，"无论是针对遗址本身的勘察和发掘，还是利用文献和考古报告进行了后期分析研究，都在试图复原城市的原貌，弄清城市各部分的位置布局构成，这些研究的成果几乎都可以直观地反映在复原图上"[②]。从最新的复原图入手，我们即可追踪目前考古发掘和研究工作所取得的进展。

1. 外郭城复原图

1978 年发表的《"隋唐东都城址的勘查和发掘"续记》[③] 中发布了唐洛阳东都坊里复原示意图（图 1.1），以 20 世纪 60 年代考古发掘和勘探数据为基础，复原了隋唐洛阳城的外郭范围、门址位置和里坊布局。这幅图纸以扎实的考古数据为支撑，准确翔实，得到了学界普遍认可。学者对于洛阳城城市布局规划的分析也都基于此图[④]。此后，郭城内仅对城垣、城门、履道坊白居易故居[⑤]、宁人坊及周边区域[⑥]、恭安坊[⑦]、温柔坊[⑧]等进行过局部发掘，对于城郭里坊分布格局并未有大的改变，因此《隋唐洛阳城：1959～2001 年考古发掘报告》认为"当时绘制的里坊复原示意图仍具有重要参考价值"[⑨]。

① 洛阳市文物考古研究院编《隋唐洛阳城天堂遗址发掘报告》，北京：科学出版社，2016 年。
② 杨清越：《隋唐洛阳城遗址的分期和空间关系的考古学研究》，北京大学博士论文，2012 年，第 3 页。
③ 陈久恒：《"隋唐东都城址的勘查和发掘"续记》，《考古》1978 年第 6 期。
④ 宿白：《隋唐长安城和洛阳城》，《考古》1978 年第 6 期；傅熹年：《隋唐长安洛阳城规划手法的探讨》，《文物》1995 年第 3 期。
⑤ 赵孟林等：《洛阳唐东都履道坊白居易故居发掘简报》，《考古》1994 年第 8 期；王岩：《唐东都履道坊白居易故居遗址勘察》，《寻根》1996 年第 2 期；王岩：《有关白居易故居的几个问题》，《考古》2004 年第 9 期。
⑥ 史家珍等：《隋唐洛阳城宁人坊遗址发掘简报》，《洛阳考古》2014 年第 2 期；张如意等：《隋唐洛阳城宁仁坊区域考古调查报告》，《洛阳考古》2013 年第 1 期。
⑦ 张亚武、顾立林：《隋唐洛阳城恭安坊遗址发现两处民居的院落》，2004 年 9 月 24 日，http://www.huaxia.com/zt/whbl/2004-88/801070.html。
⑧ 陈良伟：《隋唐至宋洛阳城田野发掘与研究》（讲稿），2014 年。
⑨ 中国社会科学院考古研究所编《隋唐洛阳城：1959～2001 年考古发掘报告》，第 70 页。

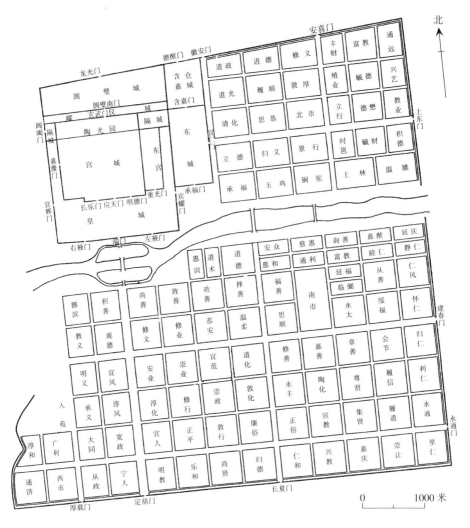

图 1.1 唐洛阳东都坊里复原示意图（采自陈久恒：《"隋唐东都城址的勘查和发掘"续记》图 10，《考古》1978 年第 6 期）

　　不过这幅图及其对应的发掘和勘探数据在使用中仍有值得探讨的地方。首先，这是一幅基于钻探数据的唐洛阳城实测图（图 1.2）而提取的复原线图，因时代所限，当时的发掘和勘探位置未能有 GPS 定位。故很多当时的地名，现在已不可知其具体位置，如洛阳交通局贮运站、郑村南古洛渠边的水磨厂、三乐食品厂幼儿园等，加之城中村落也有较大扩张，从而导致直接使用此图服务于考古工作或定位研究已变得困难。或许正是由于这个原因，我们可以看到近年来考古工作者将此图数字化后，对应到航片中，制成新的工作底图（图 1.3），以利于考古工作或研究的进一步开展。

图 1.2　唐洛阳城实测图（采自陈久恒：《"隋唐东都城址的勘查和发掘"续记》图 8，《考古》1978 年第 6 期）

图1.3　隋唐洛阳城复原示意图①（采自石自社：《北宋西京洛阳城市形态分析》）

　　其次，从内容上看，洛北上东门、徽安门、安喜门的位置是依据文献推测所得，尚未有考古学的证据。其中，安喜门的推测位置与文献记载并不能完全吻合，而东城偏南宣仁门的发现②（按文献载，宣仁门对上东门街③），与上东门的推测位置也

——————————

① 航片，为印刷清晰，特将图中线条和文字转换为白色。

② 陈良伟：《河南洛阳隋唐城宣仁门遗址的发掘》，《考古》2000 年第 11 期。

③ 霍宏伟：《洛阳老城十字街与隋唐城街道遗迹》，《考古》2012 年第 8 期。这篇文章讨论了宣仁门遗址、上东门与老城十字街的关系问题。

不对应，若以宣仁门位置为线索将上东门推测位置南移，则里坊排布又成问题。这些内容涉及城门、主要街道、里坊布置，是城市考古中必须面对和解决的问题。

对于北宋郭城格局的复原，辛德勇的北宋洛阳坊里图（图1.4，b）从文献的角度复原北宋各坊，但未与考古材料联系。张祥云以考古材料为基础，结合《河南志》记载，绘制了北宋西京城坊示意图（图1.4，a），是很好的尝试，其后黄晓在张祥云图的基础上改绘成北宋洛阳平面示意图（图1.4，c）。但这些图纸对于上述城门位置也不能给予合理解释，且对于北宋时期新增的罗门、关门位置未有详细探讨。石自社《北宋西京洛阳城市形态分析》[①] 以隋唐洛阳城图为底图，讲述北宋遗迹，从考古学视角讨论了里坊制度的变化和崩溃过程。事实上，北宋时期洛阳城的城市面貌，或能在一定程度上反映唐宋城市的变革与差异。因此，绘制一张基于实测地图的北宋时期洛阳城图是非常有必要的。

2. 宫皇城复原图

最新的发掘和研究成果发表于《隋唐洛阳城：1959～2001年考古发掘报告》中，其中不仅涉及宫城、皇城、东城位置和范围，还包括大内建筑基址、九洲池等发掘材料，成为本书研究的重要基础（图1.5、图1.6）。

北宋洛阳城宫城及宫殿建筑方面的主要成果有杨焕新《略论北宋西京洛阳宫的几座殿址》[②]、韩建华《试论北宋西京洛阳宫城、皇城的布局及其演变》[③]《北宋西京宫城五凤楼研究》[④] 等，集中对北宋时期宫城、皇城及其内建筑遗址进行了探讨，其中韩建华先生为宋初、宋末宫皇城布局绘制复原图（图1.4，d、e）。另有陈良伟《隋唐东都宫院遗址的发现与研究》[⑤]、韩建华《唐东都洛阳"丽景（门）夹城"考》[⑥] 两篇针对唐东都洛阳宫皇城的分析文章，对本书启发很大。

① 石自社：《北宋西京洛阳城市形态分析》，辽上京城市考古会议，赤峰，2014年。
② 杨焕新：《略论北宋西京洛阳宫的几座殿址》，《中原文物》1994年第4期。
③ 韩建华：《试论北宋西京洛阳宫城、皇城的布局及其演变》，《考古》2016年第11期。
④ 韩建华：《北宋西京宫城五凤楼研究》，《扬州城考古学术研讨会论文集》，北京：科学出版社，2016年，第255～267页。
⑤ 陈良伟：《隋唐东都宫院遗址的发现与研究》，《扬州城考古学术研讨会论文集》，第132～147页。
⑥ 韩建华：《唐东都洛阳"丽景（门）夹城"考》，《考古学集刊》18，北京：科学出版社，2010年，第454～474页。

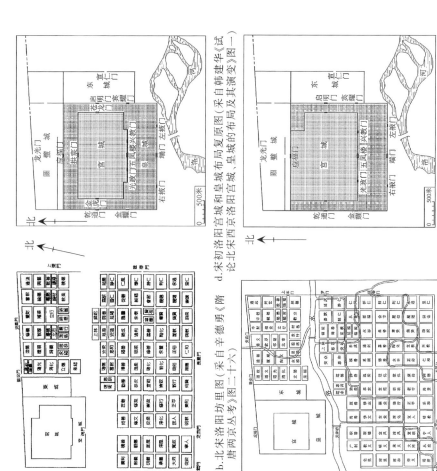

a.北宋西京城坊示意图（采自张祥云《北宋西京河南府研究》图 2-2）

b.北宋洛阳坊里图（采自辛德勇《隋唐两京丛考》图二十六）

c.北宋洛阳平面示意图（采自贾珺《北宋洛阳私家园林考录》图 1）

d.宋初洛阳宫城和皇城布局复原图（采自韩建华《试论北宋西京洛阳宫城、皇城的布局及其演变》图一）

e.宋徽宗时期洛阳宫城和皇城复原图（采自韩建华《试论北宋西京洛阳宫城、皇城的布局及其演变》图三）

图 1.4 北宋洛阳城平面复原示意图

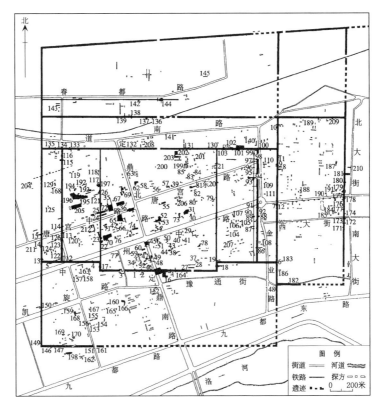

图 1.5 宫城、皇城和东城唐代遗迹分布图（采自《隋唐洛阳城：1959～2001 年
考古发掘报告》图 1-6）

1、2. 宫城南墙（GT453，GT509）3. 宫城南墙及长乐门遗址（GT706）4. 宫城南墙（GT812）5. 宫城南
墙及西夹城二号、三号水渠（GT108～GT110）6、7. 宫城东墙（DT1，DT50-17）8. 宫城东墙及东城北
区一号水渠（DT108，DT109）9～12. 宫城东墙（DT26，DT91，DT165，GT847）13～15. 宫城西墙
（GT442，GT450，GT795）16. 应天门遗址（GT415～GT424，GT851）17. 崇庆门遗址（GT245）18. 宣政
门遗址（GT819）19. 大内东墙（GT518）20. 大内东墙及晚唐基址（GT412）21. 大内东墙（GT357）
22～25. 大内西墙（GT829，GT828，GT815，GT674，GT675）26. 大内西墙、五号基址（BT205）27～30.
明德门内大街（GT754，GT755，GT731～GT733，GT136，GT137）31. 大内东区唐代基址及一号隔墙
（GT128～GT141）32～34. 大内西区东部一号发掘区路土（GT636，GT637，GT638）35. 大内西区西部三
号发掘区及西南角亭（GT652～GT666，GT687～GT692）36. 大内西区中部二号发掘区基址、水渠及晚唐
门址（GT56～GT77）37. 明德门内南北大街（GT759）38. 大内中区街道（GT195）39. 大内中区街道
（GT221，GT222）40、41. 大内东区街道（GT446，GT312，GT313）42. 大内西区中部一号发掘区街道
（GT641）43、44. 大内东廊（GT194，GT716）45、46. 大内西廊（GT854A，GT854B，GT457）47. 大内
西廊及南北向墙垣（GT396，GT397）48. 大内西廊（GT775）49. 永泰门步廊及大内南渠（GT852，
GT853）50. 乾元门步廊（GT162～GT165）51. 乾元门遗址（GT351～GT353）52. 明堂遗址（GT264～
GT279）53～58. 大内中区夯筑基址（GT219，GT561，GT562，GT119，GT187～GT189，GT587，GT191～
GT193，GT248～GT250）59. 大内西区东部一号发掘区墙垣、街道（GT809～GT811）60. 大内西区东部一
号发掘区夯筑基址（GT389～GT391）61. 大内西区东部三号发掘区路土、墙垣（GT837）62、63. 大内西

区东部四号发掘区基址（GT171～GT176，GT287）64（无）65、66. 大内西区中部一号发掘区唐代墙垣、宋代基址（GT642，GT425）67. 大内西区西部三号发掘区墙垣（GT257）68、69. 大内西区中部三号发掘区路土、夯筑基址（GT252，GT253，GT44～GT49，GT235）70. 大内西区西部一号发掘区夯筑基址（GT760）71. 大内西区西部二号发掘区夯筑基址（GT111）72. 大内西区西部三号发掘区西北角亭（BT202～B204）73. 大内东区二号隔墙（GT121～GT127）74、75. 大内西区东部二号发掘区夯筑基址、水渠（GT154～GT161，GT53）76～78. 大内西区其他基址（GT244，GT152，GT153，GT734，GT735）79～85. 大内东区其他基址（GT764，GT533，GT823，GT694，GT205；GT589，GT750）86. 东隔城东墙及东夹城一号街道（GT753）87. 东隔城一号隔墙（GT776，GT777）88. 东隔城东墙（GT521）89～91. 东隔城一号隔墙（GT522，GT523，GT845）92. 东隔城东墙（GT846）93. 东隔城一号隔墙、宋代一号基址（GT645～GT647）94～97. 东隔城一号隔墙（GT322，GT444，GT543，GT542）98. 东隔城东墙及二号街道（GT545，GT546）99. 东隔城一号隔墙（GT251）100. 玄武城南墙（GT178）101. 安宁门遗址（GT857）102、103. 玄武城南墙（GT858，GT864）104. 东隔城一号、二号基址（GT511）105. 东隔城三号基址（GT549，GT550）106. 东隔城三号基址（GT622）107. 东隔城三号、四号墙（GT381）108. 东夹城一号街道（GT757）109. 东夹城一号隔墙（GT212）110. 东夹城二号隔墙、一号基址（GT612，GT613，GT617，GT618）111. 东夹城基址（GT429）112～116. 西隔城西墙（GT105，GT832，GT714，GT406，GT93，GT94）117、118. 西隔城一号街道（GT337，GT338，GT32，GT33）119. 西隔城街道（GT39～GT40）120. 西隔城一号基址（GT306）121. 西隔城二号基址及九洲池一号水道（GT365，GT366）122. 西夹城一号街道（GT630）123. 西夹城一号基址及二号街道（GT314）124. 西夹城二号街道（GT116～GT118）125. 西夹城三号街道、四号基址（GT255）126. 西夹城二号、三号基址（GT96～GT98）127. 西夹城五号、六号基址（GT102，GT101）129. 西夹城唐代七号基址（GT112）130. 玄武城南墙（GT400）131. 玄武城南墙及二号水渠（GT298）132～134. 玄武城南墙（GT721，GT751，GT752，GT238）135. 玄武城南墙（GT534，GT535）136～139. 玄武城北墙（DT22，GT207，GT792，GT797）140. 玄武城一号街道及二号水渠（GT736，GT737）141. 玄武城宋代一号基址（GT280）142. 曜仪城一号街道（QT42～QT43）143. 曜仪城街道（GT813，GT814）144. 圆璧南门遗址（GT738～GT740）145. 圆璧城一号街道（GT784）146、147. 皇城南墙（HT159，HT188）148. 皇城东墙及皇城中渠（HT176）149. 皇城西墙及二号水渠（HT43）150. 皇城西墙（HT167）151. 右掖门遗址（HT203）152. 皇城端门大街及皇城中渠（HT192）153～156. 皇城二号街道（HT1，HT2，HT31，HT35，HT36，HT37）157、158. 皇城三号街道（HT23，HT24）159、160. 皇城四号街道（HT59，HT177）161、162. 五号街道（HT154，HT148）163. 皇城六号街道（HT114）164. 皇城东区二号基址（HT49）165. 皇城东区三号、四号基址（HT10）166. 皇城东区五号基址（HT187）167. 皇城西区二号基址（HT75）168. 皇城西区三号基址（HT143，HT145）169. 皇城西区四号基址（HT47，HT48）170. 皇城西区六号基址（HT6）171、172. 东城东墙（DT37，DT138）173. 宣仁门遗址（DT139，DT140）174～179. 东城东墙（DT88B，DT87B，DT23，DT50-4，DT50-5，DT14～DT18）180. 东城东墙及二号街道（DT154）181. 东城东墙及宋代护城壕沟（DT153）182. 东城南墙（DT13）183. 东城一号街道（DT20）184、185. 东城北区一号基址（DT82，DT89B）186. 东城南区唐代一号水渠（DT167）187. 东城北区二号基址（DT145）188. 东城北区四号基址（DT30）189. 东城北区一号街道（DT88A）190、191. 东城窑址（DT41Y1、Y2，DT11Y3）192. 九洲池一号基址（GT223）193. 九洲池二号基址（GT237）194. 九洲池三号基址（GT35）195. 九洲池四号基址（GT463～GT506）196. 九洲池五号基址（GT289）197. 九洲池六、七、八号基址（GT31）198. 上阳宫园林遗址（QT25～QT38）199、200. 陶光园长廊基址（GT842，GT203）201～203. 陶光园花圃（GT593，GT791，GT844）204. 宫城西墙外水渠（GT623～GT625）205. 九洲池四号水道、南侧一号引水渠（GT1～GT30）206. 大内东区一号水渠（GT330，GT331）207. 东隔城唐代一号水渠（GT382）208. 玄武城二号水渠（GT720A）209. 东城北区二号水渠（DT117，DT118）210. 东城外护城壕沟（DT141）211. 宫城西墙外水渠（QT22）212. 九洲池南侧池岸、1号岛屿、一号基址（GT802～GT804）

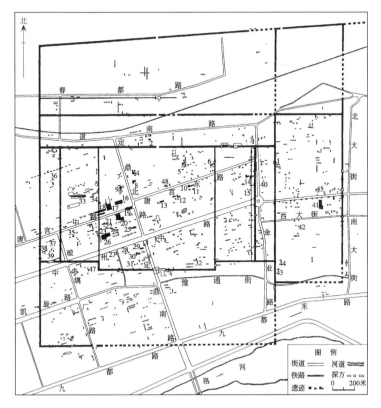

图 1.6　宫城、皇城和东城宋代遗迹分布图（采自《隋唐洛阳城：1959～2001 年
　　　　考古发掘报告》图 1－7）

1. 玄武城一号基址（GT280）2. 玄武城二号基址（GT262，GT263）3. 玄武城一号街道（GT736，GT737）
4. 大内西区东部四号发掘区二号基址（GT316～GT320，GT335）5、6. 大内东区夯筑基址（GT750，
GT751）7. 大内西区东部夯筑基址（GT628，GT629）8. 大内西区东部夯筑基址（GT171～GT176）9. 大
内西区东部三号发掘区基址（GT252，GT253）10～12. 大内东区夯筑基址（GT823，GT693，GT694，
GT323～GT331）13. 大内中区夯筑基址（GT187～GT190）14. 东隔城一号基址（GT645～GT647）15. 东隔
城基址（DT130）16. 大内西区中部二号发掘区夯筑基址（GT56，GT77）17、18. 大内西区西部三号发掘
区基址（GT652～GT666，GT687～GT692，GT667～GT669，GT815）19. 大内西区西部三号发掘区基址
（GT837）20. 大内西区中部一号发掘区基址（GT642，GT168～GT170）21～23. 大内西区西部二号发掘区一
号、二号基址（GT111，GT699，GT213）24. 大内西区中部一号发掘区基址（GT426）25. 大内三号、四号基
址（GT154～GT161）26. 大内西区西部一号发掘区基址（GT760）27. 大内西区中部基址（GT152～GT153）
28. 大内西区东部基址（GT527）29～31. 大内西区东部一号发掘区基址（GT389～GT391，GT809～GT811，
GT638）32. 大内东区夯筑基址（GT747）33. 九洲池一号基址（GT463～GT506）34. 西隔城二号基址
（GT365，GT366）35. 西隔城一号基址（GT306）36. 西夹城三至五号基址（GT361，GT362）37. 西夹城
二号基址（GT96，GT97）38. 西夹城一号基址（GT116～GT118）39. 西夹城一号街道（GT630）40. 东夹
城一号街道、一号水渠（GT212）41. 东城衙署庭院遗址（DT44～DT49）42. 东城南区一号基址（DT136）
43、44. 东城一号街道（DT167，DT20）45. 东城北区一号基址（DT39）46. 皇城西区建筑基址（HT32）
47. 皇城北墙西段（HT175）48、49. 大内中区夯筑基址（GT193，GT250）

对于洛阳城宫皇城区域的研究，也有些问题尚未解决，如：

第一，宫城、皇城、东城在唐宋时期的范围是否有所变化？如果有，是何时发生的？如何变化的？这一格局的变化与宫城内建筑的分布是否有联系。

第二，宫皇城内发掘出土了大量的建筑基址，除中轴线上的建筑已大致确认功能、可与文献对应外，其他建筑基址多未确认其属性。而建筑尺度、建筑格局、建筑材料等都与其功能密切相关。因此，要认识这批建筑基址，首先要对其功能做出比较准确的定位。

第三，北宋西京的宫皇城区域，文献仅载格局，对其间活动记录很少，那么其实际使用情况如何？这只能靠考古材料来回答。另外，西京宫殿格局与汴梁宫殿之关系也是值得讨论的问题。

此外，一些前辈关于城址的考古学研究方法对本书帮助很大，略述如下：

第一，城市考古方法论已取得了一定的成绩。对于古今重叠型的城址，赵正之①、宿白②、徐苹芳③等先生都做过具体的个案研究，也就相关的方法论问题进行过阐述④。与城址相关的遗迹材料（墓葬、宗教遗存、建筑等）的使用，以宿白《宣化考古三题》⑤为代表，作者综合应用墓葬、墓志、窖藏、建筑等遗存遗迹现象，结合文献记载，反推城市格局及其沿革，是城址研究的范例。杭侃《中原北方地区宋元时期的地方城址》⑥对上述古今重叠型城址的研究方法进行总结后，指出文献阅读和整理的必要性，并提示考古调查中需关注墓葬、古代建筑、水井、古地名、古树以及其他一些因地制宜的遗迹线索，并予以实践。

_____

① 赵正之：《元大都平面规划复原研究》，《科技史文集》（第2辑），上海科学技术出版社，1989年。
② 宿白：《隋唐长安城和洛阳城》，《考古》1978年第6期；宿白：《青州城考略——青州城与龙兴寺之一》，《文物》1999年第8期；宿白：《宣化考古三题——宣化古建筑·宣化城沿革·下八里辽墓群》，《文物》1998年第1期。
③ 徐苹芳：《元大都的勘查和发掘》，《考古》1972年第1期。
④ 宿白：《现代城市中古代城址的初步考察》，《文物》2001年第1期；徐苹芳：《现代城市中的古代城市遗痕》，《远望集：陕西省考古研究所华诞四十周年纪念文集》，西安：陕西人民美术出版社，1998年，第695~699页。
⑤ 宿白：《宣化考古三题——宣化古建筑·宣化城沿革·下八里辽墓群》，《文物》1998年第1期。
⑥ 杭侃：《中原北方地区宋元时期的地方城址》，北京大学博士论文，1998年。

第二，城市考古关注的内容由城市格局研究扩展到社会层面，如《洛阳出土墓志研究文集》[①] 对墓志的使用，从墓志看等级、婚姻关系以及里坊乡里的方位和范围，这些视角皆为本书提供借鉴。对城市空间关系日渐重视，早期较有影响力者如傅熹年《隋唐长安洛阳城规划手法的探讨》[②]，用作图法发现长安、洛阳皆以宫城为模数规划都城；后有田银生《走向开放的城市——宋代东京街市研究》[③]，选取街市这一宋以后颇具代表性的城市要素为切入点，从建筑学和规划学的角度讨论城市，得到街市系统的组织构造，并直观地呈现了街市重心偏于东南的现象；杨清越《隋唐洛阳城遗址的分期和空间关系的考古学研究》[④] 以考古出土遗迹遗物为基本材料探讨城市空间及其所反映的城市状况，包括权力等级、防御程度、开放与封闭性等，通过提取和阐释其所蕴含的历史信息，让考古材料说话。

第三，早期文明研究中关于聚落考古的研究方法，例如严文明《聚落考古与史前社会研究》[⑤]、郭伟民《论聚落考古中的空间分析方法》[⑥]、张海《Arc View 地理信息系统在中原地区聚落考古研究中的应用》[⑦] 等文章，分别从理论和实践的角度探讨了聚落考古研究的方法，对于历史时期城市考古也有所借鉴。

综上，与城市生活密切相关的住宅、墓葬、公共建筑、宗教遗存等，都被纳入本书的研究范畴，以期获得对北宋西京更深入和贴切的认识。

三 研究目标和研究方法

根据上述综述可知，学科各有所长，但相对于城市这一综合性课题，单一学科的研究就显得单薄、片面，且有所局限。一般来说，城市研究可分为以下三个层面。

第一层面：对于城市格局的复原及地域空间的研究，以考古学者、历史地理学者和建筑规划学者为主。这一层面业已形成较为成熟和系统的研究方法，发表了一

---

① 洛阳古代艺术馆编《洛阳出土墓志研究文集》，北京：朝华出版社，2002 年。
② 傅熹年：《隋唐长安洛阳城规划手法的探讨》，《文物》1995 年第 3 期。
③ 田银生：《走向开放的城市——宋代东京街市研究》，北京：生活·读书·新知三联书店，2011 年。
④ 杨清越：《隋唐洛阳城遗址的分期和空间关系的考古学研究》，北京大学博士论文，2012 年。
⑤ 严文明：《聚落考古与史前社会研究》，《文物》1997 年第 6 期。
⑥ 郭伟民：《论聚落考古中的空间分析方法》，《华夏考古》2008 年第 4 期。
⑦ 张海：《Arc View 地理信息系统在中原地区聚落考古研究中的应用》，《华夏考古》2004 年第 1 期。

批成体系的研究成果。

第二层面：对于城市中社会与政治空间的研究，如居民结构、社会结构、社会流动、城市管理制度等，以历史学者为主。这一层面经过几代学人孜孜不倦的努力，已探索出多种研究内容和途径，且还在不断增加，通过对史料的深入挖掘和分析，大大丰富了我们对于城市内涵的认识。

第三层面：对于城市精神空间的研究，如城市文化、城市社会心理、城市观念等。这一层面多从零星材料出发，点到为止，但缺乏系统的梳理和比对。

这三个层面应是城市所不可或缺的组成部分，即城市格局、城市社会和城市文化。但受学科的局限，我们在研究的过程中常常将其剥离、孤立，并且难以将其有机组合并还原到一起。

学者们对于城市格局的研究，多以地理志、方志等历史文献为主要参考依据，内容一般围绕城墙、城门、街道格局、坊市、宫殿等展开。而考古学可以利用除文献以外的更多材料，例如遗址、墓葬、宗教遗存、古代建筑等，这使考古学在研究城市格局方面具备了得天独厚的优势。

但这些遗存、遗迹不应该只作为定位点用于复原城市的空间和格局，更为重要的是，可以利用它们复原城市生活，因为这些古代遗迹涉及生产生活、精神信仰以及活动空间，与民众生活息息相关。

而历史学者的研究则更多地致力于宏观，鲜有关注微观者，即使使用的是微观材料，也是为了背后宏伟的大历史服务。但正如平田茂树所说，"今后的宋代政治史研究将不止偏重于从宏观政治学的观点来进行。从宏观、微观两个方面，探寻多方位的方法论的必要性将会日益提高"。这对于我们的研究有着很强的指导意义，也是研究得以突破的重要途径。政治史尚且如此，与普通居民密切相关的城市史、社会史则更应重视宏观和微观的互补。

因此，探讨城市居民的生活面貌和生活方式，应该把城市和人结合起来研究。城市的布局和管理为人类生产、生活及交游提供便利和保障，但同时也影响了人的选择，约束了人的活动。因此，要将城市空间作为研究的基础，把对历史、对社会的研究还原到当时的城市空间中去。

城市考古和城市史的研究，不应只是涵盖上述三个层面，理想的状态是把三个层面有机地融合到一起，各学科各层面的研究成果互为基础，互为利用，相互促进。

因此，本书的研究目标是：综合利用多学科的研究方法和成果，复原北宋西京城市格局，探讨北宋西京的功能分区及城市与社会生活的互动关系，进而确定北宋洛阳城的城市定位，最后结合隋唐洛阳城的研究成果，分析城市演变历程。针对上述研究目标，本书分为三个部分。

第一，城市格局复原和空间研究（第二至四章）。

利用古今重叠型城市的研究方法，对考古勘探、发掘以及历史文献材料进行整理、对校，在现代地形图上予以标识，以重点问题带动研究，进而得到对于城址格局较为准确的认识。

在做城市格局复原的过程中，所遇到的第一个问题就是底图的制作。徐苹芳先生曾指出，要找一张最早的现代测绘图作为底图，以便于排除现代化建设的干扰，从早期测绘图中寻找城市遗痕。然而，由于时代的变迁，城市中的建筑几十年来发生了较大的改变①。对于城市规划建设者和考古工作者来说，在最新的地形图上标注历史遗迹，则更便于定位，有利于以后工作的开展。

因此，本书将 20 世纪 60 年代、80 年代以及今天的地形图与航片在 ArcGIS 中叠加到一起，通过重要地理参考点（如道路交点、自然山水转折点等）进行校准。这样，一方面可以从早期地形图中获取当时的地名、地理信息及城市遗痕；另一方面，也可将研究成果直接同步到最新的地图上，以便实地调查。同时，该图纸还有较为准确的距离信息，便于定量计算和进一步分析。

接着，就是寻找参考线和定位点的工作。这对于外郭城市格局或是规模较小的宫城内建筑群格局都是同样适用的。城内的考古遗址、古建筑、桥梁、地名等，都可为城市格局复原提供定位点参考，但也需要鉴别后使用②。

① 总的来说，学校、政府机关、政府家属楼等位置变化不大，但企业、工厂等其他地点变化很大。在本研究刚切入的时候，就面临很多早期地名、建筑在今天的地形图上找不到的困境。

② 例如洛阳现存邵雍故居，位于洛南龙门大道以东，而这一区域乃北宋时旌善坊的位置，与邵雍入洛后的几处住所（履道坊、道德坊、尚善坊）均不相关。与此对应，龙门大道以西却有安乐窝小区。再梳理文献，可知原邵雍故居在道光时期为洛水涨溢所冲毁，故在安乐窝东部新建之。但这一新建的位置位于旌善坊，并非安乐窝原本所在之天津桥南尚善坊，也非清人认为的"道德坊"所在。

从文献记载来看，经过唐末战乱的摧毁，洛阳城市受到极大破坏，但其城市框架并未发生大的改变，从中可见历史城市的延续性，也更能说明城市遗痕对于研究历史城市格局的重要性。而在这一基础上重读阎文儒《洛阳汉魏隋唐城址勘查记》[①]和陈久恒《隋唐东都城址的勘查和发掘》[②]，分析其所记录的重要遗迹现象可知：

（1）孙家坑一线为玄武城北墙，西夹城东墙与玄武城北墙相接，东隔城西墙与玄武城北墙相接，即大内与玄武城联系紧密；

（2）孙家坑以东的城 III 遗址位于玄武城内，其建筑基址正对伊阙，位于宫城中轴线上，可能与宋代宫城建筑建设有关；

（3）郭城西墙发现有一阙口，当地称大城口，可能与宋代关门有关。

由此可见，中华人民共和国成立初期所见城市遗痕、地面夯土遗迹等与宋代洛阳城密切相关。这是因为，除了现洛阳老城区外，其他地区自北宋以后开始荒芜，其最后的建设和使用时期应在北宋，故留下了大量北宋遗痕。因此，应特别重视早期考古勘察或发掘报告中的遗迹现象。

在城市格局复原的基础上，将城市住宅、墓葬、官署、公共设施等不同类型的城市空间在城图上予以分类标识，为探讨城市中功能分区提供研究基础。

第二，城市分期与定位（第五章）。

根据文献和考古材料，对北宋西京进行分期研究，确定城市的功能分区，展现城内居民的生活空间，进而探讨城与民之互动关系。在此基础上讨论北宋西京的城市定位问题，并述及东西京关系。

城市与居民的互动问题，是本书关注的另一个重点。因为只有城市生活的复原，才能使干瘪的城市躯壳充满生命与活力，才能从中洞窥城市之于历史研究所蕴含的丰富内涵。然而，这一部分的研究相对困难很多，不仅需要文献的梳理，还需要将文献与考古材料充分结合，讨论时空与人物的关系，结合政治、经济、文化、交通等变化因素，探索其反映的社会面貌。

透过本书进行的有限尝试，可见城市考古工作和研究大有可为。过去我们认为

---

① 阎文儒：《洛阳汉魏隋唐城址勘查记》，《考古学报》1955 年第 1 期。
② 陈久恒：《隋唐东都城址的勘查和发掘》，《考古》1961 年第 3 期。

以考古材料研究城市格局，以历史文献研究城市生活，可能是比较合理的路径。但事实上，当城市生活的研究要落地的时候，仅有文献就不够了，还需要大量考古工作的支撑。

一方面，文献的记载偏重于政治。即使宋元以后出现大量笔记小说，因其撰写者的身份及经历所限，其关注的也多是士大夫阶层的生活。因此我们对于普通民众的生活了解太少。然而城市并非帝王将相的专属，而是一个社会各阶层、各行业的聚集体，也因其空间的同一属性，使得城市中的人们不得不存在各种交织与交流。那么，对于城市中普通民众的生活，只能从考古材料中得到更多细节和答案。

另一方面，伴随考古工作的持续开展、材料整理和陆续出版，城市考古有条件积累大量城市历史数据。虽然目前的考古材料只能支撑做局部的、框架性的数据分析，但如果将大数据的思路融入田野发掘工作，做好基础资料的记录和整理，聚沙成塔，未来的城市考古研究应该可以更多地利用定量分析的手段，展现一个丰富的多层次的城市。

第三，城市演变历程及成因分析（第六章）。

基于上述格局复原图纸，结合文献记载，对唐宋时期洛阳城城市格局和面貌的变化及其背后的历史成因进行探讨，进而略述北宋以后洛阳城的发展，及其对当今城市的影响。

第二章 北宋西京外郭城复原

一 城墙

北宋洛阳城外郭城墙基本沿用自隋唐洛阳城，经多年考古调查、勘探与发掘，搞清了城墙的位置、结构和叠压关系，其四面城墙位置如下（图2.1①）：

南墙：西起今洛河东岸古城村西北，东经赵村南、郑村南，至城角村西北。自古城村至今大屯附近与古洛渠基本重合。

东墙：南起洛龙区城角村西北，北经贺村、楼子村、李楼村、塔湾村，至唐寺门村西。

西墙：洛河以南，城墙西邻洛河南岸，随洛河走势而曲折，北起聂湾西北，南经焦屯抵古城村西北。洛河以北为宫城和皇城西墙，北起春都集团厂区，南经洛玻集团厂区、洛阳市第二实验中学，至洛阳市委院内（将于第三章详述）。

北墙：东起唐寺门村西北，西抵苗家沟（今苗南村）东南。

根据考古发掘的情况，对宋代城墙有如下认识：

第一，在唐代城墙的基础上补筑城墙。

宋代城墙以唐代城墙为基础进行补筑，从东墙、南墙和西墙的几个发掘点数据看②，

---

① 关于四面城墙位置文字描述最早见于《隋唐东都城址的调查和发掘》，最新出版的《隋唐洛阳城：1959～2001年考古发掘报告》中继续沿用。但文字描述毕竟简略，本书在实际绘图中利用了20世纪60年代、80年代的实测地图，百度最新地图和航片，参考《隋唐洛阳城：1959～2001年考古发掘报告》第一册图1-5、图2-40，石自社《北宋西京洛阳城市形态分析》报告中全城复原航片等图纸，综合绘制而成。

② 几处有唐宋叠压关系的城垣遗址包括：1. 在唐代城墙外围补筑夯土：南墙1号发掘点（第30～32页）、2号发掘点（第32～33页）；西墙3号发掘点（第34页）、4号发掘点（第35页）；2. 直接叠压于唐代城墙之上加宽：东墙12号发掘点（第33页）。发掘点信息见中国社会科学院考古研究所编《隋唐洛阳城：1959～2001年考古发掘报告》。

宋代补筑夯土在西墙和南墙分布于唐城墙之外围，即将唐代城墙向城外方向加宽；而在东墙则直接叠压在唐代城墙之上，其补筑方式的差异或许反映了补筑时间和原因的不同。

1954 年调查隋唐洛阳城址时，曾发现两段与唐城墙不重叠的城垣夯土遗址，阎文儒先生推测可能是唐末张全义或宋王曾时期修筑的。其中，在北城墙西端发现了城垣遗址，"在探沟甲以北 5 米处，有残存的城垣一段，其西端高 2.35 米，由城垣南边到探沟乙夯土遗址北边宽 16.5 米"①。这一城垣，筑于唐代城垣以北，与上述向城外方向补筑城墙的作法类似。但探沟甲所反映的北城墙西段为圆璧城北墙，考虑到北宋时期圆璧城已经废弃，故北墙的补筑时间还有待更多材料提供证据。

第二，城墙外围设有水渠。

在南城墙定鼎门以西的发掘点（水渠在南墙向南 0.85 米）、东城墙永通门以南的发掘点（水渠在东墙向东 2.4 米）皆发现有宋代水渠，水渠宽度在 4~7 米左右。两处水渠位于城墙外围。从水渠遗迹的断续分布看，可能与城防设施和城市水利有关。

第三，西城墙外设有护堤。

西城墙以西发现南北向护堤。该护堤夯土可分出唐代早期、唐代晚期、北宋等几个时期，且为直接叠压关系，位置上并没有太大变化②（图 2.2）。

根据方孝廉先生的调查，"在隋唐洛阳城西墙外发现一条西南东北向的'土堤'，宽 7~10 米，残高 1~1.5 米不等。其位置就在隋唐洛阳城郭城西南角外侧约 150 米处，东北向，穿过西城墙（即郭城西南角西北城墙的北端）曲折向北，至东距厚载门大街约 200 米处折向北，与厚载门大街平行向北穿过西聂湾村而不见。在这条'土堤'距地表深 1.5~2 米都见河沙或河石层。而'土堤'下和以东地带都不见这种现象"③。

---

① 另一处为东城墙从东北城角向北的延伸：在唐寺门以北，"在沿着去马坡的路旁断崖上，还露有夯土的痕迹。夯土中有唐或唐末的瓷片。过陇海铁路再北，到与十里铺东西的直线上，还可看到夯土痕迹，再北就没有了"。这一段城墙比较奇怪，其与隋唐城的关系尚待进一步考古工作。阎文儒：《洛阳汉魏隋唐城址勘查记》，《考古学报》1955 年第 1 期。

② 中国社会科学院考古研究所编《隋唐洛阳城：1959~2001 年考古发掘报告》，第 36 页。

③ 方孝廉：《方孝廉考古文集》，郑州：中州古籍出版社，2014 年，第 255~256 页。

图 2.1　洛阳城外郭城图（参考《隋唐洛阳城：1959～2001 年考古发掘报告》图 2－1 绘制）

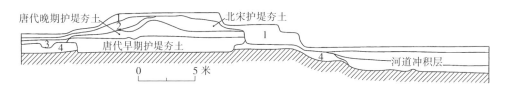

图 2.2　西城护堤南壁剖面图（采自《隋唐洛阳城：1959～2001 年考古发掘报告》图 2－9）
1. 近现代层　2. 宋代层　3. 唐代层　4. 河道冲积层

　　西城墙沿洛河南岸而建，并随河曲折，护堤即建设于西墙之外，应是为防洛河水患而建。从护堤的位置、宽度等自唐至宋变化不大这一点可推测，洛河河道在西南城角这一段应也变化不大。而这一护堤经多次原址重修，足以说明河水泛滥之严重。

　　诸水贯都是洛阳城的建城特点之一。这些水系便利了交通漕运，滋养了官私园囿，但同时也带来了反复的水患。《新唐书·五行志》中关于水患的记载，大多涉及东都：

　　永淳元年五月丙午，东都连日澍雨；乙卯，洛水溢，坏天津桥及中桥，漂居民千余家。……如意元年四月，洛水溢，坏永昌桥，漂居民四百余家。七月，洛水溢，漂居民五千余家……圣历二年七月丙辰，神都大雨，洛水坏天津桥……（神龙元年）七月甲辰，洛水溢，坏民居二千余家。二年四月辛丑，洛水坏天津桥，溺死数百人……开元三年，河南、河北水。四年七月丁酉，洛水溢，沉舟数百艘。五年六月甲申，瀍水溢，溺死者千余人。巩县大水，坏城邑，损居民数百家，河南水，害稼……（八年）六月庚寅夜，谷、洛溢，入西上阳宫，宫人死者十七八，畿内诸县田稼庐舍荡尽，掌闲卫兵溺死千余人，京师兴道坊一夕陷为池，居民五百余家皆没不见。……十年五月辛酉，伊水溢，毁东都城东南隅……十八年六月壬午，东都瀍水溺扬、楚等州租船，洛水坏天津、永济二桥及民居千余家。……二十九年七月，伊、洛及支川皆溢，害稼，毁天津桥及东西漕、上阳宫仗舍，溺死千余人，……（天宝）十三载九月，东都瀍、洛溢，坏十九坊，（广德）二年五月，东都大雨，洛水溢，漂二十余坊，……（咸通）四年闰六月，东都暴水，自龙门毁定鼎、长夏等门，漂溺居人。七月，东都、许、汝、徐、泗等州大水，伤稼。……六年六月，东都大水，漂坏十二坊，溺死者甚众。①

　　从以上文献可以看出，洛水是洛阳城内的主要水患，所溺范围主要是天津桥及洛河沿岸诸坊，其他如瀍水、伊水等水系支川也偶有泛滥，对城北和城东南诸坊构成威胁。

　　入宋以后，洛水泛滥次数减少②，但每次泛滥仍令城中损失严重。如"自祥符至熙宁中，自福善坡以北，率被昏垫，公私荡没，富公晏夫人尚无恙也，仓卒以浴桶济之，而沉，水退，死者众多，妇人簪珥皆失，多有脱腕之苦"③。

①　欧阳修、宋祁：《新唐书》，北京：中华书局，1975 年，第 929～935 页。
②　"唐家二百八十余年，河决二谷，洛城岁为患，攘天津、浸宫阙、垫城郭不已。本朝无五年不河决，而谷洛之患殊稀。洛中耆旧言，伊洛水六十年一泛滥，为祥害。"张舜民：《画墁录》，北京：中华书局，1991 年，第 16～17 页。
③　张舜民：《画墁录》，第 16～17 页。

　　其中又以元丰七年七月的大水最甚①，这一次大水对洛阳城破坏极大，"洛中大雨，伊、洛涨，坏天津桥，波浪与上阳宫墙齐。夜，西南城破，伊、洛南北合而为一流，公卿士庶第宅庐舍皆坏，唯伊水东渠有积薪塞水口，故水不入府第"②。洛人被溺者甚多，令人扼腕，"元丰甲子岁，伊洛暴涨，夜溃堤入城，邑人被垫溺（李林墓志）"③，"元丰甲子岁，洛水大涨，一女四甥，皆为水溺，不救"④。

　　"丁未，知河南府韩绛言：'近被水灾，自大内、天津桥堤堰、河道、城壁、军营、库务等皆倾坏。闻转运司财用匮乏，难出办，役兵累经划刷，府官职事烦多。欲望许臣总领，赐钱十万缗，选京朝官，选人使臣各三五人，与本府官分头葺补。乞发诸路役兵三四千人。'诏：'转运司于经费余钱支十万缗。沈希颜往来与韩绛同提举营葺及选使臣三员。役兵于本路划刷二千人，如不足，即和雇。'"⑤

　　其后，"筑水南新城新堤，增筑南罗城。明年夏，洛水复涨，至新城堤下，不能入，洛人德之，康公尹洛有异政也"⑥。由此可推测，考古发掘所见之北宋护堤应该就是元丰大水后之"新堤"，而西墙、南墙的北宋补筑城墙夯土则很可能是"西南城破"后补筑之"新城"。

---

① 元丰七年甲子岁，"秋七月甲辰，伊、洛溢，河决元城。丙午，遣使振恤，赐溺死者家钱"。脱脱等：《宋史》，第 208 页。"甲辰，知河南府韩绛言：'伊、洛暴涨，冲注城中军营，欲望应被水灾厢、禁军等第与特支钱，及先修军营，其水北军民被害续奏请。'诏：'经水灾民户，令体量赈恤，被水厢、禁军，以差赐般移钱；死者依漂溺民户法给钱。'"李焘：《续资治通鉴长编》，第 8322 ~ 8323 页。"丙午，诏'户部员外郎张询、勾当御药院刘惟简赈济西京被水灾军民，并催督救护官物城壁等。其合行事如有违碍，从宜施行'。"李焘：《续资治通鉴长编》，第 8323 页。

② 邵伯温：《邵氏闻见录》，第 148 页。

③ 李献奇、郭引强编《洛阳新获墓志》，北京：文物出版社，1996 年，第 152 页。

④ 赵振华：《北宋和镇墓志考释》，《洛阳工学院学报》（社会科学版）2001 年第 3 期。

⑤ 李焘：《续资治通鉴长编》，第 8324 页。《宋会要辑稿》中也有相关记载："十日，知河南府韩绛言：'近被水灾，自大内天津桥、堤堰、河道、城壁、军营、库务等皆倾坏，闻转运司财用匮乏，必难出办。役兵累经划刷，府官职事繁多。欲望许臣总领，赐钱十万缗，选京朝官，选人使臣各三五人，与本府官分头补治。乞发诸路役兵三四千人。'诏：'转运司于经费余钱支十万缗，令沈希颜往来与韩绛同提举营葺。及选使臣三五员。役兵于本路划刷二千人，如不足，即雇工。'"刘琳、刁忠民、舒大刚校点《宋会要辑稿》，第 9279 页。

⑥ 邵伯温：《邵氏闻见录》，第 148 ~ 149 页。

二 城门

北宋西京城门的名称大多沿袭唐代旧制（见图 2.1），即：

北面两门，自西向东分别为徽安门、安喜门；

东面三门，自北向南分别为上东门、罗门（北宋新增）、建春门。原有唐永通门，五代宋初封堵废弃；

南面三门，自西向东分别为厚载门、定鼎门、长夏门；

西面一门，关门（北宋新增）。

在洛阳城诸门址中，定鼎门、长夏门、永通门皆进行过发掘[①]，厚载门和建春门经勘探确定位置。上东门毁于洛水，但根据已发掘的东城宣仁门遗址和洛河北岸郭城东墙可大致了解其位置。北宋新增关门经考古调查基本确定位置，罗门也可依靠历史文献推测位置。唯北面两门：安喜门和徽安门尚未确定遗址位置。而目前学界对于两个门址位置的认识基本承袭自徐松《唐两京城坊考》中的复原图东都外郭城图（图 2.3），认为安喜门位于修义坊以东、丰财坊以西一线，徽安门位于含嘉仓城以东、道政坊以西一线[②]，但考古工作尚未找到二者的实际地理位置[③]。故先就此二门论述之[④]（见图 1.1、图 1.4）。

（一）安喜门

关于安喜门的文献记载并不丰富，主要出自《河南志》的记述。但寥寥数条却涉及安喜门方位、街道宽度、与城内道路和坊市的相对位置关系等诸多方面，兹抄录如下：

方位："北面二门：东曰安喜门，隋曰喜宁，唐初改。"[⑤]

---

① 中国社会科学院考古研究所编《隋唐洛阳城：1959～2001 年考古发掘报告》，第 38～68 页；陈良伟：《隋唐洛阳城永通门遗址发掘简报》，《考古》1997 年第 12 期；陈久恒：《隋唐东都城址的勘查和发掘》，《考古》1961 年第 3 期；陈良伟等：《定鼎门遗址发掘报告》，《考古学报》2004 年第 1 期。

② 比较重要的复原图除了徐松《东都外郭城图》外，还有陈久恒的唐洛阳东都坊里复原示意图（见图 1.1），辛德勇的隋河南、洛阳两县界分图，北宋洛阳坊里图（见图 1.4）。

③ 这或与洛阳城北墙的保存现状有关，"北墙东段即洛北里坊区北墙遗迹保存最差，多数地段墙基部分已经荡然无存"。中国社会科学院考古研究所编《隋唐洛阳城：1959～2001 年考古发掘报告》，第 29、68～70 页。

④ 因北宋洛阳城延续自隋唐洛阳城，很多问题必须首先讨论唐代的情况，故此部分由唐通叙至宋。

⑤ 徐松：《河南志》，第 2 页。

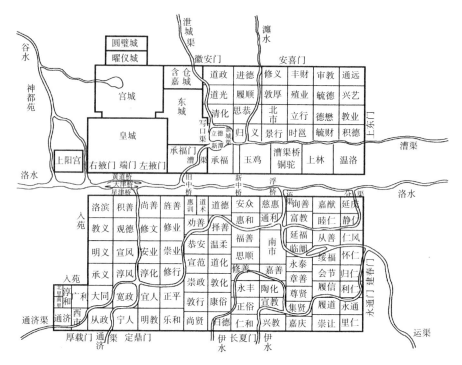

图 2.3　东都外郭城图（见徐松撰，李健超增订：《增订唐两京城坊考》，第 23 页）

街道宽度："城内纵横各十街。按韦述记：定鼎门街，广百步；上东、建春二横街，七十五步；长夏、厚载、永通、徽安、安喜门及当左掖门等街，各广六十二步；余小街各广三十一步。今不复旧制。"①

与街道的相对位置（宋）："长夏门街之东第三街，北隔洛水，当北郭之安喜门"②；"东城之东第三南北街，北当安喜门西街"③；"东城之东第四南北街，北当安喜门东街"④。

与街道、坊市的相对位置（隋、唐）："又东经安众、慈惠二坊之北，有浮桥。隋造，名利涉桥。北抵通远市南壁之西偏门。王世充平，桥、市俱废，显庆中复置。南当南市之北壁东偏门，北当北郭之安喜。乾封中又废，后乃私造，以舟为梁。"⑤

其中，与安喜门位置直接相关的，是隔洛水对安喜门的长夏门街之东第三街。

① 徐松：《河南志》，第 3 页。
② 徐松：《河南志》，第 16 页。
③ 徐松：《河南志》，第 31 页。
④ 徐松：《河南志》，第 32 页。
⑤ 徐松：《河南志》，第 141 页。

值得特别注意的是，与定鼎门街、长夏门街、厚载门街这些与门址直接对应的街道不同，安喜门街仅在韦述的记载中出现，《河南志》其余记载中并没有一条名曰"安喜门街"的街道，而安喜门的位置表述，竟也不是洛北东城之东第某街，而是隔洛水对长夏门东第三街这一相对位置。因此，首先要确定长夏门街东第三街的位置。

通读《河南志》关于街坊的记载，可见其叙述逻辑（图2.4）：第一，以各南北街搭建描述坊市之框架，由南至北依次叙述；第二，洛南以定鼎门街、长夏门街为界分三区，各区以定鼎门、长夏门为原点，分别向城墙辐射①；第三，洛北以东城西南角为原点，向城墙辐射。

因此，长夏门街东第三街，即以长夏门街为第一街，自西向东顺序排开，与长夏门街相隔两坊的距离，即兴教坊和游奕坊之间的街道。根据考古勘探实测数据还原洛阳城坊②（图2.5），若按照此前的认识——安喜门街位于考古所见东城墙内第四街（修义坊以东、丰财坊以西一线），则与文献记载有诸多不符。

第一，与长夏门第三街的关系。

以考古勘探出的长夏门第三街为基线，向北延伸，过洛河，抵北城墙。而测得东城墙内第四街与此基线距离约为250米，即近半坊的距离③。相隔250米，所谓"北隔洛水，当北郭之安喜门"似有些牵强。

第二，与隋通远市、唐南市的关系。

根据上述文献，安喜门、通远市南壁西偏门、慈惠坊东北、南市北壁东偏门应居于一线。对照图纸可知慈惠坊东北角、南市恰与长夏门第三街相近，两条文献可互证位置。而通远市的位置，辛德勇先生曾有过专述，认为"通远市，'周六里'，即当居景行、时邕以南二坊地"④。那么，一般认为的安喜门位置则位于通远市东偏，

① 如"长夏门街之东第一街，定鼎门街东之第五街也。南出长夏门"可证，类似语句较多，兹不枚举。
② 陈久恒：《"隋唐东都城址的勘查和发掘"续记》，《考古》1978年第6期。
③ 根据陈久恒《"隋唐东都城址的勘查和发掘"续记》，第372页，洛北部分，自东向西第一列坊400米，第二列坊500米，第三列坊380米。
④ 辛德勇：《隋唐两京丛考》，第183页。"出上春门，傍罗城南行四百步，至漕渠，傍渠西行三里，至通远桥。桥跨漕渠，桥南即入通远市。二十门分路以入，市合漕渠。市周六里，其内郡国舟船舳舻万计。市南临洛水，跨水有临寰桥。桥南二里有丰都市，周八里，通门十二。"韦述、杜宝：《两京新记辑校 大业杂记辑校》，第15页。

图 2.4　《河南志》里坊分布叙述逻辑图（王书林绘制）

与文献"通远市南壁西偏门"不符。

　　第三，与安喜门东西街的关系。

　　根据《河南志》的描述，北宋时期东城之东第三南北街和第四南北街，分别对应安喜门西街和安喜门东街①。若安喜门位于修义、丰财两坊之间，为何不称第四南北街为安喜门街，或言第四南北街北当安喜门？第三和第四南北街这两条紧邻的道路没有直接对应安喜门街，而是分别对应安喜门的东西方向，令人费解。是否有可能北宋以后安喜门与东城之东南北街并未直接相对，出现错位关系？

　　第四，街道宽度。

　　根据上述文献记载，城内街道分四档，如表 2.1 所示。

---

① 与此类似，东城之东第一南北街，北当徽安门西街，东城之东第二南北街，北当徽安门东街。

图 2.5（彩版一）　安喜门、徽安门位置分析图（王书林绘制）

表 2.1　街道宽度分档表（按文献记载）

档次	街道名称	文献记载	考古勘探数据	门道数量
第一档	定鼎门街	百步	90～121 米	三门道
第二档	上东门街	七十五步	未知	
	建春门街	七十五步	45 米	
第三档	长夏门街	六十二步	39 米	三门道
	厚载门街	六十二步	45 米	三门道
	永通门街	六十二步	59 米	三门道
	徽安门街	六十二步	未知	
	安喜门街	六十二步	19 米	
第四档	其余小街	三十一步	15～31 米	

"东城墙内第四街，即安喜门街。此街所在位置大部分为近代建筑物所占压，钻探结果仅在打包厂南探得路土一段，残宽 19 米。"① 由此可见，考古所测得安喜门街的宽度明显小于其他几个同档次的街道宽度。

上述分析表明，安喜门的位置应在通远市西偏门—修义坊一线所对之北墙，但若在考古发现之修义坊东街（即东城之东第四街），则上述不合理之处难以解释。那么，考古勘探所见修义坊是否就是唐代修义坊呢？

来看《河南志》中关于这一部分里坊的记载，"洛漕诸渠"载："归义坊中，瀍水南流。瀍水，自修□□□（缪补：义坊西南）流入外郭城，南流□□□（缪补：经进德）、履顺二坊之东，又东南流，穿思恭坊至南门南流，经此坊（即归义）入漕渠。"② 若将考古勘探数据对照《河南志》里坊志文和唐宋河南府城阙街坊图却发现，瀍水经流里坊应是"自修义坊西北之进德入城、经履顺、归义，穿思恭入漕渠"，与志文记载不一致（图 2.6）。

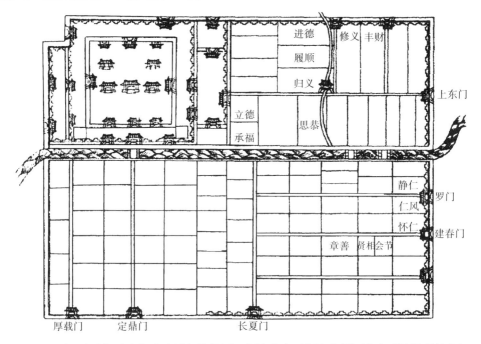

图 2.6 《河南志》唐宋河南府城阙街坊图（图中文字乃据志文撰写北宋列坊情况补充）

① 陈久恒：《"隋唐东都城址的勘查和发掘"续记》，《考古》1978 年第 6 期。
② 徐松：《河南志》，第 143~144 页。

　　而《河南志》中还有一句至关重要，"按韦述记，思恭在归义之北，乃反之，未详"①，表明唐代思恭在归义之北，而北宋时反之。由此可见，"洛漕诸渠"的描述乃唐代的情况，而里坊部分的志文和街坊图则更多反映宋代的面貌。

　　有意思的是，"洛漕诸渠"和街坊图中瀍水流经里坊不同，或反映了唐宋的里坊变化，但从瀍水走势看，却是基本一致的。其由城北入城，经较直的一段（约两坊距离）后折而南流，入漕渠。这一走势基本保留至今，我们在今天的卫星图片上，仍能看见这一段瀍水的曲折（见图2.5）。也就是说，如果可以认为从唐至宋直至今天，瀍水这一段的走势并没有发生太大变化的话，那么这一水系即可成为还原唐宋里坊位置的重要依据，也可由此推测安喜门的位置。

　　如前所述，唐宋之间洛北列坊布局存在差异，再观街坊图中洛北里坊的格局，也可以看出其与洛南棋盘式的里坊格局有着明显的不同。那么，洛北里坊究竟是如何变化的呢？从考古勘探到的街道格局或可找到答案。

　　考古勘探到的三条坊间道路，皆位于洛北东北角，由此可算出这三列坊东西长度自东向西为380米、500米、400米，与洛南平均530米宽的里坊差距很大。而从洛北郭城总数据上看，东西总长约3380米，共六坊，平均每坊（含坊间道路）560米，与洛南的实测数据具有极高的一致性。而东侧三列坊的东西尺度缩小，必然导致西侧三列坊的东西尺度增加，从而出现了街坊图所示洛北里坊西阔东窄的面貌（图2.6）。

　　由此推测，隋唐时期洛北里坊应与洛南里坊一样规整，均按边长300步规划，然至北宋时期，洛北里坊重新列布后，则出现了坊的大小差异，从而出现街道不对位的问题，考古勘探所见街道布局可能反映的是北宋以后的面貌。带着这一推测，试绘图求证，将唐代洛北里坊按平均值还原后，不仅与洛南里坊呈现出明确的对位关系，更重要的是，瀍水流向与"洛漕诸渠"记载完全一致（见图2.5）。

　　那么唐代安喜门的位置得以确认，正是与"长夏门街东第三街"相对，位于考古勘探"东城墙内第四街"以西约250米处，即宋修义坊北墙中心，即今沿夹马营路一直向北，与铁道交界附近。

---

① 徐松：《河南志》，第30页。

　　而宋代安喜门的位置，根据《河南志》志文中安喜门东街和安喜门西街的记载，则可能也位于此。但从图2.6看，街坊图中还有一个问题没有解决，其在城北绘制两门，却非唐徽安门、安喜门的位置。对比图纸与考古资料，东城之东第五街绘有一门，且门内道路为双线（文献中并未提到过此门），这条道路的实测残存宽度为35米，与其余重要门址的道路宽度档次相当。因此，街坊图中绘制的两门是否为北宋新建门址，还是绘图者错绘之，尚待考古工作的进一步证实。

（二）徽安门

　　徽安门是洛阳北墙西门，往西是东城和宫城，往北即为历代墓葬归属之地——邙山。对于徽安门的这一地理位置和门外风貌，唐以后文献中也多有记载：

> 以西都徽安门北路逼近大内宫垣①；
>
> （何四郎）俄以衣牵之北行，达于东西之衢。……正北抵徽安门，又西北约五七里，则昏冥矣。忽有朱门峻宇，若王者之府署……比晓，则卧于丘冢之间，寂无人迹。遂望徽安门而返。草莽翳密，堕于荒井之中②；
>
> （杜鹏举）遂相引徽安门出。门隙容寸，过之尚宽，直北上邙山，可十余里，有大坑，视不见底③；
>
> 洛阳天子县，金谷石崇乡，草色侵官道，花枝出苑墙。④

　　由上可见，徽安门以北的城外邙山地区，人迹罕至，草莽翳密，沿徽安门北路可抵宫垣。这些地望可与徽安门为北墙西门之说互为佐证。

　　《河南志》中还有三条相关记载：

> 定鼎门东第四街，北隔洛水，当北郭之徽安门⑤；
>
> 斗门之西，旧中桥。隋名立德桥，北当徽安门，……乾封中司农卿韦机移

---

① 薛居正：《旧五代史》，北京：中华书局，2000年，第36页。
② 李昉：《太平广记》卷三百五十三，上海古籍出版社，1990年，第1045－525页。
③ 李昉：《太平广记》卷三百，第1045－224页。
④ 《洛阳作，一作初出徽安门》，李昉：《文苑英华》，北京：中华书局，1966年，第1491页。
⑤ 徐松：《河南志》，第9页。

入东街。过斗门，又东流经新中桥①；

　　东城之东第一南北街，北当徽安门西街；……东城之东第二南北街，北当
徽安门东街②。

由第一、二条可知定鼎门之东第四街（尚贤坊和归德坊之间）——旧中桥——立德坊西南——徽安门，应可连为一线，从地形图上看，确为一线。据此推测徽安门应位于含嘉仓以东，道政坊以西（东城之东第一南北街），即今龙泉西沟洛阳铁路体育馆附近（见图2.5）。

而在洛阳铁路分局北邙山游泳池工地出土的《刘宣墓志》清楚地记载了徽安门的地理位置，"绍圣三年七月二十二日，迁父母继母河南府洛阳县宣武村徽安门西北一里高原，置茔合葬，茔地方一亩"③，即该游泳池工地在徽安门西北一里的位置。可惜20世纪90年代的游泳池具体位置已不明，从早期实测地图上看，自今洛阳铁路体育馆向西北500余米处正是邙山脚下，故可知上述推测有较强的可信度。

结合《洛阳邙山宋代壁画墓》的记录，"1990年4月至8月，我队配合洛阳铁路分局基建工程，发掘了一批唐宋时期墓葬。该墓区位于龙泉沟以西、龙泉新村铁路医院正北的邙山岭地上，南跟隋唐东都城北墙约600米"④，其位置恰位于铁路体育馆西北约一里之地，故可推测，这一配合洛阳铁路分局基建工程的考古发现与刘宣家族墓地有关。由此也可基本确认徽安门的位置就在洛阳铁路体育馆附近。

然从《河南志》第三条文献看，有徽安门西街和徽安门东街的说法，故徽安门似位于东城之东第一南北街和第二南北街之间，这一描述可能反映了北宋洛北街道的变迁情况。这些街道的变化及徽安门的具体位置有待考古工作的进一步确认。

其余城门大多经考古发掘或勘探确认，兹分述如下。

---

① 徐松：《河南志》，第140页。另有《旧唐书》载："都城洛水天津之东，立德坊西南隅，有中桥及利涉桥，以通行李。上元中，司农卿韦机始移中桥置于安众坊之左街，当长夏门，都人甚以为便，因废利涉桥，所省万计。"见刘昫等：《旧唐书》，北京：中华书局，1975年，第2854页。

② 徐松：《河南志》，第27～29页。

③ 李献奇、郭引强编《洛阳新获墓志》，第147页。

④ 宋云涛、墓建中：《洛阳邙山宋代壁画墓》，《文物》1992年第12期。

（三）定鼎门（发掘）

定鼎门，为洛阳城之南大门。经过 1959 年的钻探和 1999～2000 年的全面发掘，确定了定鼎门的位置、形制及修筑历史（图 2.7）。

北 ↑

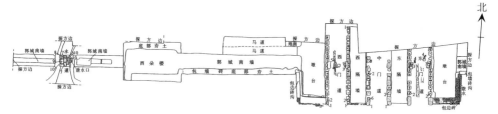

郭城定鼎门遗址唐代早期门址平面图(探方 LT49~LT60 内)
1. 撞石 2. 地栿石 3. 门砧石 4. 立颊石 5. 车道石 6. 土衬石 7. 分水石 8. 铁栅栏
9. 水道壁面砌石   10. 水道底部铺石

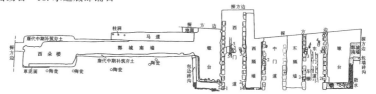

郭城定鼎门遗址唐代中期门址平面图(探方 LT49~LT54、LT57~LT59 内)
1. 撞石 2. 地栿石 3. 门砧石 4. 立颊石 5. 车道石

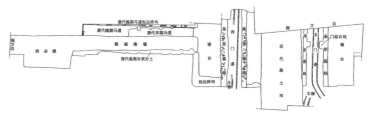

郭城定鼎门遗址唐代晚期门址平面图(探方 LT49~LT54、LT57~LT59 内)

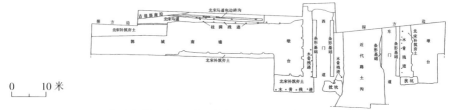

0   10 米

郭城定鼎门遗址北宋时期门址平面图(探方 LT49~LT54、LT57~LT59 内)

图 2.7　唐宋定鼎门址对比图（采自《隋唐洛阳城：1959～2001 年考古发掘报告》图 2 - 15 ～
图 2 - 18）

定鼎门位于赵村西南约 1 公里的关帝庙西侧，现在原址上以复原形式加盖保护性建筑，作为定鼎门遗址博物馆对外开放展示。门址为一门三道过梁式，自唐代晚期开始，地面出现条形地栿①，至北宋晚期东西两个门道被人为封堵，仅留中门道用于出入。

定鼎门位于唐东都南北轴线的最南端，是城南最为重要的出入口。门址主体（含墩台及门道）东西长44.5米，宽17.1米，两侧还以城墙连接东西朵楼，布局完备，气势宏伟。定鼎门外遂发展成为唐代洛阳城的重要公共空间，行迎来送往之事，甚至可置酒设宴。

如帝王置酒送军士，"（开元十五年）六月，朔方节度使、兵部尚书萧嵩赴朔方军，命有司于定鼎门外供帐置酒以送之，帝赋诗以光宠之"②；如官员之饯行，"于其行日，分司吏与留守之从事，窃载酒肴席定鼎门外，盛宾客以饯之。既醉，各为诗五韵"③；"柬之表请归襄州养疾，许之，仍特授襄州刺史……上亲赋诗祖道，又令群公饯送于定鼎门外"④；"武攸绪，武太后之从弟也，为扬州都督府长史，圣历中弃官隐于嵩山。至是召至都，授太子宾客。寻请归嵩山，制从之，令京官五品已上饯送于定鼎门外。"⑤

定鼎门外若能"供帐置酒""盛宾客以饯之"，似可推测门址以南有广场可用。

此外，定鼎门外还是南郊祭祀的场所，"其圜丘，……洛阳在定鼎门外午桥南二里，皆准古仪巳地之制"⑥，可见，作为城市正南门，定鼎门有着礼仪空间的功能。

至五代时期，定鼎门外的官方公共活动减少，从"（长兴元年）八月出定鼎门观秋稼"⑦的记载可看出，定鼎门外已多是农田。

北宋时期关于定鼎门的文献记载较唐大幅减少。从考古发掘材料看，北宋时期

---

① 中国社会科学院考古研究所编《隋唐洛阳城：1959～2001年考古发掘报告》，第44页。根据申建伟、李德方、叶万松：《隋唐东都洛阳城考古所见的门址综论》，中国古都学会第十四届年会，中国山东曲阜，1997年。隋唐洛阳城门址的建造经过了由点状地栿（唐）至条状地栿（宋）的变化过程，而定鼎门遗址的发掘，正向我们提示，这一转变可能于唐代晚期发生。

② 王应麟：《玉海》卷四十，上海书店出版社，1990年，第453页。

③ 《送郑十校理序》，韩愈：《韩愈全集》，上海古籍出版社，1997年，第221页。

④ 刘昫等：《旧唐书》，第2942页。

⑤ 王钦若：《册府元龟》卷九十八，北京：中华书局，1960年，第1172页。

⑥ 王泾：《大唐郊祀录》，《大唐开元礼附大唐郊祀录》，北京：民族出版社，2000年，第758页。

⑦ 王钦若：《册府元龟》卷一百一十四，第1363页。

虽补筑加宽定鼎门城墙夯土，但门道宽度缩小，取消东西朵楼，建筑规模气势皆大不如前。北宋晚期，定鼎门东西两个门道被人为用夯土封堵，仅留中门道出入。此外，对比定鼎门遗址发掘出土的唐宋遗物之数量，亦可知无论从建筑规模还是日常使用方面，均呈现出衰落之势。

表 2.2　定鼎门遗址唐宋差异对比表

时期	门址形制			出土遗物			
	门道个数	门道宽度	建筑构成	建筑构件	生活用品	兵器车马器	佛教造像
唐	3	5.8 米	东西朵楼	380 件	56 件	12 件	10 件
宋	3→晚期1	4.9 米	取消朵楼	7 件	2 件	0 件	0 件

（四）长夏门（发掘）

长夏门位于郑家村南，2002 年经局部发掘确认为一门三道过梁式。北宋时期将唐代东西门道人为封堵，仅留中间门道[1]。

长夏门区域地势较高，水患相对较小。伊洛水之泛滥，"城下惟福善坡不及，城外惟长夏门不及。洛中故有语云，长夏门外有庄，福善坡头有宅。平日但知以其形势耳，至此乃知水谶不苟云"[2]。

故长夏门外之庄园在洛阳诸水泛滥中得以保存并延续至宋，"洛城之东南午桥，距长夏门五里，蔡君谟为记，盖自唐已来为游观之地。裴晋公绿野庄今为文定张公别墅，白乐天白莲庄今为少师任公别墅，池台故基犹在。二庄虽隔城，高槐古柳，高下相连接"[3]。

与唐代游观之地的定位有所不同的是，宋代长夏门外还有一些置身于朝外的隐

---

① 根据隋唐洛阳城考古报告，遗址分为唐代早期、唐代晚期和北宋三个时期，唐代皆为三门道结构，门道形制和规模基本相同，北宋时期将东西门道封堵，仅留中门道以供出入。中国社会科学院考古研究所编《隋唐洛阳城：1959～2001 年考古发掘报告》，第 59 页。

② 张舜民：《画墁录》，第 17 页。

③ 邵伯温：《邵氏闻见录》，第 103 页。又由"唐开元中，乐工李龟年、彭年、鹤年兄弟三人……宅在东都通远里，中堂制度甲于都下。今裴晋公移于定鼎门外别墅，号绿堂。其后龟年流落江南，每遇良辰胜赏，为人歌数阕，座中闻之，莫不掩泣罢酒"可知，绿野堂也称位于定鼎门外，因此推测唐时洛阳城以南多有庄园。郑处海、裴庭裕：《明皇杂录》，北京：中华书局，1994 年，第 27 页。

者居于此①，使这里的居住氛围发生了改变。

（五）厚载门（调查）

厚载门位于古城村东北，1960 年做过简单调查。门址压于古洛渠之下，为三门道结构，残存基石两排②。

厚载门为洛阳城南墙最西一门。唐时门外有祀黄帝之坛，"祀黄帝含枢纽于南郊，（其坛）……洛阳在厚载门外道西一里"③。其位置偏于洛阳城西南角，宋时城外多为农田风光，"初出都门外，西南指洛陬。山川开远意，天地挂双眸。村落桑榆晚，田家禾黍秋。民间有此乐，何必待封侯"④。

（六）永通门（发掘）

永通门位于李楼乡贺村南，1997 年经局部发掘确认为一门三道过梁式，残存墩台、门道、隔墙、路土等。北宋初年毁废，封堵城门⑤。

（七）建春门（钻探）

建春门位于楼子村，1959 年经钻探，发现门址北墩台、南墩台和隔墙，为一门三道过梁式⑥。

建春门为洛阳城东门，唐时"礼运云：大明生于东，郑注云，大明，日也，照昼之明莫大于日，故云之，日，大明也"⑦，故"洛阳在建春门外道北百步"设日坛，坛上近北南向设大明位。与城南一样，东城外也有庄，风景宜人⑧。

到了北宋时期，建春门一带繁华起来，成为西京东行的重要交通节点，"嵩阳道

---

① "钱文僖公自枢密留守西都……当朝廷无事，郡府多暇，钱相与诸公行乐无虚日。一日出长夏门，屏骑从，同步至午桥访郭君隐居。郭君不知为钱相也，草具置酒。钱甚喜，不忍去。至晚，衙骑从来，郭君亦不为动，亦不加礼。抵暮别去，送及门曰：'野人未尝至府廷，无从谒谢。'钱相怅然谓诸公曰：'斯人视富贵为如何？可愧也。'"邵伯温：《邵氏闻见录》，第 82 页。

② 陈久恒：《隋唐东都城址的勘查和发掘》，《考古》1961 年第 3 期。

③ 欧阳修：《太常因革礼》，北京：中华书局，1985 年，第 29~30 页。

④ 《游洛川初出厚载门》，邵雍：《伊川击壤集》，第 35 页。

⑤ 中国社会科学院考古研究所编《隋唐洛阳城：1959~2001 年考古发掘报告》，第 64~67 页。

⑥ 中国社会科学院考古研究所编《隋唐洛阳城：1959~2001 年考古发掘报告》，第 68~70 页。

⑦ 王泾：《大唐郊祀录》，《大唐开元礼附大唐郊祀录》，第 772~773 页。

⑧ "洛城建春门外，有信安卢尚书庄，竹树亭台，芰荷洲岛，实为胜境。"刘肃等：《大唐新语外五种（含唐阙史）》，上海古籍出版社，2012 年，第 259 页。

出建春门"①。因其交通枢纽的地位，建春门内吸引了大量官员集中居住（见第四章第二部分 住宅与园林）；其周边商贸繁盛，元丰时期设建春门镇②。可知建春门周边应是西京城的经济、文化集中之地。

（八）关门（调查）

在 1954 年的考古调查中，"聂家湾村西（东距村西门 383 米），再南偏西至 40 度，由河南岸西城垣北端西南行 547.5 米处，有一阙口，叫作大城口。口外就是洛河。据老乡说'此地有大石块，几年前还露出地面，石与石相连处用铁细腰，传说是洛阳罗郭城的西南门'……以大石基的情况来说可能是关门的基石"③，故阎文儒先生推测关门可能位于聂家湾村西的大城口附近。然而洛阳城经近几十年的建设，大城口已难寻踪迹。因此，只能依靠与聂（家）湾村的相对关系，大致确定大城口的位置。

聂（家）湾村西门位于建春门街以南第一条东西横街的西头，沿城垣向"西南行 547.5 米"，大约是向南经过一个坊的距离，因此，推测"大城口"的位置就在建春门街以南第二条横街（即永通门街以北的第一条横街，位于怀义坊和淳和坊之间）向西与城垣交界处，即今文博路与洛隋唐城路交界处附近。

上东门和罗门尚未有考古证据确认，但综合现有考古发现和文献记载，可大致推测其位置。

（九）上东门（据考古和文献资料推测）

《河南志》载："北曰上东门，西对东城之宣仁门。"即宣仁门外大街往东即正对上东门，而考古工作确认了宋代宣仁门和洛北郭城东墙的位置，根据其对位关系，可推知上东门在塔湾村附近，至于上东门与宣仁门的关系，详见本章第四部分列坊。

上东门在北宋时期为洛阳重要的出入口，且常为显官贵要所用，具有仪式感，与唐时定鼎门的地位类似，"风烟新洛邑，冠盖上东门"④。

---

① 张耒：《张耒集》，北京：中华书局，1990 年，第 562 页。
② "熙宁三年（1070 年），……建春门、彭婆、洛阳、龙门、上东门五镇。"王存：《元丰九域志》，第 4 页。
③ 阎文儒：《隋唐东都城的建筑及其形制》，《北京大学学报》（人文科学）1956 年第 4 期。
④ 刘敞：《送人之洛》，《公是集》，北京：中华书局，1985 年，第 253 页。另有"王翼公钦若以使相尹洛，振车骑入城，士民聚观。富韩公方为举子，与士人魏叔平、段希元、一张姓者，同观于上东门里福先寺三门上"，也可说明上东门的交通地位和仪式地位。邵伯温：《邵氏闻见录》，第 188 页。

（十）罗门（据文献资料推测）

《河南志》载："中曰罗门，无榜。当是取罗郭之义而名之。"① 这个"中"是相对于"北曰上东门，南曰建春门"而言，即罗门位于上东门和建春门之间，为北宋新建的城门。《邵氏闻见录》记："洛水一支自后（厚）载门入城，分诸园，复合一渠，由天门街北天津、引龙二桥之南，东至罗门。"②

由上可知，天津桥、引龙桥南（即积善、尚善坊北）往东可至罗门，根据坊市排列结构（见本章第四部分列坊）可推测，罗门可能位于静仁坊和仁风坊之间，即今万年青村东口以东70米处。这一推测似可在《河南志》——唐宋河南府城阙街坊图（见图2.6）中得以佐证。街坊图中，郭城东墙上有四座城门，根据志文描述，洛河以北的城门为上东门，洛河以南由南向北分别为永通门、建春门。而居于上东门和建春门之间的这座城门应该就是罗门。从图上看，它与建春门之间相隔两坊，即位于静仁坊和仁风坊之间，与前述推测一致。

三 街道

本节所述街道为城市主干道，主要是坊间道路，不涉及坊内道路。虽然北宋时期因坊制的破坏、坊墙的倒塌而造成很多坊内道路可能与坊间道路直接相通，从而形成街巷网络，但东西、南北贯通的坊间大路仍然是最重要的交通经络。

因此，本节首先叙述与外郭城诸城门相对的纵横街道，再涉及其他坊间道路，坊内道路的情况置于列坊一节内讨论。另因关于街道的考古材料相对较少，故很多问题只能就现有材料讨论。

（一）主要街道

1. 定鼎街③

定鼎街，南起定鼎门，过现定鼎街往北，经安乐窝居民小区南区西墙，穿安乐

① 徐松：《河南志》，第2页。
② 邵伯温：《邵氏闻见录》，第104页。
③ 中国社会科学院考古研究所编《隋唐洛阳城：1959～2001年考古发掘报告》，第72页。

窝居民小区北区后抵洛河。考古发掘显示,定鼎街宽90~121米,路土层分三层:宋代路土层(厚0.15~0.45米)、唐代晚期路土层(厚0.2~0.45米)、唐代早期路土层(厚0.2~0.4米)。

定鼎街,又称天街,是城内最宽的街道,正对宫城和皇城的中轴线,故中央部分被称为"御路"。但自唐末衰败后,五代时期民间侵街的现象颇为严重①。从考古材料可知,北宋时期这一街道宽度明显变窄②,或因侵街所致。

此外,在定鼎门街东侧,发现一条呈东北—西南走向的道路,穿明教坊西坊墙而过,路土宽约80米。这一新建道路宽度与定鼎街宽度接近,且发现路土上有大量辙痕,故可推测其应该也是宋代一条非常重要的道路③。

2. 厚载门街④

厚载门街,南起厚载门,经今聂泰路,穿聂湾村抵洛水。据考古勘探材料显示,路土厚0.2~0.4米,探得的街面最宽处45米,但破坏较为严重。

厚载门大街南段发掘清理出晚唐时期小型单室土洞墓94座。考古学者认为,"洛南新区厚载门大街一带是古代墓葬密集区,处在洛阳隋唐故城南郊,是昔日城南交通要冲,其所以成为大片庶民墓地,有可能与当时京城已经败落有关"⑤。

----

① 清泰二年(935年),"御史中丞卢损上言:'臣见九衢巷陌,已是渐微,兆庶街坊,未止侵占,陛下仁恕在念,约绝难行,且乞五凤楼南、定鼎门北,禁止搭拥篱圈、笼树舍檐、取土填街、引渠秽路,请指挥金吾军巡止绝。其四,桥号天津,名实帝道,人臣履历,尚合兢趋,牛车往来,公然纵恣,请止绝。天津桥中道两头下关,驾出即开两傍之路,士庶往来,其车牛并浮桥路来往。其五,朝廷所重,名器为先,叙礼乐,道尊卑,明贵贱。伏见禁门之内,人马出入极多,臣请凡官员除将被袋马外,其余骑从,并令于光政门外下马。'诏曰:'听政不坐,礼仪所合使先知;牧马趋朝,道路而宜令有异。况民家占侵于御路,固合条流,牛车来往于天津,宜须禁止。'卢损益深奉职,言切为时,详五件之封章,俾四方之观政。除光政门外下马一件续有处分,余并从之。"王钦若:《册府元龟》卷四百七十六,第5677~5678页。
② 由唐代早期116米变为唐代晚期101.7米,后又缩至北宋时期74.3米。
③ 这一道路遗迹仅在《隋唐洛阳城:1959~2001年考古发掘报告》中得见,发表的材料中仅有文字描述,未见相关图纸,因此具体细节尚不可得知。中国社会科学院考古研究所编《隋唐洛阳城:1959~2001年考古发掘报告》,第74页。
④ 中国社会科学院考古研究所编《隋唐洛阳城:1959~2001年考古发掘报告》,第78~79页。
⑤ 史家珍等:《洛阳新区厚载门唐墓发掘简报》,《文物》2011年第1期。

3. 长夏门街①

长夏门街，南起长夏门，穿郑村西部，经洛阳牡丹瓷博物馆东侧、洛阳公华蛋种鸡场西侧，再往北经洛阳师范学院以东约 175 米（即 20 世纪 60 年代茹家洼西侧）抵洛水，残宽 39 米，路土厚约 0.4 米。

4. 建春门街②

建春门街，东起建春门，经今军民南路，向西过新兴街抵洛河。道路南北宽约 45 米，其中唐代路土厚 0.05 ~ 0.2 米。五代北宋时期有侵街现象③，道路变窄，上有五代北宋车辙。

5. 上东门街

"塔湾村以南，东关以东至洛水的广大地带，因历年洛水冲刷，地势低洼，一般至地表 1 米左右即见水，给钻探工作造成极大困难。这一部分街道坊里几乎全部破坏无存。"④ 上东门街正是位于这一区域，因此考古工作并未勘探到路土。霍宏伟先生在《洛阳老城十字街与隋唐城街道遗迹》⑤ 中分析认为，上东门街的大致位置，应西起考古发掘所见之宣仁门，经洛阳老城区东西向十字街，过老城区东门，经中州东路，东抵上东门。但考虑到里坊尺度关系，考古所见之宣仁门可能与唐代宣仁门出现错位（见本章第四部分列坊），因此，上东门街的位置确认尚待更多考古证据。

（二）其他街道

洛阳城内其他坊间道路大多仅经 20 世纪 60 年代的考古勘探，所获数据和信息较少，且其记述顺序和名称皆与《河南志》不同，为叙述和对比方便，本书以已确定的诸门址为参考点，分洛南和洛北两区，各以自西向东和自南向北的顺序描述，列表如下。

---

① 中国社会科学院考古研究所编《隋唐洛阳城：1959 ~ 2001 年考古发掘报告》，第 78 页。
② 中国社会科学院考古研究所编《隋唐洛阳城：1959 ~ 2001 年考古发掘报告》，第 74 页。
③ 石自社：《北宋西京洛阳城市形态分析》，辽上京城市考古会议，赤峰，2014 年。在建春门街北部发掘清理出唐末五代至北宋时期临街店铺，前为凉棚式，后为砖砌建筑，店铺内清理出层层叠压的烧灶痕迹。见洛阳市文物管理局编著《洛阳大遗址研究与保护》，北京：文物出版社，2009 年，第 182 页。
④ 陈久恒：《"隋唐东都城址的勘查和发掘"续记》，《考古》1978 年第 6 期。
⑤ 霍宏伟：《洛阳老城十字街与隋唐城街道遗迹》，《考古》2012 年第 8 期。

表2.3　北宋街道位置复原表

街道名称	考古发掘报告名称	《河南志》名称	街道宽度（单位：米）	经复原可能位置
西墙顺城街	淤土，未探得			
厚载门街西第一街	淤土，未探得			隋唐城遗址植物园中心南北向大道（穿中心广场）
厚载门街（定鼎门街西第二街）	定鼎门街西第二街	定鼎门街之西第三街	45	聂泰路
定鼎门街西第一街	定鼎门街西第一街	定鼎门街之西第二街	24	穿董庄而过，位于聂湾村以东
定鼎门街	定鼎门街	定鼎街	90~121	经定鼎门遗址、定鼎街一线往北
定鼎门街东第一街	定鼎门街东第一街	定鼎门街东第二街	13.5	赵村西侧，位于龙门大道附近
定鼎门街东第二街	定鼎门街东第二街	定鼎门街东第三街	13.5	穿赵村东侧，穿西岗村东
定鼎门街东第三街	定鼎门街东第三街	定鼎门街东第四街，即长夏门西街	16	东岗村正街、映雪路
长夏门街	定鼎门街东第四街	长夏门街之东第一街	39	穿郑村，过西一街、新区大道
长夏门街东第一街	长夏门街东第一街	长夏门街之东第二街	28	位于郑村、茹凹村以东
长夏门街东第二街	长夏门街东第二街	长夏门街之东第三街	15	过狮子桥村西侧，穿曙光村
长夏门街东第三街	长夏门街东第三街、第四街[①]	长夏门街之东第四街	21	过狮子桥村东侧、文明街
长夏门街东第四街	长夏门街东第四街	长夏门街之东第五街	19.5	过董村西侧，穿杨村，过北王村西侧

[①]　"长夏门街东第三街"的说法，来自陈久恒《"隋唐东都城址的勘查和发掘"读记》，并被《隋唐洛阳城：1959~2001年考古发掘报告》第78页引用，但同书第75页对同一条街道的发掘情况进行记录，名为"长夏门街东第四街"。

续表 2.3

街道名称	考古发掘报告名称	《河南志》名称	街道宽度（单位：米）	经复原可能位置
东城顺城街	东顺城街		16	过贺村东侧、西高村西侧、楼村东侧
南墙顺城街	南墙北第一横街		18	
建春门南第三街（原永通门街）	南墙北第二横街		27～31	西起永通街，穿郑村、过狮子桥村南
建春门南第二街	南墙北第三横街		18	隋唐园北路，过郑村北、狮子桥村北
建春门南第一街	南墙北第四横街		27	唐聂十五街、景石路
建春门街	建春门街		45①	龙门大道以西工农路、龙门大道以东学院路、东中西岗村道
建春门北第一街	南墙北第六横街		21	过茹凹村北，穿曙光村、北王村
建春门北第二街（罗门）	未探得			约洛阳漕运文化公园滨河路
建春门北第三街	未探得			已入洛水
东城之东第一南北街	未探得	东城之东第一南北街		老城区南北大街以东
东城之东第二南北街	未探得	东城之东第二南北街		老城区东城墙附近
东城之东第三南北街	未探得	东城之东第三南北街		华林路、乐善街、万寿街一线
东城之东第四南北街	东墙内第四街	东城之东第四南北街	19	洛阳一中与洛阳回中之间

---

① 根据 2004 年的考古钻探显示，建春门街残存路土南北宽约 45 米，大于 1961～1965 年钻探所见之 41 米，故取大者填入本表。中国社会科学院考古研究所编《隋唐洛阳城：1959～2001 年考古发掘报告》，第 74 页。

街道名称	考古发掘报告名称	《河南志》名称	街道宽度（单位：米）	经复原可能位置
东城之东第五南北街	东墙内第三街	东城之东第五南北街	35	启明南路
东城之东第六南北街	东墙内第二街	东城之东第六南北街	32	塔湾村西
东顺城街	东墙内第一街		8	塔东村东、塔西花园东
上东门街	未探得			中州东路
上东门北第一街	北墙内第三横街		32	熙春西路以南，穿洛阳一中操场
上东门北第二街	北墙内第二横街		16	启明西路西段
北墙顺城街	北墙内第一横街		3.5	

（三）考古材料所反映的问题

在讨论安喜门位置的时候，我们已经根据文献确认唐代城内街道分为四档：百步、七十五步、六十二步、三十一步。但考古勘探材料显示，城内街道保存宽度并不如文献记载般整齐划一。分析考古勘探实测数据，我们可以把表2.1扩展，将城内街道分级①（表2.4，图2.8）。对比表2.4和图2.8，可分析出文献记载与考古勘探数据的异同。

第一，相对于文献记载，勘探出的街道宽度总体偏窄②，但仍显示出清晰的等级界限，且与唐代街道等级的划分关系密切：定鼎门街最宽（第一级），其次是诸门址对应的街道（第二级），然后其他小街（第三级和第四级）。

---

① 一般情况下，考古勘探数据仅能作为参考，很难将其作为基础数据予以分析。而本书将勘探所得街道宽度分级处理后，可见其与文献记载有着比较直接的对应关系，或可用于分析唐宋时期城内街道的宽窄变化情况。

② 如定鼎门街宽百步，约147米（1步=1.47米），建春门街等宽七十五步，约110米，长夏门街等宽六十二步，约91米，除去道路两旁的水渠等附属设施，也远大于勘探数据。

表 2.4　街道宽度分档表（按勘探数据）

档次	街道名称	文献记载	实测数据	实测分级
第一档	定鼎门街	百步	90～121 米	第一级 60 米以上
第二档	上东门街	七十五步	未知	第二级 35～60 米
	建春门街	七十五步	45 米	
第三档	长夏门街	六十二步	39 米	
	厚载门街	六十二步	45 米	
	永通门街	六十二步	59 米	
	徽安门街	六十二步	未知	
	安喜门街	六十二步	19 米	
第四档	上东门北第一街	三十一步	32 米	第三级 20～35 米
	东城之东第五南北街	三十一步	35 米	
	东城之东第六南北街	三十一步	32 米	
	建春门南第一街	三十一步	27 米	
	建春门北第一街	三十一步	21 米	
	定鼎门街西第一街	三十一步	24 米	
	长夏门街东第一街	三十一步	28 米	
	长夏门街东第三街	三十一步	21 米	
	其他小街	三十一步		第四级 20 米以下

第二，诸门址所对应街道（第二级）的宽度大致在 35～60 米之间，文献所载较宽的建春门街（七十五步）在考古勘探数据中并未明显超出其他门址对应街道。这或许说明，规划所设街道七十五步和六十二步虽有差距，但属于同一数量级，经过实际使用，其反映出的残存宽度（表现为勘探宽度）相近。

第三，其他小街在文献中均为三十一步，但从勘探数据似可将其分为两等：20～35 米（第三级）和 20 米以下（第四级）。有意思的是，第三级街道大多位于第一、二级街道两侧，如定鼎门街西侧、长夏门街东侧、建春门街南北侧、上东门街北侧等，类似现代城市中次干路的作用。

第四，从街道等级分布图可见，定鼎门街和长夏门街之间的区域街道尺度偏窄，

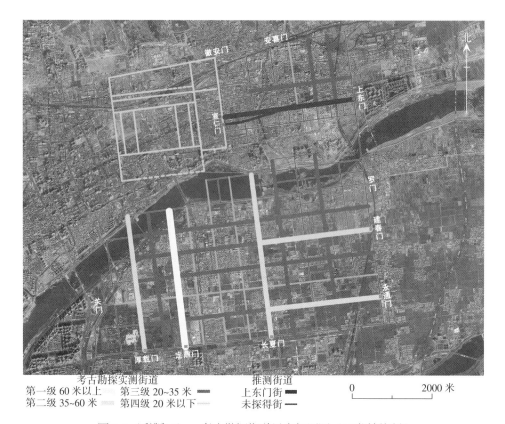

考古勘探实测街道　　　　　　　　推测街道
第一级 60 米以上　第三级 20~35 米 ▬▬　上东门街 ▬▬
第二级 35~60 米 ▬▬　第四级 20 米以下 ▬▬　未探得街 ▬▬

0　　　　　　　2000 米

图 2.8（彩版二）　考古勘探街道尺度复原图（王书林绘制）

皆为第三、四级街道，无一、二级主要道路。这一现象看似偶然，实则有意为之。若根据上述第三条的规律，定鼎门街东侧[1]、长夏门街西侧南北向街道都应该是第三级街道，但根据实测数据是第四级街道。更有意思的是，建春门街、永通门街在长夏门东侧为二级道路，到了长夏门西侧则变为三级道路。考古报告中的解释为"长夏门以西保存较差"[2]，但永通、建春这两条南城最主要的东西大街在此显示出高度的一致性，且道路宽度锐减明显（宽度减少 24~32 米），恐不宜以"保存较差"予以解释。

再来看唐宋河南府城阙街坊图（见图 2.6），其中主要门址所对应的街道均为双线，其他街道为单线，可看出绘制者有意表现的道路分级之特点。建春门街和永通

---

① 按《河南志》载，当左掖门街宽六十二步。左掖门正对定鼎门街东第一街，那么"当左掖门街"即定鼎门东侧道路，但根据勘探数据仅 13.5 米。因此，定鼎门东侧未设三级道路。考古工作发现一条西南—东北向，宽约 80 米的道路，穿明教坊西坊墙而过，或可承担次干路功能。

② 陈久恒：《"隋唐东都城址的勘查和发掘"续记》，《考古》1978 年第 6 期。

门街在长夏门以东表现为贯通的双线，以西则以不规则的单线联系，似可与上述建春门街、永通门街在长夏门以西道路宽度锐减的现象互证[①]。图中所反映的道路分级系统和区域道路特点，与考古勘探数据惊人地相似。

考古勘探数据中，有几条道路是未探到的，包括西顺城街、厚载门西第一街、建春门北第二街、建春门北第三街、上东门街及其以南的街道、东城之东第一街、东城之东第二街、东城之东第三街等。

这些街道比较集中，可以分为三个片区：一为厚载门以西区域，二为洛河南北各两坊左右区域，三为安喜门至徽安门区域。这三个区域要么是水患的重灾区，要么是宋以后洛阳城的主要发展区（明清洛阳城建城区），或因破坏严重，早期遗迹较难找寻。

据上述分析，20世纪60年代考古勘探所得到的街道数据较唐代文献记载窄，其道路分级也发生了一定的变化，应反映了隋唐洛阳城建设发展了数百年甚至更长时间以后的街道格局，或者说其数据可能更接近于北宋后期洛阳城街道的面貌。

综上，相对于唐代，北宋洛阳城的街道发生了较大的变化，主要体现在：

其一，外郭城的重心向东转移。以洛南为例，原本最为重要之象征威仪的天街，道路宽度锐减，且发生了民间"搭棚篱圈、笼树舍檐、取土填街、引渠秽路"等侵街现象，厚载门街南段沦为庶民墓地。从街道尺度来看，长夏门以东区域街道更宽，等级更高，相对保存尚佳。

其二，街道格局复杂化。宋代街道延续自唐代的棋盘式分布，但已不如唐代整齐划一。定鼎门街东侧所发现的西南—东北向，宽约80米的斜街，或是典型一例。而洛北更为混乱的街道里坊关系（如徽安门东西街、安喜门东西街以及漕洛之间的街道布局等）更值得进一步探讨。

其三，坊制被打破，街道功能发生改变。自唐代后期开始，侵街以及占压坊墙、

[①] 考古勘探中"（永通门）街在长夏门以东，残宽59米，厚0.3米，距地表深1.3～1.6米，路土保存较好。长夏门以西保存较差，一般残宽27米左右……（建春门）街自建春门到长夏门街一段保存较好，在2800多米长中路土从未中断，残宽41米，路土厚0.4米。长夏门以西保存较差，残宽仅21米，厚0.2米"。陈久恒：《"隋唐东都城址的勘查和发掘"续记》，《考古》1978年第6期。

坊门的情况屡有出现①。考古发掘在宁人坊"南坊门和西坊门均发现晚期叠压在坊墙和坊门上的遗迹，有路土和卵石区、瓦砾区、灰坑等。这种破坏坊墙、侵街的现象开始于晚唐时期，与文献记载相符"②。而在宁人坊东坊门，甚至发现夯土基础打破坊墙，且叠压在坊门之上的迹象③。在从政坊坊内北部发现东西向路土，北距北坊墙71.6米，东出东坊墙与定鼎门大街西第二街（实定鼎门大街西第一街）相接。路土打破东坊墙，东西长55米，宽4米④。

至宋代出现沿街设店者，如"张公所居，直南一二里临官路，有店数十户"⑤，在建春门街发现的临街店铺也证实了这一点。这表明，街道功能由交通空间向商业空间转化。

四 列坊

学界对于北宋的"坊"是有疑惑的。坊是否还存在，或者是以什么样的方式存在，是值得讨论的问题。从前文可知，唐代晚期出现了叠压于坊墙、坊门之上的建筑遗迹，唐代的坊内道路可能变成了北宋的坊间道路，也就是说，坊与坊之间或不再以坊墙相隔，过去四周围合的封闭式空间被打破。从这个意义上讲，北宋时期的"坊"已经不存在了。

---

① 杨宽：《中国古代都城制度史研究》，上海人民出版社，2016 年，对此有一定概述。又宋初《故彭城刘将军（汉遇）墓志》："公讳汉遇，字德会，太原人也。……（建隆二年）正月一日，薨于西京天门街之西第，享年五十有二。葬于京西河南县龙门乡南王里，礼也。……时建隆二年岁次辛酉正月二十六日。"刘宅并未如一般记载那样，写到某坊，而是直指"天门街之西"，故推测其很可能是对着天街（即定鼎街）开门的。

② 史家珍等：《隋唐洛阳城宁人坊遗址发掘简报》，《洛阳考古》2014 年第 2 期。

③ "宁人坊东坊门位置目前被一晚期夯土基础叠压，该夯土打破东坊墙。夯土南北长 7.2 米，东西宽 4.5～6.5 米，夯层明显，土质较硬，夯土内包含有砖瓦颗粒。夯土西南端紧邻一砖砌排水沟，该沟东西长 5 米，宽 0.38～0.42 米，深 0.38～0.5 米。此排水沟可能为该夯土建筑的排水设施。该晚期夯土建筑当为隋唐里坊制度崩坏之后所建。"《宁人坊遗址》，2016 年 6 月 16 日，http：//sc121.800tzw.com/faxshow.php？cid＝4&id＝26。

④ 张如意等：《隋唐洛阳城宁仁坊区域考古调查报告》，《洛阳考古》2013 年第 1 期。

⑤ 张齐贤：《洛阳搢绅旧闻记》，第 126 页。

但从文献看，北宋时期洛阳城的"坊"又是存在的①。经唐末五代之战乱，洛阳城郭诸坊已破落，至北宋皇祐二年方重新依旧地布列各坊，只是这一时期的"坊"跟唐代的坊有了很大的区别。它代表着一定的地域空间范围，大部分的坊应该是有边界的，只是这个边界不再以实体坊墙为限，而是以街道为分隔。此外，北宋时期还发展出一种边界不明的"坊"，如贤相坊、南州坊等。

由于"坊"在这一时期仍具有地理意义，很多文献仍以坊为坐标描述城内情况，故对于北宋时期列坊的复原是有必要的。但街道格局的复杂化使宋代各坊的界定较唐代困难很多。

《河南志》京城门坊街隅古迹中，以宋代一百二十坊为纲，考隋唐遗迹。"凡一百二十坊。隋曰里一百三，市三。唐改曰坊，今八十八坊隶河南县，三十二坊隶洛阳县。……洛阳志云：凡一百二十坊。"② 文中多处出现里坊名称和数量统计，皆可完全对应③。由此可知，《河南志》中对于坊市的描述应真实严谨地反映了北宋西京重新布列各坊后的格局。

因此，对于宋代的列坊分布，我们能参考的主要是《河南志》的记载和考古勘探的数据。为能更好地利用这两种材料，特分述其特点和优势，以扬长避短。

1. 《河南志》

优势：材料原始，最接近宋代；全面完整，可反映宋代坊市分布的大致情况；

---

① "按韦述记，每坊东西南北各广三百步，开十字街，四出趋门。自唐末五代，鞠为荆棘，后依约旧地列坊云。坊久无榜，皇祐二年，张奎知府事，命布列之，洛阳志云：凡一百二十坊。"徐松：《河南志》，第3页。从墓志出土材料，也可见官员居第使用某某坊作为位置标志。

② 徐松：《河南志》，第3页。

③ 如"（定鼎）街东凡六坊……定鼎门街东第二街，凡六坊……定鼎门街东第三街，凡八坊……定鼎门街东第四街，即长夏门之西街，凡七坊……"上述共二十七坊，与"右定鼎门街东，长夏街西，南至城，北至洛水，坊二十七"相对应；"长夏门街之东第一街，凡八坊……长夏门街之东第二街，凡九坊……长夏门街之东第三街，凡十一坊……长夏门街之东第四街，凡八坊……长夏门街之东第五街，凡八坊……"上述共四十四坊，与"右长夏街之东，南与东至城，北至洛水，坊四十四"相对应；"定鼎门街之西第一街，凡六坊……定鼎门街之西第二街，凡六坊……定鼎门街之西第三街及厚载门街，凡五坊……"上述共十七坊，与"右定鼎门街西，坊十七"相对应。徐松：《河南志》，第5~27页。上述27+44+17=88，即洛河南岸诸坊总数恰为隶河南县之八十八坊。同样，洛河北岸隶洛阳县之三十二坊也可完全对应。

本身自洽性较高；书中的文字和图可互补。

劣势：文献经历代传抄，有错讹之处；图纸表达因方形城市、洛水中隔等地理特征而有所局限，缺乏与实测数据的比例关系。

2. 考古勘探实测数据

优势：数据准确，可与现代地形图对接。

劣势：勘探数据不能确定时代；因勘探条件所限，数据不完整；信息量较少，只能反映主要街道之关系。

鉴于上述分析，拟以考古报告中里坊的钻探与发掘情况为基础，结合《河南志》的记载，在现代地图上复原北宋时期（以北宋皇祐时期布列诸坊为主）的里坊分布（图2.9）。现以洛河为界，以洛南河南县、洛北洛阳县列坊情况分述如下。

a

图 2.9（彩版三）　北宋里坊分布复原图（a 基于地形图绘制，b 基于航片绘制）

（一）河南县里坊分布

从《河南志》唐宋河南府城阙街坊图中可见河南县的坊市分布较均匀，特别是长夏门以东区域，基本为棋盘式分布。但在长夏门以西，则呈现道路参差的面貌。而考古勘探数据则显示，长夏门以西各坊（从已发现的街道至少可划分出五行坊）应也是有规律的棋盘式分布。这二者孰是孰非，哪个更接近北宋西京的原始面貌，是我们需要解决的第一个问题。

观察厚载门以西的五个坊，是自南向北依次排列的通济—怀义—淳和—南里—北里。唐宋河南府城阙街坊图中将其平均分布于平行的南城墙与洛水之间，各坊面积较其他列坊为大，而并未考虑并绘制洛水流向。但实际上，洛水由西南流向东北，洛阳城西南角应距洛水较近，这是文献所记洛中大雨后伊洛涨水直接导致西南城破的主要原因，也是西南城角屡次修筑防水堤的原因。时至今日，西南城角距洛河的最短直线距离仅 1.7 公里（定鼎门至洛河最短直线距离为 2.7 公里）。

正是由于洛阳城西南隅地理空间的限制，唐代洛南各列均有 6~8 坊，但在西南城角二列则仅 2~3 坊，分别是：固本坊（西市）—广利坊、通济坊—淳和坊（并南里坊—北里坊）（见图 2.3）。北宋或因洛河的北移而增至五坊，但仍较其他各列少。

从厚载门以西五坊的分布，可以看出唐宋河南府城阙街坊图的绘制逻辑和缺陷，即将洛河绘制成自西向东流，且洛河走向与南北城墙平行，并由此产生了依地列坊但地坊分配不适（地广坊稀或地狭坊多）的问题。因此需要充分利用考古勘探数据，在现代实测地图上以自然地理要素为限制，还原河南县各坊分布的面貌。

在依地还原的过程中，还有几个坊的位置和相对关系需要单列讨论。

1. 上林坊和铜驼坊

唐宋河南府城阙街坊图中洛南仅绘出 86 坊，与文字记载的 88 坊并不一致。经对比每列坊数，可知缺漏的两坊位于长夏门东第一街和第二街，即上林和铜驼所在两列。由于这两列诸坊多因隋唐之旧，仅北部变化较大，故推测漏掉的两坊即为上林和铜驼。这或许与该图意在表现并兼顾唐宋两朝街坊有关。

上林坊和铜驼坊在宋代由水北徙至水南。相关文献如下：

上林："按韦述记，（长夏门东第三街的慈惠）此坊半已北，即洛水之横堤。今乃其北，更益上林一坊，未详；……（上林）坊自洛水之北徙。洛河竹木务，自宽政坊徙。清洛馆，景祐中，留守张士逊建为客馆。济川亭，在洛河中潬西偏，张士逊建。"[1]

铜驼："此坊自洛水之北徙。坊之西北，会通桥。"[2]

以上记载说明，唐代慈惠坊紧临洛水，至宋代在慈惠以北增加了上林坊，以上林临洛水。而铜驼坊西北为北宋庆历中所造会通桥，即表明铜驼也北临洛水。故推测北宋时期上林坊、铜驼坊的南移与会通桥的建设等活动可能与洛河河道北移有关。

2. 章善坊、贤相坊、会节坊

在唐时，长夏门东第二、三街南起第四行坊分别是章善坊和会节坊。而据《河

---

① 徐松：《河南志》，第 15~16 页。
② 徐松：《河南志》，第 18 页。

南志》记载，"（贤相坊）按，今乃析章善之东、会节之西增一坊焉"。这一"坊间增坊"的表述，与《河南志》对其他新增坊的描述不太一致，如"邻德坊，亦北市之地，后增此坊"，"赐福坊，续添。本教业坊之南半坊之地"①，皆为"坊内增坊"。一方面没有准确表达贤相坊的位置、面积和范围边界；另一方面，贤相坊似夹在两个原东西相邻的坊之间，但原两坊之间应该是有坊间道路的，若新增一坊，则南北通直的道路如何处理？

此外，《河南志》志文与图也出现矛盾之处。志文将贤相坊列于长夏门街东第三街章善坊之后描述，按照其叙述逻辑，贤相坊应是由章善坊之地析出，但图纸却将分坊线画在会节坊内，那么这一新增的贤相坊究竟是由章善坊还是会节坊析出的呢？辛德勇先生将分坊线改绘至章善坊，大抵是同意志文的说法而认为图纸绘制有误。张祥云先生将贤相坊绘制于章善和会节之间，呈三坊并列的局面。

要讨论这个问题，我们需要来看一下居住在这一区域的张齐贤家。关于张齐贤宅的位置，有两种说法。

（1）会节坊说

《河南志》（皇祐三年至至和元年即 1051 ~ 1054 年）载，张齐贤宅和园皆在会节坊，且志文中多处印证。"（会节坊条）司空致仕张齐贤宅，园在宅之南。"②"（永泰坊条）故相张齐贤居会节坊，号南张，去华号北张。皆子孙昌炽，洛中冠冕，二族最盛。"③

张齐贤（942 ~ 1014 年）去世以后，其子嗣仍住在会节坊，如张齐贤之子张宗诲的墓志记宗诲住会节坊④。

（2）贤相坊说

欧阳修《洛阳牡丹记》（天圣九年至景祐元年即 1031 ~ 1034 年）载张齐贤住西

---

① 徐松：《河南志》，第 31、34 页。

② 徐松：《河南志》，第 20 页。

③ 徐松：《河南志》，第 17 页。

④ 《故金紫光禄大夫秘书监致仕上柱国清河县开国子食邑六百户食实封一百户张公墓志铭（并序）》："公讳宗诲……父讳齐贤，以道德名望相太宗、真宗，赠太师，尚书令、中书令、英国公……（宗诲）庆历五年（1045 年）闰五月一日，窆于河南会节坊之私第，年七十有七。"四川大学古籍整理研究所编《全宋文》第 14 册，成都：巴蜀书社，1991 年，第 472 ~ 473 页。

京贤相坊，宅中有鞓红牡丹。"鞓红者，单叶深红花，出青州，亦曰青州红。故张仆射齐贤有第西京贤相坊，自青州以骆驼驮其种，遂传洛中。其色类腰带鞓，故谓之鞓红。"①

这几条文献关于张家宅邸的位置其实是矛盾的，表现有二：一是空间上，既有会节坊说，也有贤相坊说。由于张家住会节坊有多条文献互证，故可能性很大。但欧阳修关于其住贤相坊的记载也是当时人记当时事，加之张家在洛阳为名门望族，地位很高，其宅邸位置应该不容易记错，所以虽为孤例但也值得重视。二是时间上，会节坊是自唐至宋一直存在的坊，而宋代贤相坊则是宋以后从章善和会节之间析出的新坊，即是会节在先，贤相在后，但欧阳修撰《洛阳牡丹记》（1034 年）即提到贤相坊，但张宗诲墓志（1045 年）和《河南志》（1050 年以后）中却仍保留居住于会节坊的提法（据《河南志》的描述这一时期贤相坊仍然存在）。

如果要这两个矛盾得以调和，唯有推测贤相坊与会节坊在一定时间内存在空间交叠，即交叠地带既可称贤相坊也可称会节坊，而张家就位于这个交叠的区域？那么，是否存在这样一种可能呢？

五代"桑维翰为相，户部奏改维翰本贯河南府河南县来远乡为调鼎乡，乐善里为代天里，给门戟十二枝。开运初为枢密使、中书令，诏改维翰本贯河南府章善坊为贤相坊"②，就有设"贤相坊"对官员表彰，使其荣归故里之意。

《墨客挥犀》第七卷载："西洛有'五相宅'，常有五相邻居诗，赓相继和。乃文潞公、富相、王相、二张相也。伊洛山水之秀，士风之厚，自昔卿相间出。故谚云：'吾乡有宰相坊，侍郎里。'"③ 考虑到五相乃邻居，且相互有交游赋诗，那么其从官、居洛时代应相近，故推测这里王相、二张相可能是王曾、张知白和张士逊。具体情况列表如下。

---

① 欧阳修：《洛阳牡丹记》，《牡丹谱》，郑州：中州古籍出版社，2016 年，第 44 页。
② 王钦若：《册府元龟》卷三一九，第 3779 页。另"晋少帝开运二年（945 年），改中书令桑维翰本贯河南县章善坊为贤相坊"。徐松：《河南志》，第 17 页。
③ 彭乘：《墨客挥犀》，北京：中华书局，1991 年，第 37 页。

表 2.5 西洛五相宅邸情况表

五相	姓名	任相时间	宅邸位置
文潞公	文彦博	庆历八年（1048年），文彦博自谏议大夫、参知政事加行礼部侍郎、同平章事、集贤殿大学士①。	（从善坊）保平军节度使、同中书门下平章事文彦博家庙并宅②。
富相	富弼	至和二年（1055年），富弼自宣徽南院使、检校太保、判并州加户部侍郎、同平章事、集贤殿大学士③。	（尚善坊）公致政筑大第于至德坊，与天宫寺相迤④。后迁福善坊。
王相	王曾	乾兴元年（1022年），王曾自参知政事加中书侍郎兼礼部尚书、同中书门下平章事、集贤殿大学士⑤。	未知
张相	张知白	天圣三年（1025年），张知白自枢密副使加同中书门下平章事、集贤殿大学士⑥。	（福善坊）工部尚书、同中书门下平章事张知白宅⑦。
张相	张士逊	天圣六年（1028年），张士逊自枢密副使、尚书左丞、祥源观使加礼部尚书、同平章事、集贤殿大学士⑧。	可能在仁风坊，也可能居于衙署临阗坊。

　　从图2.9看，尚善坊、福善坊、从善坊恰为一线，皆位于建春门北第一街以北。其后王拱辰也作《前题》称"六相街中潞公第，碧瓦万木烟参差，左隅庙室本经礼，右阁宸翰尊星奎"，可为五相宅的辅证。

　　可见，北宋时期的"五相宅""六相街"是一个区域的统称。而我们所见另几位五代宋初的宰相，有着集中居住的特点，如张全义、王溥、张齐贤等皆居于会节坊（见第四章第二部分住宅与园林）。因此，"宰相坊、侍郎里"这样的称谓可能是一个较为集中的区域之统称，而并非独指某坊。那么，宰相坊并非直接的坊名，而是针

① 脱脱等：《宋史》，第363页。
② 徐松：《河南志》，第21页。
③ 脱脱等：《宋史》，第3635页。
④ 邵伯温：《邵氏闻见录》，第210页。
⑤ 脱脱等：《宋史》，第3614页。
⑥ 脱脱等：《宋史》，第3615页。
⑦ 徐松：《河南志》，第13页。
⑧ 脱脱等：《宋史》，第3616页。

对伊洛间"士风之厚，自昔卿相间出"这一特点的褒扬描述。

若从五代至宋的"宰相坊""贤相坊"的名称由来考虑，其反映的不是一个象征地理概念和范围的"坊"，而是代表了朝廷或民间对于一定区域内所居官员的认同和肯定，进而提升到对于这个区域的肯定。那么，这个在章善和会节之间新增的"贤相坊"则极有可能不是一个实实在在的有确定边界的坊，而是象征了这片居住了诸多重臣的区域空间。因此，《河南志》对于贤相坊的描述为"析章善之东、会节之西增一坊焉"。

3. 富教坊

辛德勇先生在《隋唐两京丛考》中，认为富教坊应位于长夏门以西道德坊南部，而非《河南志》所载在长夏门以东延福、询善之间，主要原因有二：一是认为开耀元年前后进行了区划调整，河南县辖洛南南市及其以东里坊，对照墓志中"河南县富教里之私第"的描述，认为位于河南县的富教坊应该位于南市以西区域；二是富教坊若置于道德坊以南，洛水以南的两行里坊布局则整齐划一①。这是辛先生对于唐代富教坊的认识，同时也是他对于北宋富教坊的认识。因此，在同书的北宋洛阳坊里图中，也将富教坊绘制于道德坊以南。

经梳理文献，本书认为北宋时期的富教坊应位于延福坊和询善坊之间，原因如下。

（1）水系与坊的关系。《河南志》有两条关于水系的记载，可从横向和纵向两条线，给富教坊以十字定位（见图2.9）：

第一条记载："通济坊南，有分渠：自苑内支分洛水，经此坊之南。东北流。经西市东，折而东流。至河南县之西，又北流。至宽政坊之西北隅东流，过天门街，经宜仁、正平坊北流，至崇政坊西，过河南府、宣范、恭安坊西北，又东北抵择善坊西北东流，经道德、惠和、乐成、富教、睦仁、静仁六坊之南，屈而北流过官药园、延庆坊之东入于洛。其渠，至天宝中，壅蔽不通，遂乃涸绝。"②

横向：道德、惠和、乐成（唐乐成坊，即宋安远坊）、富教、睦仁、静仁一线，即富教在安远坊和睦仁坊这两列坊之间。

---

① 辛德勇：《隋唐两京丛考》，第 161～176 页。

② 徐松：《河南志》，第 143 页。

第二条记载："仁风坊有南运渠：自城东流，至外郭之东南隅，屈而北流，经永通、建春门外，又屈而西流，入城经此坊之南，又经从善坊南，分为二流，屈曲至临阛坊南而合。至南市北，有福先寺水硙。又北流，经延福、富教、训善坊（按：即询善坊）之西入洛。"①

纵向：临阛、延福、富教、训善一线，即富教在延福和询（训）善两行坊之间。

由此可知，北宋富教坊位于延福坊和询善坊之间。

（2）从《河南志》的记述及其后唐宋河南府城阙街坊图看，长夏门东第二街（即游奕—永泰—铜驼一线）最北绘有三个坊（由上文知铜驼没绘出），应该是延福、富教和询善。其中延福坊"旧有双市门，今废"，表明延福坊为原丰都市北界。那么其北部的富教坊则北邻丰都市，即位于宋罗门所对大街以北。

（3）《河南志》云："（乐成坊）今礼部侍郎吴育宅"，"（富教坊）尚书、礼部侍郎吴育园"②。若富教坊位于延福和询善之间，则与乐成坊仅间隔一延福坊，即半坊之距；若富教位于道德以南，则从乐成坊至富教坊，需要经福善坊（即一坊之距），并穿长夏门街。从吴育宅与园的距离来看，富教坊位于延福和询善之间的可能性更大一些。

此外，若富教坊位于道德坊以南，则各分居半坊，其坊内面积就缩小了很多。宋代道德坊内居人不乏贤达，如邵雍、富鼎、王拱辰等，其中王拱辰宅邸更以奢侈宏大而著名，因此道德坊为方三百步之大坊的可能性更大③。

---

① 徐松：《河南志》，第 142 页。

② 徐松：《河南志》，第 15、18 页。

③ 王拱辰"熙宁间，王拱辰即洛之道德坊营第甚侈，中堂起屋三层，上曰'朝元阁'"。见王得臣：《麈史》，北京：中华书局，1985 年，第 60 页。"环溪，王开府宅园，甚洁。华亭者，南临池，池左右翼而北，过凉榭，复汇为大池，周围如环，故云然也。榭南有多景楼，以南望，则嵩高、少室、龙门、大谷，层峰翠巘，毕效奇于前；榭北有风月台，以北望，则隋唐宫阙楼殿，千门万户，岧嶤璀璨，延亘十余里。凡左太冲十余年极力而赋者，可瞥目而尽也。又西有锦厅、秀野台。园中树松桧花木千株，皆品别种列。除其中为岛坞，使可张幄次，各待其盛而赏之。凉榭锦厅，其下可坐数百人，宏大壮丽，洛中无逾者。"见李格非：《洛阳名园记》，第 4～5 页。

邵雍，迁天津新居前曾居道德坊。《天津弊居蒙诸公共为成买作诗以谢》："嘉祐卜居终是僦，熙宁受券遂能专。凤凰楼下新闲客，道德坊中旧散仙"；《天津新居成谢府尹王君贶尚书》："嘉祐壬寅岁，新巢始僝功。仍分道德里，更近帝王宫。"见邵雍：《伊川击壤集》，第 248、49 页。

4. 南州、中州和北州

在《河南志》所记洛南各坊之外，常见诸文献者，还有"南州""中州""北州"等称谓。

据《册府元龟》卷一四载："同光三年（925年）八月，左补阙杨途奏：'明君举事，须合前规。窃见京城之内，尚有南州、北州，纵市井不可移改，城池即宜毁废。复见都城旧墙，多已摧塌，不可使浩穰神京，旁通绿野，徘徊壁垒，俯近皇居，无或因循，尝宜修葺。'初，光启末，张全义为河南尹，为蔡贼所攻，乃于南市一方之地，筑垒自固，后更于市南又筑嘉善坊为南城。天复修都之际，元未毁撤。途所奏颇适事宜。九月，中书奏：右补阙杨途先奏毁废京内南北城、臣简到同光二年（924年）八月二十七日河南尹张全义奏：'臣自僖宗朝，叨蒙委寄，节制雒京。临莅之初，须置城垒，臣乃取南市曹界分兼展一两坊地，修筑两城，以立府衙廨署。'今区宇一平，理合毁废，其城濠如一时平治，即计工不少，百姓忙时，难为差使。今欲且平女墙及拥门，余候农隙，别取进止者。"[1] 以上记载说明张全义为河南尹时，利用南市及周边一两坊"筑垒自固"，修筑两城。所谓"南北城"可能与"南州""北州"有关。

《邵氏闻见录》载："吕文穆公既致政，居于洛，今南州坊张观文宅是也。"[2]《河南志》（永泰坊条）："观文殿学士张观宅，本太子太师致仕吕蒙正宅，真宗两临幸之"，可知永泰坊应为南州的一部分。而《河南志》（福善坊条）还记有"坡势隆起，而韦述记不著。疑张全义保南州时所筑垒垣，其后未尝平荡，因坊以得名"，故推测张全义所筑两城约大致为唐南市（即宋通利、永泰、乐成、临阛等坊）及其西福善坊部分区域。根据"南州""北州"的名称，可推之通利、永泰可能为"南州"，福善、乐成、临阛等可能为"北州"。

《齐王张令公外传》记："初，巢、蔡继乱，乃筑三小州城，保聚居民，以防寇盗。及罕之等争夺，但遗余堵而已。初至洛，率麾下百余人与州中所存者仅百户，共保中州一城。洛阳至今尚存南州、中州之号。"[3] 然"中州"位于何处，文献并未

---

① 王钦若：《册府元龟》，第164页。
② 邵伯温：《邵氏闻见录》，第76页。
③ 张齐贤：《洛阳搢绅旧闻记》，第43页。

记载。"三小州城"是否包含南城嘉善坊，尚待更多材料证明。

从"南州坊"的位置来看，其与贤相坊一样，非常规尺寸的"坊"，而是一个区域概念，推测文献中所载"中州""北州"亦如此。

（二）洛阳县里坊分布

与河南县较为整齐的里坊布局不同，洛阳县的里坊布局呈现出不规则的面貌。为研究和叙述方便，本书以重要的街道或河道（即水陆交通线）将洛阳县分成四个不同的地理单元，进而分述各区域内的列坊布局。

1. 上东门街以北、瀍水（东城之东第三街）以东

这一区域是唐宋河南府城阙街坊图中绘制最为简略的一个区域，仅绘有四条南北街道，但在志文中却记载有十五个坊。

这一区域的考古勘探数据非常丰富，已找到横向两街和纵向三街，即可将该区域分为横向三行和纵向四列，分布规则，可与文献记载完全对应，复原后如图2.10所示。

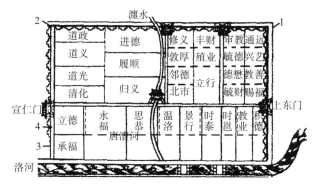

图 2.10　北宋洛北里坊分布分析图（基于《河南志》中唐宋河南府城阙街坊图增绘虚线和文字部分）

2. 上东门街以北、瀍水（东城之东第三街）以西

本区域仅能根据文献复原，但《河南志》文和图能完全对应，即西列清化、道光、道义、道政四坊，东列归义、履顺、进德三坊。

3. 洛河以北、唐漕河以南

《河南志》载："按，韦述记，东城之南承福门外，有承福坊。次东玉鸡坊，次东铜驼坊，次东上林坊，次东温洛坊。旁通凡五坊，皆在洛北漕南二水之间。然后叙东城之东第一南北街，立德而下凡四坊。今洛城承福依旧外，玉鸡易名，铜驼却

在上林之东，二坊徙河之南，温洛徙近西，皆不能详究，且从之为定。又承福在立德之南，故并以书之。"① 即唐代洛北漕南有承福、玉鸡、铜驼、上林、温洛五坊，至北宋时期仅剩承福一坊。

北宋依旧地列坊，坊数由唐代的 103 增至 120，多处为一坊之地析为两坊。但在漕洛之间竟直接减少四坊，其原因是值得探究的。

要讨论这个问题，首先就需讨论漕渠与洛水的关系。

> 洛水西自苑内上阳宫之南，流入外郭城，东流经积善坊之北，分三道，当端门之南，立桥三。南枝曰星津桥，中枝曰天津桥，北枝曰黄道桥。过桥，又合而东流，经尚善、旌善二坊之北，南溢为魏王池。与洛水隔堤。……又东北流，经惠训坊之西，分为漕渠。分流处置斗门，……。漕渠，本名通远渠，隋开。……自斗门下枝分洛水，当洛水中流立堰，令水北流入此渠。有余水，然始东下……隋炀帝以为水滩泄，多石碛，不通舟航，乃开此渠。下六十余里，至偃师之西，复与洛合。东北流至立德坊之南，西溢为新潭……又东流，至归义坊之西南，有西漕桥，南当中桥，乾封中造。又东流，至景仁坊（按：应为景行坊）之东南，有漕渠（桥）。大业初造，初曰通济桥，南抵通远市之北西偏门。自此桥之东，皆天下之舟船所集，常万余艘，填满河路，商旅贸易，车马填塞，若西京之崇仁坊。又东流，经时邕、毓财、积德三坊之南，出郭城之西南。②

由上可见，隋唐以来惠训坊以西，洛水滩泄，多石碛，不通舟航，故隋炀帝在此置斗门，将洛水北分，设漕渠，经城北立德、归义、景行、时邕、毓财、积德等坊之南后出城（图 2.11）。

但至北宋初期，漕河的位置已发生了改变。"开宝初，太祖皇帝将西幸于洛，命修大内，督工役甚急，兼开凿漕河。从嘉猷坊东出穿掘民田，通于巩，入黄河，欲大通舟楫之利，辇运军食于洛。"③ 为通舟楫，太祖也开凿漕河，但这一漕河的位置

---

① 徐松：《河南志》，第 27 页。
② 徐松：《河南志》，第 140～142 页。
③ 张齐贤：《洛阳搢绅旧闻记》，第 141 页。

位于洛南嘉猷坊。

至北宋中期，"自会通桥（按：会通桥，庆历中造，铜驼坊西北）下至白马寺洛河水路，滩碛浅涩，难行纲运。遂奏乞开淘古漕河旧道，稍令深阔，抵至白马寺，却合洛河，回避二十余里滩碛，所贵通行纲船，不致滞碍。今蒙朝旨，依奏施行"①，于是"公私便之，洛城园圃复盛。公作亭河上，榜曰'漕河新亭'"②。

关于复通漕河之事，宋史《文彦博传》也有记载："主者遏绝洛水，不使入城中，洛人颇患苦之。……诏令通行如初，遂为洛城无穷之利。"③

那么，这一时期所通漕河，究竟是隋唐之漕渠还是宋初之漕河呢？文彦博《文潞公集》记："万艘潭汇嘉猷里，分洛疏伊尽北驰。远引驶风通越货，肇营胜迹在唐时。通渠中梗年滋久，美利重兴势亦迟。漕口罗门今并复，相君一一授成规。"④ 说明北宋中期的这一次疏浚和通航仍然在河南，故这一时期人们认识中的"古漕河"已经是北宋以后的面貌。从文献看，北宋漕河的建设，促进了洛南的经济繁荣。

由洛北漕南四坊的消失，漕河的南移，似可推测，因洛水多患，唐宋之间漕渠与洛河可能合二为一，漕南四坊被淹，至宋初时已无法探知唐漕渠旧道，故在洛南新凿漕河。这一新凿的漕河即成为北宋人所认识的漕河故道（图2.11）。

关于唐代漕河的位置，根据2012～2014年考古调查，在城区南关码头以西35米处发现了与漕渠有关的遗迹，宽70米左右，从洛水分出，其向北向东出郭城⑤（见第四章第一部分城市水系）。《金元明清洛阳城东南隅2014年度发掘简报》中提到，考古工作在操场街以南，府文庙以东90米至文峰塔发现了淤土堆积层，并认为其为新潭遗址⑥。结合考古勘探材料，"在北临操场街、文明街东西一线，南临中州渠，西接中和巷，东临新街，以柳林街为中心东西两侧各200米范围内，钻探出大面积宋金以前的深厚的淤土层堆积。淤土堆积呈不规则椭圆形……初步推断这一区域

① 文彦博：《文潞公集》，第84页。
② 邵伯温：《邵氏闻见录》，第104页。
③ 脱脱等：《宋史》，第8275页。
④ 《次韵留守相公以罗门新渠并成喜而成咏》，文彦博：《文潞公集》，第84页。
⑤ 高虎、王炬：《近年来隋唐洛阳城水系考古勘探发掘简报》，《洛阳考古》2016年第3期。
⑥ 王炬等：《金元明清洛阳城东南隅2014年度发掘简报》，《洛阳考古》2015年第3期。

为唐代新潭遗址位置所在"①。

这一区域范围较大，位于立德坊与承福坊之间偏东的位置，甚至包括了宋永福坊（唐归义坊）西南角。根据文献记载，"（漕渠）东北流至立德坊之南，西溢为新潭"，且"归义坊之西南，有西漕桥②，考虑到这片淤土层北部有高约2米的自然断崖，南部有高于淤土1米左右的鹅卵石堤岸，推测勘探所见淤土并非全为新潭遗址，也可能局部为唐漕渠的范围。由此，这一行里坊的北界漕渠位置确定，而南界早已淹没于洛水，本书暂以南北500米复原之。

4. 上东门街以南、唐代漕河以北

这一区域因临近洛河，水患较为严重，故考古勘探并未找到道路。而上东门街则是需要首先解决的问题。

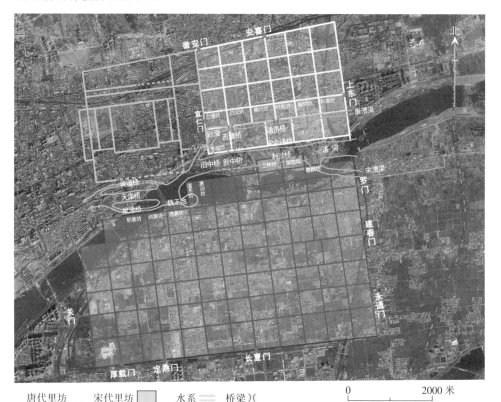

图2.11（彩版四）　唐宋漕河水系变更图（王书林绘制）

① 高虎、王炬：《近年来隋唐洛阳城水系考古勘探发掘简报》，《洛阳考古》2016年第3期。
② 徐松：《河南志》，第141～142页。

　　根据文献记载，宣仁门向东正对上东门。考古发现宣仁门遗址，故霍宏伟先生指出"宣仁门街和宣仁门外大街通向上东门的道路，即成为明清洛阳城的东西大街和东关大街"①。按这一推测，唐代第三行里坊明显偏大，而第四行里坊由于上述漕河故道所限，南北竟小于半坊之地，与洛阳城内整齐划一的里坊设置是相违背的，是不合理的（见图2.11）。

　　那么，宣仁门的位置是否可能存在变动？从考古材料看，宋代对于东城东墙有补筑的痕迹，东城东门宣仁门也是唐末宋初修筑的，因此宣仁门可能被修缮，其位置也可能变动过。再来看《河南志》的几张图，宣仁门在唐城阙图（图2.12）中画在东城东墙正中，而在宋西京城图（见图3.14）中则是画在东城东墙偏南的位置。更有意思的是唐宋河南府城阙街坊图（见图2.6、图2.10）中，竟表现出了上东门街与宣仁门的偏移关系，即宣仁门较上东门街偏南。那么，是否存在这样一种可能，唐代宣仁门位于东城居中的位置，直通上东门街，其洛北里坊格局也分布均匀，体量相近，而宋之宣仁门较唐宣仁门偏南，从而造成了道路系统的变化。出宣仁门向东，不再直接通向上东门大街，而需要向北转折，这或许是宋后期封堵宣仁门南门道的原因之一。那么，从宣仁门至上东门，则可能有三种路线，一是从宣仁门向北经徽安门大街进入上东门街；二是从宣仁门直接进入立德坊东西十字街再向北入上东门街；第三，从航片和实测图所反映的现代道路情况看，也有可能从宣仁门出东北向斜街抵上东门。

　　对于上东门大街以南的这一行里坊，《河南志》的文字描述很清晰，自西向东分别是：立德坊丨永福坊、思恭坊丨温洛坊、景行坊丨时泰坊、时邕坊丨教业坊丨积德坊（见图2.10）。

　　从志文描述上看，坊间大道的分界范围应如"丨"所示，那么这些坊间大道与上东门街以北的坊间道路是否是完全对位关系，则是值得考虑的问题。从《河南志》图（见图2.6、图2.10）来看，漕河以北、上东门街以南的这片区域为纵向列坊，坊的布置较其他区域混乱，道路与上东门街以北的道路并不能完全对应。而这样的绘制方法是随意分隔还是有意为之呢？若结合前文所述，"东城之东第一南北街，北当徽安门西街，第二南北街，北当徽安门东街，第三南北街，北当安喜门西街，第

① 霍宏伟：《洛阳老城十字街与隋唐城街道遗迹》，《考古》2012 年第 8 期。

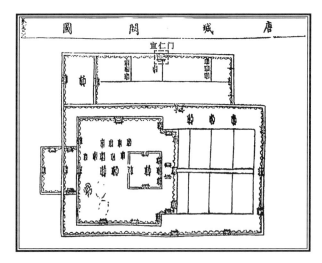

图 2.12　唐城阙图（采自《河南志》，第 168 页，"宣仁门"为本书特别标识）

四南北街，北当安喜门东街"的说法，其绘制应有一定参考价值，恐为洛北南北向坊间道路存在错位关系所致。

以上，仅是根据片段文献的初步分析和推测，尚待新的考古发现予以确认和解释。

（三）坊内格局与道路情况

隋唐至北宋洛阳城中经局部发掘的坊仅履道坊、温柔坊、宁人坊、恭安坊，以及南市等几处，经局部勘探的坊还有明教坊、宽政坊、从政坊等，数量较少，难以偏概全。因此，本书只能从已有数据简窥坊内面貌①。

1. 唐代坊墙

根据考古调查数据②，将坊墙尺度整理如表，大致可见两个规律：第一，坊墙宽度约为 1.3～2.0 米，其中主要尺度为 1.3 米；第二，靠近城内主干道（即前述主要街道）一侧的坊墙一般较宽。

2. 唐代坊门

坊门的基本形制为两侧有墩台的单门道结构，门宽约 3.5 米，如从政坊东坊门，

---

① 本节大部分材料来自于考古勘探数据，部分内容唐宋难以辨别，故只能唐宋混写，略知坊内概貌，更多的信息有待未来考古工作对于里坊区域的大面积揭露。

② 张如意等：《隋唐洛阳城宁仁坊区域考古调查报告》，《洛阳考古》2013 年第 1 期。

宁人坊南、西、北三面坊门，明教坊南坊门等①，对应门道宽度为 2. 25 ~ 2. 8 米②，与温柔坊南门门址宽度相近③。另在一些重要的位置，如面向重要大街的坊门，体量则可能更为宏大，如明教坊西门和宁人坊东门④。这一特点或与坊墙宽度也有直接关联。

表 2.6　坊墙宽度统计表⑤

坊名	坊墙	宽度（单位：米）
从政坊	东墙	1.6
	南墙	1.6
	北墙（北邻永通门街）	2.0
宁人坊	东墙（东邻定鼎门街）	1.65
	南墙	1.3
	西墙	1.3
	北墙	1.3
明教坊	西墙（西邻定鼎门街）	1.04
	南墙	1.3
宽政坊	南墙（南邻永通门街）	1.8

3. 十字街

《河南志》："按韦述记，每坊东西南北各广三百步，开十字街，四出趋门。"

---

① 张如意等：《隋唐洛阳城宁仁坊区域考古调查报告》，《洛阳考古》2013 年第 1 期。

② 根据考古发掘数据，宁人坊南坊门门道宽度 2. 25 米，西坊门门道宽度 2. 8 米，见史家珍等：《隋唐洛阳城宁人坊遗址发掘简报》，《洛阳考古》2014 年第 2 期。

③ "在温柔坊遗址内，最重要的发现即发掘一处坊门遗址，暂称温柔坊南门遗址。这是迄今为止发掘出的唯一一座坊门遗址。门址分为早中晚三期。早期门址为盛唐前期门址，中期门址为盛唐晚期门址，晚期门址为晚唐时期门址。早期门址即盛唐前期门址为单门道结构。墩台平面呈长方形，东西长 6.5 米，南北残宽 1. 75 米。门道位于墩台中部，东西复原宽 2. 45 米。中期门址即盛唐晚期门址为双门道结构。墩台平面呈长方形，东西长 9 米，南北宽 3. 2 米。东门道宽 3. 2 米，西门道宽 3. 6 米，隔墙宽 0. 75 米。晚期门址为单门道结构。墩台平面呈长方形，东西长 4. 7 米，南北宽 3. 2 米。门道位于墩台中部，东西宽 2. 2 米，南北进深 3. 2 米。"陈良伟：《隋唐至宋洛阳城田野发掘与研究》（讲稿），2014 年。

④ "2014 ~ 2015 年在宁人坊东坊门、明教坊西坊门区域、两坊门之间定鼎门大街以及宁人坊坊内东南部区域进行了考古勘探和发掘。发掘出了明教坊西坊门、宁人坊东坊门、两坊门之间的定鼎门大街以及宁人坊东南区域内的部分夯土基础。通过此次发掘，我们认识到面朝定鼎门大街的明教坊西坊门和宁人坊东坊门形制近似，与其他坊门相比，面朝定鼎门大街的坊门体量更为宏大。"洛阳市文物考古研究院：《洛阳市文物考古研究院 2015 年度田野考古与文物保护利用工作汇报会召开》，2016 年 2 月 5 日，http：//www. lywwj. gov. cn/bencandy. php？fid =79&id =7818。

⑤ 张如意等：《隋唐洛阳城宁仁坊区域考古调查报告》，《洛阳考古》2013 年第 1 期。

从考古发掘资料看，坊内开大十字街即是常态，温柔坊、宁人坊、从政坊、明教坊、恭安坊等皆是如此，十字街现存路土宽度约 7 ~ 14 米①。

这些坊内十字街有称东街、西街者；也有以坊命名的，如"小清化内街"。

4. 顺墙街

2013 年宁人坊的发掘中，南坊墙以北 14 米左右发现东西向排水沟，排水沟内堆积与坊内十字街道路旁的排水沟堆积相似，因此发掘报告推测，"距坊墙 14 米左右，可能有东西向顺墙街"。

从文献看，紧邻坊墙的顺墙街应该自唐以来就存在，而且可能是坊内宅邸的重要出入口，《太平广记》记有唐韦安道的故事正说明了这一点。"安道请问其事，宫监但指慈惠里之西门曰：'公但自此去，**由里门循墙而南行百余步**，有朱扉西向者，扣之问其由，当自知矣。'安道如其言扣之。久之，有朱衣官者出应门曰：'公非韦安道乎？'曰：'然。'官者曰：'后土夫人相候已久矣。'遂延入。……宫监与安道联辔，出慈惠之西门，由正街西南，自通利街东行出建春门……"②

---

① 温柔坊："十字街南北街呈南北走向，位于温柔坊遗址正中，东西向等分温柔坊。路土分为五期。其中二期即盛唐后期路土遗迹东残宽 7.45 米。十字街东西向街与十字街南北向街垂直，南北向等分温柔坊。路土分为六期。其中二期即盛唐后期路土南北宽 14.85 米。"陈良伟：《隋唐至宋洛阳城田野发掘与研究》（讲稿），2014 年。

宁人坊："为长方形，南北长 527 米左右，东西宽 462 米左右。坊墙四面各开一门，分别位于每一面坊墙的正中，门宽 3.5 米左右。坊内直对坊门设十字街，这与《河南志》所载相同，其街道两侧根据需要设排水沟。""东西向街，西端至西坊门，东端出探区，在探区内探出长 246 米左右，由路土和路沟组成，路土宽 10 ~ 12 米……南北向街……路土宽 8 ~ 13 米。"张如意等：《隋唐洛阳城宁仁坊区域考古调查报告》，《洛阳考古》2013 年第 1 期。

从政坊："十字街宽 7 ~ 10 米。"张如意等：《隋唐洛阳城宁仁坊区域考古调查报告》，《洛阳考古》2013 年第 1 期。

明教坊："南北向十字街宽 8 米。"张如意等：《隋唐洛阳城宁仁坊区域考古调查报告》，《洛阳考古》2013 年第 1 期。

恭安坊："发现了两条分别呈东西走向和南北走向的街道，各长约 500 米、宽 8 米。两条街道在遗址中部呈十字交叉，应为当时坊内十字大街，并在遗址南部发现了当时的建春门址；还在遗址南部发现一段 10 米长的夯土坊墙和一处建筑遗址，可能是当时的一座坊门。"洛阳市文物考古研究院：《洛阳市文物考古研究院 2015 年度田野考古与文物保护利用工作汇报会召开》，2016 年 2 月 5 日，http://www.lywwj.gov.cn/bencandy.php? fid = 79&id = 7818。

② 李昉：《太平广记》，第 1045 – 219 页。

白居易《池上篇并序》① 中对其履道宅园有这样的描述："都城风土水木之胜在东南偏，东南之胜在履道里，里之胜在西北隅，西闬北垣第一第，即白氏叟乐天退老之地。"西闬北垣，似也描述了宅园是从履道西门进入后沿西墙的顺墙街北段而行。另有履道西门诗②，又有"归来履道宅，下马入柴扉"③，"驿吏引藤舆，家僮开竹扉"④ 等诗，也从侧面说明白宅在西侧开门。

5. 小街（坊曲）

在宁人坊十字街北侧探出一条东西向街，北距北坊墙 98 米，除去北顺墙街 14 米，余 84 米。另在东西十字街南 85 米左右探得东西向排水沟一条，排水沟堆积与十字街旁排水沟堆积类似，可能也为道路排水沟。因此，发掘报告推测："坊内东西向道路的间隔 80 余米。宁人坊探出南北长 527 米，除去坊墙宽度，余 524.4 米，如果按 6 份均分，每份 85.5 米，由此**坊内应按 7 条东西向街规划，将坊南北分成 6 份**。此与温柔坊规划基本相同。"⑤ 可见坊内大十字街南北可能被各分为三段，而不是在四分之一坊内再设小十字街。

宿白先生曾指出："大约在唐天宝以后，区内发展了'曲'……曲有'北曲'、'中曲'、'南曲'（《北里志》）、'小曲'（《太平广记》卷四八四引《异闻集》）、'短曲'（《剧谈录》卷上）等称，也有按顺序的叫法如'永昌坊入北门西迴第一曲'（《入唐求法巡礼行记》卷四）。"⑥ 这些坊内小街可能跟文献记载的"曲"有关。

五　城门、街道、列坊所反映的城市面貌

城门、街道、列坊勾勒出城市的格局，更反映了城市的生活面貌。

---

① 白居易：《白居易集》（全 4 册），北京：中华书局，1979 年，第 1450 页。

② 《履道西门二首》："履道西门有弊居，池塘朽树绕吾庐。豪华肥壮虽无分，饱暖安闲即有余。行灶朝香炊早饭，小园春暖掇新蔬。夷齐黄绮夸芝蕨，比我盘飧恐不如。""履道西门独掩扉，官休病退客来稀。亦知轩冕荣堪恋，其奈田园老合归。跛鳖难随骐骥足，伤禽莫趁凤凰飞。世间认得身人少，今我虽愚亦庶几。"白居易：《白居易集》（全 4 册），第 831 页。

③ 白居易：《白居易集》（全 4 册），第 654 页。

④ 白居易：《白居易集》（全 4 册），第 610 页。

⑤ 张如意等：《隋唐洛阳城宁仁坊区域考古调查报告》，《洛阳考古》2013 年第 1 期。

⑥ 宿白：《隋唐长安城和洛阳城》，《考古》1978 年第 6 期。

根据已刊布的考古发掘数据，总结各城门和街道尺度如下。

表 2.7　各门址及对应街道实测数据统计表（单位：米）

门址名称	时期	侧门道（西门或南门）	隔墙	中门道	隔墙	侧门道（东门或北门）	门址总宽度①	街道宽度	文献宽度
定鼎门	唐代早期	5.8	5.6	5.8	5.6	5.8	31.42	116	百步
	唐代中期	5.2	5.6	5.8	5.6	5.2	31.42		
	唐代晚期	5.8		5.8		5.8		101.7	
	北宋时期	4.9		5.8		4.9	24	74.3	
长夏门	唐代	5.25	2.7	5.25	2.7	5.25	29.6	74.3	六十二步
	北宋时期			5.5				39	
永通门		4.8	3.6	4.95	3.55	4.8	21.75	31	六十二步
建春门		5	3	5	3	5	21	45	七十五步

经分析门址和街道的数据关系，可有如下认识。

第一，文献中街宽百步、七十五步、六十二步的记载（按韦述记），与考古发掘的唐代街道数据较为吻合。至北宋时期，街道明显变窄，或与唐末五代侵街现象有关。

第二，城门宽度与街道宽度呈正比例关系，即城门越宽，其所对应的街道也越宽。门址宽度远小于街道宽度。这应与城门的防卫功能有关。考古工作在定鼎门外发现唐代晚期条状横木，就是城门外的减速设施②。城门外道路的迅速收窄和减速带的设置，都提示过往车马行人减速慢行，反映出这一时期的城门承担了较强的防御功能。

至北宋时期，城门进一步变窄。北宋晚期，南墙定鼎正门东西门道被人为封堵，仅剩 5 米多的单门道，似与北宋西京之地位不符。试将诸门址变化排列如下。

---

① 该数据乃根据考古报告测图量取，涵盖东西门道之间的宽度。

② 中国社会科学院考古研究所编《隋唐洛阳城：1959~2001 年考古发掘报告》，第 44 页。

表 2.8　各门址门道数量唐宋变化对比表

方向	门址名称	唐代	宋代
南门	定鼎门	三门道	单门道↓
	长夏门	三门道	单门道↓
	厚载门	三门道	不详
东门	永通门	三门道	封堵废弃↓
	建春门	三门道	三门道
	上东门	推测：三门道	毁损
	罗门	无	新增↑
西门	关门	无	新增↑
北门	安喜门	推测：三门道	不详
	徽安门	推测：三门道	不详

从以上列表可见，北宋洛阳城南面城门经历了逐渐衰落的过程，东面门址基本保持唐代尺度，新增西面门址，凸显出北宋时期东西向交通之重要。

王文楚先生关于唐宋两京驿路的考证似可为洛阳城唐宋时期门址的变化提供解释。从唐代东都的交通来看，崤山南路和崤山北路分别是唐代中前期和唐末五代东西京交通最为重要的道路。"两京驿路从长安向东至陕州，设置馆驿二十七；自陕州东南至洛阳之崤山南驿路设置馆驿十一，而崤山北驿路设置馆驿仅三，且此三驿亦非常设。……崤山南北二路都很险隘，北路直接联系陕州和洛阳，比较近捷；而南路迂回，从陕州东至洛阳，向南绕了个圈子，但较北路平坦，而且青山碧水，景色颇佳。……所以官私往来都乐意取道南路。""自陕州东至洛阳沿途行宫极大多数分布在崤山南路"，因此，定鼎门、长夏门等南墙门址在唐代中前期备受重视，为主要的通行道路。而安史之乱以后，"官方极少经行南路。而北路因为近捷，则日趋重要，故唐末五代人们来往于长安和洛阳之间多取道北路"[1]。据《河南志》记载，唐东都的两个都亭驿皆在城北：清化和景行[2]，恰对城北之安喜门和徽安门，也可说明唐代后期北墙城门的重要性。

至北宋时期，对崤山北路进行整治，长安与洛阳之间北部交通更加便利[3]。而北

① 王文楚：《唐代两京驿路考》，《历史研究》1983 年第 6 期。

② 徐松：《河南志》，第 28、31 页。

③ "北宋建隆三年，为方便洛阳与长安间的政治、军事联系，对崤山北路及黄河南侧路进行整治，崤山北路交通比以前更为便利。"王文楚：《唐代两京驿路考》，《历史研究》1983 年第 6 期。

宋两京交通则过偃师西行，经石桥店、白马寺而至西京河南府①。从图上看，这条驿路也在洛水以北。据王文楚《北宋东西两京驿路考》："北宋之初，驿传建于北寺，真宗时改建为应天禅院，择址重建驿。"② 而《河南志》（景行坊条）："都亭驿，前临瀍水，后对应天禅院。旧驿舍庳陋，皇祐初，知府事张奎葺之，始为宏敞，什器皆具。"③ 综合两条文献，可见两驿紧邻，位于洛北北市坊和景行坊，分列上东门街之南北。至庆历年间，又于思恭坊建设都亭西驿④。

思恭、景行二坊皆位于上东门街与唐代漕河之间，根据前文分析可知北宋时期唐代漕河部分应已淤塞，再加之北宋初期北市之驿，即可推测北宋时期西京都亭驿的选址和修葺应与上东门和上东门街的位置直接相关。

由此可见，北宋时期东西两京之间官道多取道洛水以北，以上东门为主要出入口，而洛阳城南面城门地位下降。官道取洛北或与西京大内在洛阳城西北角有关，若从城东南进入，则距离较远，且需过洛水。

综上，可以看到北宋洛阳外郭城在城市格局方面发生了如下变化。

第一，从街道等级及其分布看，城市的重心偏于长夏门以东区域。

第二，从城门的尺度和功能看，东面建春门、上东门逐渐取代了南面定鼎门、长夏门的地位，成为北宋洛阳城最重要的交通出入口。

第三，从新开漕河的位置看，经济向洛河南岸的东部集中，此间商贾云集，为北宋洛阳城商贸繁华之地。此外，这一地区也是达官贵人聚居之地。

城外主要交通路线的改变、城内道路的迁移、城门的封堵与兴衰、河道的变更，都说明一个问题，那就是北宋城市重心的东移。城市格局的变化，源自城市重心的转移，而城市重心的转移非一日而就，与政治、经济、历史、自然环境等因素都有关系，也反映出西京洛阳与东京开封交流的意愿和频次。

---

① 王文楚：《北宋东西两京驿路考》，《中华文史论丛》2008 年第 4 期。

② 王文楚：《北宋东西两京驿路考》，《中华文史论丛》2008 年第 4 期。

③ 徐松：《河南志》，第 31 页。

④ "都亭西驿，本粮料院，庆历中，西夏款附，岁时遣使经途，遂建驿以处。"徐松：《河南志》，第 30 页。

第三章　北宋西京宫城皇城复原

北宋西京宫城、皇城及东城位于洛阳城西北，其位置和格局大致因隋唐五代之旧。但唐末战乱，洛阳宫室摧圮、破坏严重①，而至五代时期，宫室又经重建、更名②，因此，至北宋时期，仅有一些重要门址和建筑群可溯及源流。

要尽可能准确地还原北宋宫城、皇城之面貌，就必须厘清其与唐代洛阳城之沿革关系。在此基础上，才能根据考古发现的遗迹位置和现象探讨其性质及可能对应的建筑。

一　宫城、皇城、东城的位置和范围

唐代宫城以大内为中心，东西各有两重隔城，分别为东隔城、东夹城、西隔城、西夹城。大内以北有玄武城、曜仪城和圆璧城等三重隔城，以南即为皇城，形成四面拱卫大内之布局。宫城、皇城以东为东城，东城以北为含嘉仓城（图3.1）。

唐代宫城皇城区域的特点有三：一是宫城以大内为中心，周围以隔城拱卫；二是隔城众多，诸小城有较明确的分工③；三是皇城位于宫城之南，号南城。

---

① "光启元年，蔡贼秦宗权遣将孙儒来攻，罕之对垒数月，以兵少备竭，委城而遁，西保于渑池，蔡贼据京城月余，焚烧宫阙，剽剥居民。贼既退去，鞠为灰烬，寂无鸡犬之音。"薛居正：《旧五代史》，第139页。《河南志》（西夹城条）："西夹城内有内侍班，按唐百司署舍，皆列皇城内。今悉摧圮，失其处。但举所存者云。梁及后唐有师子门，盖城西门之俗名也。"徐松：《河南志》，第155页。

② 《河南志》（宫城条）："今宫室□□九百九十余区云。按，唐留守府，在大内广运门内。□□□□殿，天祐三年改延喜门为宣化门，万寿门为万春门，积庆门为兴善门，含清门为延义门，延和门为章善门，保宁殿为文思殿。天祐中，又有积善宫、安福□。□唐同光二年改应顺门为永曜门，太平门为万春门，通政门为广政门，凤鸣门为韶和门，万春门为□□门，庄宗母贞简曹太后居长寿宫。应顺时，有广顺殿、天兴殿，清泰时，有敷政殿、玄武楼。梁有保宁鞠场。以上皆改易名号，失其处所。"徐松：《河南志》，第153页。

③ 韩建华：《唐东都洛阳"丽景（门）夹城"考》，《考古学集刊》18，第454~474页。

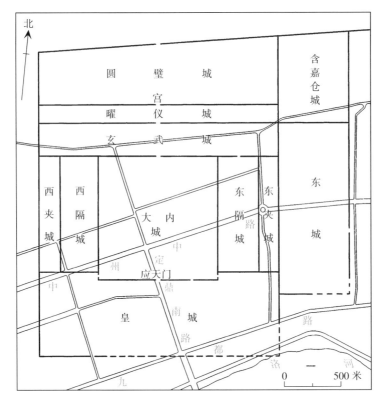

图 3.1　唐代宫城、皇城、东城格局图（改绘自《隋唐洛阳城：1959~2001 年考古发掘报告》图 5-1）

　　与此不同，北宋时期宫城、皇城虽整体位置未变，仍位于洛阳城西北，但各自范围较唐代略有变化：首先，宫城范围东西缩小，不含唐东西夹城；核心区范围南北扩大，包含大内以北的玄武城；中轴线主要建筑北移。其次，宫城、皇城区域出现简化的态势，唐代大内以外的诸小城被合并或弃用，呈现出宫城外套皇城这样"重城相套"的格局。

（一）宫城

　　《河南志》载："（宋）宫城，旧名紫微城，周九里三百步，疑西与北经损灭。南面三门，正中曰五凤楼，因唐天祐之名。东曰兴教门，西曰光政门。二门因唐旧名。东面一门，曰苍龙门。隋之重光门，门内道北，即东宫。西面一门，曰金虎门。隋之宝城门，唐之嘉豫门。北面一门，曰拱宸门。隋唐之玄武门，大中祥符中改，南当五凤楼。"①（图 3.2、3.3）

---

① 徐松：《河南志》，第 144~145 页。关于北宋西京宫城的情况，《宋史》《宋会辑稿》《河南志》等书均有记载，内容相似，故本书仅引《河南志》的相关内容。

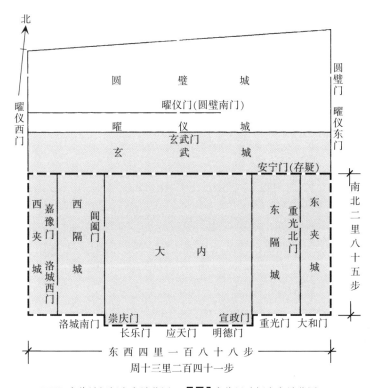

图 3.2 唐代宫城文献复原图（基于《隋唐洛阳城：1959～2001 年考古发掘报告》图 5-4 绘制）

北宋宫城四面的门址应是还原宫城范围的重要坐标点。从上文记载看，其对应唐代宫城南之应天门、明德门（隋兴教门）、长乐门（隋光政门），东之重光北门，西之嘉豫门，北之玄武门，与唐代宫城范围接近①，但周长仅九里三百步（一步＝营造尺 0.3091×5＝1.5455 米/官小尺 0.3168×5＝1.584 米②），较文献记录的唐代宫城十三里二百四十一步（一步＝0.294×5＝1.47 米）狭小近四分之一。为定位准确，

---

① "城中隔城四重。最北曰圆璧，次曰曜仪，次曰玄武，最南曰洛城。贞观六年，号为洛阳宫。武后光宅元年名太初宫。南面六门，正南曰应天门，次东曰明德门，次东曰重光门，次东曰大和门，次西曰长乐门，次西曰洛城南门，东面一门曰重光北门，西面二门，北曰嘉豫门，南曰洛城西门，北面二门，东曰安宁门，西曰玄武门。"徐松：《河南志》，第 117～118 页。
从门址分布看，北宋宫城较唐代宫城仅缺大和门（即隋泰和门，故此处疑为太和门），即东夹城范围，根据城内夹城对称分布的情况，推测北宋宫城较唐代宫城减少东西夹城的范围。
从隋重光门内即东宫，唐重光北门内即东宫的记载看，隋重光门即唐重光北门。
② 郭正忠：《三至十四世纪中国的权衡度量》，北京：中国社会科学出版社，1993 年，第 260～261 页。

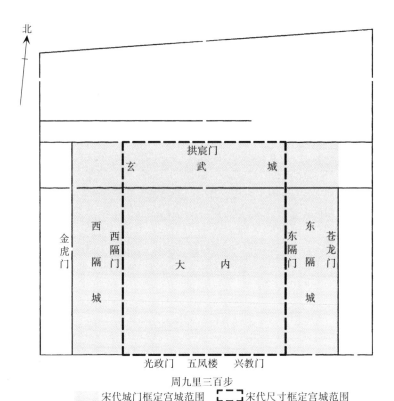

图 3.3　宋代宫城文献复原图（基于《隋唐洛阳城：1959～2001 年考古发掘报告》图 5-29
　　　绘制）

需要对唐宋宫城尺度分别进行核算，进而对门址位置逐一确认。

　　首先看唐代宫城尺度的描述："宫城，因隋名曰紫微城，周十三里二百四十一
步，高四丈八尺。东西四里一百八十八步，南北二里八十五步。"[①] 从东西和南北尺
度的比例来看，应为横长方形，长宽比约为 2∶1。这一数据恰与宫城核心区（大
内 + 东西隔城 + 东西夹城）东西与南北实测数据的比例关系吻合[②]。

_____

① 徐松：《河南志》，第 117 页。
② 傅熹年：《隋唐长安洛阳城规划手法的探讨》，《文物》1995 年第 3 期。杨焕新：《略谈隋唐东都宫城、
　　皇城和东城的几个问题》，《汉唐与边疆考古研究》（第 1 辑），北京：科学出版社，1994 年，第 144 ~
　　151 页。石自社：《隋唐东都形制布局特点分析》，《考古》2009 年第 10 期。韩建华：《唐东都洛阳
　　"丽景（门）夹城"考》，《考古学集刊》18，第 454 ~ 474 页。上述几篇文章均对洛阳城尺度问题进
　　行过探讨。

一般认为，一里为300步（小里）或360步（大里）①。过去的研究基本都是按照一里300步（一步 = 1.47米）计算的，这是由于若按大里测算，则东西、南北长度明显较实测距离偏大（表3.1）。因此，按小里测算出文献所载唐代宫城东西2040米，南北1007米，周长6087米，其中南北长度1007米，较实测数据1040米少33米，误差率3.2%，东西较实测数据2100米少60米，误差率2.9%。傅熹年先生认为"记载与实测在尺寸上的差异应是由于古代测量不精确引起的"②（图3.4）。

表 3.1　唐宫城数据测算表

范围	方向	里	步	小里 （单位:步）	一步 1.47米	大里 （单位:步）	一步 1.47米	实测数据
唐宫城	东西	4	188	1388	2040.36米	1628	2393.16米	2100米
	南北	2	85	685	1006.95米	805	1183.35米	1040米
	总和			4146	6094.62米	4866	7153.02米	6280米
	文献总和	13	241	4141	6087.27米	4921	7233.87米	6280米

从上述测算可以看出，文献中唐代宫城尺寸（十三里二百四十一步）所对应的范围应正是大内、东西隔城和东西夹城。

文献所记唐代宫城门址如下③（见图3.2）：

南面六门，正南曰应天门，……次东曰明德门……东城屈向北五十步，有门东启，曰宣政门……次东曰重光门，即东宫正门，东西各有小门，东曰宾善，西曰延义。次东曰大和门，门内即左藏库。次西曰长乐门，……西城屈向北五十步，有门西启，曰隆庆，避明皇讳改崇庆。次西曰洛城南门，乾封中门。东面一门曰重光北门，隋

① 胡戟对唐代大尺、小尺、大里、小里均有描述，即大里 = 360步×5尺×29.5（大尺），小里 = 300步×6尺×24.578（小尺）。胡戟：《唐代度量衡与亩里制度》，《西北大学学报》（哲学社会科学版）1980年第4期。

② 傅熹年：《隋唐长安洛阳城规划手法的探讨》，《文物》1995年第3期。若唐宫城描述中所记尺度确为宫城核心区，那么应满足如下公式：周长 =（东西长度 + 南北长度）×2，即周十三里二百四十一步 =（东西四里一百八十八步 + 南北二里八十五步）×2。从这一数据反推，可以得到一个有意思的参数，即一里 = 305步。那么，若以305为参数，则由文献推算出的东西长度为2070米，南北长度为1022米，与实测数据间的误差皆在2%以内。

③ 若主要文献所载内容差异较大，则分列之，并逐一讨论；若没有实质区别，则仅引其中一篇。

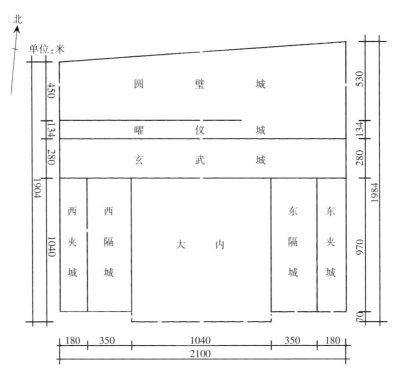

图 3.4　唐代宫城实测数据图（基于《隋唐洛阳城：1959～2001 年考古发掘报告》图 5－64 绘制）

名。门内即东宫。西面二门，北曰嘉豫门，隋曰宝城门，南曰洛城西门。北面二门，东曰安宁门，西曰玄武门。[1]

这些城门的位置除可标定宫城范围外，在后文中还将作为参考点使用，因此其位置至关重要。而关于这些城门的位置，东、西、北三面皆有争议，故在此逐一讨论（见图 3.2）。

东面争议之处是重光门和重光北门。徐松《唐两京城坊考》绘重光北门于东隔城之东墙，而王贵祥编《隋唐洛阳》则将重光北门绘于东隔城之西墙（即大内东

[1]　徐松：《河南志》，第 117～118 页。另有隋宫城情况："南面四门，正门曰则天门，……南去端门五百步……东曰兴教门，……东城屈向北，有门东启，曰永康门，又东曰泰和门，去兴教门二百步，并重观，门内左右藏库，……西曰光政门，去则天门二百步，门西城屈向北，有门西启，曰隆庆门。东面一门曰重光门，内即东宫。西面一门曰宝城门，……北面一门曰玄武门。"徐松：《河南志》，第 100～101 页。

墙）。从文献"重光北门……即东宫"（东宫位于大内之外、东隔城之内）的位置描述，可知重光门和重光北门分别是东隔城的南门和东门。考古工作在东隔城东墙发现门址，认为是重光北门（东宫之东门）的遗迹，"门址距宫城南墙约 570 米，现环城西路南口西关旅社楼的北端（按：今洛阳老城丽景门西南）。据闻在建楼时曾挖出过一门址遗迹，宽约 4 米"[①]。

北面是玄武门。一说为玄武城北门：1959 年于曜仪城南墙钻探到一座城门，称"玄武门，为宫城北面之正门，门址在北墙中央……南当应天门，北对圆璧南门，正处于宫城南北的中轴线上。……据钻探了解，门址宽约 6 米，厚约 16 米"[②]。而后考古工作者的认识发生改变，认为玄武门是玄武城南门，"玄武城有两座城门，南墙居中为玄武门，北墙居中为曜仪门"[③]，即玄武门和圆璧南门间还有一道曜仪门。

《大业杂记》载："出含嘉西有圆璧门，西有圆璧城，城正南有曜仪门，南即曜仪城，城南玄武城，门内即宫城。"说明曜仪门在圆璧城南墙，玄武门是曜仪城南门，即玄武城北门。《河南志》云："（唐）玄武门北曰曜仪城。城有三门，北面一门，曰圆璧南门。隋曰曜仪门，显庆中改。东曰曜仪东门，西曰曜仪西门，并显庆中改。"[④] 再次说明玄武门位于玄武城与曜仪城之间的隔墙上，为玄武城北门。又据《河南志》"（隋）玄武门北，曰曜仪门，号曜仪城"[⑤]，推测曜仪门的称谓可能较早，后改称为圆璧南门。

西面则涉及嘉豫门（隋宝城门）、阊阖门、洛城西门、洛城南门等，争论的焦点主要在于这些门是西隔城的门还是西夹城的门，宝城是西隔城还是西夹城的问题。其中杨焕新[⑥]和傅熹年[⑦]先生皆认为嘉豫门、洛城西门位于西夹城西墙，阊阖门位于西夹城东墙。《隋唐洛阳城：1959～2001 年考古发掘报告》中也认为嘉豫门位于西夹

① 王岩、冯承泽、杨焕新：《洛阳隋唐东都城：1982～1986 年考古工作纪要》，《考古》1989 年第 3 期。

② 陈久恒：《隋唐东都城址的勘查和发掘》，《考古》1961 年第 3 期。

③ 中国社会科学院考古研究所编《隋唐洛阳城：1959～2001 年考古发掘报告》，第 880 页。

④ 徐松：《河南志》，第 119 页。

⑤ 徐松：《河南志》，第 101 页。

⑥ 杨焕新：《略谈隋唐东都宫城、皇城和东城的几个问题》，《汉唐与边疆考古研究》（第 1 辑），第 146 页。

⑦ 傅熹年编《中国古代建筑史》（第 2 卷 三国、两晋、南北朝、隋唐、五代建筑），北京：中国建筑工业出版社，2009 年，第 370 页。

城西墙①。而韩建华先生则认为嘉豫门、洛城西门位于西隔城西墙,洛城南门位于西隔城南墙②。要解决这个问题是比较困难的,因为文献本身存在矛盾和讹误。因此,只能就现有材料探究其最可能的情况。

> 出玄靖门横街,东行四十步,有修文殿,西行百步,有阊阖重门,门南北并有仰观台,高百尺。门西即入宝城,城内有仪鸾殿,殿南有乌椑林、栗林,有蒲桃架四行,行长百余步,架南有射堂,对阊阖门,直西二百二十步,有宝城门。出,北傍城三里,有方诸门,门内即圆璧城。③

> (隋)修文殿,在志静门横街东四十步,殿内藏正御本书。西有阊阖门,相去百步,门南北有仰观台,高百步,门西一百三十步,即宝城门。……(唐)映日台,在九洲池之西。东有隔城,南有三堂,北有三堂。旧皆皇子公主所居。阊阖门,在映日台东北,隔城之上阁。南北皆有观象台,女使仰观之所,下有荫殿,东西二百五十尺,南北二百尺,壁前后三丈。五殿,在隔城之西,映日之南。下有五殿,上合为一。亦荫殿也。壁厚五尺,高九十尺,东、西房廊,皆五十间。西院有厨,东院有教场内库,大帝常御此殿。殿南即洛城南门。仪鸾殿,在五殿北。有射坍,殿东(按:应为西)即雒城西门,外有给使坊及内教坊御马坊。百戏堂,在仪鸾殿北。④

由文献可知,映日台、仪鸾殿、五殿、射堂这一线建筑的相对关系比较确定,且建筑群位于阊阖门和宝城门(嘉豫门)之间。

如果这组建筑位于西隔城,那么阊阖门"在映日台东北",就在西隔城东墙,即大内西墙,与阊阖重门为同一座门,其南北有仰观台的记载在两条文献中均可得验

---

① 嘉豫门"位于宫城西墙,距宫城西北角670米,在今洛阳玻璃集团厂区西北部……洛城西门位于宫城西墙,距宫城南墙角80米,在今洛阳市第二实验中学院内……在旧金谷园村东,北距西北城角1268米处的双圪塔钻探到夯土。"中国社会科学院考古研究所编《隋唐洛阳城:1959～2001年考古发掘报告》,第416、830页。文中认为嘉豫门和洛城西门均位于宫城西墙,即西夹城西墙。然而,"距宫城西北角670米"这一描述首见于陈久恒《隋唐东都遗址的勘查和发掘》,文中宫城西北角实指西隔城西墙与玄武城北墙交界处,即嘉豫门位于西隔城西墙。
② 韩建华:《唐东都洛阳"丽景(门)"夹城考》,《考古学集刊》18,第461页。
③ 韦述、杜宝:《两京新记辑校 大业杂记辑校》,第9页。
④ 徐松:《河南志》,第104～105、125～126页。

证。而宝城门就在西隔城西墙，洛城南门在西隔城南墙。这样的推断，出现矛盾的地方在于出宝城门还在夹城内，与"北傍城三里"出现偏差。且其往北三里已出圆璧城或抵圆璧城北墙，与一般认为方诸门为圆璧城西门的看法相抵牾。

如果这组建筑位于西夹城，那么阊阖重门和阊阖门为两座门。阊阖重门在大内西墙，而阊阖门在西夹城东墙，即西隔城西墙，宝城门在西夹城西墙，洛城南门在西夹城南墙。这样的推断，出现矛盾的地方在于《大业杂记》中阊阖门与宝城门的距离二百二十步远大于西夹城的宽度。

也就是说，这两种情况皆不能完全符合文献的记载，因此傅熹年先生也认为"二书在文字上必有讹误"。从《大业杂记》和《河南志》的文字来看，二者应有明显的传抄关系，其中出现多处不同，如"玄靖门"作"志静门"、"阊阖门"作"阊阖重门"、"高百尺"作"高百步"、"二百二十步"作"一百三十步"等。本书认为《大业杂记》关于隋大内的记载之可信度更高，另考虑到洛城南门的聚众属性，其地理位置不应过于偏僻，故推测其位于西隔城之南，而非西夹城之南。结合《河南志》中北宋金虎门（唐嘉豫门）与苍龙门（唐重光北门）对应的特点，其前身隋宝城门、唐嘉豫门也应该与东隔城东门重光北门对应。由此认为，唐嘉豫门位于西隔城西墙，阊阖门位于大内西墙可能性更大①。

那么，以四面门址框定的宫城范围至少是：大内＋东西隔城＋东夹城＋玄武城。此外，从东夹城东墙未开门的情况看（因夹城的保卫功能故开门较少），西夹城之西墙唐时也可能不开门②。因此，如果西夹城没有重要城门或因特殊原因（如丽景夹城潜通上阳等）未列城门名称，那么宫城范围极有可能是大内＋东西隔城＋东西夹城＋玄武城。

由此可见，文献所载唐代宫城周长尺寸所对应的范围较门址框定的范围小（见图3.2）。

---

① 这是基于现有材料做出的最可能的解释。其与文献矛盾之处，一方面可能由于文献本身出现讹误，另一方面也不排除方诸门为圆璧城北墙西门，或可能从嘉豫门至方诸门并非径直向北，而是沿西夹城北墙行进一段再折而向北，又或隋宝城门、唐嘉豫门的位置出现过变更而非宋金虎门前身的可能，实际情况待日后更多材料予以补充。

② 根据考古报告，西夹城西墙偏南的位置发现一座单门道门址，但是否为文献所记之"洛城西门"需要更多的材料佐证。中国社会科学院考古研究所编《隋唐洛阳城：1959～2001年考古发掘报告》，第417页。

　　再来看宋代宫城九里三百步所对应的范围。从文献"九里三百步"来看，一里应大于三百步。若按 360 步一里计算，则宫城周长约为 5471～5607 米，所对应的大致范围是大内＋东西隔城，实测周长 5560 米，误差率为 0.8%～1.6%；若按 300 步一里算，则宫城周长 4636～4752 米，所对应的范围是大内＋玄武城（大内以北部分），实测周 4720 米，误差率为 0.6%～1.8%（见图 3.3）。

　　而从北宋宫城门址所对应的区域看，则应包括唐代大内（光政门、五凤楼、兴教门）、东隔城（苍龙门即唐重光北门）、西隔城（金虎门即唐嘉豫门）以及玄武城（拱宸门即唐玄武门）的范围，即以唐代大内为中心，东西北方向皆设隔城（见图 3.3）。由此可见，与唐代一样，文献所载宫城周长尺寸所对应的范围较门址框定的范围小。那么是否可以这样理解，城门所框定的范围即是宫城范围，而宫城之周长尺寸则反映了宫城中最为重要的核心区域范围（图 3.5）。

　　根据上述分析，可以认为北宋西京宫城范围包括大内、东西隔城和玄武城，而其最为核心的部分究竟是大内＋东西隔城，还是大内＋玄武城（大内以北部分）尚不能确定。从考古材料看，以大内＋玄武城的可能性为大，原因有三：

　　第一，从城墙补筑情况看，西隔城西墙夯土东侧发现宋代补筑城墙夯土，玄武城南墙未见北宋补筑的痕迹，玄武城北墙则在多个发掘点发现宋代早、晚期补筑夯土。

　　第二，陈久恒《隋唐东都城址的勘查和发掘》中提到宫城东墙曲折，实为大内东墙向北延伸将玄武城分隔开来，这或许反映了北宋时期宫城的范围变化[1]。

　　第三，从出土建筑基址看，西隔城内发现宋代基址两座和一道水渠，另有九洲岛池遗址，为园林区域，延续了唐以来的功能。而玄武城内发现大型宋代建筑基址，且打破玄武城南墙，可能是大内宫殿建筑的延续，或与大内北部区域建筑排布非常密集，地狭不容有关。

　　由此可见，玄武城南墙在北宋时期可能已经废弃，玄武城与大内关系似更为紧密，待考古发现提供更多材料方能深入分析。

　　现将宫城各区域之四至分述如下[2]（图 3.6）。

---

[1]　陈久恒：《隋唐东都城址的勘查和发掘》，《考古》1961 年第 3 期。

[2]　本书数据来自《隋唐洛阳城：1959～2001 年考古发掘报告》，下划线部分是在今天的地图上难以找到对应位置的地点。

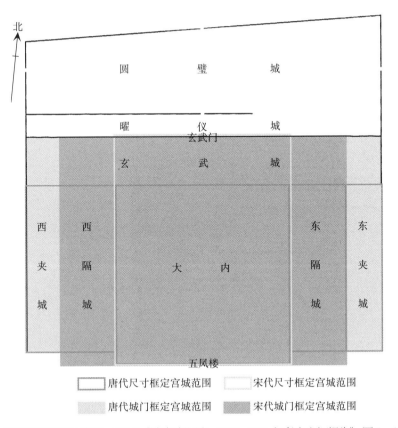

图 3.5　唐宋宫城范围示意图（基于《隋唐洛阳城：1959～2001 年考古发掘报告》图 5-64 绘制）

1. 大内

东墙：为唐代大内东墙，经考古发掘确认位置，墙基宽 2.45～3.8 米。位于老城区豫通街小学（唐大内东墙 1 号发掘点）至洛阳市起重机厂（唐大内东墙 3 号发掘点）一线[①]。城墙东西均见宋代基址。

南墙：为宫城南墙，中为五凤楼，东为兴教门，西为光政门。为唐宫城大内南墙，墙基宽 11～12 米，墙体宽 8～11 米，应天门附近发现北宋补筑城墙夯土，补筑夯土位于唐代城墙两侧。经考古发掘确认位置，位于洛阳长乐街小学（唐宫城南墙 3 号发掘点，现为西工区实验小学）、洛阳日报社院内（唐宫城南墙 1 号发掘点）、周公庙西侧（应天门）至老城区五贤街 6 号居民院（明德门）一线[②]。

① 中国社会科学院考古研究所编《隋唐洛阳城：1959～2001 年考古发掘报告》，第 418～420 页。
② 中国社会科学院考古研究所编《隋唐洛阳城：1959～2001 年考古发掘报告》，第 342、377、411 页。

0   500 米

图3.6 北宋宫城、皇城、东城位置复原图（参考石自社《北宋西京洛阳城市形态分析》中隋唐洛阳城宫皇城卫星影像图绘制）

西墙：为唐代大内西墙，经考古发掘确认位置，墙基宽4.5米左右，墙体残宽3.7米。位于洛阳市第三中学（唐大内西墙4号发掘点）、洛玻集团商务大楼（唐大内西墙6号发掘点）至洛玻集团仓储区（唐大内西墙8号发掘点）一线①。而考古发现在唐代大内西墙以东4米有北宋时期的南北向墙基，故推测北宋时期的大内西墙可能较唐代略东移。

北墙：为唐代大内北墙，即玄武城南墙，墙宽10.2米。经考古发掘确认位置，位于洛阳二运二分公司（玄武城南墙6号发掘点）至起重机厂院内（玄武城南墙7号发掘点）一线②。

2. 西隔城

东墙：即大内西墙。

① 中国社会科学院考古研究所编《隋唐洛阳城：1959～2001年考古发掘报告》，第422～423页。
② 中国社会科学院考古研究所编《隋唐洛阳城：1959～2001年考古发掘报告》，第883～884页。

南墙：唐代隔城南墙较宫城南墙曲而向北移。至宋代，将该段城墙南移 75 米左右，与宫城南墙取直，墙基宽 10.8 米，墙体残宽 12.6 米。经考古发掘确认位置，位于洛阳市第三中学西区（皇城北墙 HT175）一线①。

西墙：为宫城西墙，有金虎门，即隋之宝城门、唐之嘉豫门，为唐代西隔城西墙，墙基宽 11.5 米，墙体宽 12.5 米，北宋于墙体东侧补筑城墙夯土。经考古发掘确认位置，位于洛玻集团宾馆、浮法一线（唐西隔城 2 号发掘点）、高压锅炉房附近（唐西隔城 5 号发掘点）一线②。

北墙：即玄武城南墙西隔城段，墙基宽 10.7 米。位于大内北墙西延至洛玻集团造箱厂院内（玄武城南墙 2 号发掘点）一线③。

3. 东隔城

东墙：为宫城东墙，有苍龙门，即隋之重光门，唐之重光北门，为唐代东隔城东墙，墙宽 11.8 米，有唐代补筑痕迹。经考古发掘确认位置，位于老城区公安分局（唐东隔城东墙 1 号发掘点）、百业大市场（唐东隔城东墙 2 号发掘点）、中州路南沿（唐东隔城东墙 3 号发掘点）、坛角小学、唐宫东路住宅小区（唐东隔城东墙 6 号发掘点）一线④。

南墙：未经考古发掘。根据西隔城南墙的发掘情况，推测东隔城南墙北宋时期南移，与宫城南墙取直。

西墙：即大内东墙。

北墙：即玄武城南墙东隔城段，墙基宽 11.7 米。位于大内北墙东延至铸造厂院内（唐东隔城东墙 26 号发掘点）一线⑤。在这一段城墙上发现唐安宁门门址，唐代后期门道被夯土封堵，城门废弃⑥。

---

① 中国社会科学院考古研究所编《隋唐洛阳城：1959～2001 年考古发掘报告》，第 158 页。

② 中国社会科学院考古研究所编《隋唐洛阳城：1959～2001 年考古发掘报告》，第 753 页。

③ 中国社会科学院考古研究所编《隋唐洛阳城：1959～2001 年考古发掘报告》，第 883 页。

④ 中国社会科学院考古研究所编《隋唐洛阳城：1959～2001 年考古发掘报告》，第 704～705 页。

⑤ 中国社会科学院考古研究所编《隋唐洛阳城：1959～2001 年考古发掘报告》，第 707 页。

⑥ 考古报告中称之为"安宁门门址"，但隋唐安宁门应该在玄武城北墙还是玄武城南墙尚不可知，若在玄武城南墙，则城门框定宫城范围北界东部将南移。

4. 玄武城

东墙：在唐即宫城东墙。宋时可能被大内东墙之北延分隔。

南墙：即大内北墙。宽度 10. 2 米，主要为唐代夯筑城墙并包砖，鲜见宋代补筑痕迹，南墙缺口宽 7. 1 米。

西墙：在唐即宫城西墙。宋时可能被西隔城西墙之北延分隔。

北墙：为宫城北墙，有拱宸门，唐之玄武门。从考古发现的情况看。玄武城北墙初建时也约 10 米左右，并设有马面，在唐、宋早期和宋晚期等多个时期有补筑痕迹，至北宋晚期，该城墙宽达 16 米[1]。

玄武门自隋一直延续至宋，历史悠久，其位于历代宫城中轴之北门，南对五凤楼，位置显赫。综合北宋时期玄武城城墙宽度、城防设施（如马面）、补筑情况等因素，结合文献记载，本书认为北宋宫城北门拱宸门（唐玄武门）位于玄武城北墙，即玄武城应纳入宫城范围。那么宫城北墙位置位于汽车配件公司（唐玄武城 13 号发掘点）、春都集团科技公司（唐玄武城 14 号发掘点）、洛阳外贸加工厂院内（唐玄武城 15 号发掘点）、印染厂院内（唐玄武城 17 号发掘点）一线[2]。

（二）皇城

首先看唐代皇城的尺度。"皇城，隋曰太微城，亦号南城。东西五里一十七步，南北三里二百九十八步，高三丈七尺，周一十三里二百五十步。"[3]

对于这一段文献的记载，学者大多止步于直接录文引用，鲜有人对其数据进行还原计算。原因有三：

一是皇城东西五里一十七步较宫城之东西四里一百八十八步多，而根据考古发掘我们知道皇城与宫城的东西墙是连在一起的，多出来的部分无从解释；

二是皇城南北三里二百九十八步，竟较宫城之二里八十五步多，而据考古发掘可知皇城南北 725 米，较宫城南北 1040 米短，故又出现矛盾；

三是周长与文献所载东西、南北尺度无直接对应关系，且与考古实测数据也有

---

①　中国社会科学院考古研究所编《隋唐洛阳城：1959～2001 年考古发掘报告》，第 881、886 页。

②　中国社会科学院考古研究所编《隋唐洛阳城：1959～2001 年考古发掘报告》，第 885～888 页。

③　徐松：《河南志》，第 129 页。

较大差异。

杨焕新先生对此解释为"至于文献所记的皇城'东西五里一十七步，南北三里二百九十八步'，显然与实际不符，或另有所指"①。

从上述宫城尺度分析可知，宫城文献数据记录比较客观，非随意撰写，而皇城城墙高度三丈七尺和宫城城墙高度四丈八尺，也可以看出明显的等级差异。故推测皇城数据应确有所指，而非妄撰也。本书试图寻找文献中皇城尺度所对应的区域，探其所指，兹分述之。

1. 东西五里一十七步

较宫城四里一百八十八步多 129 步（以 300 步计算），即比大内和东西隔城、夹城东西长度之和还多 190 米。这一数据看似难以解释，但恰可与 20 世纪 50 年代在隋唐洛阳城西寻找东周王城时，在王城东墙和北墙上发现的唐代修补痕迹和东墙北端的唐代夯土墙联系起来②。杨焕新先生认为这"说明在东周城东侧，唐宫城西侧，确实有一小城存在。与文献记载相对照，不难看出它即是宫城西侧的夹城……并进行了实地调查，此夹城宽约 200 米"③。两个数据不谋而合，似说明这一宫城西侧的小城可能属于唐代皇城的范围，也为我们接下来分析唐代皇城尺度的记载提供了线索。为与西夹城区分，本书暂称其为"西小城"。

2. 南北三里二百九十八步

就宫城以南的皇城而言，其南北长 725 米（合 493 步），故文献称"则天门，……南去端门五百步"，远未达到"南北三里二百九十八步"。那么这个南北步数是否可能包含了西小城的南北长度呢？据杨焕新先生调查，西小城"北墙与玄武城南墙连接，南墙大概在现洛阳市中州路以南，西工电影院西南的位置上"④。将 20 世纪 50 年代的隋唐洛阳城实测图和东周城址实测图等比例合并后也可见类似的结论，即西小城

---

① 杨焕新：《隋唐东都宫城、皇城形制与布局的探讨——兼谈东城有关问题》，《跋涉集——北京大学历史系考古专业七五届毕业生论文集》，北京图书馆出版社，1998 年，第 243 页。

② 考古研究所洛阳发掘队：《洛阳涧滨东周城址发掘报告》，《考古学报》1959 年第 2 期。

③ 杨焕新：《略谈隋唐东都宫城、皇城和东城的几个问题》，《汉唐与边疆考古研究》（第 1 辑），第 144 ~ 151 页。

④ 杨焕新：《略谈隋唐东都宫城、皇城和东城的几个问题》，《汉唐与边疆考古研究》（第 1 辑），第 144 ~ 151 页。

的北墙与玄武城南墙相直。西小城南墙若位于中州路以南的位置，则跟东城南墙基本相直，颇具对称性①（图3.7、3.8）。

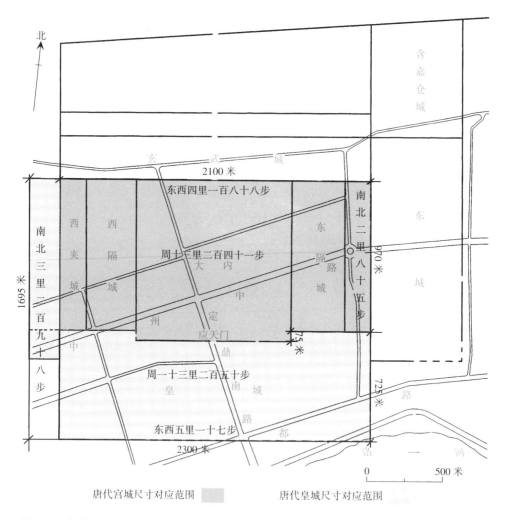

图3.7 唐代宫皇城文献尺寸与实测数据对应图（基于《隋唐洛阳城：1959~2001年考古发掘报告》图5-1绘制）

---

① 至于西小城为何所设，需要从其位置和范围来讨论。一方面其位于宫城西侧，北通谷水，南接上阳（根据王炬《唐东都上阳宫问题再探讨》，上阳宫西拒谷水，主要建筑集中于宫皇城外西南角，并紧临城墙分布，即这一西侧夹城以南的区域）；另一方面，其北部与玄武城南墙相接，南部约与东城南墙相直，即其南北范围与宫城、皇城既有交叠又不完全重合，应有其特殊的功能。考虑到上阳宫在其南侧，那么，这一小城则有可能与丽景夹城存在一定联系。王炬：《唐东都上阳宫问题再探讨》，《洛阳考古》2017年第3期；姜波：《唐东都上阳宫考》，《考古》1998年第2期。

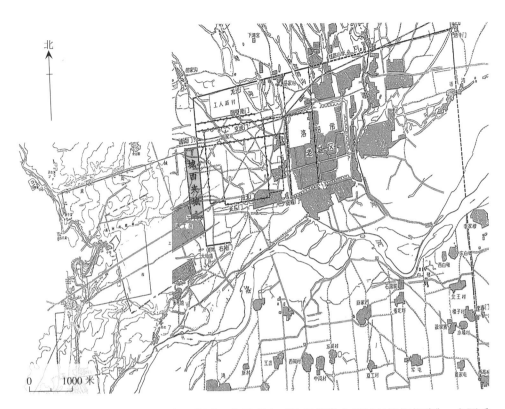

图 3.8　隋唐洛阳城宫城以西夹城范围（左图采自《洛阳涧滨东周城址发掘报告》，右图采自《隋唐东都城址的勘查和发掘》，调整为统一比例尺后合并。为尊重原图，拼合时尽量保持原貌）

南面皇城与西小城的南北距离之和应该是 725 + 970 = 1695 米，较三里二百九十八步（合 1761 米）的文献记载尚有 66 米的差距。故推测文献中的距离测算是按照隋则天门至端门五百步 + 宫城南北二里八十五步 = 725 + 1040 = 1765 米的数据计算的。

3. 周一十三里二百五十步

皇城周长的数据颇特殊，与其东西、南北的长度没有直接的比例关系。因此，只能通过数据的核算进行推测。在不计西小城的情况下，宫城以南之皇城周长为 2100 × 2 + 725 × 2 + 75 × 2 = 5800 米，而一十三里二百五十步合 6196 米，差距 396 米。若将西小城的东西 200 米加入，则数据可吻合。以这样的测算方式，则皇城周长仅包含宫城以南的部分，与"南城"的称谓相符，但不包含西小城宫城以北的部分。那么西小城是否被分成南北两部分，尚需未来考古工作的验证。

由上述分析可知，隋唐洛阳城与东周王城之间的西小城是解决皇城尺寸计算问题的关键。皇城周长尺寸所对应的范围应为宫城以南的区域（包括西小城南面部分）。

关于北宋皇城的情况，《宋史》① 《宋会要辑稿》② 和《河南志》③ 皆有记载，内容相似，但略有差异。主要表现在：

（1）皇城周长与范围

《河南志》记"皇城周八十里二百五十八步"，而《宋史》记"皇城周回十八里二百五十八步"。按《河南志》所记京城"周回五十二里"，故知"皇城周八十里"为讹。较唐代周一十三里二百五十步的皇城（亦号"南城"）大了一些。从《河南志》和《宋会要辑稿》"（皇城为）宫城之外夹城"的描述和其各门址与宫城的对应关系可知，北宋皇城至少包含了唐代东西夹城和皇城的范围，呈环卫宫城的格局（图 3.9）。

---

① "皇城周回十八里二百五十八步。南面三门：中曰端门，东西曰左、右掖门。东一门，曰宣仁。西三门：南曰丽景，与金曜相直；中曰开化，与乾通相直；北曰应福。内皆诸司处之。"脱脱等：《宋史》，第 1418 页。

② "皇城，隋曰太微城，亦号南城，宫城之外夹城。南面三门：中曰端门，北对五凤楼，南对定鼎门。东曰左掖，西曰右掖。东面二门：南曰宾耀，隋曰东太阳，唐曰东明，后改；北曰启明，西对宫城之苍龙门。西面二门：南曰金耀，隋曰西太阳，后改。北曰乾通，东对宫城之金虎门。西面外挟城又二门：南曰丽景，东对金耀门；北曰开化，东对乾通门。北面一门曰应福，五代以来曰甲马门，盖诸班直宿其内。次北左军二门（按：疑为次东），在兴教门之东，门内皆班院。次西右军一门，在光政门之西，门内皆班院及御园。"刘琳、刁忠民、舒大刚校点《宋会要辑稿》，第 9270～9271 页。

"《京都杂录》：西京皇城西面外挟城二门，南曰丽景，东对金耀门。……西面外挟城二门，北曰开化，东对乾通门。……北面一门曰应福，五代以来曰甲马门，盖诸班直宿其内。……次西右军一门，在光政门之西，门内皆班院及御园。"刘琳、刁忠民、舒大刚校点《宋会要辑稿》，第 9319 页。

③ "皇城，隋曰太微城，亦号南城。宫城之外夹城也。周八十里二百五十八步，四面中央共开九门。南面三门，中曰端门，北对五凤楼，南对定鼎门。东曰左掖门，西曰右掖门。东面二门，南曰宾耀门，隋之东太阳门，武德之东明门，太帝改宾耀。北曰启明门，西对宫城之苍龙门。□□□□□（西面二门，南曰）金耀门，东对宾耀门，疑即隋之西太阳门。北曰乾通门，东对宫城之金虎门。西面外夹城，又二门，南曰丽景门，东对金耀门，五代实录皆云上阳门，疑曾更易。北曰开化门，东对乾通门。北面一门曰应福门，门西向其城，至微缺一角，按其门五代以来曰甲马门，盖诸班直宿其内。"徐松：《河南志》，第 153～155 页。

（2）西面夹城和北面门址的名称和位置

《宋会要辑稿》和《河南志》均提到皇城西面有外夹城，但《宋史》并未提及。而述及北面应福门时，《宋史》记其为西门，《宋会要辑稿》称其为"西京皇城北面一门"，《河南志》云："北面一门曰应福门，门西向其城，至微缺一角。"仅从文字分析，应福门究竟是西向还是北向，是西夹城之门还是皇城北墙之门，是难以判断的。但若结合《河南志》唐宋河南府城阙街坊图（见图2.6），可见皇城西部确有夹城，夹城以北微缺一角，与文献记载一致。而缺角之西向有开门，故推测这一缺角西向开门即文献所记之应福门。而考古所见西小城，北端至玄武门南墙，相对皇城北界来说，确"微缺一角"。

事实上，考古工作已经发现了应福门。1960年考古钻探认为是"阊阖门"的位置[1]，正位于玄武城西墙，门道宽约10米，门道处东西向路土通过。就其位置分析，应该就是文献所记之"应福门"。

综上，上述几条文献皆有缺漏或讹误，可相互校补。

那么文献所记之"十八里二百五十八步"究竟涵盖了多大范围呢？若按一里360步计算，则皇城周长约10414～10672米，而整个宫皇城实测周长（含大内、玄武、曜仪、圆璧、东西隔城、东西夹城、西小城）才9788米，还少600～800余米，难以解释。若按一里300步计算，则皇城周长8744～8962米，所对应的范围应该是边长2100米的方形（大内+东西隔城+东西夹城+玄武+曜仪+南部皇城）和西小城的部分，误差率为0.6%～1.8%，呈以宫城为中心，四面拱卫的格局。因此，一里300步所得数据与考古发现的实测数据吻合度较高（图3.9）。

从文献所载之皇城四面门址的情况来看，南面端门、左掖门、右掖门，东面宾耀门和启明门，西面金耀门和乾通门，北面应福门，西面外夹城开化门和丽景门[2]，也以第二种测算方式的可能性为大。兹将皇城四至分述如下[3]（见图3.6）：

南墙：中为端门，北对五凤楼。东为左掖门，西为右掖门，即唐代皇城南墙。

① 陈久恒：《"隋唐东都城址的勘查和发掘"续记》，《考古》1978年第6期；中国社会科学院考古研究所编《隋唐洛阳城：1959～2001年考古发掘报告》，第892页。

② 徐松：《河南志》，第154页。

③ 下划线部分是在今天的地图上难以找到对应位置的地点。

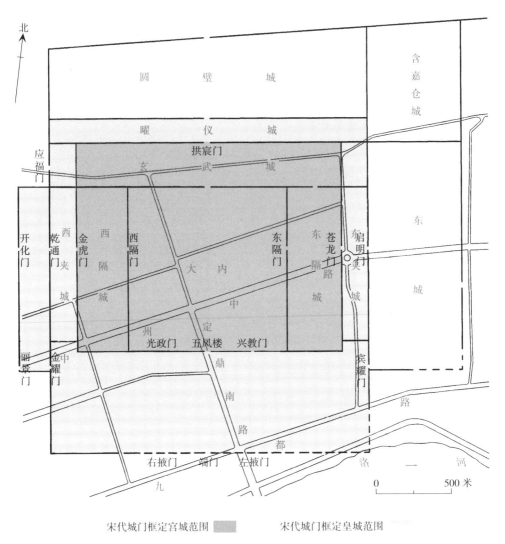

图 3.9　北宋宫皇城范围图（基于《隋唐洛阳城：1959～2001 年考古发掘报告》图 5–1 绘制）

墙基南北残宽 10.3 米。北宋补筑城墙夯土位于唐代皇城南墙南北两侧。经考古发掘和调查确认位置，位于七一路东侧、穿洛阳市委家属院（唐皇城南墙 1 号发掘点）[①]至九都路南侧的洛河滩。

　　东墙：有宾耀门和启明门，即唐代皇城东墙和东夹城东墙。墙基残宽 9.9～11.3 米，墙体残宽 8.2～9 米。北宋补筑城墙夯土位于唐代皇城东墙东西两侧。经考古发

————————

① 中国社会科学院考古研究所编《隋唐洛阳城：1959～2001 年考古发掘报告》，第 155 页。

掘和调查确认位置，位于洛阳市物资回收公司家属院内（唐皇城东墙 6 号发掘点），经中州路西关桥东端（唐宫城东墙 8 号发掘点）、市色织一厂①。

西小城东墙：有金耀门和乾通门，即唐代皇城西墙和西夹城西墙，墙基 10 米，墙体宽 10.1 米，宋代补筑城墙夯土位于唐代城墙两侧。经考古发掘和调查确认位置，位于洛阳市委家属院西南部、洛阳蔬菜公司院内（唐皇城西墙 5 号发掘点）、洛阳市第二实验中学（唐宫城西墙 13 号发掘点）、洛玻集团厂区西南隅（唐宫城西墙 15 号发掘点）、洛玻集团铁路线一线②。

西墙：有开化门和丽景门，即西小城西墙，距离西夹城西墙约 200 米。未专门进行考古发掘，但推测其很可能依托东周王城东墙改建而成③。

北墙：为唐代曜仪城北墙，即圆璧城南墙，墙基宽 4.2～4.3 米，位于洛阳市邮电局道北路营业所院内④一线。据考古发掘情况看，圆璧南门在北宋时期废弃，但仍为重要通道。

由于考古发掘工作的限制，对于城墙的调查和发掘只是点状的，以点连线，无法全面揭露。故我们对于宫城皇城之城墙的认识只能针对这些局部发掘进行探讨。根据上述宫城、皇城城墙情况的梳理，还可以得出如下认识：

第一，北宋时期对于多处城墙进行补筑。补筑后的城墙较唐代城墙宽。阎文儒先生在最初对隋唐洛阳城调查时就指出："残存的城垣，可能是唐末张全义或宋王曾修葺后的基址，因为旧址已颓，所以向北伸展了。这宽约 29.6 米的北城垣，应是唐宋两代互相参差的基址，隋唐的城垣，当在 16.5 米左右。"⑤ 而后经多年的考古工作，认为"隋唐时期城墙宽 8～10 米，北宋时期城墙宽 10～12 米"⑥。

第二，北宋时期的城墙补筑活动仅针对局部城墙。如果我们将考古发掘所见之北宋补筑的城墙分段标注在图上（图 3.10），则可以看出北宋补筑的城墙位置集中于

① 中国社会科学院考古研究所编《隋唐洛阳城：1959～2001 年考古发掘报告》，第 156、361 页。

② 中国社会科学院考古研究所编《隋唐洛阳城：1959～2001 年考古发掘报告》，第 155、157、364～365 页。

③ 考古研究所洛阳发掘队：《洛阳涧滨东周城址发掘报告》，《考古学报》1959 年第 2 期。

④ 中国社会科学院考古研究所编《隋唐洛阳城：1959～2001 年考古发掘报告》，第 925 页。

⑤ 阎文儒：《洛阳汉魏隋唐城址勘查记》，《考古学报》1955 年第 1 期。

⑥ 中国社会科学院考古研究所编《隋唐洛阳城：1959～2001 年考古发掘报告》，第 159 页。

北宋时期宫城和皇城的边界，特别是主要门址附近。而玄武城北墙补筑较为密集。

第三，唐代宫城皇城内城墙宽度大致有两种，4~5米和8~10米。其中4~5米的城墙分别用于大内东西墙和圆璧城南墙；8~10米的城墙则广泛用于城墙其他部分。这一区别，更强调4~5米城墙的分隔属性，而非防御属性。故从城墙的尺度上，可将大内和东西隔城视为一体，曜仪城和圆璧城视为一体，其余部分视为一体。而北宋时期城墙的补筑似强化了这样的区域分隔。

第四，北宋时期在西侧建设工作较多，东侧相对较少。

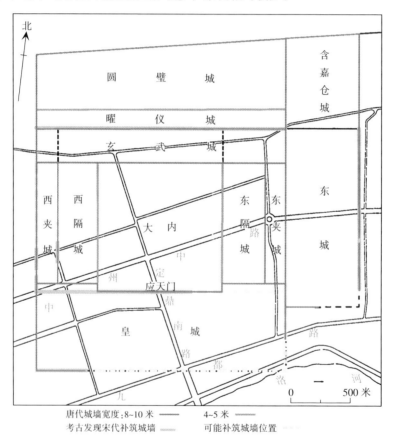

图3.10（彩版五）　唐宋宫城、皇城城墙修筑分析图（基于《隋唐洛阳城：1959~2001年考古发掘报告》图5－1绘制）

（三）东城

《河南志》云："（唐）东城，隋筑。东面四里一百九十七步，南面一里二百三十步，西属宫城，北面一里二百三十步，又南屈一百九十八步，属宫城之东北隅，高三丈五尺。南面屈曲，逐洛水之势，北即含嘉仓城。""（宋）东城，宫东之外城也，隋筑，唐与宋皆仍旧。……东面一门曰宣仁门，□□□□□□□□福门，今为洛阳监前门。北面一门，曰含嘉门。"① 可见北宋时期东城因隋唐之旧也。

以测算皇城之法计算唐代东城尺度（即 300 步为一里，1 步＝1.47 米），则东面四里一百九十七步合 2053.6 米，实际测量尺寸为 2175 米（包括含嘉仓城范围），误差率为 5.5%。南面一里二百三十步，合 779 米，与考古发现的直线距离 620 米不同，但考虑到"南面屈曲，逐洛水之势"，则南面城墙可能并非笔直。从文献所记看，东城在宫城以东，其尺寸应包括含嘉仓城之范围。

兹将东城各面城墙位置及尺度分述如下（见图 3.6）：

东墙：为唐代东城东墙，城墙宽约 10 ~ 19 米。北宋于城墙两侧补筑夯土，北宋城墙宽约 15 ~ 25.5 米，位于洛阳老城马市街东端、南大街市场（唐东城东墙 2 号发掘点②）、洛阳建筑公司环城路家属院一线。在宋代东城东墙东侧 25 米处，发现宽约 25 米的护城壕沟。

南墙：为唐代东城南墙，城墙宽 10 ~ 14 米，位于洛阳老城马市街西段北侧。

西墙：即北宋皇城东墙。

北墙：即含嘉仓城北墙。

二　宫城内重要建筑

关于宫城内的重要建筑，文献和考古材料均较为丰富，但二者并不能完全对应。那么，如何将这二者结合到一起，则是首先要解决的问题。本书根据文献确定了唐宋时期宫城大内重要参考系——"五纵四横"，即南北方向的五条主要轴线和由东西方向横街或墙体构成的四重分隔（外朝、常朝、寝宫和后花园），并发现至北宋时期，除上述横街分隔形成的条形空间外，还出现了由双重隔门分隔形成的环形空间。

---

① 徐松：《河南志》，第 134、156 ~ 157 页。
② 中国社会科学院考古研究所编《隋唐洛阳城：1959 ~ 2001 年考古发掘报告》，第 244 页。

在此基础上，整理考古材料，将其与上述参考系对应，结合建筑遗址尺度、出土遗物等分析，明确了考古所见建筑基址的性质，从而探讨北宋西京宫城建筑的规划设计特点。

（一）文献记载与考古发现的差距

关于北宋西京宫城内主要建筑，文献记载非常丰富，仅《河南志》就分别记载了隋、唐、宋三个时期的不同情况，再校以《大业杂记》《两京新记》《宋史》《宋会要辑稿》等文献，就可以绘制出各时期宫室内的主要轴线和建筑分布相对关系①（图3.11、3.12、3.13）。那么，这些建筑之间的承袭和叠压关系是否如文献所记，则需要考古材料的补充和验证。

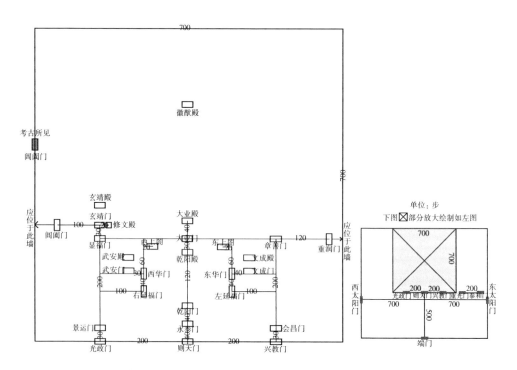

图3.11　隋代宫城大内主要建筑分布复原图（根据《大业杂记》相关内容绘制）

---

① 徐松《唐两京城坊考》中绘有唐代宫城复原图。傅熹年根据文献记载和考古发掘材料绘有隋东都宫城平面复原示意图、唐东都宫城平面复原示意图，见于傅熹年编《中国古代建筑史》（第2卷 三国、两晋、南北朝、隋唐、五代建筑），第369~370页。

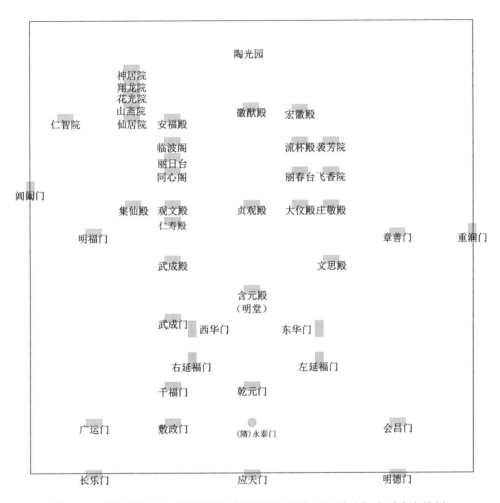

图 3.12　唐代宫城大内主要建筑分布复原图（根据《河南志》相关内容绘制）

　　经过近六十年的考古工作，宫城范围内已发现多处重要建筑（见图 1.5、1.6），涵盖从隋至宋的各个时期，但要将这批考古发掘的材料与文献记载一一对应，却一直是个难题。学界前辈进行过很多尝试。1988 年第 3 期《考古》发表了两篇隋唐洛阳城考古的重要资料《洛阳隋唐东都城：1982～1986 年考古工作纪要》[①] 和《唐东都武则天明堂遗址发掘简报》[②]，引起了广泛关注和讨论。特别是其中关于明堂遗址

①　王岩、冯承泽、杨焕新：《洛阳隋唐东都城：1982～1986 年考古工作纪要》，《考古》1989 年第 3 期。

②　王岩、杨焕新、冯承泽：《唐东都武则天明堂遗址发掘简报》，《考古》1988 年第 3 期。

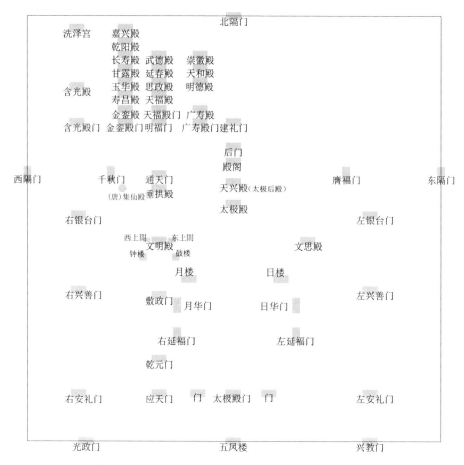

图 3.13　宋代宫城大内主要建筑分布复原图（根据《河南志》相关内容绘制）

的定性问题，相继有余扶危《唐东都武则天明堂遗址探索》① 和辛德勇《唐东都
"武则天明堂"遗址质疑》② 提出疑问和新的解释，后时任领队王岩以《关于唐东都
武则天明堂遗址的几个问题》③ 做出回应。20 世纪 90 年代，杨焕新陆续发表《试谈
唐东都洛阳宫的几座主要殿址》④《略论北宋西京洛阳宫的几座殿址》⑤，讨论宫城中

① 余扶危、李德方：《唐东都武则天明堂遗址探索》，《中国古都研究（第五、六合辑）——中国古都学
　会第五、六届年会论文集》，北京古籍出版社，1993 年。
② 辛德勇：《唐东都"武则天明堂"遗址质疑》，《中国历史地理论丛》1989 年第 3 期。
③ 王岩：《关于唐东都武则天明堂遗址的几个问题》，《考古》1993 年第 10 期。
④ 杨焕新：《试谈唐东都洛阳宫的几座主要殿址》，《汉唐与边疆考古研究》（第 1 辑），第 152 ~ 161 页。
⑤ 杨焕新：《略论北宋西京洛阳宫的几座殿址》，《中原文物》1994 年第 4 期。

轴线上几组建筑基址。近年来，随着宫城考古工作的进一步推进，又有韩建华《北宋西京洛阳宫皇城考古发现与初步研究》[1]，石自社《河南洛阳隋唐城明堂和天堂遗址的发掘》[2] 和《北宋西京洛阳城市形态分析》[3]，以及陈良伟《隋唐东都宫院遗址的发现与研究》[4]，皆对宫城中的考古发现进行分析。

但在研究的过程中，考古发掘实测数据与文献记载的尺度数据不一致却始终是一个悬而未决的问题，也成为长期以来学界争论的焦点。

以明堂遗址为例，文献记载隋乾阳殿距隋则天门 200～205 步，即 294～301 米，而考古发现的明堂遗址（基于隋乾阳殿、唐乾元殿基址而建）距应天门（隋则天门）遗址 405 米，有 100 米的误差。报告解释为"由应天门至乾元殿，中间尚隔有永泰门和乾元门，二门也应占一定的距离，因此，实际距离与文献记载也比较接近"[5]。

而辛德勇认为"尽管考古发掘者以永泰、乾阳二门在乾阳殿和则天门之间要占有一定距离来解释这一矛盾，但两座隔门无论如何也占不到 100 米，况且文献记载中的距离是否已包括这两座隔门在内，现亦不得而知"[6]。

后杨焕新指出，可能是由于乾阳殿基址体量巨大，而明堂遗址仅居于其北半部，从而造成了数据的误差[7]。

从上一节的数据核算可知，文献所载之步里数是有参考价值的。特别是文献所记"出则天门南横街，直东七百步，有东太阳门……出则天门南横街，直西七百步，有西太阳门"[8]，这个东西各七百步（2058 米）的记载，恰与考古发现之皇城东西尺度（2100 米）非常接近。因此，学者们都在尊重文献记载的基础上，试图解释考古发现与文献记载的偏差。那么，如何看待和解释考古发现与文献记载的差异，即是本书首先要解决的问题。

① 韩建华：《北宋西京洛阳宫皇城考古发现与初步研究》，辽上京城市考古会议，赤峰，2014 年。
② 石自社等：《河南洛阳隋唐城明堂和天堂遗址的发掘》，《中国文物报》2011 年 4 月 15 日。
③ 石自社：《北宋西京洛阳城市形态分析》，辽上京城市考古会议，赤峰，2014 年
④ 陈良伟：《隋唐东都宫院遗址的发现与研究》，《扬州城考古学术研讨会论文集》，第 132～147 页。
⑤ 王岩、杨焕新、冯承泽：《唐东都武则天明堂遗址发掘简报》，《考古》1988 年第 3 期。
⑥ 辛德勇：《唐东都"武则天明堂"遗址质疑》，《中国历史地理论丛》1989 年第 3 期。
⑦ 杨焕新：《试谈唐东都洛阳宫的几座主要殿址》，《汉唐与边疆考古研究》（第 1 辑），第 154 页。
⑧ 韦述、杜宝：《两京新记辑校 大业杂记辑校》，第 5 页。

《大业杂记》对洛阳宫城大内主要轴线上的建筑记述颇详，并记录了建筑之间的距离（见图3.11），《河南志》隋城阙古迹中的很多内容即源于此，兹摘录如下：

宫城正门曰则天门，南去端门五百步。则天门东行二百步，有兴教门。兴教门一里，有重光门，即东宫正门。门东二百步，有泰和门，并重观，门内即左、右藏。……出则天门南横街，直东七百步，有东太阳门，门东即东城。门东街北行三里，有含嘉门，门北即含嘉城。城北德猷门。出含嘉城西，有圆璧门，门西有圆璧城。城正南有曜仪门，门南即曜仪城。城南玄武门，门内即宫。出则天门南横街，直西七百步，有西太阳。出门道西，南行第一院齐王宅，第二院燕王宅，第三院陈王宅，第四院代王宅，第五院越王宅。宅西拒周王古城，城西即入苑。则天门南八十步，过横街，道东有东朝堂，道西有西朝堂。……则天门两重观，上曰紫微观。观左右连阙，阙高百二十尺。门内四十步，有永泰。门东二百步，至会昌门，永泰西二百步，至景运门。并步廊连匝，坐宿卫兵。永泰门内四十步，有乾阳门，并重楼。乾阳门东西亦轩廊周匝。门内一百二十步，有乾阳殿，殿基高九尺，从地至鸱尾二百七十尺，十三间二十九架，三陛重轩，文捏镂槛，栾栌百重，篆拱千构，云楣锈柱，华榱璧珰，穷轩甍之壮丽。其柱大二十四围，倚井垂莲，仰之者眩曜。南轩垂以朱丝网络，下不至地七尺，以防飞鸟。四面周以轩廊，坐宿卫兵。殿廷左右各有大井，井面阔二十尺。庭东南、西南各有重楼，一悬钟，一悬鼓，刻漏即在楼下，随刻漏则鸣钟鼓。大殿北三十步，有大业门；门内四十步，有大业殿，规模小于乾阳殿，而雕绮过之。乾阳殿东有东上阁，阁东二十步，又南行六十步，有东华门。门东四十步，道北有文成门，门内有文成殿，周以轩廊。东华门南四十步，左延福门，出门东行一百步，至章善门街。乾阳殿西有西上阁，入内宫。阁西二十步，又南行六十步，有西华门。出门西三十步，道北有武安门，门内有武安殿，周以轩廊。西华门南四十步，有右延福门。出门西行一百步，至显福门街。大业、文成、武安三殿，御坐见朝臣，则宿卫随入，不坐，则有宫人。殿庭并种枇杷、海棠、石榴、青梧桐及诸名药奇卉。东有大井二，面阔十余尺，深百余尺。其三殿之内，内宫诸殿甚多，不能尽知。则天门东二百步，有兴教门。门北三十步，有会昌门。门北二百步，有章善门，入内。尚食进食，尚药进药，内尚进物，皆由此门。会昌门内道左有内殿内省、少府内监、内尚、光禄内厨；道右门下内省、左六卫内府、左监门内府。入章善门横街，东百二十步，有重润门。东有东宫。则天门西二百步，有光政门。门北三十步，有景运门，门北二百步，有显福门，入内宫。命妇入朝、学士进书，皆由此门。入景运门内，道左有内史内省、秘书内省、学士馆、右监门内府、右六卫内府、鹰坊、内甲库；道右命妇朝堂、惠日、法云二道场、通真、玉清二玄坛、接西马坊。入显福门，北行三十步，有玄靖门，门内有玄靖殿，周以轩廊，即宫内别供养经像之处。出玄靖门横街，东行四十步，有修文殿。西行百步，有阊阖重门。门南北并有仰观台，高百尺。门西即入宝城，城内有仪鸾殿。殿南有乌梓林、栗林，有蒲桃架四行，行长百余步。架南有射堂，对阊阖门。直西二百二十步，有宝城门。出，北傍城三里，有方诸门，门内即圆璧城。出宝城门西行七里，至青城宫，宫即西苑之内也。①

若将《大业杂记》的记载按建筑轴线距离绘制成图并核算数据，可以发现，隋皇城东西 1400 步（则天门至东西太阳门分别 700 步），与实测数据比较接近。但宫城大内的实测数据与文献记载相比差异较大。将宫城大内东西分段计算，则分别为：

$$\text{阊阖重门}\xrightarrow{100\ \text{步}}\text{显福门}\xrightarrow{200\ \text{步}}\text{大业门}\xrightarrow{200\ \text{步}}\text{章善门}\xrightarrow{120\ \text{步}}\text{重润门}$$

$$\text{光政门}\xrightarrow{200\ \text{步}}\text{则天门}\xrightarrow{200\ \text{步}}\text{兴教门}$$

共 620 步，较实测约 700 步少。大内南北的数据情况则更显不利，从则天门——永泰门——乾阳门——乾阳殿——大业门——大业殿，已经涵盖了宫城中最为重要的建筑群（其后仅徽猷殿），共计 270 步，仅占大内南北纵深的 40% 不到，即使除去陶光园的部分（156 米，约 100 步），其南北距离也不足 50%，实令人疑惑。同样，中轴线东西两侧光政门至显福门，兴教门至章善门，文献记载均为 230 步。若玄靖门横街（显福门以北三十步）对应大内西墙阊阖门，而阊阖门西对宝成门（唐嘉豫门），那么宝成门与大内北墙之距离应该是 700 − 230 − 30 = 440 步②，约 700 米。但

---

① 韦述、杜宝：《两京新记辑校 大业杂记辑校》，第 5 ~ 9 页。

② 对于这一段文献的理解，也有人认为显福门以西为阊阖门，那么，其西侧所对应的宝成门距大内北墙则为 700 − 230 = 470 步，误差更大。本书考虑到考古发掘所见路土（推测为章善门横街）与宝成门—阊阖门一线尚有 50 ~ 70 米左右的垂直距离，可能与 30 步有关，故推测阊阖门在玄靖门横街以西。

根据考古报告，嘉豫门距大内北墙仅 670 – 280 = 390 米①，合 260 步。此间相差 180 步，恐非普通误差所致。而对这些误差的解读将直接影响我们对于文献的理解。

从上述数据可以看到，东西误差相对较小，其中皇城几乎无误差，而宫城大内误差约 11%（80/700）。但南北误差很大，竟达到 25.7%（180/700）。要对这样的误差率进行解释，就需要分析其数据来源。

首先，同是东西向数据，为何对于皇城东西尺度的文献记载与实测数据较符合，而宫城差距颇多呢？从数据来源看，皇城为两段数据之和（700 步 + 700 步），其数据对象为可准确测量的街道（则天门横街东西）。而宫城大内的东西数据，则是四段数据求和（100 步 + 200 步 + 200 步 + 120 步），其数据对象为门址间距离，且这些门址还不在一条水平线上。

对比文献所载门址间距离与考古发现的数据可知，则天门至光政门和兴教门的距离是基本契合的（200 步约 300 米），那么，主要误差应该集中于从章善门至重润门，显福门至阊阖门这两段。再检视文献，"入章善门横街，东百二十步，有重润门"，"西行百步，有阊阖重门"，可推测这里的门址间距离应不是门址中心点与中心点的距离，而可能是在日常使用中所接触到的步行距离，即建筑边界至边界的距离。事实上，除了宫城的规划设计者，其他人也不能知晓准确的建筑中心点之间的距离。

此外，多个小数据叠加也可能造成误差累积，类似现代测绘中小尺寸测量叠加后与总尺寸之间形成的误差。

如果这一看法可以成立，那么对于宫城大内南北中轴线上的数据误差也有了合理的解释：文献所记数据应该是单体建筑间的道路距离，即建筑边界至建筑边界的距离。故建筑所处的中心位置应较文献记载数值偏后，且随着误差的累积，越偏北的建筑其中心距文献所记位置越远。这一点与考古发现是非常吻合的。

那么，在文献所记之绝对数据不可直接使用的情况下，要判断考古发掘出土建筑的性质、功能，建立考古材料与文献记载的联系，则只能通过建筑间相对位置关系来确认。因此，寻找重要定位点和参考系的工作就至关重要了。

---

① 陈久恒：《隋唐东都城址的勘查和发掘》，《考古》1961 年第 3 期。"嘉豫门，距宫城西北角 671 米。"这里的宫城西北角指西隔城西墙与玄武城北墙交界处。

（二）重要定位点和相对关系

根据图3.11，可见隋宫城大内主要有三条重要南北轴线，分别是：

中轴线：则天门——永泰门——乾阳门——乾阳殿——大业门——大业殿——徽猷殿。

东次轴线：兴教门——会昌门——章善门。

西次轴线：光政门——景运门——显福门。

另有两条中轴线之辅助轴线：

东辅轴线：文成门、文成殿一线。

西辅轴线：武安门、武安殿一线。

其中，中轴线和两条辅助轴线为建筑轴线，是宫城大内重要建筑的密集区域，并以大业、文成、武安三殿所构成的"品"字形结构构成其核心。而以兴教门、光政门两门址为基点形成的东西次轴线，则是以道路为轴线，其两侧分布官署。

这五条轴线自隋一直延续至唐、宋。随着建筑群的建设、更新，大内重要建筑在西辅轴线有加强的趋势。

唐代的情况，陈良伟在《隋唐东都宫院遗址的发现与研究》中进行了详细的分析："洛阳隋唐城宫城居中的洛城域内原本存在着五条南北向轴线，即一条中轴线，两条次轴线，以及夹在中轴线与两条次轴线之间的辅轴线；所有重要建筑，都是参照这五条轴线展开的。"[1] 这五条轴线的位置与上述隋代南北五轴线位置是重合的，只是轴线上的重要建筑发生了一些改变（见图3.12）：

中轴线：应天门——乾元门——含元殿（明堂）——（天堂[2]）——贞观殿——徽猷殿。

东轴线：明德门——会昌门——章善门。

---

[1] 五条轴线的说法首见于陈良伟：《隋唐东都宫院遗址的发现与研究》，《扬州城考古学术研讨会论文集》，第145页。为尊重首创者，便于读者对照阅读，本书也以中轴线、东西次轴线、东西辅轴线命名之。

[2] "次天兴殿。后有殿阁，其地即隋之大业，唐之天堂。"虽然文献云明堂北造天堂，但事实上，经考古发现，天堂并不位于中轴线上，而是位于明堂西北方向。因此，天堂所在位置并非隋大业殿的位置。那么，大业殿的位置很可能为唐贞观殿，"宫内有贞观殿，在含元殿北。隋炀帝造。……徽猷殿，在贞观殿北"。徐松：《河南志》，第146、121页。

西轴线：长乐门——广运门——明福门（显福门）。

东辅轴线：文思殿——大仪殿、庄敬殿——丽春台、飞香院——流杯殿、袭芳院——宏徽殿。

西辅轴线：敷政门（光范门）——千福门（乾化门）——武成门（宣政门）——武成殿（宣政殿、贞观殿）——仁寿殿——观文殿——同心阁——丽日台——临波阁——安福殿。

可以看出，西辅轴线在唐代已得到加强，在武成殿宫院前加建敷政门和千福门①，增强仪式感，其北部为同心阁、丽日台等园林建筑，与东辅轴线文思院以北之丽春台、流杯殿等呼应。

至北宋时期，西辅轴线变得更为重要（见图 3.13）。这一点从文献记载来看比较明显。一方面，建筑密度有所增加，建筑秩序更为严谨："太极殿门之西，面南曰应天门，唐之敷政、光范，又改应天。次北曰乾元门，唐之千福、乾化，又改乾元。次北曰敷政门，唐之武成、宣政，又改敷政。次北文明殿，正衙殿也，唐之武成、宣政，又改贞观，梁开平三年改文明。殿东南隅有鼓楼，西南隅有钟楼，东西横门，曰左、右延福门。殿两挟，曰东上、西上阁门。殿后有柱廊。次曰垂拱殿，按唐天祐□后□□□□□传是此殿。太平兴国□□□□垂拱。殿后通天门。后有柱廊。"② 另一方面，西辅轴线上的建筑名称改为应天门、乾元门、文明殿、垂拱殿，建钟鼓楼、左右延福门、东西上阁，与隋唐大内中轴线建筑相呼应③，也可见西辅轴线建设和使用的定位。与此相应，《河南志》中宋西京城图（图 3.14）所绘西辅轴线也明显较东部复杂。

这里需要特别讨论的，是北宋上阁仪的问题。对于这一问题的认识，将直接影响我们对于西京大内西辅轴线建筑的认识。因北宋政治活动都在东京，故需要参考东京汴梁大内的宫殿格局。

---

① "其内曰宣政殿，常听朝内殿，本名武成，后改宣政。天祐二年，改贞观殿。殿南有武成门。又南千福门，南当敷政门。" 徐松：《河南志》，第 121 页。

② 徐松：《河南志》，第 146～147 页。

③ 根据文献描述，可知隋（唐）大内中轴建筑为：则天门（应天门）——永泰门（乾元门）——乾阳殿（含元殿）——东西上阁——大业殿（贞观殿）。

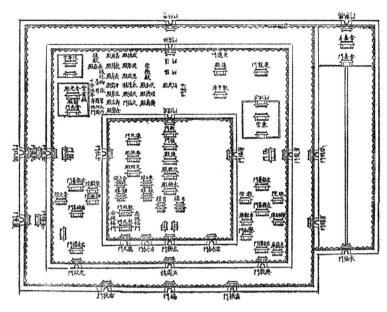

图 3.14　宋西京城图（采自《河南志》庄璟摹本）

司马光《涑水记闻》卷八描述了唐代视朝建筑的功能及上阁仪的情况。"上问宰相唐世入阁之仪，参知政事宋庠退而讲求以进，曰：'唐有大内，有大明宫，大内谓之西内，大明宫谓之东内，高宗以后，多居东内。其正南门曰丹凤，丹凤之内曰含元殿，正至大朝会则御之；次曰宣政殿，谓之正衙，朔望大册拜则御之；次北紫宸殿，谓之上阁，亦曰内衙，奇日视朝则御之。唐制，天子日视朝，则必立仗于正衙，或乘舆止于紫宸，则呼仗自东西阁门入，故唐世谓奇日视朝为入阁。'"①（图 3.15）

可见，唐大明宫中三殿，丹凤门内即含元殿，为大朝会之用；往北为宣政殿，为正衙；再北为紫宸殿，为内衙（上阁）。

而《续资治通鉴长编》卷三十二（宋淳化二年）的记载又对三殿之功能和历史传承有更深入的解释和补充："右谏议大夫张洎既与徽之等，同撰定新仪，又独奏疏曰：'窃以今之乾元殿，即唐之含元殿也，在周为外朝，在唐为大朝，冬至、元日，立全仗，朝万国，在此殿也。今之文德殿，即唐之宣政殿也，在周为中朝，在汉为前殿，在唐为正衙，凡朔望起居及册拜妃后、皇子、王公、大臣，对四夷君长，试

---

①　司马光：《涑水记闻》，第 152 页。

制策举人，在此殿也。今之崇德殿，即唐之紫宸殿也，在周为内朝，在汉为宣室，在唐为上阁，即只日常朝之殿也。东晋太极殿有东西阁，唐置紫宸上阁，法此制也。且人君恭已南面，向明而理，紫微黄屋，至尊至重，故巡幸则有大驾法从之盛，御殿则有钩陈羽卫之严，故虽只日常朝，亦须立仗。前代谓之入阁仪者，盖只日御紫宸上阁之时，先于宣政殿前立黄麾金吾仗，俟勘契毕，唤仗即自东、西阁门入，故谓之入阁。今朝廷且以文德正衙权宜为上阁，甚非宪度。况国家丕承正统，宇内洽平，凡百宪章，悉从损益，惟视朝之礼，尚属因循。窃见长春殿正与文德殿南北相对，伏请改创此殿以为上阁，作只日立仗视朝之所，其崇德殿、崇政殿，即唐之延英殿是也，为双日常时听政之所。'"①

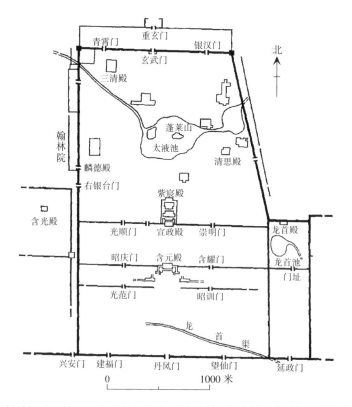

图 3.15　唐大明宫平面布局图（采自龚国强、何岁利、李春林：《西安市唐长安城大明宫丹凤门遗址的发掘》图二）

---

① 李焘：《续资治通鉴长编》，第 725～726 页。

其关系可列表如下：

表 3.2　唐宋主要宫殿对比表

宋代殿名	唐代殿名	周朝统称	唐朝统称	功能
乾元殿	含元殿	外朝	大朝	冬至元日立仗朝万国
文德殿	宣政殿	中朝	正衙	朔望起居、册拜妃后、皇子，王公大臣对四夷君长，殿试。
权宜：文德殿 建议：长春殿	紫宸殿	内朝	内衙（上阁）	只日常朝之殿

可见，北宋前期宫城大内的制度与唐代保持着一定的传承关系。但唐代大明宫三殿在同一轴线上，因此"入阁仪"可以很自然地实施。而宋代之正衙（中朝）列于大朝之西，宫城大内的主要殿宇分属两条不同的轴线。故从正衙就无法向北入阁至内衙（上阁）。如何"入阁"就成为问题，所以才需要在正衙以北找一处建筑（即长春殿）作为上阁。

《宋会要辑稿》中记载了北宋中后期东京大内的情况："正殿曰大庆……正至朝会、册尊号御此殿，飨明堂、恭谢天地即此殿行礼，郊祀斋宿殿之后阁。……右升龙西北偏曰端礼门，凡三门，……门内庙，次北文德殿门，次文德殿，后唐曰端明，国初改文明，……太祖时元、朔亦御此殿，其后常陈入阁仪如大庆殿，飨明堂、恭谢天地即斋于殿之后阁。熙宁以后，月朔视朝御此殿。……殿庭东南隅有鼓楼，其下漏室，西南隅钟楼。殿两挟有东上、西上阁门。……大庆殿后东西道，其北门曰宣祐，……门西紫宸殿门，殿门皆两重，名随殿易。其中隔门，遇雨雪群臣朝其上。紫宸殿旧名崇德，明道元年十月改，即视朝之前殿。每诞节称觞及朔望御此殿。次西垂拱殿门，门有柱廊接文德殿后，其东北角门子通紫宸殿。……垂拱殿旧曰长春，明道元年十月改勤政，十一月改今名，即常日视朝之所。节度使及契丹使辞、见，亦宴此殿。"①

东京大内中轴线上有大庆殿和紫宸殿（原崇德殿），西辅轴线则有文德殿与垂拱殿，虽然其功能出现分化，但长春殿（后名垂拱殿）仍然是常朝之殿，如下表所示。

① 刘琳、刁忠民、舒大刚校点《宋会要辑稿》，第 9266 页。

表 3.3　北宋汴京宫殿分布及功能表

轴线	建筑群组名称	功能
中轴线	大庆殿	朝会、册尊号、飨明堂、恭谢天地
	紫宸殿（崇德）	每诞节称觞及朔望
西辅轴线	文德殿	月朔视朝
	垂拱殿（长春）	常日视朝之所，节度使及契丹使辞、见

　　那么东京大内为何未采用唐大明宫中轴线连续三殿的模式，而是使用中轴线与西辅轴线并重的布局呢？对比西京大内即可发现，这样凸显西序的布置安排与西京大内的格局如出一辙，东京西辅轴线之宫殿名称文德殿、垂拱殿与西京文明殿、垂拱殿相似，且在东京文德殿（正衙殿）两挟设东西上阁门，也是延续自西京文明殿的做法。由此可见宋初汴京"写洛阳宫室"之程度（图 3.16）。

　　如果我们把西京大内假设为一个坐标系，那么以上五条轴线，可以认为是南北向最为重要的参考线，接下来，再来看看东西方向的参考线。

　　首先是宫城大内两条重要的街道：章善门横街和第二横街（傅熹年先生也称之为"永巷"，本书暂名第二横街）。关于宫城的南北分区问题，傅先生有过这样的论述："宫中第一条横街（即章善门横街）以北到陶光园南墙之间，是代表家族皇权的部分——寝区，即皇帝的家宅。此区又被宫中第二条横街划分成南北二区，南区相当于一般第宅的前部，主要是皇帝活动的区域，大臣奉诏尚可进入。主殿大业殿在中轴线上，相当于第宅中的厅事，皇帝隔日在此见大臣，为'常朝'正殿。……第二条横街之北是皇帝的寝宫所在和后妃居住区。"[1] 宫城大内两条横街和北部的陶光园南廊将大内分为南北四个区（图 3.17）：

　　外朝：章善门横街以南

　　常朝：章善门横街与第二横街之间

　　寝宫：第二横街以北

　　后花园：陶光园

---

[1]　傅熹年编《中国古代建筑史》（第 2 卷　三国、两晋、南北朝、隋唐、五代建筑）。

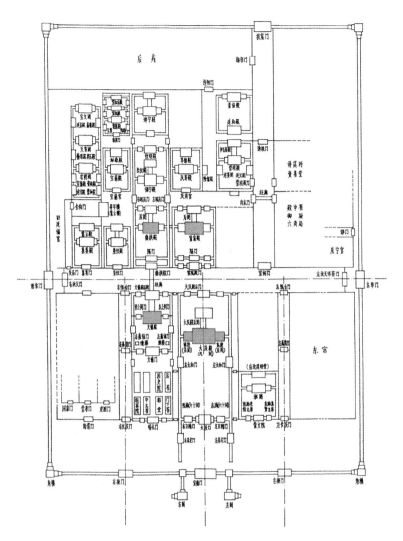

图 3.16 宋东京宫城复原示意图（采自傅熹年：《中国科学技术史》建筑卷，图 7－14）

从《大业杂记》的记载来看，隋代宫城有两条横街，章善门横街和玄靖门横街。其中，章善门横街过章善门，东接重润门，西至情况不清。而玄靖门横街的描述则更模糊，只知西接阊阖门，东面情况也不清楚，其具体位置及东面的情况，尚待后文讨论。

若第二横街为玄靖门横街，可知两点：第一，隋唐时期两街距离非常接近，仅30 步；第二，两街西段可能通过玄靖门和玄靖殿院落有所相连。在如此接近的地域设置两横街，并考虑街道与中轴线建筑的关系，则可以推测隋唐时期章善门横街可能贯穿东西，而玄靖门横街则很可能并未贯穿。

　　从文献看，隋唐时期四个区有明显的功能分化，但并不孤立且相互联系。外朝以乾阳院（唐含元殿、明堂）为中心，辅以武安（唐武成）、文成（唐文思）两院，东西设宫内官署。常朝则以大业殿（唐可能为贞观殿）为中心，东西有大仪、庄敬、集仙①、观文等院。而显福门（唐明福门）、章善门则是连接前两个区的重要通道，正如《大业杂记》所记："有章善门，入内。尚食进食，尚药进药，内尚进物，皆由此门。……有显福门，入内宫。命妇入朝、学士进书，皆由此门。"② 常朝实则外朝和寝宫间的过渡地带，兼具朝臣和起居的功能。

　　唐代常朝以北为寝宫，其内除徽猷殿、飞香院、袭芳院、安福殿等内宫建筑外，还有如同心阁、丽日台、丽春台、流杯殿等园林建筑，与最北部的陶光园区域相呼应。即使是中轴线上的徽猷殿，"殿前有石池，东西五十步，南北四十步，池中有金花草，紫茎碧叶，丹花绿实，味酸可食"③，也别有园林意趣。再往后则是陶光园区域。

　　由上述分析可知，唐代洛阳城宫城大内之外朝——常朝——后宫——园林为从南向北的依次递进关系。但到了宋代，情况发生了一些变化，在上述南北分区的基础上，增加了内外分区（图3.17、3.18）。

　　宋张舜民《画墁录》载："唐宫城两横街，今西京内是也。大明宫太极殿与宣政正衙相重，宣政后是第一横街，直紫宸后。延英后，第二横街，才是后殿。每朔望，宣政排仗（是日，诸陵上食，故不御前殿。即是东西上阁门鸣仗）而入，谓之入门（阁）。今东京内城一重横街，文德殿正衙与大庆殿排行，殿后即是横街，仗入而无所属，故未即鸣仗。皇祐中，考求入门故事，谓之'入门仪'，以至问策贡士，久之不决。一日，仁宗因阅长安图指内次第。翌日喻执政，始判然。初以谓入门自是一仪也。"④（图3.19）

---

① 文献载，武后曾处集仙殿，"就东宫迎中宗至玄武门，彦范等斩关入，士皆鼓噪，时武后处迎仙宫之集仙殿，斩易之等庑下。后闻变而起，见中宗曰：'乃汝耶？竖子诛，可还宫'"，推测集仙殿可能也位于常朝区域。欧阳修、宋祁：《新唐书》，第4310页。

② 韦述、杜宝：《两京新记辑校 大业杂记辑校》。

③ 徐松：《河南志》，第121页。

④ 张舜民：《画墁录》，第4～5页。括号内的内容参考欧阳修等撰《历代笔记小说大观 归田录（外五种）》，上海古籍出版社，2012年，第61～62页补充。

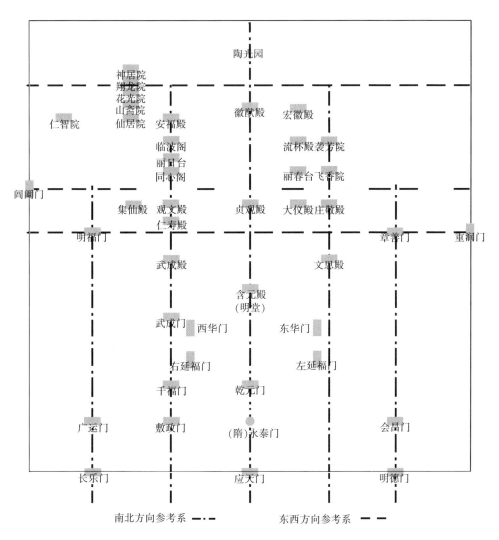

图 3.17　据文献复原唐代参考系（王书林绘制）

　　从这一条文献描述看，应记载的是唐大明宫格局，太极殿（应为含元殿）后为宣政殿，宣政后为第一横街，紫宸殿后为第二横街，即大朝、正衙、内衙是层层向北的关系，也是因为这一"两街三殿"的格局而便于实施"入阁"。但对于唐东都大内而言，虽然保留了两横街的格局，但中轴线含元殿以后即第一横街，与大明宫含元、宣政两殿之后为第一横街有很大不同，因此很难依托中轴线完成"入阁"。但横街作为大内格局的脉络被保留了下来，仍是北宋西京大内东西方向上重要的参考线（图 3.19）。

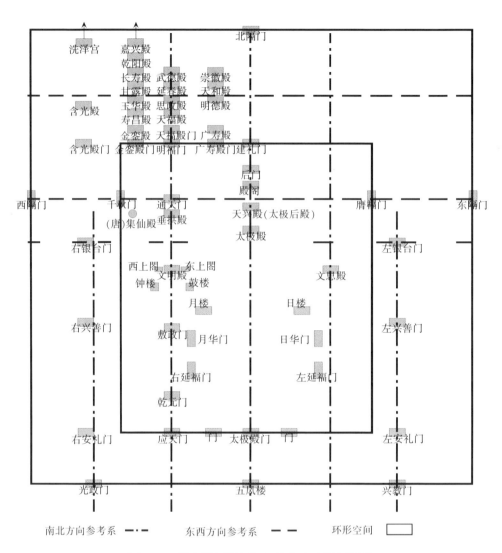

图 3.18　据文献复原宋代参考系（王书林绘制）

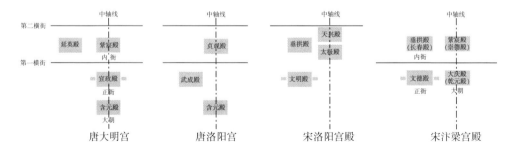

图 3.19　唐宋上阁建筑示意图

原第一横街："（梁开平）三年十月，改左右章善门为左右银台门，其左右银台门为左右兴善门。"① 五代至宋大内东西之左右银台门即唐之左右章善门，故左右银台门之间的街道即唐代之章善门横街。但五代以后的文献中鲜见左右银台门之间的交通联系，那么唐代贯通东西的章善门横街延续至何时，尚有待考古材料验证。

原第二横街：在北宋时期贯通东西。"苍龙门之正西，有东隔门，□□□□膺福门，唐曰含章门，天祐二年改。次西接通天门之柱□（廊）。□□□□□（金虎门之正）东，有西隔门，次东曰千秋门，唐曰金銮门，天祐二年改。次东接通天门之柱廊。"②

由此可见，金虎门——西隔门——千秋门——通天门柱廊——膺福门——东隔门——苍龙门连为一线，贯北宋宫城东西。而从文献所记通天门柱廊的相对位置，我们可以大致判断这一横街的位置。

《河南志》云："次北文明殿，正衙殿也，唐之武成、宣政，又改贞观，梁开平三年改文明。殿东南隅有鼓楼，西南隅有钟楼，东西横门，曰左、右延福门，殿两挟曰东上、西上阁门。殿后有柱廊。次曰垂拱殿……殿后通天门。后有柱廊。"③ 可知通天门柱廊在大内西辅轴线的文明殿——垂拱殿之后。而文明殿即唐武成殿，向东为中轴线之含元殿，含元殿位于章善门横街（第一横街）以南，横街以北为垂拱殿，很可能向东对应隋之大业殿，唐之贞观殿。那么垂拱殿后之通天门，则应该位于隋唐大内第二横街。

有意思的是，这一条贯通的横街东西各有三重门，其中金虎门和苍龙门分别是西隔城西门和东隔城东门，西隔门和东隔门则是大内与东西隔城之间的隔门，而大内内部，西有千秋门，东有膺福门。从《河南志》的描述看，千秋门和膺福门应该也是东西朝向的隔门。《宋史》的记载亦可辅证之，"苍龙、金虎门内第二隔门曰膺福、千秋"④。其位置根据"金銮殿门之西，曰含光殿门，在千秋门之西，对右银台门"⑤，

①　王溥：《五代会要》，北京：中华书局，1998 年，第 61 页。
②　徐松：《河南志》，第 149 页。
③　徐松：《河南志》，第 147 页。
④　脱脱等：《宋史》，第 1417 页。
⑤　徐松：《河南志》，第 151 页。

可知千秋门位于右银台门以东，那么推测膺福门位于左银台门以西的对应位置。这两座门唐即有之①。在大内中设这两道隔门，作用为何，值得探讨。

《旧五代史》的记载或可提供一些参考。"（梁开平三年）七月乙丑……改章善门为左、右银台门，其左、右银台门却改为左、右兴善门。敕：'大内皇墙使诸门，素来未得严谨，将令整肃，须示条章。宜令控鹤指挥，应于诸门各添差控鹤官两人，守帖把门。其诸司使并诸司诸色人，并勒于左、右银台门外下马，不得将领行官一人辄入门里。其逐日诸道奉进，客省使于千秋门外排当讫，勒控鹤官舁抬至内门前，准例令黄门殿直以下舁进，辄不得令诸色一人到千秋门内。其兴善门仍令长官关锁，不用逐日开闭。'是日，又敕：'皇墙大内，本尚深严，宫禁诸门，岂宜轻易。未当条制，交下因循，苟出入之无常，且公私之不便。须加钤辖，用戒门间。宜令宣徽院使等切准此处分。'"②

文中认为大内皇墙使所守诸门，把门不严，需要整顿，故敕告左右银台门外下马，还要求客省使于千秋门外整理进奉财物，不得进入千秋门。由此，我们可以推测，左右银台门、千秋门以及与其对称的膺福门应都起到了空间阻隔之用，是大内秩序管理的重要节点。

根据前文的分析，北宋宫城应包括大内（光政门、五凤楼、兴教门）、东隔城（苍龙门即重光北门）、西隔城（金虎门即嘉豫门）以及玄武城（拱宸门即玄武门）的范围，即以大内为中心，东西北方向皆设隔城。加之"北有隔门，次北拱宸门"的记载，可以推断，在东、西、北三面隔城的城墙上均设有隔门。隔门之内（大内）东西各设第二重隔门——千秋和膺福。那么北面是否也设有第二重隔门呢？从文献记载看，北隔门内，有"建礼门，在天兴殿后。南对五凤楼"③，且"膺福门内道北

---

① "天祐二年四月敕，自今年五月一日后，常朝出入，取东上阁门，或遇奉慰，即开西上阁门，永为定制。其年五月四日，敕改东都延喜门为宣仁门，重明门为兴教门，长乐门为光政门，光范门为应天门，乾化门为乾元门，宣政门为敷政门，宣政殿为贞观殿，日华门为左延福门，月华门为右延福门，万寿门为万春门，积庆门为兴善门，含章门为膺福门，含清门为延义门，金銮门为千秋门，延和门为章善门，以保宁殿为文思殿，其见在门名，与西京门同名，并宜改复洛京旧门名。"王溥：《唐会要》，北京：中华书局，1985 年，第 564 页。

② 薛居正：《旧五代史》，第 48～49 页。

③ 徐松：《河南志》，第 149 页。

门曰建礼"①。建礼门的位置正位于大内中轴线上，且在上述东西隔门横街之北，可能是西京宫城大内北面之第二重隔门。

这三座大内之中的内隔门（千秋门、膺福门、建礼门）之相互关系我们不得而知。但从其所处的位置来看，隔门以内的空间包含太极—天兴一线和文明—垂拱一线（即中轴线和西辅轴线），是宫城中最为重要的礼仪空间；隔门以外则是官署和寝宫园林，这两者又被贯通的东西横街南北隔离。因此，大内中的三座隔门似乎构造出一类异于条形空间（横街分隔）的环形空间。但隔门间的相互联系和环形空间的构成要素尚有待进一步的考古工作予以验证和补充。

（三）考古发现所见宋代宫城大内的重要建筑

伴随隋唐洛阳城的考古发掘工作，北宋西京宫城内也发现很多建筑基址。《隋唐洛阳城：1959~2001 年考古发掘报告》中详细记录的有十七处，为阅读直观和叙述方便，兹将主要建筑基址编号，并整理成图（图3.20）。要将这些基址与文献所记相对应，首先需要确定上述横纵参考系位置。

唐洛阳城应天门遗址、明堂遗址的发掘已经确定了大内中轴线的位置。1960 年，在东距应天门 300 米的位置（今洛阳市西工区长乐街小学院内）钻探出门址，并在门址北部发现路土，应为光政门（唐长乐门）遗址。1986 年，在西距应天门 300 米的位置（今洛阳市老城区五贤街 6 号居民院内）钻探出门道和路土遗迹，应为兴教门（唐明德门）遗址②。

从考古发掘出的宋代基址看，大内西区中路一号发掘区（⑥号基址）、二号发掘区（⑦号基址）、三号发掘区（⑧号基址）发现的南北向廊道基本在一条轴线上，略较光政门位置偏西。与《河南志》关于北宋西京宫城"中书西，右安礼门，□库（按：疑为唐）之景运门，然稍在西，不对光政门"的记载恰能吻合，从而可确定大内西次轴线的位置。与此对应，根据兴教门的位置及考古发现路土③，我们可以大致勾勒出东次轴线的位置。

①　脱脱等：《宋史》，第1417 页。
②　中国社会科学院考古研究所编《隋唐洛阳城：1959~2001 年考古发掘报告》，第411~412 页。
③　中国社会科学院考古研究所编《隋唐洛阳城：1959~2001 年考古发掘报告》，第427~428 页。

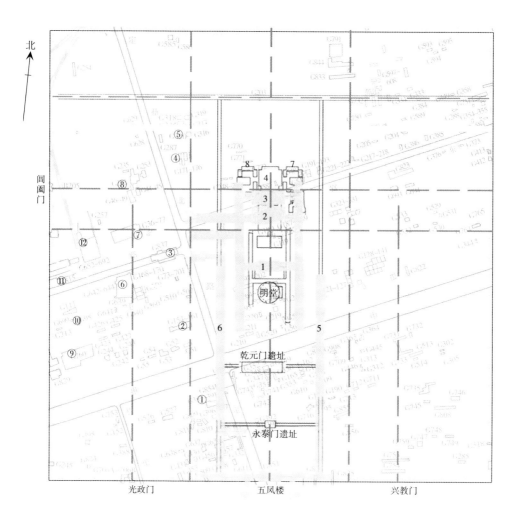

宫城西区建筑基址编号①－⑫　　　宫城中轴线建筑基址编号 1－4

图 3.20　考古发现宋代建筑基址分布图（基于《隋唐洛阳城：1959～2001 年考古发掘报告》
　　　　 图 1－3、图 5－89；韩建华：《北宋西京洛阳宫皇城考古发现与初步研究》报告资
　　　　 料绘制）

　　根据上述分析，在中轴线和西次轴线之间、中轴线和东次轴线之间，应该各有
一条辅轴线。这一点从大内西区发现的遗迹现象看，是完全可以得到印证的。大内
西区东部二号发掘区（②号基址）、三号发掘区（③号基址）、四号发掘区（④号基
址、⑤号基址）所见建筑基址纵贯南北，体量较大，应均与这条西辅轴线有关。从
遗址分布情况分析，G121～141 和 G323～331 当位于东辅轴线上。

　　接下来看横向参考线的情况。陈良伟先生在《隋唐东都宫院遗址的发现与研究》

中提到，利用洛阳市改造唐宫东路和定鼎北路的机遇，洛阳唐城队发现了两个疑似宫院遗址。在这两个宫院廊庑遗址之间的地段，即唐宫东路西端略偏东的现代道路南沿，清理出一条盛唐时期的路土痕迹。更"发现两个令人称奇的现象，其一，路土痕迹西向与归义门①、阊阖门和嘉豫门，东向与东城东垣上的宣仁门等皆在同一条东西向直线上；其二，在这条东西向路土的延长线南北两侧，且紧邻此路，已经发现多个宫院遗址……疑其即文献所载的隋志静殿横街、唐章善门横街、宋通天门柱廊，也即区划洛城政务区和寝殿区的界路"②。

　　事实上，宣仁门距离玄武城北墙 941 米③，嘉豫门距玄武城北墙 670 米④，归义门距离玄武城北墙约 650 米（距离隔城南墙 675 米⑤），而唐宫东路西段现代道路南沿距离玄武城北墙约 740 米，并不在一条直线上。这次发现的路土似可与定鼎北路以西的二号路土（GT687）和三号路土（GT56～GT77）连为一线。若将这条线在地图上标出，还可以发现，其向西正穿过大内西区中部二号发掘区（⑦号廊房建筑），并位于大内西区东部三号发掘区（③号建筑）、大内西区西部三号发掘区（⑫号建筑）以北，向东临 G764 东西向水渠。有意思的是，这条线位于中轴线隋唐三号基址（隋乾阳殿）以北，宋代二号基址（宋太极殿）以南。从其位置看，这条道路应为文献所载之贯穿唐东都大内之章善门横街。

　　至北宋时期，这条横街直接位于太极殿殿前，从中轴线建筑的设计和规划上看，横街应该被打断了。考古发现为这一推测提供了一些线索。洛阳博物馆的同志于洛阳建筑机械厂的发掘中发现了 II 号隔墙，其北部为东西向路土，这一隔墙恰位于唐宫东路与定鼎北路交叉口东南角的位置（TG3）⑥，与上述路土可以连为一线，应为章善门横街遗痕。而考古发现的二号建筑基址（北宋徽宗以后兴建）直接打破 II 号

---

① "九洲池在仁智殿之南、归义门之西。"韦述、杜宝：《两京新记辑校　大业杂记辑校》，第 74 页。可知归义门位于九洲池以东，很可能位于西隔城东墙，即大内西墙上。根据本书第三章关于宫城门址的讨论，归义门可能就是大内西墙上的阊阖门。

② 陈良伟：《隋唐东都宫院遗址的发现与研究》，《扬州城考古学术研讨会论文集》，第 141 页。

③ 中国社会科学院考古研究所编《隋唐洛阳城：1959～2001 年考古发掘报告》，第 253 页。

④ 陈久恒：《隋唐东都城址的勘查和发掘》，《考古》1961 年第 3 期。

⑤ 中国社会科学院考古研究所编《隋唐洛阳城：1959～2001 年考古发掘报告》，第 755 页。

⑥ 洛阳市文物考古研究院编《隋唐洛阳城天堂遗址发掘报告》，第 9、12 页。

隔墙，说明北宋后期这一隔墙被改建，也提示我们，章善门横街可能到北宋时期也不再具有贯通横街的意义。

根据宋代文献记载，第二横街应该贯通东西，西段连接闾阖门—嘉豫门一线。由考古发掘所见归义门（即闾阖门，探方 B205）和嘉豫门的位置，或可将其向东的延长线暂定为第二横街。从图上看，大内西区中部三号发掘区（⑧号基址）、西区东部四号发掘区（④号、⑤号基址）皆位于第二横街以北。而在中轴线区域，第二横街位于 3 号基址以北，穿过宋代 4 号基址的东西廊，南邻宋代 7 号、8 号遗址，从位置上看是合理且可行的。

此外，陶光园南廊已经发现，距大内北墙 156 米。唐宋时期皆建有廊址，宋代南廊基础夯土较唐代内收，间距 4 米。

至此，我们可将大内用横纵参考线划分成更小的空间单元，以便与文献对比。现依轴线对宫城内的重要建筑分述之。

1. 中轴线

大内中轴线的大部分建筑经考古勘探，核心区经考古发掘。根据上述区域划分，我们可大致推测中轴线建筑之属性。

若直接将考古勘探图纸与现代地图重叠，则 2 号建筑（太极殿）与 3 号建筑（太极后殿）分居第一横街南北，但根据考古报告文字记载，3 号台基东南部被压于唐宫路下①，根据这一地望描述，可知太极殿与太极后殿实居第一、二横街之间。韩建华、石自社在近几年发表的关于北宋西京的报告中使用了 2008～2010 年的最新考古发掘资料，也证明了这一点（图 3.21）。

北宋时期，章善门横街以南的区域，主要建筑为太极殿门。《河南志》云："五凤楼内，正内曰太极殿门。隋之永泰、唐之通天，乾元后，隋殿名改易。太平兴国三年，名太极门，景德四年，改曰太极殿门。门东西各有门，唐初曰万春、千秋，今无榜。太极殿门外，东西横门，曰左右永泰门，隋之东、西华□，□□左右延福、□□□□。"② 从文献记载来看，太极殿门所对应的，应为隋永泰门。核查考古发掘数据，隋永泰门基

---

① 王岩、冯承泽、杨焕新：《洛阳隋唐东都城：1982～1986 年考古工作纪要》，《考古》1989 年第 3 期。
② 徐松：《河南志》，第 145 页。

址与宋太极殿基址之间，相距约 400 米，实际上其间安排了左右龙尾道，日楼、月楼，东西横门（日华、月华门）等。

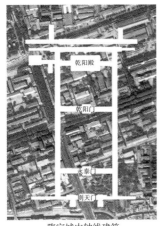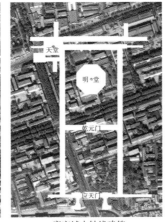

隋宫城中轴线建筑　　　　　　　唐宫城中轴线建筑　　　　　　　宋宫城中轴线建筑

图 3.21　隋至宋代大内中轴线建筑分布图①（采自韩建华：《北宋西京洛阳宫皇城考古发现与初步研究》报告资料）

太极殿门东西各有门，唐曰万春、千秋。"太极殿门之西，面南曰应天门，……次北曰乾元门……次北曰敷政门……次北文明殿。"② 太极殿门向西与大内西序（西辅轴线）应天门连为一线，而应天门往西又与中书、右安礼门连为一线，"中书，在应天门东（按：疑为西），中书西，右安礼门"③。

右安礼门的位置决定了应天门大致位于大内偏南的位置，与南墙较近，从而推测太极殿门也应该位于大内偏南的位置。此外，应天门与文明殿之间还间隔乾元门、敷政门等建筑，也从另一个侧面说明太极殿门与太极殿应相距较远。但考古工作对永泰门步廊的发掘未见宋代地层，另在太极殿以南 105 米处发现条形建筑（1 号基址）且被认为是太极殿门遗址④，因此对于太极殿门的位置仍存在一定疑问。

第一横街与第二横街之间为太极殿和天兴殿（太极后殿）。考古发现的太极殿并

---

① 为印刷清晰，将建筑基址改为白色。

② 徐松：《河南志》，第 146 页。

③ 徐松：《河南志》，第 148 页。

④ 中国社会科学院考古研究所编《隋唐洛阳城：1959～2001 年考古发掘报告》，第 449 页；杨焕新：《略论北宋西京洛阳宫的几座殿址》，《中原文物》1994 年第 4 期；王岩、冯承泽、杨焕新：《洛阳隋唐东都城：1982～1986 年考古工作纪要》，《考古》1989 年第 3 期。

未承隋乾阳殿、唐含元殿之旧址，而大概居于隋大业殿（唐贞观殿）的位置，与文献记载并不吻合①。这一点杨焕新先生已经做过文献梳理和解释②。前面已经提到，左右银台门（第一横街）为宫城内重要的空间分割，"其诸司使并诸司诸色人，并勒于左、右银台门外下马"，而太极殿居于第一横街之后的这一位置恰能与文献相对应，因此，应可确定勘探所见宋代 2 号、3 号基址为太极殿和天兴殿遗址。

第二横街以北，建筑分布较为密集，特别是中轴线上的 4 号基址北部体量很大。根据文献记载"次天兴殿。大礼宿斋于此。旧曰太极后殿，太平兴国三年改。后有殿阁。其地即隋之大业、唐之天堂。后门。北对建礼门"③，"建礼门，在天兴殿后。……建礼门之西曰广寿殿门"④，考虑到建礼门以北安排有多进寝宫院落，故推测其位置应比较靠南，邻近天兴殿。因此，中轴线上的 4 号基址很可能与文献所记之"殿阁"有关。

2. 西次轴线与西辅轴线

因西次轴线与光政门相对，其位置比较确定，为叙述方便，首先看西次轴线的情况。

（1）西次轴线恰对应发掘报告中大内西区中部区域。

一号发掘区（⑥号基址）以 GT642 中东侧天井为中心，东西对称设有廊道及天井，南部也设回廊，北部为主殿所在区域（图 3.22）；

二号发掘区（⑦号基址）为一条北宋早期东西走向的廊道，与唐宫东路南侧发现的路土可连为一线，且考古发现的三号路土即在这一发掘区内⑤，因此，这一廊道基址应与大内第一横街（章善门横街）关系密切。在这一基址北侧，还发现北宋晚期对早期基址的改造与扩建，将东西向的廊道增加北侧出口，并增建南北向廊道。

三号发掘区（⑧号基址）为一条南北向廊道。

① "殿曰太极殿，隋之乾阳、唐之乾元。明堂□□□□□□三年改朔元殿，后唐同光□年，□□□□□□福七年，避高祖讳改宣德殿，后复为明堂，宋太平兴国三年，改太极。"徐松：《河南志》，第 145~146 页。

② 杨焕新：《略论北宋西京洛阳宫的几座殿址》，《中原文物》1994 年第 4 期。

③ 徐松：《河南志》，第 146 页。

④ 徐松：《河南志》，第 149 页。

⑤ 中国社会科学院考古研究所编《隋唐洛阳城：1959~2001 年考古发掘报告》，第 427 页。

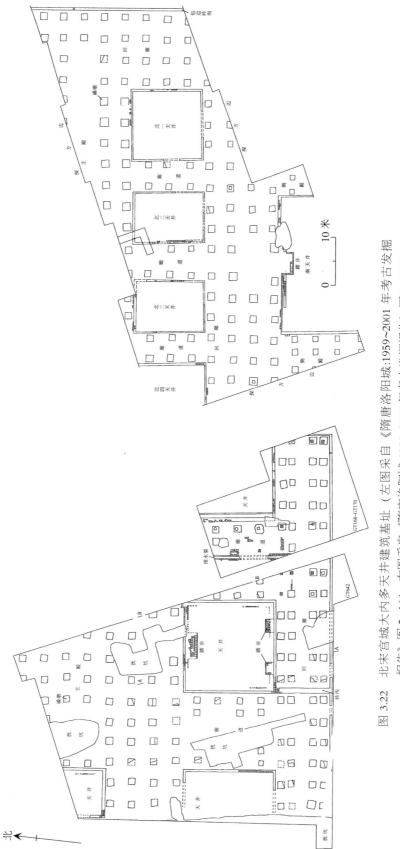

图 3.22　北宋宫城大内多天井建筑基址（左图采自《隋唐洛阳城:1959~2001 年考古发掘报告》图 5-164，右图采自《隋唐洛阳城:1959~2001 年考古发掘报告》图 5-208）

　　这三个发掘区所发现的宋代基址，恰能用一条共同的南北轴线联系起来，自南向北依次穿过⑥号基址中心天井、⑦号基址增建廊道以及⑧号基址中部。

　　而如前所述，这条轴线相对于光政门略偏西，应为文献记载之右安礼门至右银台门一线。如果继续往北，还可与 G628、G629 发现的宋代基址联系起来。

　　（2）以⑦号基址所对应的章善门横街为界，其南侧⑥号基址应该在右安礼门至右银台门沿线。"右安礼门北，曰右兴善门，唐右银台门，梁开平三年改。门内东偏，枢密院，院北装戏院。与宴殿相近，后唐庄宗好俳优，疑同光中置。西偏崇文院，其北右银台。唐曰右章善门，梁开平三年改。"① 这一区域正是宫内官署所在。但从考古发掘情况看，⑥号基址正压在轴线上，并未东西分离。这种官署的建筑布置方式，与隋唐时期在道路两侧左右分列有着明显的不同，或反映了北宋宫内官署的一种形态。

　　文献中横街以北的建筑仅记有含光殿、洗泽宫等，含光殿设东廊、南廊②。从位置上看，⑧号基址、G628、G629 发现的宋代基址或与含光殿区域有关。

　　在西次轴线与中轴线之间，即考古报告中大内西区东部区域，还有另一条西辅轴线。为了解考古所见的宋代基址之性质和用途，兹将其自南向北分述如下：

　　二号发掘区（②号基址），有两处基址，因发掘面积有限，难以确定其规模。

　　三号发掘区（③号基址），发现主殿一座，西部以短廊连接南北向长廊道。

　　四号发掘区南部（④号基址），主要为一条南北向廊式建筑，中部地下有砖砌暗渠。另在探方区东北角发现建筑基址局部。

　　四号发掘区北部（⑤号基址），发现砖砌南北向水渠，应与南部廊式建筑地下水渠为同一条。在水渠东部发现建筑基址一处。

　　从这几处经局部发掘的建筑基址看，西辅轴线的位置，应该较唐宫东路与定鼎北路之交叉口偏东。

　　从北宋西京大内主要建筑位置示意图看，第一横街以南的主要建筑包括应天门、乾元门、敷政门、文明殿，第一横街以北主要是垂拱殿、通天门及柱廊，第二横街

---

① 　徐松：《河南志》，第 148～149 页。

② 　"金銮殿门之西，曰含光殿门，在千秋门之西，对右银台门。门内含光殿，宴殿也，其南廊有装戏院。殿东廊后，有紫云楼，宫中观宴之所。楼前射弓小院，含光殿后洗泽宫。"徐松：《河南志》，第 151 页。

以北为明福门—天福殿一线。对照考古发掘材料可知，上述②号基址位于唐乾元门基址以西略偏北，可能为宋乾元门遗址；③号基址临近第一横街，且主殿位于发掘区以东，应该即文献所记之文明殿；④号基址所处发掘区位于第二横街以北，这一廊式建筑可能南延与第二横街交接，故推测其可能与通天门后柱廊有关；⑤号基址位于陶光园南廊以南，已发掘的基址仅为建筑主体的东侧回廊，根据考古发掘的情况，可推测该建筑尺度较大，应该是西辅轴线北段的一座重要建筑。

从文献记载看，西辅轴线为北宋西京常朝所在，聚集了西京宫城内大量重要建筑，如文明殿、垂拱殿、天福殿等，但从考古材料所见建筑尺度看，经发掘的基址仅有两处可能是大型建筑（③号和⑤号基址，后详述），其余皆为廊式建筑。究其原因有以下两点：

第一，考古发掘的主要区域集中于唐宫东路与定鼎北路交接处之南北。而从发掘出土的两座大型建筑看，其建筑主体皆位于发掘区以东，加之第一横街以南门址较多且规模不大，因此未见考古发现。这一片区（北宋西京宫城西区东部发掘区）的发掘涉及西辅轴线的主要建筑，但并未覆盖西辅轴线。

第二，陶光园区域发掘较少。在绘制北宋西京大内主要建筑位置示意图时，第二横街以北的区域是个难点，主要是建礼门的位置难以确定，其向西对应的广寿殿门、明福门、金銮殿门等也难以定位。而从《河南志》的记载看，宫城西北隅是重要的寝殿区，建筑分布非常密集，若仅以第二横街与陶光园南廊之间的距离（约160步，合235米）安排6~8座殿址，是比较困难的。因此，推测部分殿宇被安放在唐陶光园内，甚至有可能北扩至玄武城内。《河南志》载："（广寿殿）殿后隔舍，即内东门道，其北明德殿……建礼门北之东廊，曰御厨，相对即内东门。"[1] 所谓内东门道，位于广寿殿与明德殿之间，是否有可能与陶光园南廊存在延续关系？

大内西区发掘出土的北宋建筑基址较为密集，形成规模，故可将这一批建筑基址的主要营造数据及其出土物对比分析，从中一窥北宋西京宫城的建筑规模及其建筑特点，以弥补考古发掘难见建筑遗址全貌的遗憾。

---

① 徐松：《河南志》，第149~151页。

表3.4　大内西区出土北宋建筑基址数据统计表

本书编号①	区域	页码①	建筑基址	建筑尺度（单位：米）					出土遗物数量（单位：件）					
				面阔	进深	散水	磉墩	柱础	砖	普通板瓦	檐头板瓦	瓦当	龙纹瓦当	垂兽
①	应天门	393	东阙东西两侧	4.3	4.3		1.4~1.5	0.6	20	0		76		26
②	西区东一号	497	低等级建筑	1.86/3.55/1.9/3				0.38~0.58/0.26~0.44		1				
②	西区东二号	505	宋代1号		3			坑0.6~1						
③	西区东三号	506	殿	3.9	4.6	1.2	1.9~2.2		5	1	2	35	A1＋B1②	
③	西区东三号	506	东西廊	3.9	3.9	0.9	1.4~2.4							
③	西区东三号	506	南北廊	3.9	3.9	1.18	1.2~1.4	0.45~0.65						
④	西区东四号	518	宋代2号	3.9	3.9		1.2~1.4			2	1			
⑤	西区东四号	519	宋代3号	4.5	4.5		2.1~2.2				16（琉璃14，含龙纹5）	44	A6＋B11（琉璃）	2（琉璃）
⑥	西区中一号	532	殿	3.9	3.9	1.1~1.65	1.1~1.65			30	7	112		15
⑥	西区中一号	532	南部东西回廊	3.9	1.9/3.9	0.87	1.1~1.65	0.45~0.55						

① 中国社会科学院考古研究所编《隋唐洛阳城：1959~2001年考古发掘报告》。

② 中国社会科学院考古研究所编《隋唐洛阳城：1959~2001年考古发掘报告》中将龙纹瓦当按龙的造型不同，分为A型升龙式、B型蟠龙式、C型团龙式等三型。本书A、B后面的数字代表该类型龙纹瓦当数量。

续表 3.4

本书编号	区域	页码	建筑基址	建筑尺度（单位：米）					出土遗物数量（单位：件）					
				面阔	进深	散水	磉墩	柱础	砖	普通板瓦	檐头板瓦	瓦当	龙纹瓦当	垂兽
⑥	西区中一号	532	天井间南北廊道	2.25/7	3.9		0.9~1.25							
⑦	西区中二号	555	东西基址（廊道）	3.9	3.9/7.8		1.3~1.6		15		1	67	B1	6
⑧	西区中三号	575	南北廊	2.5/9.5	4	0.86	1.2~1.5		5		1	27	A3（T253）	1
⑨	西区西一号	590	天井南东西回廊	3.85	3.85/4.85		1.2~1.7	0.5		1	3	46		
⑨	西区西一号	590	天井间南北廊	5.4/6.75	3.85		1.2~1.7	0.5						
⑩	西区西二号	602	宋代1号	4.3			1~1.15							
⑩	西区西二号	602	宋代2号	3.9	3.9		0.9~1.4				2			
⑪⑫	西区西三号	613	基址	2/3.9/4.5	3.9		1.25~1.35		3			49		6

从考古发掘的基址所反映的营造数据看，基址中出土的柱础较少，而其下磉墩保存相对完好。我们知道，柱径是衡量建筑尺度的一个非常重要的因素，"凡用柱之制，若殿阁，即径两材两栔至三材；若厅堂柱即径两材一栔，余屋即径一材一栔至两材。若厅堂等屋内柱，皆随举势视其短长"①。考虑到磉墩与柱础建筑结构之对应关系，及遗址所见磉墩尺寸与柱础确实存在正比例关系②，因此，我们或可以磉墩的尺寸作为衡量建筑尺度和等级的一个参考因素。

在大内西区发掘的宋代基址中，大量建筑是以 3.9 米作为开间尺寸的。以现存宋代木构的尺度衡量这一建筑尺度③，则可知其尺度偏小，与宫殿建筑的定位不符，应该是廊屋等附属建筑。那么，仅有的几处面阔、进深略宽的建筑基址分别为应天门遗址、西区东部三号发掘区主殿（③号）、西区东部四号发掘区宋代 3 号建筑基址（⑤号），而后两处殿址所出土的磉墩皆在 2 米左右，为所有已发掘的宋代基址中最大者，与其开间、进深尺度相呼应，而以这样的建筑尺度对应西辅轴线上的重要建筑，也与文献记载互为印证。

从建筑位置和基址所反映的营造尺度分析，我们认为西区东部三号基址（③号）主殿应为北宋文明殿（即隋武安殿、唐武成殿）。

2016 年出版的《隋唐洛阳城天堂遗址发掘报告》④ 中，可见唐武周天堂的西南方向有一座南北向建筑基址⑤，虽几经改建，但基础范围并未有大的变动，自唐一直延续至北宋末。北宋时期，这座建筑主殿呈九开间，前有月台，设东西慢道，大殿两侧建有挟屋。这一建筑位于西辅轴线上，基址规模宏大，且出土有石勾栏、石望柱、鎏金铜泡钉、龙纹瓦当等建筑构件，而考古发掘时仅揭露了建筑基址的东半部，

---

① 李诫编修，梁思成注释：《营造法式注释》，北京：中国建筑工业出版社，1983 年，第 153 页。

② 《隋唐洛阳城：1959～2001 年考古发掘报告》中应天门区域、大内西区东部三号发掘区、中部一号发掘区皆同时出土磉墩和柱础，从数据可见其正比例关系。

③ 根据傅熹年先生统计的数据，唐宋时期建筑明间面阔多在 5 米左右，尽间面阔约在 3～4.6 米之间。傅熹年：《中国古代城市规划、建筑群布局及建筑设计方法研究》，北京：中国建筑工业出版社，2001 年，第 196～199 页。

④ 洛阳市文物考古研究院编《隋唐洛阳城天堂遗址发掘报告》。

⑤ 对于这一建筑的认识，方孝廉先生和陈良伟先生都认为是唐宣政殿、宋文明殿遗址。洛阳市文物考古研究院编《隋唐洛阳城天堂遗址发掘报告》，第 292 页；陈良伟：《隋唐东都宫院遗址的发现与研究》，《扬州城考古学术研讨会论文集》，第 144 页。

从位置上看，其很可能与上述西区东部三号基址（③号）为同一座建筑。我们将两次发掘的图纸拼到一起，可以惊喜地发现，二者无论是建筑尺度，还是柱网布置，都可以完美地拼合到一起。西区东部三号基址（③号）正是这一建筑的西侧挟屋的部分，再往西则接南北向廊道。根据陈良伟先生的描述，这一区域还发现了"一条北宋时期呈南北走向的龙尾道"[1]，更加印证了这一推测。至此，可基本确认北宋文明殿（隋武安殿、唐武成殿）的位置。这座建筑自隋一直延续至宋，其间经过多次重修，建筑形制及其变化对于唐宋建筑史的研究别具意义[2]（图3.23）。

与此相比，西区东部四号发掘区宋代 3 号基址（⑤号，面阔 4.5 米，进深 4.5 米）建筑规模也很宏大，应该是北宋寝宫中的主要殿宇。

更有意思的是，这些建筑基址发掘区域所出土建筑构件的形制是可以与基址规模和等级对应的。其中最有等级象征意义者莫过于琉璃材料和龙纹式样的使用。

北宋西京宫城内琉璃构件的出土非常罕见，大内西区范围内发掘的近 20 处北宋基址中，仅西区东部四号发掘区发现了 14 件琉璃檐头板瓦、17 件琉璃瓦当和 2 件垂兽，可见琉璃构件极为稀有和珍贵。

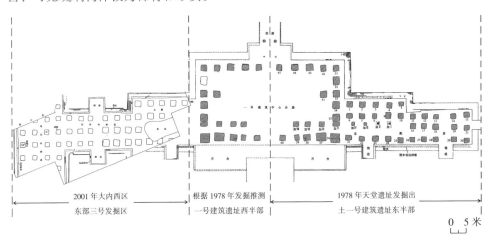

图 3.23　北宋文明殿遗址平面图（基于《隋唐洛阳城：1959～2001 年考古发掘报告》图 5 - 138 和《隋唐洛阳城天堂遗址发掘报告》图二七绘制）

---

[1]　陈良伟：《隋唐东都宫院遗址的发现与研究》，《扬州城考古学术研讨会论文集》，第 144 页。

[2]　鉴于洛阳大内中轴线建筑遗址的考古报告尚未发表，对北宋文明殿的整体复原拟待条件更为成熟后再做探讨。

正如苏舜钦《游洛中内》所言："洛阳宫殿郁嵯峨，千古荣华逐逝波，别殿秋高风淅沥，后园春老树婆娑，露凝碧瓦寒光满，日转觚棱暖艳多，早晚金兴此游幸，凤楼前后看山河。"[1] 碧瓦或是北宋西京重要宫殿建筑的一大特征。傅熹年先生在以《瑞鹤图》讨论北宋汴梁宫殿时，也曾指出其使用绿琉璃瓦[2]。

西区东部四号发掘区（④号、⑤号基址）同样是出土龙纹式样最多的区域，包括龙纹檐头板瓦 5 件和龙纹瓦当 17 件。结合前述建筑基址规模，可见琉璃和龙纹具有很强的等级象征意义。如果我们将宫城内发现的所有龙纹瓦当在图上标注出来，则可以看出其存在位置与宫城主要建筑有着密切的联系（图 3.24）。

因发掘区域所限，龙纹瓦当的主要分布区域位于西辅轴线上，自南向北皆有发现，此外，在含光殿区域及大内东部地区也有零星分布。

3. 东次轴线与东辅轴线

大内东区清理出的遗迹较少，分布零散，考古报告发布的材料非常有限。故只能参考大内西区的情况，对东区的数据进行一定的整合。

首先是东次轴线，唐明德门以北发现了三处比较重要的街道遗迹（GT755，GT731，GT733～734，GT759），因其与明德门相对，故考古报告判断其为明德门内大街[3]。与这一轴线相关的建筑基址，应该包括临近明德门的 GT747 发现的建筑基址，以及第二横街以北之 GT823 所发现的北宋建筑基址。但由于文献中关于大内东区的记载相对较少，因此很难判断出土基址的性质。

与西辅轴线相对，大内东部也应有一条东辅轴线，即唐文思殿院落所在。陈良伟先生指出"依据左右对称的原则，参考武安殿宫院和乾元殿宫院，或能找到文成殿宫院遗址的大致地望；洛阳唐城队于 GT323～331 等九个探方里发现的一批夯筑基址和墙垣，或与文成殿宫院有关；为了标识这批遗存，暂称其为五号宫院"[4]。从图 3.20 可知，GT323～331 等九个探方实位于第一横街以北，与文明殿（GT837）并非

[1]　苏舜钦：《苏舜钦集》，上海古籍出版社，1981 年，第 59 页。
[2]　傅熹年：《宋赵佶〈瑞鹤图〉和它所表现的北宋汴梁宫城正门宣德门》，《中国古代建筑十论》，上海：复旦大学出版社，2004 年，第 231～243 页。
[3]　中国社会科学院考古研究所编《隋唐洛阳城：1959～2001 年考古发掘报告》，第 427 页。
[4]　陈良伟：《隋唐东都宫院遗址的发现与研究》，《扬州城考古学术研讨会论文集》，第 145 页。

左右对称关系。而实际与文明殿（唐武成殿宫院）相对者，应该是 GT128～141 等探方。而在这批探方中确实发现了唐代建筑基址和隔墙的遗迹，很可能与唐代文思殿遗址有关。值得注意的是，在这批探方中未见宋代基址，却出土了一批宋代砖瓦类构件，以瓦当为主，且出土瓦当中还发现有龙纹瓦当①。因此，似可推测北宋时期在这一区域未新建建筑，只是在唐代宫殿的基础上局部翻修。

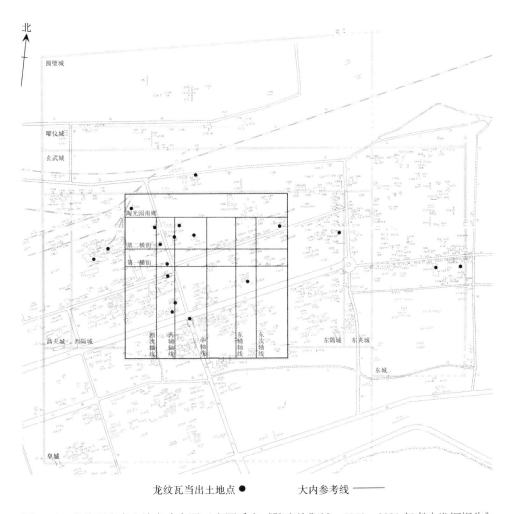

图 3.24 龙纹瓦当出土地点分布图（底图采自《隋唐洛阳城：1959～2001 年考古发掘报告》图 1－3）

———————————

① 中国社会科学院考古研究所编《隋唐洛阳城：1959～2001 年考古发掘报告》，第 631 页。

此外，在东辅轴线接近陶光园南廊的位置，还发现了一处宋代建筑基址（GT750）[①]，清理出四个磉墩，从其建筑位置和规模看，应与文献记载之东廊或御厨有关。

（四）东、西、北三隔城的情况

1. 东隔城

《河南志》云："东宫在苍龙门，□□□□银□□□门相对后门在东池门之内。按，后唐庄宗子继岌，为北都留守、兴圣宫使。及平定河南，而使名不改。明宗初入大内，居兴圣宫。疑当时以东宫为之。宫后东池门内有飞龙院。其西军器库。门内有散甲殿。梁开平三年改弓箭库，殿为宣威殿，疑是此殿。"[②]

东隔城内应为东宫，宋代遗迹发现不多，考古报告所刊载的宋代基址仅一处，位于第二横街以北东隔城中略偏东的位置[③]。基址上清理出八个磉墩和基址南侧散水踏步等。从发掘图上看，东南两个磉墩位于南部散水延长线上，故推测其可能为两处相连的建筑基址。西侧两个磉墩为一处基址，规模稍大，东侧六个磉墩为另一处基址，排距3.6米，列距明间开间3.6米，尽间2米。这样的建筑尺度较宫城大内的建筑更小，应该是东宫中的附属建筑。而在这片发掘区（GT645~647）内还发现了一件龙纹琉璃檐头板瓦[④]，可能也与东宫建筑有关（图3.24）。

2. 西隔城

《河南志》云："隔门相对西隔门，门西淑景亭位。又有隔门，以西入后院，内有长春殿。后唐同光二年建。殿有柱廊。后殿以西即十字池亭。其南砌台、冰井、娑罗亭。贮奇石处，世传是李德裕醒酒石。按，五代通录：德裕孙敬义，本名延古，居平泉旧墅。唐光化初，洛中监军取其石，置之家园。敬义泣谓张全义，请石于监军。监军忿然曰：黄巢贼后，谁家园池完复，岂独平泉有石哉！全义尝被巢命，以为诟己，即奏毙之，得石，徙置于此。其石以水沃之，有林木自然之状，今谓之娑罗石，盖以树名之，亭宇覆焉。前有九江池，一名九曲池。梁太祖沈杀九王之处。□□□□□倾侧，堕于池中，宫女侍官持扶登岸，□□□□□也。其南有内园门，在含光殿门之西。"[⑤]

[①] 中国社会科学院考古研究所编《隋唐洛阳城：1959~2001年考古发掘报告》，第666页。
[②] 徐松：《河南志》，第152~153页。
[③] 中国社会科学院考古研究所编《隋唐洛阳城：1959~2001年考古发掘报告》，第730页。
[④] 中国社会科学院考古研究所编《隋唐洛阳城：1959~2001年考古发掘报告》，第711页。
[⑤] 徐松：《河南志》，第152页。

　　西隔城，乃宫城内园林区。从文献看，含光殿门以西为内园门，内园门北为九江池（唐九洲池），九江池以北为砌台、冰井、娑罗亭，再往北为十字池亭，这是西京的内园区域①。《河南志》关于宋代西隔城的记载主要集中于九江池片区，略涉其南北建筑。

　　1960 年发现九洲池。经过长期的考古工作，探得九洲池位于宫城西隔城北部，东西长约 205 米，南北宽约 130 米，呈不规则形。池中发现多处椭圆形小岛，岛上有亭台建筑遗迹。池畔还发现有廊房和宫殿建筑基址（图 3.25）。其中 20 世纪 80 年代发现的 F1、F2（GT504~506）正位于九洲池的南端②。根据探方关系，可知这一区域正位于阊阖门以北，即第二横街以北，对应大内之寝宫区，可与文献所记对应。

　　这一区域发现了两处大型宋代基址。一处为位于九江池东南 GT365~366 中清理出的宋代二号建筑基址③，一处位于九江池正南，为 GT463~503 内出土的长廊式建筑④，从其建筑样式和营造数据可判断其性质为九江池周围的园林建筑。此外，还在九江池区域发现了一些龙纹瓦当，以 A 型（升龙）为主，径仅 13.5 厘米，并不太大。

　　《隋唐洛阳城：1959~2001 年考古发掘报告》称："（20 世纪）90 年代以来，在九洲池南侧陆续发现并发掘出淤土，但范围不能确定；在淤土周边也发掘出岛屿、建筑基址及池岸护坡等遗迹。这些遗迹均位于九洲池遗址南侧，与九洲池之间有引水渠相连，推断可能还属于九洲池的范围。"⑤ 从探方位置来看，这一区域范围很大，南北约 200 米（图 3.25），其南沿可至明堂一线以南。而文献记九洲池以南应该有百戏堂、射埒、仪鸾殿、五殿等建筑⑥。因此，本区域定位待考，其水系可能是西隔城

---

① 《宋史·地理志》："内园有长春殿、淑景亭、十字亭、九江池、砌台、娑罗亭。"脱脱等：《宋史》，第 1418 页。从文献看，北宋时期九江池仍在使用，西隔城为内园区域，并有修缮记载。"元丰七年七月四日，尚书工部言：'知河南府韩绛乞修大内长春殿等，欲下转运司支岁认买木钱万缗。'从之。"刘琳、刁忠民、舒大刚校点《宋会要辑稿》，第 9279 页；徐松：《河南志》，第 156 页。

② 中国社会科学院考古研究所编《隋唐洛阳城：1959~2001 年考古发掘报告》，第 778~780 页。

③ 中国社会科学院考古研究所编《隋唐洛阳城：1959~2001 年考古发掘报告》，第 762 页。

④ 中国社会科学院考古研究所编《隋唐洛阳城：1959~2001 年考古发掘报告》，第 785 页。

⑤ 中国社会科学院考古研究所编《隋唐洛阳城：1959~2001 年考古发掘报告》，第 815 页。

⑥ "映日台，在九洲池之西，东有隔城，南有三堂，北有三堂，旧皆皇子公主所居。……五殿，在隔城之西，映日台之南，下有五殿。上合为一。亦荫殿也。壁厚五尺，高九十尺，东西房廊，皆五十间。西院有厨，东院有教场内库，大帝常御此殿。殿南即洛城南门。仪鸾殿，在五殿北，有射埒。殿东即洛城西门。外有给使坊及内教坊、御马坊。百戏堂，在仪鸾殿北。"徐松：《河南志》，第 125~126 页。

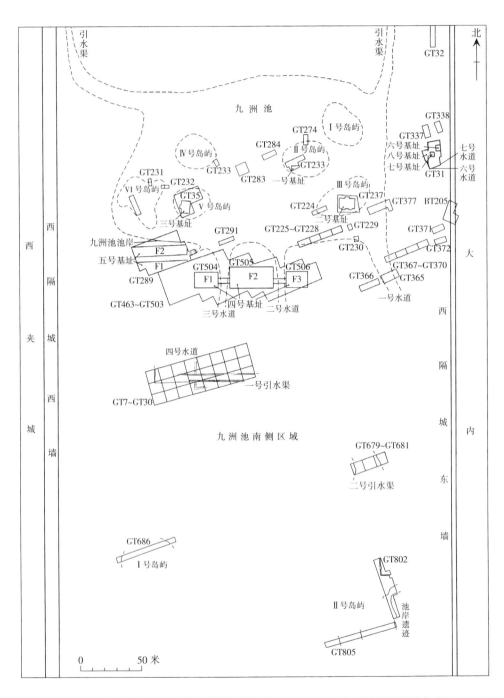

图3.25　九洲池遗址平面图（采自《隋唐洛阳城：1959～2001年考古发掘报告》图6-64）

园林的组成部分，但未必属于九洲池片区。考古发掘所见一号基址（GT306）就位于这一区域①。该基址沿用唐代一号基址，从出土磉墩推测其建筑尺度较小。

3. 北隔城

北隔城为唐玄武城的位置。这一区域非常特殊，在唐为北隔城，北宋时期则与大内关系更加紧密。考古报告记录了两处宋代基址——一号基址（GT280）和二号基址（GT261～263）。其中二号基址位于大内中轴线附近区域，建筑尺度与西京大内发现的廊道遗迹相似，而一号基址偏东，其建筑开间达7.8米，值得关注。但由于文献中关于北隔城的记述较少，因此难与考古发掘材料一一对应。

韩建华先生也提到这一区域发现有"大型天井式复合宫殿建筑，位于今洛阳玻璃集团公司院内，处于大内西北隅，由千步廊、主殿、天井等组成，其中主殿的磉墩巨大，边长约3.2米。这种大型宫殿建筑叠压、打破唐代玄武城南墙"②，因此认为至北宋末期，玄武城南墙被打破，"北隔城"与大内合为一体。玄武城发现的这一大型天井式复合宫殿建筑尺度在西京宫城内是非常罕见的，在宫城西北隅出现这样的建筑群，或与后宫建筑如洗泽宫有关，也有可能是徽宗时期新建建筑，故未见于《河南志》的记载。

（五）西京宫城建筑的特点

1. 宫城建筑格局与规划设计特点

北宋西京宫城承袭自隋唐洛阳宫城，主要范围和格局基本保留了唐东都宫城的面貌，但大内核心区的范围较唐代略有缩小。

西京大内以南北轴线作为院落的组织方式，在南北纵向院落之间穿插东西走向的道路或廊道以沟通各区域。这应该也是沿袭自隋唐大型建筑群的布置方法，一方面可以保持纵向院落间的相对独立和封闭，以明确的分区保证建筑群的功能与秩序；另一方面，在关键节点设置横街以增强建筑群使用的便利性，横街中加设隔门以保安全。

---

① 中国社会科学院考古研究所编《隋唐洛阳城：1959～2001年考古发掘报告》，第762页。
② 韩建华：《试论北宋西京洛阳宫城、皇城的布局及其演变》，《考古》2016年第11期。

横街的出现，为不同轴线上临近建筑的交通提供近便的可能，如含元殿至武成殿，贞观殿至集仙殿等，其穿插的位置应该是连接主要建筑的。唐代两横街之间为贞观殿，即常朝的位置，是连接外朝和寝宫的重要节点，因此，以第一横街沟通外朝与常朝，以第二横街沟通常朝与寝宫，或是唐东都大内布局的特点。然两横街相距仅 70 米，在这么近的距离设置两横街是否有必要，则是需要讨论的问题。从文献看，唐代应以第一横街（章善门横街）为主，除明福门以西外，其余基本东西贯通。而到北宋时期，虽然两横街仍然存在，但第一横街已明显弱化，甚至被建筑打破，反而以靠北的第二横街为主，贯通东西，抵东西隔城之苍龙门和金虎门，成为大内东西交通最重要的道路。同时，这一横街也成为宋西京内外朝的分界。

除了上述纵向轴线和横向街道所构建的条形空间外，北宋西京还呈现出多层环状空间，内环为大内核心区，东膺福门、南太极殿门、西千秋门、北建礼门，为宫禁诸门；第二环为大内，以南五凤楼、西隔门、北隔门、东隔门四面为界；第三环为大内之外的东、西、北隔城，形成宫城；最外一环，为宫城外设环状皇城，形成重城相套的格局（见图 3.18）。

傅熹年先生以考古发掘和勘探数据为基础，对隋唐洛阳东都宫城进行分析，认为"大内方 350 丈，……在大内中心部分发现隋乾阳殿和武周明堂两遗址，左右有廊庑址。其廊庑址东西外墙……近于五十丈"[1]，故推测大内东西、南北各分七格，中轴线位于最中一格。此外，他还指出"隋、唐洛阳宫的布置也以主殿居中。如从大内宫墙四角画对角线，其焦点恰落在武周明堂北面的大型殿址中央，此处即隋之主殿乾阳殿址。……如果把由皇城、大内和诸小城形成的子城视为一整体，其面积恰为大内的四倍。若在这子城四角画对角线，求其几何中心，则其交点恰落于明堂遗址之中心"[2]。

如果我们以傅先生图像分析的方法，结合最新的考古材料，对北宋西京大内中轴线的建筑进行分析，可得出如下认识（图 3.26）。

（1）关于大内东西分格

傅先生所指"左右廊庑"，后被定为宋代五号、六号基址，应该是宋代二号、三

---

① 傅熹年：《中国古代城市规划、建筑群布局及建筑设计方法研究》，第 20 页。

② 傅熹年：《中国古代城市规划、建筑群布局及建筑设计方法研究》，第 21 页。

号基址的附属建筑，因此，北宋时期的大内东西分格，应为傅先生所绘制的七份，中轴一线建筑居中。那么唐代的情况呢？考古工作者在这两处基址以外发现有唐代东廊和西廊①，从考古报告的记载看，东西廊相距 200 米（占大内五分之一），而从图纸看，东西廊相距约 250 米（占大内四分之一），因此对于唐代大内分格布置的认识或需要补充考虑新发现的东西廊的位置。

唐中轴建筑　　　　宋中轴建筑　　　　唐代规划　　　　宋代规划

图 3.26（彩版六）　唐宋宫城规划分析图（王书林绘制）

（2）关于大内主殿居中的布置

唐代明堂位于皇城、大内和诸小城形成的子城中心，同时其也位于除陶光园以外的大内之中心，即从陶光园南廊至宫墙南墙画对角线，其交点恰位于明堂中心。以外朝明堂为参考，第一横街居其北（后）。

若将北宋大内和玄武城，即北宋宫城核心区看作一个整体，其几何中心落于宋

---

① 中国社会科学院考古研究所编《隋唐洛阳城：1959～2001 年考古发掘报告》，第 451～452 页。

太极殿与太极后殿之后，即唐第二横街、宋东西横街的位置，也是前朝与后寝之分隔，与前述北宋宫城尺寸范围（含玄武城）可互为印证。那么，北宋时期大内的北扩及大内几何中心的北移，或与中轴线主殿太极殿的北移有关。因此，北宋时期第一横街则不再居于主殿以后（北面），而是横在主殿前面（南面），这或许就是北宋时期选择第二横街为大内主要东西通道的原因。

2. 建筑群设计特点及其成因分析

（1）"工"字格局

北宋西京宫殿中最为重要的一组建筑当为中轴线上的太极殿和太极后殿。经考古发掘，确定其为工字殿[1]。考古发现的建筑群格局与文献记载基本一致，"（太极殿）殿前有左右龙尾道，日楼、月楼，东西横门，曰日华、月华门。殿后有柱廊。次天兴殿"，与后世工字殿格局不同的是，沟通太极殿和太极后殿的柱廊南北较短，应是两座主殿间的过渡地带。

文献所记载的太极殿、天兴殿应承继唐代含元殿和贞观殿，分列第一横街南北，或还应有各自独立的院落。但实际北宋时期将二者均置于宫城大内的中心——第一横街与第二横街之间。两横街之间的距离不足百米，要安置中轴线上最重要的两座殿宇是比较紧张的。而再往后则是第二横街之后的寝区，不适合作为大朝或常朝之用，故或以工字殿相连，以解决大殿布局局促的问题。

在西辅轴线文明殿遗址之后，还发现有北宋末年兴建的廊式建筑——二号建筑基址，其与文明殿也以较短的柱廊相连，形成"工"字形式。由此可推测，由于柱廊的流行，到了北宋后期，"工"字格局已经成为宫殿建筑中比较常见的平面布局方式。

（2）多天井建筑群

考古工作在西京大内发现了多处宋代大型建筑基址，其中部分基址的建筑平面非常特殊，即在一处建筑基址范围内发现多个小天井。这些小天井并非大型殿宇之间形成的院落，而是体量较小的多个单体建筑之间以廊庑相连而形成的。

---

[1]　韩建华指出："这是考古发掘的宋代第一例工字殿。文献记载北宋汴京大内大庆殿等都有后阁，是工字殿。金中都、元大都继承宋代大内宫殿布局形式，据文献记载元大都的大明殿、延春阁二组建筑，也采用这种工字殿形制，傅熹年先生对此进行复原研究。"韩建华：《北宋西京洛阳宫皇城考古发现与初步研究》，辽上京城市考古会议，赤峰，2014年。

这类多天井的建筑，早期实例存世甚少，仅在一些明清时期的民居或园林建筑中有类似处理。这样的建筑平面用于宫城大内，其用意是值得思考的。

如果我们将考古发现的几处多天井建筑在图上标出，可见其所处位置均在第一横街以南、光政门一线及其以西的区域。据文献记载，这一区域分布了崇文院、枢密院、装戏院、班院等官署①，人群相对密集。因此推测这类多天井建筑为功能性建筑，建造目的是为了在建筑中开天井增加采光和通风。若这一推断无误，则天井四周的"廊庑"则可能不是作为通道的"廊"，而应该是半封闭的"庑"，用于官署集中办公之用。

西京大内中这类多天井建筑的发现，为我们了解北宋宫殿建筑提供了新的材料，也反映出北宋时期建筑平面复杂化的特点。

（3）多用廊式建筑

结合上述可看出，北宋西京宫城内无论是中轴正殿还是辅助性建筑，均多用廊式建筑。按文献记载，西京大内还有文明殿前千步廊、通天门柱廊、陶光园南廊等。考古工作也证明了这一点，发现了多处廊庑遗址（如西区④号基址、⑦号基址、⑧号基址、大内西墙廊道等）。

综上，可见西京宫城内功能分区明确，建筑用材不大，但平面较复杂，建筑形制与其功能和等级有着密切的联系。

三　皇城、东城内重要建筑

关于皇城和东城内的主要建筑，文献记载和考古发掘材料都相对较少，故合为一节简要介绍。

（一）皇城内重要建筑

1. 南部（唐皇城）

西京皇城南部为唐东都衙署所在地，其内出土了大量唐代建筑基址和遗物，但所发现的宋代基址较少，很多探方内甚至连宋代地层都未见，表明北宋时期在这个

① "中书西，右安礼门。次西横门，曰永福门，门西北，三司，次西斑（班）院。右安礼门北曰右兴善门。门内东偏枢密院，院北装戏院。西偏崇文院、其北右银台门。"徐松：《河南志》，第148～149页。

区域内活动较少。石自社、陈良伟先生在《河南洛阳隋唐东都皇城遗址出土的红陶器》中指出："洛阳唐城队对洛阳市委东院进行了长达 14 年的考古发掘，发掘面积超过 15000 平方米，所见地层堆积较为简单，近、现代层之下依次为唐代晚期和盛唐时期文化层，其下即见生土。"从这种地层堆积的情况看，"北宋时期这里并没有形成明显的文化堆积。因此推测北宋西京皇城的西南隅较为空旷"①。这一认识或代表了北宋西京皇城的特点。

考古发现的两处宋代基址皆位于皇城西部②，一号基址应位于右掖门以北的轴线上，二号基址位于崇庆门以西的位置，但两处基址的发掘面积有限，建筑形制不详。其中一号基址叠压于唐代七号基址夯土之上，发现四道东西向隔墙，间距 1～2 米，形制特殊，性质和功能值得探究，有待更多材料提供辅助。

2. 西部（唐西夹城）

这一区域发现两处街道遗迹，南北向、东西向各一条，均叠压于唐代街道之上。就其位置分析，一号街道约位于东西向的中心（东距西夹城东墙 95 米），二号街道约位于南北向的中心（南距西夹城南墙 476 米），可能是夹城中通向门址的主要街道③。

另发现有六处基址。位置偏南的一号基址建筑等级或与宫城内发现的廊院建筑相似，磉墩边长 1.6 米，间距 3.9 米。其他几处基址建筑规模和尺度也较小，应不超过一号基址④。

在皇城东部（唐东夹城）和北部（唐曜仪城）发现的宋代遗迹较少，没有发现建筑基址。

（二）东城内重要建筑

东城中发现的宋代重要遗迹有宣仁门⑤和宣仁门街遗迹，以及其北侧宋代衙署庭院遗址⑥。

---

① 石自社、陈良伟：《河南洛阳隋唐东都皇城遗址出土的红陶器》，《考古》2005 年第 10 期。

② 中国社会科学院考古研究所编《隋唐洛阳城：1959～2001 年考古发掘报告》，第 207 页。

③ 中国社会科学院考古研究所编《隋唐洛阳城：1959～2001 年考古发掘报告》，第 830～835 页。

④ 中国社会科学院考古研究所编《隋唐洛阳城：1959～2001 年考古发掘报告》，第 845～848 页。

⑤ 陈良伟：《河南洛阳隋唐城宣仁门遗址的发掘》，《考古》2000 年第 11 期。

⑥ 王岩、李春林：《洛阳宋代衙署庭园遗址发掘简报》，《考古》1996 年第 6 期。

在庭院遗址以南发现有规模较大的宋代门址①，与庭院位于同一南北直线上，故推测其应为同一组建筑群。考古发掘清理出东西廊庑、殿亭、花圃、花榭、水池、砖石道路等遗迹，为北宋时期洛阳的园圃兴盛提供了绝佳的注脚②。

尤其值得注意的是，这座衙署庭院遗址虽然没有发掘到主要建筑基址，但发现有龙纹瓦当和琉璃筒瓦。根据上文分析，这类遗物仅见于北宋宫殿中重要建筑基址，在西京宫城大内西南部大面积发掘的几处官署建筑均未出土此类文物，由此可推测这座衙署庭院遗址恐不同于普通官署建筑，而应该是具有皇家背景的建筑群③。

四　宫城、皇城内考古发掘出土数据的定量分析

在古今重叠型城市考古发掘和研究工作中，常面临历史城市规模宏大而考古发掘碎片化的矛盾，如何充分利用零散的考古资料，化零为整，揭示更多的历史信息，是值得探讨的问题。

前辈的研究经验告诉我们，可以用拼图的方法做出不同时期的城市断面，进而考察整座城市的发展和变化过程。而根据前文关于北宋时期补筑城墙夯土和龙纹琉璃瓦件在宫城内的分布情况等分析，可知同一时期考古遗迹和遗物的分布范围和分布密度或在一定程度上反映了城市的分区特点及其发展的不平衡性。

因此，本书拟以西京洛阳宫皇城和东城中出土的遗迹和遗物为基础数据，进行定量分析的研究探索。但由于考古报告篇幅有限，不能发布每一件遗物的出土位置，故只能以考古工作分区域进行粗略的定量分析。

如果以整座宫皇城作为研究对象，考古发掘工作具有一定的偶然性和不平衡性，例如大内西区和中区发掘面积较大，出土建筑基址和遗物较多，而东区发掘面积较

---

① 叶万松等：《洛阳发现宋代门址》，《文物》1992 年第 3 期。
② 宋代门址和衙署庭院遗址在考古地层上有着较高的相似度，在宋末金初有被毁的痕迹。因在衙署庭院遗址内出土有崇宁年间的砖，故推测其为北宋末年建造的庭院。但考虑到这两处基址的共存关系，及基址内出土有北宋各时期的钱币，且以神宗、哲宗时期的钱币最多，则可推知这一处衙署遗址应该存续了很长时间，只是庭院中的一些设施可能在北宋末期重修或重建。
③ 考虑到北宋历史背景，宋西京大内建筑可能以北宋早期的建设为主，故琉璃构件较少。而这座衙署庭院遗址有宋末建筑材料出土，故这些琉璃构件也可能与建筑修筑时间有关。

小。因此，不能以局部考古发掘数据为基础直接提炼区域特点，而是要通过区域间的大数据比较，探讨区域关系。

区域间的大数据比较，较为理想的状态是测算各区域内的遗迹遗物密度（即单位面积内出土遗迹和遗物的平均情况）后进行区域比较。然而，若以探方为单位，因扩方所致各探方面积不一，各区域单位探方面积实并不相等；若以平方米为单位，考古发掘原始资料或可支撑，但出版的考古报告则难以做到。为保证数据的有效使用和对比，本书以考古报告为基础，以出土遗物为例，按遗物类别对每一片发掘区域分别进行唐宋遗物数量的对比，或可在一定程度上反映区域的特点和变化情况（图 3.27）。

通过每一区域的数据对比和各区域数据关系分布可见，在大数据的统合下，遗物个体的偶然因素在统计意义下被弱化，随之而来，遗物群体向我们展示出系统的分布趋势，在此基础上，我们可以针对每一类遗物的分布进行探讨，讨论其背后的历史事实。

以大内东区为例，所有唐宋对比图格式一致，左边代表唐代出土遗物数量，右边代表北宋出土遗物数量。出土遗物类别自下而上依次为建筑构件、生活用品、钱币、车马器兵器、生产工具（图 3.28）。

1. 建筑构件

建筑构件的出土量应该反映了北宋时期的建设情况。排除东城发掘的衙署建筑遗址和宣仁门遗址这两处宋代基址（仅有宋代层，未往下发掘，因此唐代遗物出土量相对较少），与唐代相比，北宋最主要出土建筑构件的区域集中于宫城大内（含玄武城），而在东西隔城、东西夹城等区域出土的建筑构件量明显减少，东城、南部皇城、北部曜仪城、北部圆璧城等区域几乎没有建筑构件出土。由此可见，北宋时期主要建设的区域应在大内。而唐玄武城内发现有大型宋代建筑基址，出土较多宋代建筑构件，且含龙纹檐头板瓦，因此，其在宋时应与大内均为宫城核心区，与本章第一部分文献推测可吻合。

2. 生活用品

生活用品，包括陶瓷器、装饰品等，与人类生活密切相关，其出土量应反映了人类起居生活的频度。唐代宫城大内、西隔城、西夹城、皇城等区域出土的生活用品较多。而到了宋代,大内中极少见到生活物品,很多发现有宋代基址的发掘区出土的宋代生活用品数量甚至为个位数。而大内南墙城门附近、皇城西部以及东城却是生活用品大量出土的地点,可能是由于这些区域集中分布护卫或官署的缘故。

图 3.27(彩版七) 唐宋出土遗物数量分析图(底图采自《隋唐洛阳城:1959～2001 年考古发掘报告》图 1-3)

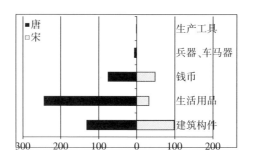

图 3.28   大内东区唐宋出土遗物对比示例

3. 钱币

相对于建筑构件、生活用品来说，钱币的残件、残片问题相对较少，数量统计更为可靠，因此数据更具有统计意义和可比性。钱币出土数量或与区域内经济活动活跃程度有关，也与区域内活动人数有关。而从数据图可见，钱币在宋代东城出土数量与其他区域有着显著的不同，不仅与唐代相比数量大增，其绝对数量也非常庞大，例如东城北区 103 个探方，共出土有 3400 余枚钱币。由此可一窥东城在北宋时期的繁荣景象。

4. 兵器和生产工具

最后两项遗物类别出土量较少，故合而述之。其分布规律很有意思。首先无论唐宋，在大内之中几乎不出土这两类遗物，这非常符合宫城大内的属性，不见刀戈，鲜有生产；第二，在大内周边各夹城、小城、皇城等城墙和城内均出土有少量唐代兵器和生产工具，至宋代兵器数量更少，仅分布于宫城城墙、皇城东西外墙以及东隔城东墙等处，可见唐代夹城和宋代城墙的防御属性。

由上述分析可见，在大量考古发掘数据作为支撑的前提下，定量分析方法是较为客观且很有价值的，可以在一定程度上反映历史面貌，主要表现在：

第一，遗物定量分析结果可与遗迹现象相吻合。例如兵器的分布主要集中于城墙周边以及外夹城，遗迹、遗物的防御功能得到互证；大内之中各发掘区域遗物类别呈现出较强的一致性。

第二，遗物定量分析结果可与文献材料对应。例如文献中有北宋时期多次修缮西京宫室和西京大内的记载，而从遗物分布看，北宋时期的建筑构件主要出土于大内区域，可与文献互证。此外，玄武城内出土大型建筑并发现有重要遗物，也与文献中将玄武城纳入大内的相关记载互证。

第三，遗物定量分析结果呈现出的新信息可以更新和丰富我们的认识。通观这张唐宋遗物对比图，可见西部唐代遗物较多，而东部宋代遗物较多，也就是说，唐时西区较为重要和兴盛，而宋代东部的人类活动更丰富。这一点可能刷新我们对于宋代东城的认识。文献中关于东城的记载仅只言片语，信息较少，而此前的考古工作也主要集中于大内，并未在东城投入大量精力。但从遗物定量分析结果看，其出土有大量生活用品和钱币，应是北宋时期宫皇城区域中一个非常活跃的地带。将这一结论和北宋衙署庭园建筑、琉璃龙纹瓦当的发现、东城北宋护城壕沟[①]建设联系起来，则可进一步证明其重要性。而文献所载上东门的重要，"风烟新洛邑，冠盖上东门"，或也与东城有关。从上东门进城后，向西过上东门街，则直抵东城宣仁门，宣仁门街北则发现衙署建筑遗址。由此可推知，东城应该是北宋时期重要官署所在。此外，北宋时期大内出土建筑构件丰富，生活用品很少，而东城出土建筑构件极少，生活用品很多，则反映出北宋时期宫城建设集中于城墙、城门和大内，但生活却集中于东城。

上述分析使我们对于出土遗物有了宏观的认识，现以同样的方式分析定鼎门遗址。定鼎门遗址发掘面积达千余平方米，但其出土的宋代遗物却仅寥寥（图 3.29）。这张出土遗物分析图清晰地反映了定鼎门由唐至宋的衰落之势，其都城正南门的地位已不复存在，与本书第二章第二部分对于城门本体的分析相呼应，体现了北宋洛阳城市重心的东移。

此外，通过遗物的统计分析，我们还发现一些有意思的现象。例如檐头板瓦的等级问题。大内西区东部四号发掘区是檐头板瓦出土最多的区域，共出土 17 件，其中琉璃檐头板瓦 14 件，从中可见琉璃檐头板瓦有着多种檐头纹饰并对应了不同的檐头高度，即龙纹 5.7 厘米、绳纹 4.6 厘米、麦穗纹 4.2 厘米、卷云纹 4.1 厘米，由此推测，檐头板瓦的檐头高度与纹饰可能与其等级有关。若将报告中所有宋代檐头板瓦的纹饰和尺寸排列分析，可见龙纹 > 绳纹 > 麦穗纹 > 卷云纹这一檐头花边由厚至薄的顺序仍然存在，只是施琉璃者较普通者更厚（图 3.30）。

---

① 陈良伟、石自社、韩建华：《北宋西京洛阳监护城壕的发掘》，《考古》2004 年第 1 期。

■唐
□宋
生产工具
兵器、车马器
钱币
生活用品
建筑构件
400
300
200
100
0
100

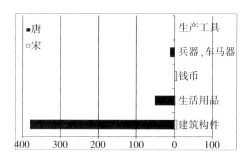

图 3.29　定鼎门唐宋出土遗物对比示例

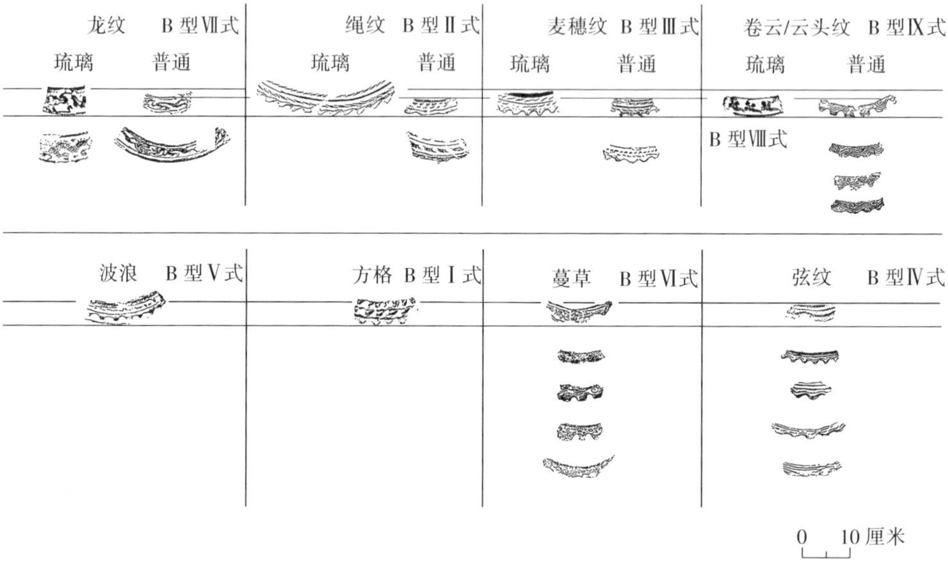

龙纹　B 型Ⅶ式
琉璃　普通
绳纹　B 型Ⅱ式
琉璃　普通
麦穗纹　B 型Ⅲ式
琉璃　普通
卷云/云头纹　B 型Ⅸ式
琉璃　普通
B 型Ⅷ式
波浪　B 型Ⅴ式
方格　B 型Ⅰ式
蔓草　B 型Ⅵ式
弦纹　B 型Ⅳ式
0　10 厘米

图 3.30　宋代檐头板瓦纹饰和尺寸示意图（基于《隋唐洛阳城：1959～2001 年考古发掘报告》发表的檐头板瓦图像资料并缩放至同一比例尺后绘制）

表 3.5　宋代檐头板瓦纹饰和檐头高度尺寸排列表（单位：厘米）

龙纹		绳纹		麦穗纹		卷云纹		波浪	方格	蔓草	弦纹	页码①
琉璃	普通	琉璃	普通	琉璃	普通	琉璃	普通	普通	普通	普通	普通	
5.7		4.6		4.2		4.1	2					526
										2.1		426
					3.5		2.5					512
										3.1	2	545

① 中国社会科学院考古研究所编《隋唐洛阳城：1959～2001 年考古发掘报告》。

续表 3.5

龙纹		绳纹		麦穗纹		卷云纹		波浪	方格	蔓草	弦纹	页码
琉璃	普通	琉璃	普通	琉璃	普通	琉璃	普通	普通	普通	普通	普通	
							2.2					568
							2.2					584
	3.9		3.2						4.4		3.2	695
			4.5							2.5		324
5.8								4.2				711
					3							736
											2.3	765
										3.2 +		875
											1.9	899
	4.4						2.7			3	1.9	911

这样的结论恰与上文琉璃龙纹出土于大内重要区域的分析吻合，也提示我们北宋时期的重要建筑檐头厚度较厚。且这一时期出土的花边檐头板瓦，其下沿多做波曲状，或与后世滴水样式存在关联。

第四章　北宋西京其他重要城市要素复原

一　城市水系①

北宋洛阳城承隋唐洛阳城旧址，北依邙山，南对伊阙，洛水贯都，自然资源丰富，水陆交通便利。正如《邵氏闻见录》所言："洛中形势，郏鄏山在西，邙山在北，成皋在东，以接嵩、少，阙塞直其南，属女几，连荆、华，至终南山。洛水来自西南，伊水来自南，右涧水，左瀍水。隋文帝登邙山，对阙塞而叹曰：'真天阙也。'……其山川秀润有余，形势雄壮。"② 从地势看，洛阳西北依邙山，地势较高，故隋唐宫城选址于此。至北宋时期，在洛北高地设巡检署③，以掌管地方治安。

对于唐宋洛阳城来说，水是城市环境中不可或缺的要素。一方面，水系是城市的依托，城市漕运和交通离不开水系，城市生活和运转离不开水系，而宫苑及城内私家园林也需要水的滋养；另一方面，水也给洛阳城及其居民带来很多灾难和不便。因此，水系的流向、交汇、摆动和变更与城市格局密切相关。这里试对唐宋时期洛阳的水系进行梳理，以还原宋代洛阳城的城市环境。为理解方便，拟以空间为序，先述洛北谷水、涧河、瀍河，后述洛河和漕渠诸水，及洛南伊水、城内诸渠（图4.1）。

---

① 城市水系作为洛阳城环境的重要组成部分，本应首现于本书外郭城复原之前，但由于本书的城市水系复原，不仅参考了文献、考古发掘和勘探数据，还依据本书第二章城市列坊的变化讨论了水系的摆动，以及水系与其流经各坊的关系，因此放在本章更便于阅读。

② 邵伯温：《邵氏闻见录》，第184 ~ 185 页。

③ 《丛翠亭记》："城中可以望而见者，若巡检署之居洛北者，为尤高，巡检使内殿崇班李君始入其署，即相其西南隅而增筑之治亭于上，敞其南北向以望焉。"欧阳修：《欧阳文忠全集》，第322 页。

图4.1（彩版八）　北宋洛阳城水系复原示意图（王书林绘制）

1. 谷水、涧河。根据方孝廉先生的研究，隋宇文恺营建洛阳城的同时，根据规划布局开凿沟通谷、洛的新渠道（即今涧河），"开渠引谷、洛水，自西苑入，东注于洛"①。那么，谷水的一支从东周王城以北，经西苑进入隋唐宫城，直接为九洲池、陶光园等宫城内园林提供水源。考古工作也在西工区的纱厂西路北侧、道南路南侧、老城区北关、九龙台等几个重要节点发现有谷水河道遗迹，进一步证明了这一段谷水贯穿隋唐宫城的北部②。谷水的另一支，沿东周王城东墙（即西小城西墙），向南经上阳宫之西汇入洛水③。

2. 瀍河。根据本书第二章对安喜门位置的分析，可知瀍河水系自唐至今走势没

---

① 方孝廉：《方孝廉考古文集》，第 230 页。

② 高虎、王炬：《近年来隋唐洛阳城水系考古勘探发掘简报》，《洛阳考古》2016 年第 3 期。

③ 2004 年，在东周王城东城墙西侧发现河道 G2，其最早使用于汉代，至唐代仍在使用，且河道底部自东向西渐降，说明这段河道很可能作为唐西小城的护城河使用，应是谷水东支。郑州大学历史学院、洛阳市文物工作队：《洛阳东周王城东城墙遗址 2004 年度发掘简报》，《文物》2008 年第 8 期。王炬：《唐东都上阳宫问题再探讨》，《洛阳考古》2017 年第 3 期。

有太大变化，自唐"修义坊流入外郭城，南流经进德、履顺二坊之东，又东南流，穿思恭坊至南门南流，经此坊（即归义）入漕渠"①。2015 年在位于瀍河区环城北路与瀍河东岸交会处的南部鑫杰房地产有限公司和华翠苑小区钻探和发掘中，发现东西向略偏南折的河道②，可知谷水穿过宫城后，经环城北路汇入瀍河北段。而瀍河南端在唐代应经归义坊汇入漕渠，至北宋时期，漕洛合一，瀍河即向南汇入洛河。

3. 洛河。根据唐宋时期洛河两岸里坊的分布变化，可知洛河在西南和东北方向都有明显的北移。2015 年 9 月，在对隋唐城东的塔东村、沙湾村以及洛龙杨湾村等钻探中发现，隋唐以降，洛河河道大幅度向北摆动，已将郭城外以东区域的原始地貌冲毁破坏，耕土层下即为纯净砂土淤积层③。

正是由于洛水北移，北宋洛南里坊较唐代有所增加，而洛北沿河一线里坊仅承福存矣。那么，洛河向北偏移和改道，为何仅在西南和东北位置（即里坊区域），而在皇城以南的部分却未明显偏移？一方面，宫城、皇城位于城内高地，水系不易泛滥入侵；另一方面，从天津桥的考古发现或可以找到一些线索。2000 年春，洛阳考古工作者发现天津桥时，在今洛河两岸发现了隋唐洛河石堤遗存，发掘长度近千米，东起南关南，经洛浦公园，西至牡丹桥，石堤以方石垒砌，每砌一层，缝间凿槽，镶嵌铁腰，错峰骈连，形成巨大板块，不易分散变形，为有效保护洛河堤岸起到了重要作用④。而这恰为宫城和皇城以南的范围。也就是说，在皇城以南的洛河水域，特别建造有坚固的石堤，以防止水患侵入宫皇城。时至今日，大量沿河里坊已淹没于洛水之中，而宫城皇城区域仍避水患。

4. 漕渠。本书第二章第四部分对漕渠进行了专门的讨论。隋唐时期，因惠训坊以西，洛水滩泄，多石碛，不通舟航，故在洛北开漕渠，又名通远渠，置斗门，将洛水向北引入漕渠，经城北立德、归义、景行、时邕、毓财、积德等坊之南后出城⑤。漕渠的主要水源应来自洛河和瀍河。根据 2012～2014 年考古调查，在城区南

---

① 徐松：《河南志》，第 144 页。

② 高虎、王炬：《近年来隋唐洛阳城水系考古勘探发掘简报》，《洛阳考古》2016 年第 3 期。

③ 高虎、王炬：《近年来隋唐洛阳城水系考古勘探发掘简报》，《洛阳考古》2016 年第 3 期。

④ 刘建新、余扶危：《天津桥遗址被发现纪实》，《洛阳日报》2000 年 8 月 5 日。

⑤ 徐松：《河南志》，第 140～142 页。

关码头以西 35 米处发现了与漕渠有关的遗迹，宽 70 米左右。自今洛河北堤北凸转弯处，东北至九洲路与凤化街交叉口，后顺凤化街北上，至移动公司九都路营业大楼西北角转弯，穿贴廓巷向东，经贴廓巷小学家属院、柳林街中州渠桥南向东至新街小石桥附近，再穿新街向东至民俗馆东与瀍河相交，继而经九都路北、下园路北段、塔西新村南两排民房下，向东出郭城①，与文献记载相符。

到了北宋时期，漕洛合流，在长夏门东第二街北端新增上林、铜驼二坊，坊北建会通桥，可知漕洛合流后，这一区域水面应明显较其他区域窄，更适于建桥梁。"自会通桥下至白马寺，洛河水路，滩碛浅涩，难行纲运"，故北宋时期两次开凿、疏通漕河，从会通桥向南经嘉猷坊，向东过白马寺、巩义，以通黄河。

《续资治通鉴长编》云："国依兵而立，兵以食为命，食以漕运为本，漕运以河渠为主"②，可见宋时漕运之重要。而宋初新开的漕河从嘉猷坊东出，穿掘民田，向东通于巩，即又在洛南增加了一条水系，通向东京。

5. 伊水。伊水位于洛南，分二支。"西支（向）正北入城，经归德之西，折而东流，又北经正俗、永丰之西，又折而东南流，经修善、嘉善南，合于东支。"③2015 年 9 月，经考古钻探，在今洛龙区安乐镇郑村村西，现洛阳市农科所院内东部，原隋唐外郭城内归德坊西、尚贤坊东，发现一条南北向渠道，向南出隋唐外郭城，应为伊水西支④。

"东支东南入城，经兴教坊西，又折而东流，经宣教、集贤之南，又折而北，经履道之西，以周其北，又东经永通之北，又折而北经利仁、归仁、怀仁之东，以入于运渠。"⑤ 在白居易故居发现的过程中，就发现了伊水绕履道坊西北而过的遗迹⑥。2015 年 10 月，在洛龙区安乐镇郑村村南，钻探出南北向渠道，向南出隋唐外郭城，推测其为伊水东支⑦。

---

① 高虎、王炬：《近年来隋唐洛阳城水系考古勘探发掘简报》，《洛阳考古》2016 年第 3 期。

② 李焘：《续资治通鉴长编》，第 6592 页。

③ 徐松：《唐两京城坊考》，第 179 页。

④ 高虎、王炬：《近年来隋唐洛阳城水系考古勘探发掘简报》，《洛阳考古》2016 年第 3 期。

⑤ 徐松：《唐两京城坊考》，第 179～180 页。

⑥ 赵孟林等：《洛阳唐东都履道坊白居易故居发掘简报》，《考古》1994 年第 8 期。

⑦ 高虎、王炬：《近年来隋唐洛阳城水系考古勘探发掘简报》，《洛阳考古》2016 年第 3 期。

6. 运渠。"仁风坊有南运渠：自城东流，至外郭之东南隅，屈而北流，经永通、建春门外，又屈而西流，入城经此坊之南，又经从善坊南，分为二流，屈曲至临阖坊南而合。至南市北，有福先寺水硙。又北流，经延福、富教、训善坊之西入洛。"① 2015 年 8 月，在今洛龙区李楼乡北王村东，钻探出一条南北方向渠道，渠道北通洛河，在北王村东北还发现有疑似用于船只调头或码头的遗迹。渠道南部逐渐向西曲拐，转向南市方向，应为文献中之运渠②。

7. 通济渠。"通济坊南，有分渠：自苑内支分洛水，经此坊之南。东北流。经西市东，折而东流。至河南县之西，又北流。至宽政坊之西北隅东流，过天门街，经宜仁、正平坊北流，至崇政坊西，过河南府、宣范、恭安坊西北，又东北抵择善坊西北东流，经道德、惠和、乐成、富教、睦仁、静仁六坊之南，屈而北流过官药园、延庆坊之东入于洛。其渠，至天宝中，壅蔽不通，遂乃涸绝。"③ 这条渠道自唐天宝即涸绝，故考古勘探并未发现该渠道。

8. 通津渠。"由厚载门入都城，经天街北、天津桥南，入于洛。"④ 根据定鼎门街的考古发掘，在唐代早期发现街道东西有水渠，东侧宽 14.2 米，西侧宽 9 米，可能与通津渠有关。但唐代晚期至北宋时期街道两侧水渠则明显变窄，约 1～3 米，应为路沟⑤。据文献记载，北宋时通津渠向东通罗门⑥，则可能与通济渠东段相连。

洛阳城南的伊洛支流，灌溉花木，滋养园囿，形成了独特的城市景观。"洛城之东南午桥，距长夏门五里，蔡君谟为记，盖自唐已来为游观之地。裴晋公绿野庄今为文定张公别墅，白乐天白莲庄今为少师任公别墅，池台故基犹在。二庄虽隔城，高槐古柳，高下相连接。午桥西南二十里，分洛堰司洛水；正南十八里，龙门堰引伊水，以大石为杠，互受二水。洛水一支自厚载门入城，分诸园，复合一渠……；伊水一支正北入城，又一支东南入城，皆北行，分诸园……所以洛中公卿士庶园宅，

① 徐松：《河南志》，第 142 页。
② 高虎、王炬：《近年来隋唐洛阳城水系考古勘探发掘简报》，《洛阳考古》2016 年第 3 期。
③ 徐松：《河南志》，第 143 页。
④ 徐松：《唐两京城坊考》，第 179 页。
⑤ 中国社会科学院考古研究所编《隋唐洛阳城：1959～2001 年考古发掘报告》，第 74 页。
⑥ "洛水另一支自厚载门入城，分诸园，复合一渠，由天门街北天津、引龙二桥之南，东至罗门。"邵伯温：《邵氏闻见录》，第 104 页。

多有水竹花木之胜。"①

　　而水系的变化和通涸，则直接影响城内的园林花木。"元丰初，开清、汴，禁伊、洛水入城，诸园为废，花木皆枯死，故都形势遂减。四年，文潞公留守，以漕河故道湮塞，复引伊、洛水入城，入漕河，至偃师与伊、洛汇，以通漕运，隶白波辇运司，诏可之。自是由洛舟行可至京师，公私便之。洛城园圃复盛。公作亭河上，榜曰'漕河新亭'。元祐间，公还政归第，以几杖罇俎临是亭，都人士女从公游洛焉。"②

　　洛阳的山水孕育了洛阳的文化，也带来了宋代园林的兴盛。

二　住宅与园林

　　北宋西京洛阳城城池、宫室基于隋唐东都而建，其城内园池，也"多因隋唐之旧"。虽然"以五季之酷，其池塘竹树，兵车蹂践，废而为丘墟；高亭大榭，烟火焚燎，化而为灰烬"③，但从《河南志》的记载看，唐代很多园池至宋时仍继续沿用。

　　文人士庶多仰慕这里的山水和人文底蕴，"览嵩洛之秀，慕贤士大夫之渊薮，因侨居为河南人"④。北宋前期，赵普、吕蒙正等重臣即在此置业，修建园林；至北宋中后期，特别是王安石变法以后，洛阳更成为旧党集中之地，富弼、吕公著、司马光、文彦博等皆汇聚于此，"富贵利达，优游闲暇之士，配造物而相妩媚，争妍竞巧于鼎新革故之际，馆榭池台，风俗之习，岁时嬉游，声诗之播扬，图画之传写"⑤，加之理学史上的几个最重要的学者，如邵雍、程颢、程颐等，同时居于此，一时间洛阳成为北宋文化中心，并以文化势力与朝廷分庭抗礼。这些文人士大夫的生活与交游融入了城市的历史，也在一定程度上影响着城市的气质。

　　因此，北宋西京的住宅与园林是研究北宋西京城市面貌和城市生活的一个重要切入点。本书通过整理《洛阳名园记》《河南志》，结合其他传世文献以及墓志等材

① 邵伯温：《邵氏闻见录》，第 103 ~ 104 页。
② 邵伯温：《邵氏闻见录》，第 104 页。
③ 李格非：《洛阳名园记》，第 13 页。
④ 李献奇、郭引强编《洛阳新获墓志》，第 152 页。
⑤ 李格非：《洛阳名园记》，第 1 页。

料的记载，确定重要人物宅邸位置及变迁、宅园关系，以及家族宅院的分布情况，探讨宅园选址特点及其反映的城市面貌。

（一）重要人物宅园

兹选取五代至北宋时期重要人物逐一简述，以厘清其宅园位置、变迁历程及其家族宅园的分布情况。因篇幅有限，本书以讨论宅园与城市关系为要，不涉及宅园内部格局和风貌。

1. 张全义（852~926年）

宅在会节坊①，祠堂位于绥福坊②。

另可考其女婿李肃③居思顺坊④。

2. 杨凝式（873~954年）

文献中关于杨凝式宅的直接记载有二，一为从善坊⑤，一为延福坊⑥。另有《洛阳搢绅旧闻记》提到"杨之居在府衙西门咫尺"⑦，河南府廨在临阛坊⑧，从善坊在府廨之东，不能满足西门咫尺的记载。而延福坊在临阛坊以北，若府廨在临阛西部，则存在"杨之居在府衙西门咫尺"的可能。从这一记载看，杨凝式宅位于延福坊的可能性为大。

---

① 会节坊，"后唐齐王张全义宅。全义入梁名宗奭。梁太祖乾化元年七月辛丑幸宗奭私第，宰臣视事于归仁亭，至甲辰归内，今失所在"。徐松：《河南志》，第19~20页。

② 绥福坊，"张全义祠堂。全义为尹时，民为立生祠，后设本主祭之。皇祐初，族孙奎知府事，重葺之，命从事吴师孟为记"。徐松：《河南志》，第20页。

③ "太子少师李公，讳肃，国史有传。唐末，西京留守齐王贵盛，兼镇河阳。李公自雍之梁，齐王见之，爱其俊异，以女妻之。即贤懿夫人所生王之适也，数岁而亡，又以他姬所生之女妻之。虽非贤懿所出，以其聪敏多技艺，齐王与贤懿怜惜之，过于其姊。"张齐贤：《洛阳搢绅旧闻记》，第14页。

④ 思顺坊，"宋太子少师致仕李肃宅。肃仕唐，历五代，至建隆初卒"。徐松：《河南志》，第12页。

⑤ 从善坊，"太子太保致仕杨凝式宅，宅绕三十余间，其地南北长，园林称是，而景趣萧洒，人号'锦缠镤'。自后凡更数主。凝式为太子少师最久，又历左右仆射、致仕，改太子太保。卒而世人但呼杨少师"。徐松：《河南志》，第21页。

⑥ "凝式历梁、唐、晋三朝，阳狂不任事，累官至太子少师。其书法自颜、柳而入二王之妙。居洛阳延福坊。"邵伯温：《邵氏闻见录》，第171页。

⑦ 张齐贤：《洛阳搢绅旧闻记》，第43页。

⑧ 临阛坊，"河南府廨。唐末张全义为尹，徙府廨于此。至宋皇祐初，夏竦、张奎重葺之"。徐松：《河南志》，第17页。

3. 宋彦筠（878～956 年）

宅在时泰坊①，后改兴福尼院。其孙宋可度（953～1008 年）②仍居洛阳，宅在归仁坊。另一孙宋可升有子宋文质（972～1017 年），迁居东京望春门外春明坊③。宋文质之子宋世昌应也居于东京④。

4. 赵普（922～992 年）

宅在从善坊⑤，自赵普去世后，子嗣多居东京⑥。

5. 王溥（922～982 年）

宅在会节坊⑦，王溥去世后，由留守向拱（912～986 年）为其经营园宅，其子王贻庆主要居于东京泰宁坊⑧，孙辈王珣瑜（贻矩之子）也居东京⑨，时隔三代，曾

---

① 时泰坊，"兴福尼院，太子太师致仕宋彦筠以宅建，汉乾祐三年赐名"。徐松：《河南志》，第 32 页。

② 《故广平宋公（可度）墓志》："以大中祥符纪号之初，……示疾，溘然顺化于归仁坊新第，享寿艾服有五。"河南省洛阳地区文管处、河南省文物研究所编《千唐志斋藏志》，北京：文物出版社，1984 年，第 1262 页。

③ 《故左班殿直银青光禄大夫检校国子祭酒兼监察御史武骑尉宋公（文质）墓志》："宋公，讳文质（彦筠之曾孙，崇义之孙，可升之子）……（天禧元年）八月二十有七日，捐馆于东京望春门外春明坊之私第，享年四十有五。"河南省洛阳地区文管处、河南省文物研究所编《千唐志斋藏志》，第 1263 页。

④ 《故三班奉职宋府君（世昌）》："公讳世昌，字子京，东京开封县人，太师、侍中讳彦筠，乃其元祖也。公即左骁卫大将军讳崇义府君之曾孙，秘书郎讳可升府君之孙，左监门卫将军讳文质府君之子……治平三年十二月二十六日因疾而终，享年五十有八。"河南省洛阳地区文管处、河南省文物研究所编《千唐志斋藏志》，第 1281 页。

⑤ 从善坊，"太师赵普宅。普为留守，官为葺之，凡数位，后有园池，其宏壮甲于洛城，迄今完固不坏。普以太师归其第，百日而薨。子孙皆家上都，尝空闉之，尚有乐器、壶酒、簿书之类，扃鐍甚多"。徐松：《河南志》，第 21 页。

⑥ "赵韩王园，国初诏将作营治，故其经画制作，殆侔禁省。韩王以太师归是第，百日而薨。子孙皆家京师，罕居之，故园池亦以扃钥为常。高亭大榭，花木之渊薮，岁时独赕养、拥彗、负畚锸者，于其间而已。盖人之于宴闲，每自吝惜，宜甚于声名爵位。"李格非：《洛阳名园记》，第 9～10 页。

⑦ 会节坊，"太子太师王溥宅，溥居丧，留守向拱为营园宅，相传其地本唐徐坚宅，而韦述记而不载。林木丰蔚，甲于洛城，以尝监修国史，洛人名'王史馆园'"。徐松：《河南志》，第 20 页。

⑧ "贻庆，字茂先。康定二年七月廿六日，终于泰宁坊私第，享年七十九。"河南省洛阳地区文管处、河南省文物研究所编《千唐志斋藏志》，第 1265 页。

⑨ "公讳珣瑜，字唐辅，……祖溥，太子太师累赠尚书令兼中书令，追封燕国公，谥文献，……父贻矩，尚书司封员外郎，累赠吏部侍郎，……嘉祐元年十二月二日以疾终于京师明德坊之私第，年五十有二。"河南省洛阳地区文管处、河南省文物研究所编《千唐志斋藏志》，第 1276 页。

孙王甫（贻庆之孙）仍居东京泰宁坊①。

　　6. 吕蒙正（944 或 946～1011 年）

　　宅在永泰坊②，园在集贤坊③。其侄吕夷简之子吕公著住福善坊白狮子巷④。

　　7. 张齐贤（942～1014 年）

　　宅在会节坊⑤，其子张宗诲仍居会节坊宅邸⑥，宗诲之子张士皋移居东京道
德坊⑦。

　　8. 文彦博（1006～1097 年）

　　宅在从善坊，并设家庙⑧。

----

① "公讳甫，字周翰，初名希甫，姓王氏，开封人。曾王父溥，守司空，门下侍郎、同中书门下平章
　　事，罢守太子太师、祁国公，赠太师、尚书令兼中书令，追封燕国公，谥文献，王父贻庆，司农少
　　卿、赠尚书礼部侍郎，考涣，金吾卫将军，赠左武卫大将军。……以熙宁三年十月初二日，终于泰
　　宁坊之私第，享年五十有五。"河南省洛阳地区文管处、河南省文物研究所编《千唐志斋藏志》，第
　　1298 页。

② 永泰坊，"本太子太师致仕吕蒙正宅，真宗两临幸之"。徐松：《河南志》，第 17 页。

③ 集贤坊，"太子太师致仕吕蒙正园"。徐松：《河南志》，第 16 页。

④ "宋吕公著宅，名胜志，吕公著宅在白狮子巷张知白宅西。"魏襄：《洛阳县志（嘉庆）》卷 38，北大
　　图书馆刻本，1813 年，第 15 页。

⑤ 会节坊，"司空致仕张齐贤宅，园在宅之南"。徐松：《河南志》，第 20 页。

⑥ 《故金紫光禄大夫秘书监致仕上柱国清河县开国子食邑六百户食实封一百户张公墓志铭（并序）》：
　　"公讳宗诲，字某，其先曹州宛句人。大父讳某，避乱徙河南，遂为河南人。父讳齐贤，以道德名
　　望相太宗、真宗，赠太师，尚书令、中书令，英国公。母崔氏，秦国太夫人。公以荫为秘书省正
　　字，四迁至太子中舍，监骐骥仓、西京左藏库、在京左藏金银库。召试，赐进士第，累迁秘书省著
　　作郎，太常博士、尚书屯田、都官、职方三员外郎。历监香药榷易院，同判国子监，判尚书祠部、
　　吏部南曹、登闻鼓院。出通判河阳，知富顺监。入为开封府判官，进祠部郎中、判三司度支勾院。
　　出京东转运使，徙河北，罢知徐州。更刑部、兵部二郎中，太常少卿。……庆历五年闰五月一日，
　　薨于河南会节坊之私第，年七十有七。"四川大学古籍整理研究所编《全宋文》第 14 册，第 472～
　　473 页。

⑦ 《故朝奉郎司封员外郎直史馆柱国赐绯鱼袋张公墓志铭（并序）》："河南张公讳子皋，字叔谟，以康
　　定元年七月二日卒于东都道德坊之私第。……公之先济阴人，曾大父冀公始迁河南。祖讳齐贤，司
　　空，赠尚书令、英国公。父讳宗诲，秘书监。母吕氏，东平郡君。"四川大学古籍整理研究所编《全
　　宋文》第 14 册，第 477～478 页。

⑧ 从善坊，"今保平军节度使、同中书门下平章事文彦博家庙并宅。庆历元年郊祀敕，许二品以上立家
　　庙，而未有奉其诏者。皇祐三年，公为宰相，奏于河南府建私庙，可之。其制四室。自宋大臣有家
　　庙，此为始焉"。徐松：《河南志》，第 21 页。

9. 王拱辰（1012 ～ 1085 年）

宅在道德坊①，营第甚侈。

10. 司马光（1019 ～ 1086 年）

宅在尊贤坊②，北有独乐园。

11. 邵雍（1011 ～ 1077 年）

关于邵雍在洛阳的宅园位置的记载有四处：

（1）尚善坊天宫院③：皇祐元年（1049 年）邵雍迁洛，初寓尚善坊天宫寺三学院。

---

① "熙宁间，王拱辰即洛之道德坊，营第甚侈，中堂起屋三层，上曰朝元阁。时司马光亦居洛，于私居穿地丈余，作壤室。邵尧夫见富郑公，问新事，尧夫曰：'近有一巢居，一穴处者。'遂以二公对，富大笑。"王得臣：《麈史》，第 60 页。

② 《独乐园记》："孟子曰：'独乐乐，不如与人乐乐。与少乐乐，不如与众乐乐'，此王公大人之乐，非贫贱者所及也。孔子曰：'饭蔬食饮水，曲肱而枕之，乐亦在其中矣。'颜子一箪食一瓢饮，不改其乐。此圣贤之乐，非愚者所及也。若夫鹪鹩巢林，不过一枝；偃鼠饮河，不过满腹，各尽其分而安之，此乃迂叟之所乐也。熙宁四年，迁叟始家洛。六年，买田二十亩于尊贤坊北，辟以为园。"司马光：《司马温公集编年笺注》5，成都：巴蜀书社，2009 年，第 204 ～ 205 页。
《邵氏闻见录》："熙宁三年，司马温公与王荆公议新法不合，不拜枢密副使，乞守郡，以端明殿学士知永兴军。后数月，神宗思之，曰：'使司马在朝，人主自然无过举。'移许州，令过阙上殿。公力辞，乞判西京留司御史台。遂居洛，买园于尊贤坊，以独乐名之，始与伯温先君子康节游。尝曰：'某陕人，先生卫人，今同居洛，即乡人也。有如先生道学之尊，当以年德为贵，官职不足道也。'"邵伯温：《邵氏闻见录》，第 200 页。

③ "皇祐元年，自卫州共城奉大父伊川丈人迁居焉……初寓天宫寺三学院。"邵伯温：《邵氏闻见录》，第 194 页。
关于天宫寺的位置，有两种看法：
第一，尚善坊。"嘉祐七年，王宣徽尹洛，就天宫寺西、天津桥南五代节度使安审琦宅故基，以郭崇韬废宅余材为屋三十间，请康节迁居之。富韩公命其客孟约买对宅一园。皆有水竹花木之胜。熙宁初，行买官田之法，天津之居亦官地，榜三月，人不忍买。诸公曰：'使先生之宅他人居之，吾辈蒙耻矣。'司马温公而下，集钱买之……今宅契司马温公户名，园契富韩公户名，庄契王郎中户名，康节初不改也。"邵伯温：《邵氏闻见录》，第 195 ～ 196 页。根据《河南志》第 6 页，安审琦、郭从义宅位于尚善坊。由此可知，尚善坊的安审琦宅位于天宫寺西、天津桥南。
又，"天津桥天宫寺，注：《续玄怪录》：李愬天津桥，因入憩天宫寺"。故推测天宫寺临近天津桥，位于尚善坊。徐松撰，李健超增订：《增订唐两京城坊考》，第 292 ～ 293 页。
第二，劝善坊。辛德勇《大业杂记辑校》引《唐会要》："天宫寺，观善坊。高祖龙潜旧宅。贞观六年立为寺"，"唐东都无观善坊，有劝善坊，……'观'、'劝'形近易伪，疑天宫寺本在劝善坊"。韦述、杜宝：《两京新记辑校 大业杂记辑校》，第 84 页。
结合邵雍《洛阳怀古赋》，登天宫寺三学阁，洛之风景因得周览，观得宫阙景象，可推知天宫寺距离洛阳西北之宫殿区较近。故推测北宋时期的天宫寺更大可能位于尚善坊。

（2）履道坊①：洛人为其买宅于履道坊，邵雍乐在其中②。

（3）道德坊③：从邵雍的诗句看，其应该在道德坊居住过一段时间，或与王拱辰宅邸邻近。后迁居尚善坊（见下条），但道德坊的宅第可能仍在使用④。邵雍弟子张崏所撰（邵雍）《行状略》指出邵雍在临终前居于道德坊⑤。

（4）尚善坊安乐窝⑥：富弼、司马光、吕公著、王拱辰等洛阳士人为邵雍在天津桥南尚善坊置办园宅，邵雍名曰"安乐窝"。邵雍的诗文中多次提及宫室（凤凰楼即五凤楼、端门、帝王宫等）、天津桥⑦等地理坐标，亦可从侧面印证安乐窝就在尚善坊。

由上可见，邵雍所居宅园与其交游者关系极为密切，或与交游者为邻，或由交游者为其购置。

12. 富弼（1004～1083 年）家族

富弼，洛阳人，自幼聪颖，勤奋笃学⑧。富弼历仕真、仁、英、神宗四朝，三拜

---

① "洛人为买宅于履道坊西天庆观东。"邵伯温：《邵氏闻见录》，第 195 页。

② 《新居成呈刘君玉殿院》："履道坊南竹径修，绿杨阴里水分流。众贤买得澄心景，独我居为养志秋。"《寄谢三城太守韩子华舍人》："水竹最佳处，履道之南偏。下有幽人室，一径通柴关。蓬蒿隐其居，藜藿品其飧。上亲下妻子，厚薄随其缘。人虽不堪忧，己亦不改安。"邵雍：《伊川击壤集》，第 6～7 页。

③ 《初春吟》："花木四时分景致，经书千卷号生涯。有人若问闲居处，道德坊中第一家。"邵雍：《伊川击壤集》，第 61 页。

④ 《天津弊居蒙诸公共为成买诗以谢》："嘉祐卜居终是僦，熙宁受券遂能专。凤凰楼下新闲客，道德坊中旧散仙。"邵雍：《伊川击壤集》，第 248 页。

⑤ "熙宁十年春，得疾踰百日，气日耗而神益明矣。七月癸丑，启手足于天津之南道德坊之第。"朱熹：《伊洛渊源录》，北京：中华书局，1985 年，第 48 页。

⑥ 邵雍新居位于天津桥南的尚善坊。明景泰年间建邵雍祠，位于天津桥南、龙门大道西，即今国花园一带，其南侧现有安乐窝小区，道光年间邵雍祠被洪水冲毁后，改在龙门大道东侧新建邵夫子祠。邵伯温：《邵氏闻见录》。

⑦ 《天津水声》："洛水近吾庐，潺湲到枕虚"；《和孙传师秘教见赠》："天津南畔是吾庐，时荷夫君枉乘车"；《安乐窝中吟》："凤凰楼下天津畔，仰面迎风倒载归"；《天津新居成谢府尹王君贶尚书》："嘉祐壬寅岁，新巢始僝功。仍分道德里，更近帝王宫。槛仰端门峻，轩迎两观雄"；《首尾吟（11）》："凤凰楼观云中看，道德园林枕上窥"。邵雍：《伊川击壤集》，第 26、83、196、49、410 页。

⑧ "富言者，蒙正客也。一日白曰：'儿子十许岁，欲令入书院，事廷评、太祝。'蒙正许之。及见，惊曰：'此儿他日名位与吾相似，而勋业远过于吾。'令与诸子同学，供给甚厚。言之子，即弼也。后弼两入相，亦以徒致仕。其知人类如此。"脱脱等：《宋史》，第 7518 页。

"少笃学，自刻寓于僧舍，不就寝榻，冬夜以冰雪沃面。邻居僧有持苦行者犹服公之勤。"范纯仁：《富公行状》，洛阳市第二文物工作队编《富弼家族墓地》，郑州：中州古籍出版社，2009 年，第 226 页。

宰相。结合《宋史·富弼传》[1]、《富弼墓志》[2]、范纯仁《富公行状》[3] 的记载，可知富弼青年及晚年居于洛阳。《邵氏闻见录》里记录了各时期富弼宅邸的位置。

（1）未及第时（1030 年前）：上阳门外

"富公未及第时，家于水北上阳门外，读书于水南天宫寺三学院。"[4]

"水北上阳门"，《河南志》中有唐、宋两处记载，一为东都苑东墙北二门，"（唐东都苑）东抵宫城，……东面四门，从北第一曰嘉豫门，门上有观，隋曰翔凤观。次南曰上阳门"[5]；二为皇城西墙南面一门，"（宋皇城）西面外夹城，又二门，南曰丽景门，东对金耀门，《五代实录》皆云上阳门，疑曾更易"[6]。

从这两处上阳门的记载来看，其位置接近，可能描述的是同一个门，位于唐东都苑东墙南侧，或与东都苑到上阳宫的入口有关，历唐、五代，至北宋改称丽景门[7]。

富弼及第前家在上阳门外，非城内居住区，或与其幼时家贫有关；另一方面，也说明宋时隋唐皇家上阳宫区域已沦为居民住地。

（2）致政后（1030 年后）：尚善坊

"天圣八年七月二十六日，以茂才异等中第，授将作监承、知河南府长水县。"[8]

"公致政，筑大第于至德坊，与天宫寺相迤。"[9]

---

[1]　脱脱等：《宋史》，第 8265 ~ 8270 页。

[2]　洛阳市第二文物工作队编《富弼家族墓地》，第 41 ~ 53 页。

[3]　《故开府仪同三司守司徒检校太师武宁军节度徐州管内观察处置等使徐州大都督府长史致仕上柱国韩国公食邑一万二千户食实封四千九百户富公行状》，洛阳市第二文物工作队编《富弼家族墓地》，第 226 ~ 236 页。

[4]　邵伯温：《邵氏闻见录》，第 210 页。

[5]　徐松：《河南志》，第 136 ~ 137 页。

[6]　徐松：《河南志》，第 154 页。

[7]　从文献看，上阳门应该是入宫的重要门址。"至天宫寺，安从进遣人语之曰：'潞王倍道而来，且至矣，相公宜帅百官至谷水奉迎。'乃止于寺中，召百官。……道未及对，从进屡遣人趣之曰：'潞王至矣，太后、太妃已遣中使劳矣，安得百官无班？'道等即纷然而去。既而潞王未至，三相息于上阳门外。"司马光：《资治通鉴》，北京：中华书局，1956 年，第 9112 ~ 9113 页。富弼幼时居上阳门外，就读于天宫寺，也说明上阳门外至天宫寺应交通便利。从图纸上看，上阳门至天宫寺应绕皇城西南角（即唐上阳宫区域）至天津桥，渡桥就抵达天宫寺所在之尚善坊。

[8]　曹清华：《富弼年谱》，四川大学硕士论文，2002 年，第 38 页。

[9]　邵伯温：《邵氏闻见录》，第 210 页。

如前所述，天宫寺位于天津桥南尚善坊，《邵氏闻见录》中"至德坊"应为讹误。因富弼幼时天宫寺之求学经历，且其与天宫寺行者宗颢交游甚深①，故致政后，在尚善坊天宫寺旁筑大第。

（3）请老归洛（1071～1083 年）：福善坊

元丰六年（1083 年）闰六月，富弼薨于正寝。同年，富绍京（二子）去世，元祐元年（1086 年）夫人晏氏去世，其后绍庭（长子）夫妇亡。

《晏氏墓志》："福善居第，林馆幽邃，文忠吟笑其间，优游一纪。夫人每同其乐，而终侁于老。……元祐元年十一月二十八日以疾终于福善第之□□。"② 从富弼妻晏氏墓志看，"优游一纪"，"一纪"为十二年，可与富弼归洛时间吻合（1071～1083 年），据此可推测其晚年应居于福善坊。

在《绍京夫人张氏墓志》中也提到："国家历岁滋久，公卿将相之第棋布京洛，其阀阅光大、规摹宏丽者，河南文忠富丞相为之冠。惟文忠公以宰相辅三朝，勋烈骏伟，照曜天下，退居里第十有三年而薨。"③ 退居里第十三年的记载，也与上述时间近似。

另有几条文献可辅证之：

《画墁录》："自祥符至熙宁中，自福善坡以北，率被昏垫，公私荡没。富公晏夫人尚无恙也，仓卒以浴桶济之，而沉，水退，死者众多，妇人簪珥皆失，多有脱腕之苦。"④ 也说明熙宁后，富公晏氏居于福善坡，又称福善坊。

《涑水记闻》："累世居洛，亲旧盖以千百数……自致仕归西都，十余年，常深居不出。"⑤

《洛阳名园记》："洛阳园池，多因隋唐之旧，独富郑公园最为近辟，而景物最胜。……郑公自还政事归第，一切谢宾客，燕息此园几二十年，亭台花木，皆出其

---

① "院有行者名宗颢，尝给事公左右。及公作相，颢已为僧，用公奏赐紫方袍，号宝月大师。"邵伯温：《邵氏闻见录》，第 210 页。

② 洛阳市第二文物工作队编《富弼家族墓地》，第 54～55 页。

③ 洛阳市第二文物工作队编《富弼家族墓地》，第 60 页。

④ 张舜民：《画墁录》，第 17 页。另见 "次北福善坊，福善坡，坡势隆起，而韦述记不著"。徐松：《河南志》，第 12 页。

⑤ 司马光：《涑水记闻》，第 295 页。

目营心匠。"①

王拱辰《耆英会》："况承开阁厚宾客，富有景物佳园池。铜驼坊西福善宅，修竹万个笼清漪。天光台高未百尺，下眺林岭如屏帷。花王千品尽殊胜，风光绣画三春晖。"②

除富弼晏氏夫妇外，其子绍庭夫妇、绍京夫妇、女儿及婿也居于此。富公死后，子女仍居此地，被传为佳话。"绍庭，字德先，性靖重，能守家法。弼薨，两女与婿及甥皆同居，绍庭待之与父时不殊，一家之事毫发不敢变，族里称焉。"③

"（绍京夫人张氏）里第虚正寝，意不欲徙。族人娄请，夫人曰：'此文忠、周国所处，我不敢居也。'后数岁方肯迁，其恭慎如此。"④

直至北宋末年，富弼长孙富直方（绍京之子）仍居于福善宅邸。《宋朝奉郎富公墓志铭》（富直方）："时文忠公初还政，居第适就，其堂庑户牖，显敞深靓，不侈不陋。西园亭榭竹木，如细柳行伍，俨列端植。子若孙朝夕问安仪甚肃，无寒暑之间。义伯率内外诸弟，蚤暮集中门，整冠齐衣，雁序而进于文忠公前，退就学舍。……后数年，文忠公暨右卫公及周国太夫人相继即世，义伯奉事伯父朝议公与母张夫人如一。逮朝议公持节典藩，挂冠归老，义伯总家政，内外规矩，岁时祭祀，与亲戚会聚园林胜概，纤悉必遵旧制，如是者终其身。"⑤

学界一般认为富弼晚年居于尚善坊⑥，主要依据以下两条文献：

嘉祐七年（1062 年），邵雍定居尚善坊安乐窝，"富韩公命其客孟约买对宅一园，皆有水竹花木之胜"⑦。

"康节先公与富韩公有旧，公自汝州得请归洛养疾，筑大第，与康节天津隐居相迩。"⑧

---

① 李格非：《洛阳名园记》，第 42 页。

② 厉鹗辑《宋诗纪事》（一），上海古籍出版社，2013 年，第 296～297 页。

③ 《富绍庭传》，脱脱等：《宋史》，第 8270～8271 页。

④ 《绍京夫人张氏墓志》，洛阳市第二文物工作队编《富弼家族墓地》，第 60 页。

⑤ 洛阳市第二文物工作队编《富弼家族墓地》，第 66 页。

⑥ 贾珺：《北宋洛阳私家园林考录》，《中国建筑史论汇刊》2014 年第 2 期。

⑦ 邵伯温：《邵氏闻见录》，第 195 页。

⑧ 邵伯温：《邵氏闻见录》，第 198 页。

特别是第二条文献，直接记载富公自汝州归洛，与邵雍天津隐居（即尚善坊安乐窝）相邻，与前述富公晚年居福善坊的结论相悖。

然考富公年谱①，熙宁年间两次判汝州，并自汝归洛。熙宁元年（1068年），徙判汝州②。熙宁二年（1069年）十月三日，罢相判河南。八日改判亳州。熙宁四年（1071年）四月二十七日，诏许富弼西京养疾。六月二十日，富弼归洛途中，判汝州。九月十七日，诏许富弼西京养疾。是年冬，富弼请老。

朱熹对这段历史也有所考证和记录，"熙宁元年，公自河阳被召入京，以病请汝而归。过洛，少留，连遭三丧，赴汝后又遭一丧……公既至汝，神庙遣中贵人冯宗道挟太医陈易简来治足疾……明年被召入相，……四年，公在亳州，坐不散青苗，罢归洛，未至，改判汝州，…公至汝不久，即请归洛……既而告老，遂以司空使相致仕"③。

若"归洛筑大第（于尚善坊）"记载无误④，是否可能描述的是第一次归洛的情景？富弼延续了尚善坊天宫寺旁的宅邸，与邵雍为邻。但在第二次自汝归洛后，则居于福善坊新宅。或许这也是《洛阳名园记》称"富郑公园最为近辟"的原因。

此外，在邵雍、富弼交游的记载中，有"道堂闲话尽多时，尘外杯觞不浪飞，初上小车人已静，醉和风雨夜深归"⑤等句。二人若为邻里，在同一坊内居住，似可不用小车作为交通工具，也从侧面反映了富弼晚年不再居于尚善坊。

（二）宅园选址特点

除上述摘录的部分宅园外，本书根据历史文献、墓志等材料，整理出五代至北宋宅园清单，并按宅园主人所处时代为序排列⑥，可一窥宅园选址特点（见附录1）。

1. 家族聚居

通过富弼家族所居之地略作梳理（图4.2），探得北宋时期家族聚居的一些情况。

---

① 曹清华：《富弼年谱》，四川大学硕士论文，2002年，第80～86页。

② 脱脱等：《宋史》，第8269页。

③ 朱熹：《跋富文忠公与洛尹帖》，见龚崧林：《重修洛阳县志（乾隆）》卷十三跋，北大图书馆刻本，1745年，第51页。

④ 此前邵记富弼筑大第于至德坊，与天宫寺相迤。而洛阳并无至德坊，故可知《邵氏闻见录》记载并不完全准确，因此不排除"自汝归洛"的描述实为第一次"至汝途中归洛"的可能。

⑤ 邵伯温：《邵氏闻见录》，第199页。

⑥ 严格地说，这一序列应按照宅园主人居洛时间排序，然而很多人居洛（迁洛）的具体时段不可考或考证不准确，加之可能存在宅邸迁徙等复杂因素，故本书暂以主人生卒时代排序。

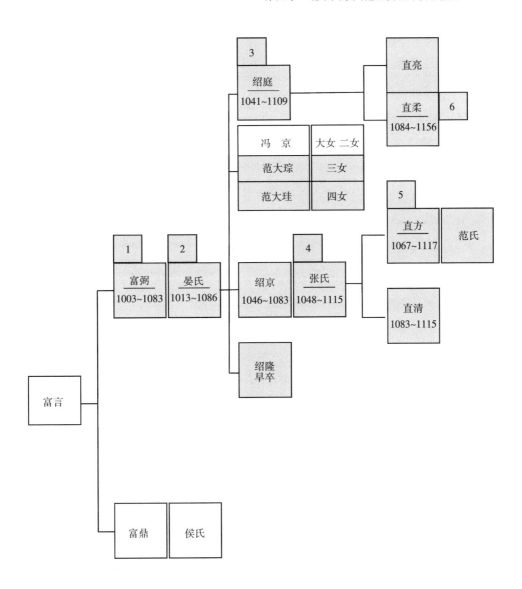

图 4.2 富弼家族谱系（王书林绘制）

　　富弼未及第时，居于城北上阳门外，推测这一时期应与其父富言居于一处。及第后富弼即迁居尚善坊，晚年居于福善坊。其弟富鼎居于天津桥南道德坊。之后数十年，富弼家族皆居于福善宅，家教甚严。"（富绍京）为人孝悌温恭，事亲竭力，接人尽礼，见之者不知其为贵公子也"①，并实行"朝夕问安仪"，不分寒暑。"弼薨，两女与婿及甥皆同居，绍庭待之与父时不殊，一家之事毫发不敢变，族里称焉"②。绍庭夫妇去世后，家政由绍京妻张氏专总，"事无细巨，皆所裁决，凡冠昏祭祀，吉凶之用，率有常度，守文忠、周国之法谨甚"③。直至北宋末年，长孙直方主持家务，"内外规矩，岁时祭祀，与亲戚会聚园林胜概，纤悉必遵旧制，如是者终其身"④。

　　从富弼宅邸的例子，可见父母与长子或长孙居住，应是符合社会礼仪的。如张去华居于永泰里⑤，其孙张景儒仍居永泰里⑥；张师雄居履道坊会隐园，与四子同居，常于园中举行雅集⑦。

　　这样聚族而居的方式应是世人向往的，阎光度临终前所留遗嘱，也即此意。"三月二十日命夫人唤诸子列于前，曰：'吾病困必□不起，汝等各长成，并已婚，媾吾身后能侍奉老母如吾身前，则为孝子矣。洛中彰善宅足以聚居，东南庄足以充岁计，若不改吾旧制，则汝等无患失所矣。'绝而瞑。"⑧ 诸子长成并成家后，阎公仍希望他们聚居于彰善宅，并借此行孝。

　　但像富弼家族这样，三世同堂，子（女）辈成家后不分居的现象恐并不多见。从其他材料看，儿子成家后有的会继承父业，在原宅邸居住，而女儿成家后则随夫

---

① 洛阳市第二文物工作队编《富弼家族墓地》，第 58 页。

② 《富绍庭传》，脱脱等：《宋史》，第 8270～8271 页。

③ 洛阳市第二文物工作队编《富弼家族墓地》，第 172 页。

④ 洛阳市第二文物工作队编《富弼家族墓地》，第 66 页。

⑤ "尚书、工部侍郎致仕张去华宅。去华致政，园中作中隐亭以见志。"徐松：《河南志》，第 17 页。

⑥ 《故朝奉郎守太子中舍骑都尉赐绯鱼袋张君（景儒）》："君讳景儒，字文通，姓张氏，其上世自许入洛，遂为河南人。曾祖讳谊，任中书舍人赠工部尚书；祖讳去华，皇任工部侍郎致仕，赠司徒；烈考讳师锡，皇任光禄少卿致仕，赠兵部侍郎。……君以熙宁三年二月三日，卒于西京永泰坊之私第，享年五十三。嗣子奉君之枢，以八年九月二十六日葬河清县平乐乡上店村先公之兆。有文集十卷，号《清白集》，藏于家。"河南省洛阳地区文管处、河南省文物研究所编《千唐志斋藏志》，第 1280 页。

⑦ 贾珺《北宋洛阳私家园林考录》，《中国建筑史论汇刊》2014 年第 2 期。

⑧ 河南省洛阳地区文管处、河南省文物研究所编《千唐志斋藏志》，第 1245 页。

迁居①。

例如张齐贤家族。张齐贤居于会节坊，其子张宗诲仍居会节坊。孙张士皋，迁居东都道德坊。

又如张全义家族。张全义居于会节坊，另在绥福坊建有祠堂。其二女皆嫁李肃，居于思顺坊。会节、绥福南北紧邻，而思顺坊与会节坊相距也就东西两坊的距离。

再如寇准居于西京延福坊，其女嫁王曙后，居陶化坊和思顺坊。而陶化、思顺距延福坊也不过二、三坊之距离。

2. 宅、园邻近

多数情况下，同一主人的宅、园一般安排在一起，如唐白居易履道坊故居北宅南园即是如此。道德坊有后唐枢密使郭崇韬宅和园；会节坊有司空致仕张齐贤宅，园在宅之南；思顺坊有王曙宅，其园在宅南街；王拱辰在天津桥南尚善坊赠邵雍一宅后，富弼则买对宅一园赠之。这些记载皆说明宅、园紧邻的情况（图4.3）。

当然也有宅和园分属两坊的情况。如赵普宅在从善坊，园在仁风坊；吕蒙正宅在永泰坊，园在集贤坊；吴育宅在乐成坊，园在富教坊；文彦博宅在从善坊，园"西去其第里余"，推测在静仁坊；郭稹宅在嘉善坊，园在尊贤坊。这些宅园分属两坊的主人多为达官显贵，故推测园林并非宅之附属，而乃独立私园。但这些分离的宅、园所处两坊位置距离较近，多为临近两坊。

此外，也有人在城外建设别业园林，知名者如张齐贤别业午桥庄②、任公别墅白莲庄③、水北胡氏园④等。

3. 宅园选址的其他影响因素

宅园选址除考虑上述家族聚居、宅园邻近等因素外，还有如下影响因素。

---

① 富弼大女、二女嫁冯京，即随夫居住。其三女、四女及婿居于富家，可能与女婿地位有关。

② "裴晋公绿野庄，今为文定张公别墅。"邵伯温：《邵氏闻见录》第103页。

③ "洛城之东南午桥距长夏门五里，蔡君谟为记，盖自唐以来，为游观之地。白乐天白莲庄，今为少师任公别墅，池台故基犹在。"邵伯温：《邵氏闻见录》，第103页。

④ "水北胡氏二园，相距十许步，在邙山之麓，瀍水经其旁，因岸穿二土室，深百余尺，坚完如埏埴，开轩窗其前，以临水上。"李格非：《洛阳名园记》，第12～13页。

图4.3   北宋名人宅园关系示意图（王书林绘制）

（1）经济实力与地位

穷时居城外或在寺院中暂时借宿，经济实力和地位提升后才有能力在城内置业居住。如富弼幼时，居水北上阳门外，及第后才迁入城内；邵雍迁洛，只能先借宿于尚善坊天宫寺三学院，而后由洛人为其买宅；又如吕蒙正幼年清贫，及第前也居住于洛阳城外相公庄寒窑中①，后寓居龙门利涉院②，为官后方能置宅于永泰坊。

（2）过往经历与交游关系

这一点在洛阳士人宅园选址中至关重要，兹举一二。

富弼少时在天宫寺求学。天宫寺"院有行者名宗颢，尝给事公左右。及公作相，颢已为僧，用公奏赐紫方袍，号宝月大师"③。富弼对天宫寺有很深的感情，对宗颢也充满感激之心，故致政后筑大第与天宫寺相迩。

邵雍"自共城迁洛，未为人所知也，宗颢独馆焉"，也受宗颢照顾，与天宫寺有所渊源，后由王拱辰等为其置办宅邸于天宫寺所在之尚善坊。

富弼、邵雍私交甚厚，伯温（邵雍之子）"以先君子之故，亲接前辈"，"海内之士尝获拜公（富弼）床下，唯伯温一人"。富公筑大第与邵雍天津隐居相迩。由此可见，洛人选择宅邸，与过往际遇和交游有很大关系。

又如李肃居于思顺坊，张齐贤未及第时寄宿于李肃家，感情颇深。"尝依太子少师李肃家，肃死，为营葬事，岁时祭之。"④ 张齐贤后治第于会节坊，于思顺坊东两坊之处。

北宋后期洛阳耆英会，有富弼（福善坊）、文彦博（从善坊）、席汝言、王尚恭（嘉善坊）、赵丙、刘几、冯行己、楚建中（延福坊）、王慎言、张问、张焘、王拱辰（道德坊）、司马光（尊贤坊）等，就已知的几位成员宅邸位置看，主要集中在水南城东的区域，围绕在唐南市的周边，距离接近。

（三）宅园分布所反映的城市面貌

《洛阳名园记》记载了北宋中后期洛阳园林的情况，其中园主包括重要官员、富

---

① 现有吕氏后人于明代所立"吕蒙正寒窑碑"。

② "吕文穆公父龟图与其母不相能，并文穆逐出之，羁旅于外，衣食殆不给。龙门山利涉院僧识其为贵人，延寺中，为凿山岩为龛居之。文穆处其间九年乃出，从秋试，一举为廷试第一。"叶梦得：《石林燕语》，上海古籍出版社，2012年，第153页。

"吕文穆公，讳蒙正，微时于洛阳之龙门利涉院土室中，与温仲舒读书。……公在龙门时，一日行伊水上，见卖瓜者，意欲得之，无钱可买，其人偶遗一枚于地，公怅然取食之。后作相，买园洛城东南，下临伊水起亭，以'噎瓜'为名，不忘贫贱之义也。"邵伯温：《邵氏闻见录》，第71页。

③ 邵伯温：《邵氏闻见录》，第210页。

④ 脱脱等：《宋史》，第7524页。

贵人家以及寺庙等①。若将这些园林还原到地图上，可见其主要分布于洛水以南、长夏门以东的区域（图4.4）。这一分布区域恰与本书第二章第三部分所揭示的重要街道分布区域完全一致，从另一个侧面反映了北宋中后期城市的重心所在。

1 富郑公园	2 董氏西园(推测位置)	3 董氏东园(推测位置)	4 环溪
5 刘氏园	6 丛春园	7 天王院花园子(位置未知)	
8 归仁园	9 苗帅园	10 赵韩王园	11 李氏仁丰园
12 松岛	13 东园(推测位置)	14 紫金台张氏园(推测位置)	15 水北胡氏园(推测位置)
16 大字寺园	17 独乐园	18 湖园	19 吕文穆园

图4.4 《洛阳名园记》所记园林位置示意图（王书林绘制）

对于这一区域园林的记载和描述，《洛阳名园记》的记述顺序颇为特殊，未按建设年代排序，未按园林主人分类排序，也未按园林位置依次记述，而是从城中部的富郑公园开始，南北跳跃穿插。言"文不可以苟作"的李格非使用这样的记述顺序，

① "自富郑公而终于吕文穆，其声名气焰见于功德者，遗芳余烈，足以想象其贤。其次，世位尊崇、与夫财力雄盛者，亦足以知其人经营生理之劳。又其次，僧坊以清净化度群品，而乃斥余事，种植灌溉，夺造化之功，与王公大姓相轧。"李格非：《洛阳名园记》，第1页。

是值得探究的。根据李格非的记述顺序，我们可以大致将其所记载的十九处园林分为三个区域。

一区，洛南长夏门街沿线区域：1 富郑公园、2 董氏西园、3 董氏东园、4 环溪、5 刘氏园、6 丛春园。

二区，建春门内临近东墙区域：8 归仁园、9 苗帅园、10 赵韩王园、11 李氏仁丰园、12 松岛、13 东园、14 紫金台张氏园①。

三区，城东南角：16 大字寺园、17 独乐园、18 湖园、19 吕文穆园。

表 4.1　《洛阳名园记》所载宅园表

序号	园林	主人	地点	历史与格局	涉及人物	位置	位置依据
1	富郑公园	富郑公	第东	最为近辟	富弼	福善坊	墓志②
2	董氏西园	董氏		元祐中有留守喜宴集于此			
3	董氏东园	董氏		东园北向入门			
4	环溪	王开府	北望，则隋唐宫阙楼观。		王拱辰	道德坊	《麈史》③
5	刘氏园	刘给事		今析为二	刘元瑜？	思顺坊	附录 2 墓志 109，《河南志》第 12 页。
6	丛春园	门下侍郎安公	北可望洛水，盖洛水自西汹涌奔激而东。	买于尹氏		安众坊	推测，《河南志》第 13 页，尹思贞宅。
7	天王院花园子						

① 15 水北胡氏园并不在上述三个区域，而位于洛北郊区。
② 洛阳市第二文物工作队编《富弼家族墓地》，第 54～55 页。
③ 王得臣：《麈史》，第 60 页。

序号	园林	主人	地点	历史与格局	涉及人物	位置	位置依据
8	归仁园	今属中书李侍郎	归仁，其坊名也。	唐丞相牛僧孺园，园尽此一坊。	李邦直?	归仁坊	《河南志》第22页
9	苗帅园	节度使苗侯	东有水自伊水派来，可浮十石舟，今创亭压其溪。	开宝宰相王溥园	原宰相王溥，后苗授。	会节坊	《河南志》第20页
10	赵韩王园	赵韩王，韩王以太师归是第，百日而薨。			赵普	从善坊	《洛阳名园记》第9~10页，《河南志》第21~22页。
11	李氏仁丰园	李卫公	甘露院东，仁风坊俗作仁丰。			仁风坊	《河南志》第22页
12	松岛	李文定公丞相，今为吴氏园。	自东大渠引水注园中	在唐为袁象先园	李迪	睦仁坊	《河南志》第21页
13	东园	文潞公	东城，西去其第里余。	洛城建春门内循城得池数百亩，唐之药园。	文彦博	推测静仁坊	《河南志》第23页，《文潞公集》第38页。
14	紫金台张氏园	张氏	自东园，并城而北。	《河图志》云："黄帝坐玄扈台。"郭璞云："在洛汭。"	张士逊?	延庆坊、静仁坊	《河南志》第15页
15	水北胡氏园	胡氏	邙山之麓，瀍水经其旁，因岸穿二土室。			安喜门外?	
16	大字寺园	张氏	履道坊	唐白乐天园也		履道坊	白居易诗篇

序号	园林	主人	地点	历史与格局	涉及人物	位置	位置依据
17	独乐园	司马温公			司马光	尊贤坊	《独乐园记》
18	民家（湖园）		集贤坊	在唐为裴晋公宅园		集贤坊	《洛阳名园记》，《河南志》第16页。
19	吕文穆园	吕文穆	伊水上流		吕蒙正	集贤坊	《河南志》第16页

从这几个区域的分布位置和记述顺序，可推测《洛阳名园记》写作顺序应与作者参观顺序有关。李格非娶王拱辰之孙女，在洛阳定会参观王拱辰道德坊宅邸，故将王开府园环溪所在区域作为第一个片区记述，以长夏门大街为主要联系干道；第二片区集中于建春门内及其以北区域，应与建春门和建春门大街的重要性有关；第三个片区即为洛阳城东南隅，以永通门大街为主要联系干道。由此可知，城内大街已成为城市中的主要交通脉络，通过这些大街联系而抵达目的地。

根据上述分析可见，北宋中后期官员宅园主要集中于长夏门以东区域，若我们加入五代及北宋中前期的宅园分布情况进行对比，可见定居洛阳的宅园主人地位和宅园位置分布都发生了一些变化（见附录 1，图 4.5）。

五代时期，特别是定都于洛阳的后梁、后唐时期，很多朝中重臣居于洛阳，其居住地分布于城市主干道路两侧的里坊中，洛南、洛北均有分布，如长夏门街、上东门街、建春门街、定鼎门街等。

北宋初年，高级官员比例①开始下降，约占三分之二左右，其居住地在洛北位于上东门街两侧，而洛南集中于临阛坊南北，特别是会节坊、延福坊等地。

北宋真宗、仁宗时期，高级官员比例持续降低，约占二分之一，官员居住地进一步集中于洛南（未见官员居于洛北的记载），仍以临阛坊为中心，但所涉区域略有扩大，分布于距离临阛坊约两坊左右的位置，例如福善、思顺、嘉善、归仁、睦仁等。

---

① 为统计方便，暂定三品以上为高级官员，参考"庆历元年郊祀敕，许三品以上立家庙"。

图4.5　五代至宋洛阳宅园分布图（王书林绘制）

　　北宋神宗朝以后，高级官员比例进一步缩小，小于三分之一，居洛的高级官员大多为变法失势的旧党，这一时期官员住宅仍在洛南，但更加分散。

　　从官员住宅的分布看，可以明显地看到其向东、继而向南聚集的趋势。若将官员职位纳入讨论，则可以发现，五代宋初的洛阳是高级官员集中的区域。但这一批官员如宋彦筠、赵普、王溥、张齐贤等入主洛阳以后，其后人并未在洛阳长期定居，而是移居东京汴梁，其后，洛阳高官比例持续下降，也反映了北宋中期以后西京地区的衰落。

三　墓葬

生居苏杭，死葬北邙。洛阳邙山一直为墓葬选址的热门地点，"几无卧牛之地"。北宋时期，很多官员死后也埋葬在这里。通过整理洛阳出土的北宋墓志材料，为了解北宋西京城市周边的乡里分布及葬俗葬仪提供了新的线索。

（一）从墓葬位置看北宋乡里归属

北宋墓葬主要分布于城北邙山脚下及城南龙门万安山一线。因葬地所在乡里位置几为墓志中必载内容，且描述详尽，加之《洛阳出土石刻时地记》① 《洛阳出土墓志目录》② 《洛阳出土墓志目录续编》③ 《河洛墓刻拾零》④ 等对于墓志出土地点有所记录，使得还原北宋时期乡里位置成为可能（见附录2）。

1. 平乐乡域（平洛乡）

表 4.2　平乐乡里分布表

乡	里/村/原	对应现代地点	墓志编号
平乐乡/平洛乡	杜泽村/杜翟村/杜泽里/杜泽原	安驾沟村/向阳村（前海资）/朝阳镇（后海资）/姚凹村东南岭⑤	5、21、22、23、56、61、81、82、83、84、85、86、90、108、109、110、113、117、118、142、143、146、147、169、184、189、251
	张阳村/张扬村	张阳村/障阳村	29、49、72、73、91
	朱阳村/诸阳村	吕祖庙、苗南村	2、3、6、14、16、19
	朱阳村杜泽里	前李村	26
	河内村	平乐镇	8、28
	百乐村崇德里	北陈庄村	50
	宣武村	孟津	124
	乡域	南石山村、瓦店小寨等	67、75、216、232

① 郭培育、郭培智主编《洛阳出土石刻时地记》，郑州：大象出版社，2005 年。
② 洛阳市文物管理局、洛阳市文物工作队编《洛阳出土墓志目录》，北京：朝华出版社，2001 年。
③ 洛阳市文物考古研究院编《洛阳出土墓志目录续编》，北京：国家图书馆出版社，2012 年。
④ 赵君平、赵文成编《河洛墓刻拾零》，北京图书馆出版社，2007 年。
⑤ 就"姚凹"位置来看，应该在朝阳镇姚凹村，即洛孟路，现姚凹广场、姚凹中心小学附近，而非济洛高速以西的姚凹村。

杜泽村，又名杜泽里、杜翟村，也可能与朱阳村连为一片，为平乐乡的核心区域，也是墓葬最为集中的区域，位于今大姚凹村南、洛阳城北朝阳镇（后海资村）、安驾沟村、向阳村（前海资村）、前李村一线。

张阳村，又名张扬村，今仍名张阳，历史上名称常有变化，但音保持一致，如张扬、张杨、障阳等。

朱阳村，仅在五代至北宋早期出现，其后则很少见到，可能并入贤相乡管理。

综上，平乐乡应位于洛阳城北，其范围东至南石山村，南至前李村（北宋早期可能南至吕祖庙，甚至洛阳北城墙①），西起安驾沟村、后海资村，北至瓦店小寨（现称瓦店大寨），在北宋初年可能还包含有北陈庄村（图4.6）。

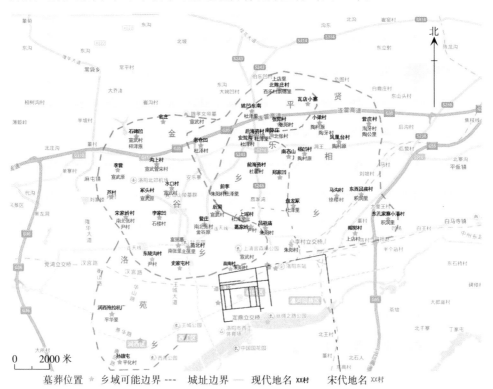

图4.6（彩版九）　北宋洛北乡里归属示意图（王书林绘制）

————————

① 从墓志材料看，前李以南包括吕祖庙、苗南村等地，在五代北宋初期应属于平乐乡朱阳村，因此推测自前李至洛城北墙在五代北宋初期都属于平乐乡；而根据上瑶村后归属于贤相乡，推测北宋中后期以后这一区域可能转归贤相乡管理。图中以细虚线表示。

2. 贤相乡域

表 4.3　贤相乡里分布表

乡	里/村/原	对应现代地点	墓志编号
贤相乡/ 玄将乡	上店里/上店村	北陈庄村①	105、106、126、127、128、129、136、137、138、139、140、161、193、199、203、244、253
	陶村原	杨凹村/凤凰台村西北/小梁村东	32、33、34、35、36、37、38、39、59、226、227、228、229
	淘牙村/陶公里	送庄乡营庄村	57、58、122、141、252
	淘牙村/陶牙村/陶村	凤凰台村西北	40、41、42、43、200
	北张里	南陈庄村	154、155、156、242
	杜泽里	老仓凹村/盘龙冢村	76、107、173、178、230
	杜泽村	北上瑶村/盘龙冢村西（宣和元年）	77、78、150、151、152、181、204、220、205、246
	积润里/积润原	洛阳东西吕庙村、东孔家寨小潘村	24、60、89、201、202、213
	勋德村		15、25、98
	旌德里		245
	乡域		9

　　上店里，也称上店村，应位于洛阳城北的北陈庄村一带。

　　另据几封北宋中后期张家墓志记载②，皆以"上店村"归属于"平洛乡"，而非前述"贤相乡"，这一问题比较复杂，涉及县乡行政区域的变化，待下文讨论。

　　陶公里，又名陶（淘）牙村、陶村（原）、应位于洛阳城东北营庄村、凤凰台村西北、小梁村东等地，北宋初期还可能包含杨凹村。此外，与上店里相似，在北宋

---

① 另有北宋后期将帽郭村也称作上店里，与北陈庄村相距甚远，此处存疑。

② （张津）以其年十一月初二日葬于河南府河清县平洛乡上店村祖茔之前（1081 年）。

　　（张景儒）嗣子奉君之柩，以八年九月二十六日葬河清县平洛乡上店村（1085 年）。

　　（张懋）卜以其年十月初五日，葬于河南府洛阳县平洛乡上店村（1096 年）。

　　（王夫人）卜以其年六月廿七日，举夫人之丧葬于洛阳县平洛乡上店村，祔朝散君之墓（1097 年）。

中后期，也出现了陶牙里不属于贤相乡，而属于凤台乡之乡属改变的情况，是值得注意的①。

北张里，又名北张村，应为洛阳城北南陈庄村，与平乐乡乡域有交错之势。

杜泽里，又名杜泽村、杜泽原，墓志数量较多。贤相乡杜泽里的位置很有意思，大约围绕在平乐乡杜泽里周边，包括其东部杨凹村、东南盘龙冢村、南面北上瑶村、甚至西部老仓凹村。据此可知，杜泽里（原）范围较大，相当于近十个现代自然村落的集合，且分属平乐乡、贤相乡两乡管辖，那么，"杜泽里"这一说法是否可能是一个区域的概念，而非独指某一自然村落？

积润里，又名积润原，应该在洛阳城东吕庙村附近。

综上，贤相乡主要位于平乐乡以东，即洛阳城东北区域，其范围东至营庄、南至东西吕庙、帽郭村，西至北上瑶村，向北经盘龙冢、杨凹村、小梁村，至北陈庄村，其西侧还有老仓凹村，与平乐乡呈东西北三面环绕的态势。

3. 金谷乡域

表 4.4　金谷乡里分布表

乡	里/村/原	对应现代地点	墓志编号
金谷乡	宣武里、宣武原、宣武村、宣武管宋村	冢头村、沟上村、北后洞村、水口村、老仓凹村北、石碑凹村、李营村、徽安门西北一里	7、17、48、51、52、53、54、55、62、63、64、99、100、101、160、167、174、175、182、188、194、208、209、221、222、231、233、234、235、236
	尹村/尹原里	葛家岭、冢头村、宋岭村、东陵沟村	13、66、69、93、94、95、96、97、132、133、134、135、255
	南北张村	营庄村、宋岭村、苗北村	1、116、153、168、187、190、191
	石楼里	李家凹村东	30、195、196
	金谷原、金谷原奉先里	营庄村	65、68、88、206
	乡域	芦村等	79、185

宣武村，又称宣武里、宣武原、宣武原村等，为金谷乡的主要葬地，其范围北

① "（沈邈）卜以熙宁四年十一月初九日举公之柩葬河南府洛阳县凤台乡陶牙里邙山之阳（1071 年）。"赵君平、赵文成编《河洛墓刻拾零》，第 674、675 页。

至石碑凹、老仓凹村，经中部沟上、水口、冢头村，南至宋家岭与冢头村之间一后洞村一线。北宋早期曾将宣武村归于梓泽乡，例如"自河南县诸阳村移葬于梓泽乡宣武村（966 年）"。

尹村，宣武村以西，主要位于冢头村、宋家岭村、东陡沟村。北宋早期也曾将宣武村以东的葛家岭区域纳入尹村范围，如"皇朝乃改玄寝于河南县金谷乡尹村西北隅（962 年）"①。

南北张村，宣武村以南，主要位于宋家岭村及营庄村。

金谷原，可能位于营庄村附近。

综上，金谷乡主要位于平乐乡以西，即洛阳城西北区域，其范围东起老仓凹村北一后洞村，南至史家屯村，西至芦村（卢村），北至石碑凹村。

4. 洛苑乡域

表 4.5　洛苑乡里分布表

乡	里/村/原	对应现代地点	墓志编号
洛苑乡	西平化村/平华里	孙旗屯东南豫西农专、洛阳涧西拖拉机厂工地	31、176、177、237、238
	冷泉里/冷泉村		119、120
	龙门里（元祐以后）		179、223、224
	中梁里（建中靖国后）		212、250

平华里，北宋早期称西平化村，可能也称平化里，位于洛阳城西孙旗屯乡瀛洲北路以南河南科技大学农学院（原豫西农专）及其以北第一拖拉机厂附近。

龙门里，位于洛阳龙门及其以南的地域，这部分地域本属于龙门乡的范围，只在北宋后期出现归入洛苑乡的情况，例如"元祐四年十二月辛酉祔其夫之丧，葬于河南府河南县洛苑乡龙门里之新茔"②。

中梁里，见伊汭乡/洛汭乡/太尉乡部分。

综上，洛苑乡主要位于洛阳城正西，其得名可能与隋唐东都西苑有关。

---

① 洛阳市文物工作队：《洛阳出土历代墓志辑绳》，北京：中国社会科学出版社，1991 年，第 739 页。
② 郭茂育、刘继保编《宋代墓志辑释》，郑州：中州古籍出版社，2016 年，第 316 页。

5. 龙门乡域

表 4.6　龙门乡里分布表

乡	里/村/原	对应现代地点	墓志编号
龙门乡	龙门里/龙门村	龙门西山张沟村、龙门镇、龙门镇花寨村北砖厂	74、80、148、149、217、248、249
	南王里	社村	10
	乡域	龙门之原	198、210、211、254

龙门里，又称龙门村，位于现洛阳龙门附近，出土墓志较多。

据此可知，龙门乡应位于洛阳城南郊龙门镇附近（图4.7）。

6. 伊汭乡/洛汭乡/太尉乡域

表 4.7　伊汭乡里分布表

乡	里/村/原	对应现代地点	墓志编号
伊汭乡/洛汭乡/太尉乡	尹樊里/尹樊村	伊川县彭婆乡许营村北万安山南麓	27、114、162、163
	中梁村/中梁里	马营村、魏湾、梁刘村东南	102、158、180、183、186、214
	乡域		164、165、166

尹樊里，又称尹樊村，位于洛阳龙门之东南，现伊川县彭婆乡许营村附近，范仲淹家族墓即葬在这里。

中梁里，又称中梁村，位于洛阳龙门以南。

综上，伊汭乡这一概念主要存在于元丰及以前，位于龙门乡以南的地域，元丰以后，东南尹樊里归太尉乡（最早见于元丰六年苏澄墓志）[1]、西北中梁里归洛汭乡（最早见于元祐五年和镇墓志）[2]，建中靖国后有将中梁里归于洛苑乡的记载[3]。

---

[1] "其孤以元丰六年十一月初一日，葬公于河南府河南县太尉乡尹樊村万安山之原。"吴钢编《千唐志斋新收墓志》，西安：三秦出版社，2006年，第471页。

[2] "以元祐五年三月初七日，葬公于河南府河南县洛汭乡中梁里龙山之阳，从先茔，礼也。"赵振华：《北宋和镇墓志考释》，《洛阳工学院学报》（社会科学版）2001年第3期。

[3] 楚氏（任拱之妻）墓志，"诸孤卜建中靖国二年正月十七日癸酉，举夫人之丧于河南府河南县洛苑乡中梁里，祔朝散公之墓"。郭茂育、刘继保编《宋代墓志辑释》，第412页。

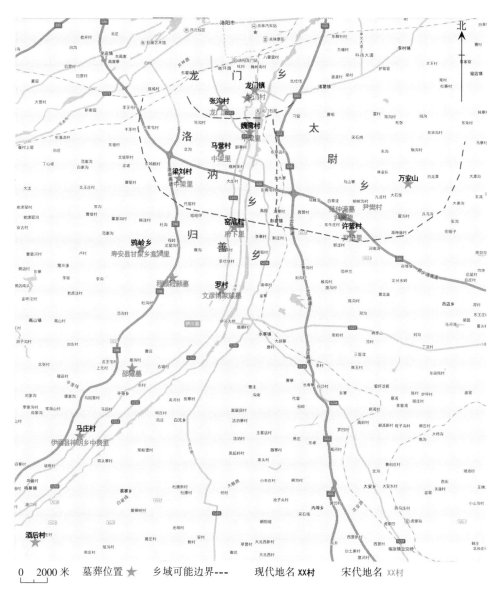

北

0 　2000米　墓葬位置 ★　　乡域可能边界---　　现代地名 **XX村**　　宋代地名 XX村

图4.7（彩版一○）　北宋洛南乡里归属示意图（王书林绘制）

7. 归善乡/教忠乡域

表 4.8　归善乡/教忠乡里分布表

乡	里/村/原	对应现代地点	墓志编号
归善乡/教忠乡	府下里/府下村	窑底村西	70、103、104、170、171、172

府下里，又名府下村，元丰以前属归善乡，后归教忠乡，位于伊汭乡以南。

由此，归善乡/教忠乡应位于伊汭乡以南的地域。

其他还有一些乡里信息的记载，如河南县谷阳乡司徒村、寿安县甘泉乡竟涧里、伊阙县神阴乡中费里等，出现频率较少，兹略不赘述。

由此可见，洛北乡里以城北平乐乡为中心，东为贤相乡，西为金谷乡，城西为洛苑乡，呈东西排布；洛南乡里则以与城的距离为界，近者为龙门乡，远者为伊汭乡（洛汭乡和太尉乡）、归善乡，呈南北排布。县—乡—里，应该是北宋时期常见的区域级别。而"里"和"村"常互通，例如杜泽里（村）、宣武里（村）、积润里（村）等，应属于同一等级的行政单位。但有一些例外的情况：

"以管辖村"，在县和村之间，或乡和村之间，出现"管"一级的行政单位，如河南县北宅乡宣武管宋村、洛阳县上店管张杨村。

"以村辖里"，如朱阳村杜泽里、百乐村崇德里。

这两种特殊的情况均出现于北宋早期。

（二）乡里归属所反映的行政区划分期问题

从上述乡里分析可见，北宋时期应有两次比较大的政区调整，一次在北宋早期，一次在北宋中后期。如果我们将墓志中所反映的县域变化（以河南县、洛阳县为主）纳入一并考究，则可以更清楚地看到这两次调整。

第一次调整：太宗朝。其最大的变化应是调整了洛阳县与河南县的界分。

从《河南志》的记载可知北宋时期河南与洛阳乃南北划河而治，而辛德勇先生在《隋唐两京丛考》中对隋唐河南、洛阳两县县界进行研究后认为，隋唐时期两县东西而治，河南居西、洛阳居东，并指出"宋时河南、洛阳两县界分与唐不同，二县是划河而治，洛阳辖北岸，河南辖南岸，其实际辖境与'洛阳'、'河南'两县名称已相契合"[①]。

然而，我们仅知从唐至宋河南县、洛阳县县界划分发生了改变，却不知这一改变发生于何时，如何而变？五代及北宋墓志与文献资料的记载，可为这一问题的研

[①]　"（唐）分为前后两期，前期承隋代旧制，河南、洛阳二县以长夏门街为界，后期在洛河以南，割洛阳县长夏门东一列里坊入河南，割河南县长夏门西一列里坊入洛阳。"辛德勇：《隋唐两京丛考》，第171页。

究提供一些线索。

从墓志资料看，这一转变约发生于太平兴国八年至九年。在此之前，西京城北乡里的县属，与城内里坊的县属逻辑一致，即东属洛阳，西属河南，即城东北部贤相乡属洛阳县，而城北部平乐乡、西北金谷乡、西部洛苑乡及城南龙门乡、伊汭乡均属河南县。《太平寰宇记》对此也有所记载，"河南县"条下有金谷、北邙、城北道政坊千金堰、宫墙西铜井等，位于城西；"洛阳县"条下有城北邙山、城南委粟山、万安山、建春门东白社里、回洛仓，位于城东①。这一次调整以后，城郊乡里也划河而制，城北的平乐乡、金谷乡均属洛阳县，而河南县管辖的城市周边乡里大大减少，仅辖城西洛苑乡及城南乡里。

第二次调整：神宗朝。最主要变化是撤销洛阳县，并入河南县。这一次调整正值熙丰变法期间，存续时间较短，影响有限，应与变法直接相关。

关于这一次调整的原因和范围，文献中有详细的记载："伏见熙宁、元丰之间，并废州县甚多，其大要欲以省官吏、宽力役也"②，"省洛阳县入河南，颍阳县为镇入登封，伊阙县为镇入伊阳，福昌县为镇入寿安，偃师县为镇入缑氏，以王屋县隶孟

---

① "河南县，旧四十乡，今四乡，五十坊。……隋大业二年又移于今洛城内宽政坊，即今理所也，寻又改洛州为豫州；三年罢州为河南郡，县属不改。唐永昌元年改为合宫县，至神龙元年复旧；二年十一月又改为合宫县。唐隆元年仍旧为河南县。洛水，在县北四里。伊水，在县东南十八里。瀍水，在县西北六十里……天津桥，在县北四里。……通津渠，在县南三里。隋大业元年分洛水西北，名千步碛渠，又东北流入洛水，谓之洛口；金谷，郭缘生《述征记》云：'金谷，谷也。地有金水，自太白原南流经此谷。'晋卫尉石崇因即川阜而造制园馆。……芒山，一作邙山，在县北十里……千金堰，戴延之《西征记》云：'金、瀍、谷三水合处，有千金堰，即魏陈思王所立，引水东灌，民今赖之。'……琼华池，《洛阳宫殿簿》云：'西宫临章殿有琼花池。'皋门桥，穀水上有皋门桥，即晋惠帝所造。故潘岳《西征赋》云：'秣马皋门。'铜井，陆机洛阳记云：'宫墙西有二铜井。'"乐史：《太平寰宇记》，第46～50页。
"洛阳县，旧三十乡，今三乡，四十三坊。本成周之地。……自汉以后，县恒属河南，故太史公云：'留滞周南'，即今邑也。……隋炀帝迁都，自今县东三十里移于今德懋坊西南隅，有故城存。唐垂拱四年七月析置永昌县，长安二年六月废永昌，神龙二年冬改洛阳为永昌县，唐隆元年复为洛阳县。至皇朝移于小清化坊。洛水，在县西南三里，……北邙山，在县北二里。委粟山，在县东南三十五里。魏明帝景初元年十月营洛阳委粟山为圜丘，今形制犹存。大石山，一名万安山，在县西南四十五里。……大谷，在县东南五十里，……白社里，在故城建春门东，即董威辇旧居之地。回洛仓，隋大业三年十二月置回洛仓，南去洛阳县七里。"乐史：《太平寰宇记》，第51～53页。
② 李焘：《续资治通鉴长编》，第9908页。

州。八年，复置偃师县，省缑氏县为镇入焉"①。

关于省并县的起始时间，文献记载多有分歧，有三种说法：

熙宁三年：《元丰九域志》②

熙宁五年：《宋会要辑稿》③《宋史》④

熙宁八年：《舆地广记》⑤《宋朝事实》⑥

从墓志数据来看，熙宁五年仍然使用"洛阳县"，如"（姚奭夫人崇德县君李氏）今卜五年五月初六日合葬洛阳县尹原村"⑦，又如"（祖无择妻黄氏）以熙宁五年冬十有二月十日卜窆于河南府洛阳县北邙山之祖茔，别域而葬焉，实平乐乡之杜泽里也"⑧。最早在洛北乡里使用"河南县"者，为（张庚）熙宁八年四月乙酉，葬于河南府河南县杜泽原。其后墓志所载无一例外不再出现"洛阳县"。由此可知，省并洛阳县这一政令的颁布、下达直至完全落地，并非一蹴而就，而是经过了比较长的时间才为民间所接受并落实。

而这一次调整的结束时间，即洛阳县复置时间，文献记载基本一致，为元祐二

---

① 王存：《元丰九域志》，第 4 页。

② "熙宁三年（1070 年），省洛阳县入河南，颍阳县为镇入登封，伊阙县为镇入伊阳，福昌县为镇入寿安，偃师县为镇入缑氏，以王屋县隶孟州。八年，复置偃师县，省缑氏县为镇入焉。赤，河南。四乡。建春门、彭婆、洛阳、龙门、上东门五镇。有周山、万安山、□□山、北邙山、委粟山、伊水、洛水、瀍涧水、金水。"王存：《元丰九域志》，第 4 页。

③ "洛阳县洛阳镇，五年废县置。伊阳县伊阙镇，寿安县福昌镇，并熙宁五年废县置。龙门镇。旧通洛阳，绍兴元年改。"刘琳、刁忠民、舒大刚校点《宋会要辑稿》，第 9522 页。

④ "河南府，洛阳郡，因梁、晋之旧为西京，熙宁五年，分隶京西北路。崇宁户一十二万七千七百六十七，口二十三万三千二百八十，贡蜜、蜡、瓷器，县十六。河南，赤，洛阳，赤，熙宁五年，省入河南，元祐二年复。"脱脱等：《宋史》，第 1425 页。

⑤ 卷 5《四京·西京河南府》："赤洛阳县……皇朝熙宁八年，省入河南，元祐二年复置。"欧阳忞：《舆地广记》（一），第 88 页。

⑥ 卷 18《升降州县》："西京，河南府，熙宁八年，案《宋史》作五年，省洛阳县，入河南县，元祐二年复置。"李攸：《宋朝事实》，北京：中华书局，1955 年，第 277 页。

⑦ 河南省洛阳地区文管处、河南省文物研究所编《千唐志斋藏志》，第 1279 页。

⑧ 扈晓霞、郑卫、赵振华：《北宋官员文士祖无择生平仕履疏证（上）——以〈祖无择墓志〉和妻〈黄氏墓志〉为中心》，《洛阳考古》2016 年第 4 期。扈晓霞、郑卫、赵振华：《北宋官员文士祖无择生平仕履疏证（下）——以〈祖无择墓志〉和妻〈黄氏墓志〉为中心》，《洛阳考古》2017 年第 1 期。

年十一月①，即元祐更化时期，"自元祐元年二月九日降敕相度，几二年矣，其利害明白而不可以不复者，令下之初，皆已复矣"②。

"洛阳复置"这一历史事件在墓志上也迅速反映出来，"元祐二年（1087 年）十一月，（王镃）举葬于西京洛阳县宣武原"，墓志中再次出现洛阳县，与文献记载完全吻合，可见洛阳复县得到民众的广泛支持，"不可以不复"。

下面以"上店里"（张去华家族葬地）为例，简要阐述这一次调整过程。

（1）变法以前：属洛阳县贤相乡（熙宁八年即 1075 年前）③。

庆历八年（1048 年）：（刘永）以庆历八年十月八日，葬于河南府洛阳县贤相乡上店里。

熙宁四年（1071 年）：（张氏）葬以熙宁四年八月二十日，于河南府洛阳县上店村之北原。

（2）变法期间：省并县，上店里并入河清县平洛乡（1075～1087 年）。

元丰四年（1081 年）：（张津）以其年十一月初二日葬于河南府河清县平洛乡上店村祖茔之前。

元丰八年（1085 年）：（张景儒）祖讳去华，……嗣子奉君之柩，以八年九月二十六日葬河清县平洛乡上店村。

（3）复置洛阳县后：属洛阳县平洛乡（1087 年后）。

绍圣三年（1096 年）：（张愻）曾祖去华，……卜以其年十月初五日，葬于河南

①　"臣僚上言：'伏见熙宁、元丰之间，并废州县甚多，其大要欲以省官吏、宽力役也。近岁议者颇谓并废州县虽可以省官吏、宽力役，而不能无害者：封疆既阙，则输税租者或咨怨于道涂；官吏既去，则为盗贼者或公行于市邑；以至讼诉追呼，皆非其便，此朝廷不得不虑也。'故元祐元年二月九日敕：'废并州县，令诸路转运、提刑、提举司同共相度合与不合并废，具利害闻奏。'缘此诸路已废之州县，并多兴复。今年十一月内，兴复者四处，河南府之洛阳县、颍阳县，横州之永定县、涟水军是也。臣愚窃谓兴复州县，若别无大利害，则惟坊郭近上人户便之，乡村上户乃受其弊也。何以知其然也？州县既复，则井邑盛而商贾通，利皆归于坊郭。此坊郭上户所以为便也；复一小邑，添役人数百，役皆出于乡村，此乡村上户所以受其弊也。自元祐元年二月九日降敕相度，几二年矣，其利害明白而不可以不复者，令下之初，皆已复矣；其可以复可以不复者，乃迁延至今。彼坊郭上户倡率同利之人，诱乡村之下户，共为陈请，转运司不从则诉于提刑司，提刑司不从则诉于转运司。前官不听则诉于后官，必至于复而后已。故迁延至于今日而复者，皆非利害明白，不可以不复者也。"李焘：《续资治通鉴长编》，第 9908 页。

②　李焘：《续资治通鉴长编》，第 9908 页。

③　因变法之前未见有张氏家族墓志，故以上店里（村）出土墓志作为补充。

府洛阳县平洛乡上店村。

绍圣四年（1097 年）：（张愻妻王夫人）卜以其年六月廿七日，举夫人之丧葬于洛阳县平洛乡上店村，祔朝散君之墓。

表 4.9　张去华家族关系简表

曾祖	祖父	父	子
张去华	张师锡	张景伯	
		张景儒	
		张景俭	张津
	张师古	张景纯	张愻（王夫人）

从这一例子可见：第一，乡、里（村）地名比较准确，重复率高，家族墓地祔葬乡里基本一致；第二，熙丰变法时期撰写的墓志，葬地已不再出现"洛阳县"，其后再次出现"洛阳县"，可见墓志所反映的行政区划变化可与文献记载吻合；第三，上店里原属"洛阳县贤相乡"，变法中改属"河清县平洛乡"，复置洛阳县后，属"洛阳县平洛乡"，可见省并县实际实施过程并不只文献所记"洛阳县并入河南县"那么简单，还涉及河南府所辖其他乡里的重新划分、调整和命名。

神宗朝的省并县举措，实早在范仲淹庆历新政时就有所考虑，"臣观西京图经，唐会昌中，河南府有户一十九万四千七百余户，置二十县。今河南府主客户七万五千九百余户，仍置一十九县。主户五万七百，客户二万五千二百。……新旧循环，非鳏寡孤独，不能无役。西洛之民，最为穷困。臣请依后汉建武六年故事，遣使先往西京，并省诸邑为十县，其所废之邑，并改为镇"[1]，结果在庆历四年（1044 年）五月，"省河南府颍阳、寿安、偃师、缑氏、河清五县并为镇"[2]。

而王安石也认为，一些户口少的地区，多置州县，反而增加了民众的负担，以致财力凋敝[3]，故应省并县以节省财政开支。

---

① 李焘：《续资治通鉴长编》，第 3442 页。

② 李焘：《续资治通鉴长编》，第 3617 页。

③ "臣某曰：'中国受命至今百余年，无大兵革，生齿之众，盖自秦汉以来莫及。臣所见东南州县，大抵患在户口众，而官少不足以治之。臣尝奉使河北，疑其所置州县太多，如雄、莫二州相去才二十余里。闻如此者甚众，其民徭役固多，财力凋弊，恐亦因此。'"郭预衡、郭英德编：《唐宋八大家散文总集》卷 5 王安石，石家庄：河北人民出版社，2013 年，第 3848 页。

那么为什么废洛阳入河南，而非反之？从历史上看，"至秦襄王以为洛阳县，属三川，自汉以后县恒属河南"，洛阳县归河南府管辖，自隋至宋河南府廨虽经多次迁移，均位于洛南①，可见城市管理中心当在洛南。另一方面，河南县所辖城内里坊较洛阳县多，省少并多也是可能的原因之一。

此外，文献所载反对并县的声音也可为这一问题提供一些线索。王安石曾言，反对省并州县者，"多是近县廨有资产豪宗及公人"② 或"士大夫有置产"③ 在拟废州县者。而从前文可知，北宋中前期洛阳城北持续凋敝，鲜有官员入住，北宋时期官员住宅主要分布于长夏门以东、洛水以南的区域，为河南县所辖，因此若撤销河南县，则可能触动一大批官员的利益，故以洛阳县并入河南县。

然而，"省洛阳县入河南"这一政令的施行，巩固了河南县的地位，而使得洛北经济进一步衰退，加速了城市重心南移的进程。

鉴于诸墓志数据的一致性，及其与文献的吻合度，我们可以相信墓志中关于安葬地点的记录是严谨扎实的，可以真实地反映历史上的行政区划归属关系。因此，以墓志葬地记载为基础数据，统计出各时期县、乡、里归属情况，如下表所示。

表 4.10　墓志所见五代至宋县、乡、里归属情况表

	五代—宋初		北宋前期		熙丰变法		北宋后期	
杜泽里/杜泽村	河南县	平洛乡	洛阳县	平乐乡	河南县	平乐乡	洛阳县	平乐乡
朱阳村/诸阳村	河南县	平乐乡						
张阳村/张扬村	河南县	平乐乡	洛阳县	平乐乡/上店管				
河内村	河南县	平乐乡						

---

① （宣范坊）"隋唐半坊为河南府廨。西北去宫城七里。"徐松：《河南志》，第8页。

（临阛坊）"河南府廨……宋皇祐初，夏竦、张奎重葺之。府东西皆有门，其榜钱惟演飞白书。张全义德政碑在府南门之西。"徐松：《河南志》，第17页。

② "今市人、公人不愿并合，有并合即多进状，朝廷人多义之。已并复析者非一。小人狃见如此，所以每并一县，辄言不便；凡言不便，多是近县廨有资产豪宗及公人而已。"李焘：《续资治通鉴长编》，第5209页。

③ "此两州（指郑州、滑州）止公使库逐年破人产自不可胜言，不知何缘废州乃于郑人不便。又此两州出役钱比天下为最重，若废即出钱如府界，比天下为最轻。惟是士大夫有置产在郑州者，或不欲尔。"李焘：《续资治通鉴长编》，第5759页。

	五代—宋初		北宋前期		熙丰变法		北宋后期	
百乐村崇德里			洛阳县	平洛乡				
司徒村	河南县	谷阳乡						
徐楼村			洛阳县	北乡				
杜泽里	河南县	北乡	洛阳县	贤相乡	河南县	贤相乡	洛阳县	贤相乡
宣武里/宣武原	河南县	北宅乡 梓泽乡	洛阳县		河南县		洛阳县	金谷乡
尹村	河南县	金谷乡	洛阳县	金谷乡			洛阳县	金谷乡
南北张村	河南县	金谷乡	洛阳县	金谷乡	河南县		洛阳县	金谷乡
北张村/北张里					河南县	贤相乡	洛阳县	贤相乡
石楼里	河南县	金谷乡						
金谷原、金谷原奉先里			洛阳县				洛阳县	金谷乡
上店里/上店村			洛阳县	贤相乡	河清县	平洛乡	洛阳县	平洛乡 贤相乡
陶村原/淘牙村/陶公里	洛阳县	贤相乡 玄象乡	洛阳县	贤相乡			洛阳县 河清县	贤相乡
积润里/积润原	洛阳县	玄将乡	洛阳县	贤相乡			洛阳县	贤相乡
勋德村	洛阳县	贤相乡	洛阳县	贤相乡				
旌德里							洛阳县	贤相乡
冷泉里/冷泉村			河南县				河南县	洛苑乡
西平化村/平华里	河南县	洛苑乡			河南县	洛苑乡	河南县	洛苑乡
龙门里/龙门村			河南县	龙门乡	河南县		河南县	洛苑乡
南王里	河南县	龙门乡						
尹樊里/尹樊村	河南县	伊汭乡	河南县		河南县	太尉乡		
中梁村/中梁里			河南县	伊汭乡	河南县	伊汭乡	河南县	洛汭乡 洛苑乡
府下里/府下村			伊阙县	归善乡	河南县	教忠乡	河南县	教忠乡
中费里			伊阙县	神阴乡				
尨润里							寿安县	甘泉乡
	河南县	勋德乡						

《太平寰宇记》载："河南县，旧管四十乡，今四乡五十坊。洛阳县，旧三十乡，今三乡四十三坊。"由此可知，从唐至宋，乡之数量明显减少。从墓志所见乡里也能清晰地看到这个变化。

《唐代洛阳乡里村方位初探》① 一文对于唐代河南县、洛阳县所辖乡里及其对应现代村落位置进行了探讨，将其结论与本书对照分析，可见唐宋乡里名称和位置的变化情况。

表 4.11　唐宋县辖乡数量对比表

	唐	宋初②
河南县	40 乡（墓志见 29 乡）	4 乡（洛苑、龙门、伊汭、尚缺一）
洛阳县	30 乡（墓志见 18 乡）	3 乡（贤相、平乐、金谷）

相较于地理志扼要的陈述，墓志所得则显得丰富且生动，可发掘出更多的历史信息。

第一，伴随北宋初期洛阳城市人口相对唐代锐减，其所辖乡里多有合并，如河阴乡、洛邑乡的一部分并入平乐乡，安乐乡、平阴乡、清风乡等合并为贤相乡。

第二，村/里数量也大幅减少，但就北宋时期出现的村/里名称来看，大多还是延续了唐以来的称谓，如朱阳里、张阳村、宣武里、尹村等，也有个别音近字变化者，如伯乐村—百乐村、尚店村—上店村、焦谷原—金谷原、杜翟村—杜泽里等，有一些村名甚至延续至今，如张阳、凤凰台等。

第三，北宋葬地（带墓志的葬地）较为集中，分城北和城南两片区域，城北多葬于距北城墙 10 公里以内的区域，距离城市更近；城南多葬于龙门—万安山一线。

第四，传统热点葬地如杜翟村、凤凰台、张阳村等仍为北宋时期常见葬地，与此同时，北宋时期新出现了一批新热点葬地，如上店里、宣武原等。此外，城南万安山一带安葬数量也在增加，展现出崛起的趋势。

---

① 赵振华、何汉儒：《唐代洛阳乡里村方位初探》，赵振华主编《洛阳出土墓志研究文集》，北京：朝华出版社，2002 年。
② 《太平寰宇记》中所记河南管四乡，洛阳管三乡，应为区划调整以后的情况。在此之前，根据墓志情况可知，河南辖西，包括平乐、谷阳、北乡、金谷、梓泽、龙门、伊汭、勋德等乡，而洛阳辖东，包括贤相等乡。

表 4.12　唐宋乡里分布对比表

宋代乡	宋代里	现代地点	唐代乡	唐代里
平乐乡	杜泽村	安驾沟村/向阳村（前海资）/朝阳镇（后海资）/姚凹村东南岭	平乐乡、洛邑乡	杜翟村、杜郭村
平乐乡	朱阳村	前李村、吕祖庙、苗南村	平乐乡	朱阳里—朱龙嘴村、徐村
平乐乡	张阳村	张阳村/障阳村	平乐乡	张阳村
平乐乡	河内村	平乐镇		
平乐乡	百乐村崇德里	北陈庄村/伯乐凹	平乐乡	伯乐村
平乐乡	乡域	南石山村/瓦店小寨		
		南石山	平乐乡	杜翟村
		后李村	平乐乡	王晏村
		姚凹村	河阴乡	
贤相乡	上店里	北陈庄村	平乐乡	尚店—南陈庄
贤相乡	北张村	南陈庄村		
贤相乡	杜泽里	老仓凹村/盘龙冢村	安乐乡	
贤相乡	杜泽村	北上瑶村/盘龙冢村西（宣和元年）	平乐乡	杜翟村
贤相乡	陶村原	杨凹村/凤凰台村西北/小梁村东	平阴乡	凤凰里
贤相乡	陶公里	送庄乡营庄村	清风乡	
贤相乡	积润里	洛阳东西吕庙村、东孔家寨小潘村	清风乡	
贤相乡	徐楼村	马沟村		
贤相乡	勋德村			
贤相乡	旌德里			
金谷乡	宣武里	冢头村、沟上村、北后洞村、水口村、老仓凹村北、李营村、石碑凹村、徽安门西北一里	梓泽乡	宣武里
金谷乡	尹村	（葛家岭）冢头村、宋岭村、东陡沟村	金谷乡	尹村—李家凹、水泉

续表 4.12

宋代乡	宋代里	现代地点	唐代乡	唐代里
金谷乡	南北张村	营庄村、宋岭村、苗北村	金谷乡	张村、泉源里—东陡沟村、张岭村
金谷乡	石楼里	李家凹		
金谷乡	金谷原	营庄村	金谷乡	焦古原
金谷乡	乡域	芦村、史家屯、官庄		谷阳乡
龙门乡	龙门里/龙门村	龙门西山张沟村、龙门镇、龙门镇花寨村北砖厂	龙门乡	
龙门乡	南王里	社村	龙门乡	南王村
伊汭乡	尹樊里	伊川县彭婆乡许营村北万安山南麓	伊汭乡	尹樊村
伊汭乡	中梁村	马营村、魏湾、梁刘村东南		中梁村—彭婆镇

（三）墓葬选址及其对洛阳城的影响

自汉晋以来，北邙就是帝陵集中的区域，也因其宜于殡葬，故官员墓葬丛集，当地有"邙岭无卧牛之地"之俗语。直至北宋时期，西京仍然是众人向往的归葬之处。真宗两次幸洛，第一次"诏从官先茔在洛者，赐告祭拜"，第二次"车驾将朝陵，诏自西京至巩县不举乐，文武官有先茔在近者并给假拜祭"，也从另一个侧面说明很多大臣先冢在洛。

祖籍河南或定居河南者要葬在这里①；祖茔在河南者要葬在这里，以归葬先茔②；更有意思的是，住在其他地方或终于他地者也要葬在这里，如东都祁珏、和州孙汉筠、吴国王钱俶以及魏处约、尹洙③等；葬于其他地方者也要迁到这里，如原葬

---

① 如王汲、苏澄、游及、源崇等，具体内容参见附录2。
② 如符彦卿家族、石熙载家族、宋彦筠家族等。
③ "尹师鲁谪官监均州酒，时范希文知邓州，师鲁得疾，即擅去官，诣邓州，以后事属希文。希文日往视其疾，师鲁曰：'今日疾势复增几分，可更得几日。'一旦，遣人招希文甚遽，既至，师鲁曰：'洙今日必死矣。人言将死者必见鬼神，此不可信，洙并无所见，但觉气息奄奄就尽耳。'隐几坐，与希文语久之，谓希文曰：'公可出，洙将逝矣。'希文出至厅事，已闻其家号哭。希文竭力送其丧及妻孥归洛阳。"司马光：《涑水记闻》，第189页。其余见附录2。

浚仪县者张秉、葬汾西者王建福、葬许者祖仲宣、葬郑州者牛知业等。

由此可见，北宋时期的洛阳仍然延续了前朝传统，成为理想的魂归之地。甚至那些出生、成长、去世跟河南都没什么关系的人，也要千里迢迢葬到西洛。那么，是什么样的想法或信念，让全国各地的人都到这里安葬？墓志提供了如下几种可能的原因：

第一，家族葬制的兴盛。由墓志所见，"从先茔"已成制度，因祖先葬在这里，其后人也要葬在这里，因此墓志中出现大量因"归祔祖茔"而出现的举柩迁洛的情况，大批家族墓志出土于邻近地点，考古材料也在不断提供证据。但也出现有例外的情况①。

第二，皇帝敕葬于洛都（皇家葬巩义、重要官员葬北邙）。如吴廷祚兄"薨于东京积善里之私府，享年五十四。……以开宝五年春二月二十三日敕葬我公于河南府河南县平乐乡张阳村"；（冯继业）夫人程氏，"太平兴国八年二月六日，终于东京之甲第，享年五十二。……即以其年五月五日，敕葬于洛都，祔于侍中之茔"②；（李廷珪）夫人张氏，"享年五十二薨，帝乃敕葬于洛阳县平乐乡百乐村崇德里"③。

第三，原有墓葬被盗掘或毁坏。如牛知业"今以先坟为盗所发，戎副敬卜吉地迁而厝之，故公之坟亦随而移"④；王建福"先与追封萧国太夫人贾氏，合葬于汾上之故里，自顷灾生，大卤隙构实沉，车轨不通，封圻盗扰，散金莫及，渍酒难期，既属同文，遂谋改卜，爰自汾西，迁于洛郊"⑤。事实上，因躲避盗掘而将祖坟迁洛

---

① 如李孝基，"以熙宁丙辰孟秋庚辰终于西京之里第，越明年仲春丙申，葬于河南县龙门村之先茔。……判西京国子监，遂致其仕，后五年而终，享年六十一"。李孝基因在西京做官并定居于此，最后葬于河南，墓志中称"从先茔"。而结合其妻马氏墓志看，事实并非如此。"以康定元年六月二十一日终于京城私第，享年二十三……初庆历戊子岁始，归葬夫人于郓城先兆，又三十年，乃赠夫人彭城郡君，而光禄公终于西京。……后改祔夫人于河南县龙门村光禄公新茔，时熙宁十年丁巳岁二月丙申也"，可见李孝基"先兆"祖茔当在郓城，而其所葬之河南县龙门村当为"光禄公新茔"，那么从"先茔"就只是墓志撰写的固定格式罢了。郭茂育、赵水森：《洛阳出土鸳鸯志辑录》，北京：国家图书馆出版社，2012 年，第 301～303 页。

② 河南省洛阳地区文管处、河南省文物研究所编《千唐志斋藏志》，第 1250 页。

③ 河南省洛阳地区文管处、河南省文物研究所编《千唐志斋藏志》，第 1251 页。

④ 郭茂育、赵水森：《洛阳出土鸳鸯志辑录》，第 137 页。

⑤ 河南省洛阳地区文管处、河南省文物研究所编《千唐志斋藏志》，第 1249 页。

恐非明智之举，洛阳帝陵众多而盗墓之风盛行，因此，先坟为盗扰是迁坟的主要原因，但并非迁洛的主要原因。

第四，西都有风水佳地，"瀍水之阳、邙山之面，里曰杜翟，乡曰平乐（即平乐乡杜翟里），盖西都河南县形胜之地也"①，故"嵩少伊瀍神仙薮泽，终为于此，诚吾志乎"②。这或许是多数异乡客决定长眠于洛的主要原因。

安葬洛阳者来自于全国各地，近者如东都汴梁③，远者如福州、邢州等地。"归洛"看似一个简单的决定，但在实际操作中却需要解决很多问题。为实现父辈葬洛心愿，其子孙扶柩归洛，恐历千辛万苦，"奉先君之志，显顺孙之心"，有的甚至丧于归洛途中，如王建福之子祚俨④。

有时子孙会因一座座迁墓不方便，干脆家族攒一攒，集中迁墓，例如焦宗古家族，除焦宗古因卒于道德坊而三年后归葬金谷乡尹村，其夫人薛氏、兄焦宗说（1041～1062年）、子焦从约（1049～1062年）、焦世昌夫人张氏等皆于嘉祐七年二月廿四日归葬祖茔⑤；又如许咸亨卒时，"诸子幼，不能奉公之柩以归，留厝于延安西山之佛寺后六十余年"，等到孙辈才得以与其子许安国同迁葬洛阳，"孙男亚位于朝，乃克归公之柩，于河南府洛阳县宣武村之原"⑥；另有刘齐（都官员外郎）于庆历八年十月八日将其曾祖刘拯、叔刘再思（997～1048年）及刘永（1025～1048年）等葬于北邙⑦。

异地安葬除迁葬不方便外，日常扫墓祭奠也成问题。因此，有很多人因先祖或近亲葬于洛阳而举家迁洛，定居洛阳，如范辉"自高祖葬洛阳，遂为河南人"⑧；任

---

① 赵君平、赵文成编《河洛墓刻拾零》，第 653～654 页。

② 河南省洛阳地区文管处、河南省文物研究所编《千唐志斋藏志》，第 1253 页。

③ "秉等扶柩护神，自梁徂济，……东辞通济渠，西望相宅地，……当年四月十九日于洛京河南府河南县金谷乡石楼里北邙原。"郭茂育、刘继保编《宋代墓志辑释》，第 34 页。

④ "遂谋改卜，爰自汾西，迁于洛郊，克葬未谐，侍中（王建福之子祚俨）归寿，嗣曾孙、囗孙等虔奉先志，齐举襄事，即以太平兴国七年十一月六日，与侍中会葬于河南府河南县宣武原。"河南省洛阳地区文管处、河南省文物研究所编《千唐志斋藏志》，第 1249 页。

⑤ 河南省洛阳地区文管处、河南省文物研究所编《千唐志斋藏志》，第 1264、1270～1272 页；李献奇、郭引强编《洛阳新获墓志》，第 142 页。

⑥ 河南省洛阳地区文管处、河南省文物研究所编《千唐志斋藏志》，第 1319 页。

⑦ 河南省洛阳地区文管处、河南省文物研究所编《千唐志斋藏志》，第 1266～1268 页。

⑧ 河南省洛阳地区文管处、河南省文物研究所编《千唐志斋藏志》，第 1312 页。

宽之"自后唐相国葬河南龙门山之右阜，遂为河南人"①；何庆之"自率府葬河南新安，遂家河南"②；万年县君王氏"先君既不幸捐馆于和州，太夫人携幼孤归居西京，未有田卢"③，由此带来了西京民户的一定增长。

　　唐时王建曾作诗"北邙山头少闲土，尽是洛阳人旧墓。旧墓人家归葬多，堆着黄金无买处"，北邙墓地的稀缺在北宋时期当进一步加剧。以墓志记载为统计数据看，北宋前期葬地主要在北邙，符彦琳初葬洛南，后也因祔先茔而迁至北邙④，在这一时期北邙还有新增墓地。自北宋中期开始，北邙葬地主要为"祔先茔"，新墓地很少，即使有，其规模也较小，且离城市距离更近⑤，而在洛南伊汭乡、龙门乡新辟墓地者数量增多，哲宗赐程珦、程颢、程颐墓葬地于龙门南五十里⑥，邵雍也葬于洛南⑦，连范仲淹⑧、王拱辰⑨、文彦博⑩等重臣也卜葬于洛南，渐成气候。到了北宋大

---

① 乔栋、李献奇、史家珍编《洛阳新获墓志续编》，北京：科学出版社，2008年，第291、539页。

② 河南省洛阳地区文管处、河南省文物研究所编《千唐志斋藏志》，第1274页。

③ 乔栋、李献奇、史家珍编《洛阳新获墓志续编》，第285、534页。

④ "至开宝五年岁次壬申十一月丁巳朔十六日壬申权葬于河南府河南县龙门乡口王村。……于大宋乙亥岁十一月四日徙魏王改葬洛阳县陶村原，礼也。"河南省洛阳地区文管处、河南省文物研究所编《千唐志斋藏志》，第1248页。

⑤ "父丧，享年七十七。娶冯氏，先亡，生二女，早亡，二男，振、奭；次娶郭氏，亦亡，生三男，直让、五哥、周儿，五哥、周儿早亡，一女适韩家；孙男二人，价、佽，皆奭子也……绍圣三年七月二十二日，迁父母继母河南府洛阳县宣武村徽安卪西北一里高原，置茔合葬，茔地方一亩，次穴葬男新妇张氏，价母也，次穴葬男五哥，次穴葬孙新妇范氏，价妻也。"李献奇、郭引强编《洛阳新获墓志》，第147页。

⑥ "程珦墓、程颢墓、程颐墓在龙门南五十里，宋哲宗敕赐葬地一顷二十亩，十七代孙程维祖奏明查出赡茔地三顷，永不起斜。"龚崧林：《重修洛阳县志（乾隆）》。

⑦ 墓园位于今伊川县城南平等乡西村西北约2公里处，为河南省重点文物保护单位。

⑧ 范仲淹"葬于河南尹樊里之万安山下"，其妻张氏"终于守治之寝，乃奉柩还河南，卜葬万安山尹樊村先文正公茔域之次"。

⑨ 王拱辰"元丰八年七月（卒）……以其年十二月甲申，葬于河南府河南县教忠乡府下里之原"，其妻薛氏"景祐三年十二月十六日以疾卒，年二十有四，……庆历四年九月庚申克葬开封府尉氏县栢子冈之原，祔于皇姑，礼也。元丰八年七月二十三日，烈考太师薨于魏，以其年十二月二十四日甲申葬于河南府河南县教忠乡府下里之原，乃自尉氏奉夫人之柩以合祔焉"。李献奇、郭引强编《洛阳新获墓志》，第142～143页。

⑩ 坟墓前有一块并不高大的石碑楼，立于1991年。碑额上刻有"四朝元老"四个大字，碑身正面刻有"宋太师文潞国公彦博之墓"。碑阴无字。背身正面有一副楹联，东联："居洛曾与程邵友"，西联："在朝居相神哲宗"。

观年间，如张去华曾孙女与其夫李景融由开封迁葬至洛南龙门村（张家为洛阳大族，且家族墓地在北邙）①，另有王安及其夫人阎氏归葬洛苑乡龙门里②，由此可见葬于洛南不再是受北邙空间或经济因素所限，而已得到当时民众的认可。这一转移可能与洛阳省入河南、洛南地位的提升、佛教的兴盛以及宋陵的位置等因素有关。

伴随大量坟茔安葬西京，在一定程度上增加了西京的人口（含流动人口和定居人口），改变了城内人口结构，也影响了其城乡面貌和城市定位。

四　城市管理

（一）官署

与住宅分布相似，北宋时期的官署呈现集中的态势。据《河南志》所记，还原官署位置，可见北宋仁宗朝时，城内官署主要集中于以府廨所在临阛坊为中心的区域（图 4.8），主要包括：

临阛坊③：河南府廨、右军巡院、盐麹院、临阛馆

乐成坊④：转运使廨⑤、留司御史台⑥

---

① "仁寿县君张夫人，守司徒讳去华之曾孙，兵部侍郎讳师锡之孙，中大夫讳景伯之女，故都官员外郎李公讳景融之继室也。都官公始葬开封，其子绪将迁于河南府河南县龙门村，以夫人祔。……张氏，世为洛阳大族，家法先孝，……元符元年四月庚辰卒，寿六十四。……（葬）大观二年正月丁卯也。"赵君平、赵文成编《河洛墓刻拾零》，第682页。

② "故左藏库副使致仕王公讳安之夫人福昌县君阎氏，世为郑圃右族，家累巨万，年十七嫔于王公。……王公以老退休，生事甚薄，夫人尽出箧中金，买田为子孙计，营治园圃，怡然自乐，其贤于世，妇人益远矣。……夫人自少至老，肃恭神明，凤夜不渝，尤好诵佛书，遂悟性理，不忍杀生。……以大观四年十月初二日终于室，享年七十三，以十二月廿七日葬于河南府河南县洛苑乡龙门里。"郭茂育、赵水森：《洛阳出土鸳鸯志辑录》，第312页。

③ "河南府廨。唐末张全义为尹，徙府廨于此。至宋皇祐初，夏竦、张奎重葺之。府东西皆有门，其榜钱惟演飞白书。张全义德政碑在府南门之西。紫嵩馆，景祐中判府事张士逊建为客馆，通判府事郭稹为记。右军巡院，盐麹院。临阛馆，旧监狱之地，张士逊建。"徐松：《河南志》，第17~18页。

④ "旧有榷货务，本唐李勣宅，今废。今礼部侍郎吴育宅，本驸马都尉王承衍宅。转运使廨，庆历中，诏遣京西转运一员居洛，寻以非便，复许留司御史台。"徐松：《河南志》，第15页。

⑤ 修善坊："旧有转运使廨，今徙乐成坊。"徐松：《河南志》，第12页。

⑥ 思顺坊："旧有留司御史台，宋徙乐成坊。"徐松：《河南志》，第12页。

图 4.8　北宋洛阳城市管理和公共设施分布图（王书林绘制）

永泰坊：左军巡院①

福善坊：粮料院②

这些官署在唐时本分布于城内多个坊，北宋时期或因西京地位的下降，官署数量明显减少，故位置相对集中。官署的主要职能为掌管地方事务，如司法（军巡

① 永泰坊："左军巡院，本吴越国进奏院。"徐松：《河南志》，第 17 页。

② 福善坊："料量院，自水北思恭坊徙。"徐松：《河南志》，第 13 页。

院)、监察(留司御史台)、商税(盐麹院)、官俸管理(粮料院)等。

唐末府尹张全义将府廨迁至临阛坊(或与南州有关),仁宗皇祐初,夏竦、张奎重葺河南府廨,判府事张士逊在临阛坊内建右军巡院、盐麹院、临阛馆,并围绕临阛坊,徙转运使廨、留司御史台于乐成坊。经过这一系列的修缮、改建和迁建行为,洛阳城中实形成了一个以府廨所在临阛坊为核心的官署集中区。联系上文对于官员住宅地的分析,推测官署位置与住宅的分布可能有着紧密的互动关系。

此外,在上林坊设洛河竹木务①。考虑到上林坊紧邻洛河,北接会通桥,为交通要道,在这里设置洛河竹木务,应与洛河漕运有关。

因未经考古发掘,城内官署的规制和格局暂未能知悉。

(二) 都亭驿与客馆

北宋洛阳都亭驿皆在城北,分别位于景行②、思恭③二坊。城内客馆有临阛坊紫嵩馆和临阛馆④、上林坊清洛馆⑤,其中临阛客馆应是与临阛坊府廨配套的客馆。考虑北宋时期驿站和客馆的分布位置,为什么驿站都分布于洛北,而客馆分布于洛南?建设者有何考虑?

从驿站和客馆的功能来看,驿站之客所住时间不长,以过路为主;而客馆之客则可能在洛居住时间较长,且与城内官员有互动交游活动。因此,设驿站于洛北最南一行坊,应与东西交通直接相关,即既考虑了东来官道取道洛北,经由陆路上东门抵达,又考虑了向西去往"崤山北路"的交通,乃东西交通最为便捷之处;而客馆则置于洛阳主要活动中心——洛南,在城中心繁华区的临阛坊设有两馆,另以上林坊之清洛馆兼顾洛北。

---

① 上林坊:"此坊自洛水之北徙。洛河竹木务,自宽政坊徙。"徐松:《河南志》,第15页。

② 景行坊:"都亭驿,前临瀍水,后对应天禅院。旧驿舍库陋,皇祐初,知府事张奎葺之,始为宏敞,什器皆具。"徐松:《河南志》,第31页。

③ 思恭坊:"都亭西驿,本粮料院,庆历中,西夏款附,岁时遣使经途,遂建驿以处。"徐松:《河南志》,第30页。

④ 临阛坊:"紫嵩馆,景祐中判府事张士逊建为客馆,通判府事郭稹为记。……临阛馆,旧监院之地,张士逊建。"徐松:《河南志》,第17~18页。

⑤ 上林坊:"清洛馆,景祐中,留守张士逊建为客馆。"徐松:《河南志》,第15页。

此外，在几个主要的交通节点附近，如天津桥南北①、长夏门归德坊②、上林坊③等地还设有官方建设的客亭。

（三）粮仓

城坊内设水北仓④和水南仓⑤，水北仓位于时泰坊（为洛北最南一行坊），水南仓位于归德坊（城南长夏门入口处）。

北宋时期含嘉仓仍有部分在使用。根据考古发掘的成果，"含嘉仓的仓窖废弃也是有先有后的，有的唐代就废弃了，有的北宋还在使用。当然，这种使用是局部的，有限的"⑥。考古发现的 160 号仓窖，完整地保存满满一窖粮食——粟⑦，约 50 万斤⑧，通过 C^{14} 年代测定，数据为 963 ± 85，930 ± 85 年（距 1982 年），故这批粮食应该生产并储藏于北宋时期，而且更大可能为北宋中前期。"在发掘 108 号和 112 号窖的过程中，发现这两个窖分别于管理区的一号和二号夯土台基的第一次活动面，同在一个层位，而第一次活动面为北宋遗迹。"⑨ 这一现象说明，北宋时期对于含嘉仓仍持续使用，不仅利用其仓窖存储粮食，其管理区夯土台基上也有北宋时期使用的痕迹。

含嘉仓如此，那么官设的水北仓和水南仓又是如何？它们的功能分配又有何种区别？文献中称水北仓为太仓，记水南仓制度雄敞，但北宋洛阳地位已远不及隋唐，东京汴梁作为南方漕运终点，早已成为国家仓储的重心，那么西京洛阳这批粮仓的规模和作用则是值得讨论的问题。

1. 面积

两座仓皆位于坊内，其中水北仓所在时泰坊还与时邕坊同分唐一坊之地（约 500

---

① 天津桥："天津桥，北有就日亭，桥南有朝宗亭，并钱惟演建。"徐松：《河南志》，第 6 页。

② 归德坊："长夏亭，门内客亭也。"徐松：《河南志》，第 9 页。

③ 上林坊："济川亭，在洛河中潬西偏，张士逊建。"徐松：《河南志》，第 15 页。

④ 时泰坊："水北仓，本梁太祖宅，开平元年号大昌宫，敬翔兴创编遗录云：竟不施行，乃以为太仓。"徐松：《河南志》，第 32 页。

⑤ 归德坊："水南仓，太祖常幸其所，制度甚雄敞；按今仓之南有土冢，俗传蔡邕墓，疑非是。"徐松：《河南志》，第 9 页。

⑥ 河南省博物馆、洛阳市博物馆：《洛阳隋唐含嘉仓的发掘》，《文物》1972 年第 3 期。

⑦ 余扶危、贺官保编《隋唐东都含嘉仓》，北京：文物出版社，1982 年，第 20 页。

⑧ 余扶危、贺官保编《隋唐东都含嘉仓》，第 35 页。

⑨ 余扶危、贺官保编《隋唐东都含嘉仓》，第 53 页。

米见方），故两仓面积不会太大。考古发掘和勘探资料显示，回洛仓已探明的范围已达南北330米，东西480米①；而含嘉仓城东西长约600米，南北长700余米②，总面积约43万平方米，其中，在含嘉仓城的西北部，东西大街之北有一片南北长约300米，东西宽约200米，总面积为6万余平方米的管理区③。故与隋回洛仓、唐含嘉仓相较，北宋水北仓、水南仓的规模小了很多。

2. 仓储作物

考古发掘所见含嘉仓160号仓窖所储作物种类为粟。北宋时期粟的种植已开始衰落，取而代之的是稻麦，粟的主要产地为北方地区④。因此，这批储粮应来自北方地区，且很可能来自洛阳本地。

若洛阳地区仓储粮食以本地为主，或来自于一些邻近的北方地区，那么粮仓的仓储功能可能有二，一是用于粮食储备，如常平仓一类的功能；二是用于粮食流通，考虑到宋代纲运，以大梁为目的地⑤，其仓储空间也应有为此服务者，如收缴田赋后向东京供给前的存放和转运。

3. 形制

含嘉仓出土的北宋时期160号仓窖在某种程度上反映了这一时期含嘉仓的使用方式。160号窖是密封式窖顶，其密封方法是装上粮食后，在粮食上盖席，席上垫一

---

① "在这南北长约330米，东西宽约480米的范围内分布着依照规划建造的地下仓窖，现除北面已探明仓窖群的边缘外，其余三面尚不清楚。目前此次探明的仓窖群只是隋回洛仓'仓城周回十里，穿三百窖'的一部分。"谢虎军、张敏、赵振华：《隋东都洛阳回洛仓的考古勘察》，《中原文物》2005年第4期。

② 河南省博物馆、洛阳市博物馆：《洛阳隋唐含嘉仓的发掘》，《文物》1972年第3期。

③ 余扶危、贺官保编《隋唐东都含嘉仓》，第19～20页。

④ "入宋以后，随着政治、经济形势的变化，南方开发以及作物的传播和发展，原来的作物种植结构几乎全被突破。宋代稻的单位面积产量有了很大提高，太湖地区的亩产量达到了二石五斗米……水稻在粮食生产中的主导地位完全确立了。而自汉唐以来，北方麦类作物持续发展，又向南方传播，使其种植面积进一步扩大，地位也逐渐超过了粟，这样原来以粟、麦为主的粮食种植结构，便为稻、麦为主的粮食种植结构所代替了，传统粟作在宋元时期走向衰落。"何红中、惠富平：《中国古代粟作史》，北京：中国农业科学技术出版社，2015年，第50～53页。

⑤ "宋代的纲运，以大梁为目的，主要渠道有汴河、黄河、惠民河、广济河。纲运的种类，有米、粮、绢、布、糖、香药、钱、马、牛、盐及粮斛马料等。"宋宏飞：《宋朝田赋制度探微》，西南政法大学硕士论文，2005年，第18页。

层谷糠，谷糠厚 40～60 厘米，糠上再盖席，席上用黄土密封成上小下大的圆锥形①。这种密封式的粮窖对于保护和储藏粮食非常有利，据考古发现和检测数据，160 号窖内的粮食颗粒完整，米糠分明，颜色呈黑色或棕色，虽已全部碳化，但仍含有 50.08% 的有机物②。

> 明宗之在位也，一日幸仓场观纳，时主者以车驾亲临，惧得罪，其较量甚轻。明宗因谓之曰："且朕自省事以来，仓场给散，动经一二十年未毕，今轻量如此，其后销折将何以偿之？"对曰："竭尽家产，不足则继之以身命。"明宗怆然曰："只闻百姓养一家，未闻一家养百姓。今后每石加二斗耗，以备鼠雀侵蠹，谓之鼠雀耗。"仓粮加耗，自此始也。③

如果都像含嘉仓 160 号窖那样密封式存储，则受外界影响较小。这就提示我们还应有另一种可能受鼠雀影响较大的仓，即开放式的地面仓（文献中的"仓场"），便于集散、运输和交换。

根据文献记载和描述，水北仓为梁太祖宅改建，应主要为地面建筑；水南仓制度雄敞，也似对于地面建筑的描述，故推测二仓极有可能为地面仓。

现代粮食储藏学的统计数据和研究成果，可为我们提供对于地面仓和地下仓更为科学的认识。"地下仓贮粮长期处于低温低湿环境，粮情稳定，品质变化极为缓慢，其中品质指标以发芽率和脂肪酸在贮藏期中变化较为明显。"④ 根据洛阳地区地下仓与房式仓（地面仓）不同年限小麦发芽率和脂肪酸的统计数据可见，"发芽率是随着贮存时间的延长而降低，房仓贮藏小麦下降甚快，第六年从 94% 下降到 44%；地下仓贮存 6 年发芽率仍保持到 97%，贮存 10 年还高达 87%。脂肪酸和酸度的变化，一般都随着贮存年限的增加而增大。房式仓因温、湿度变化大，增值大于地下仓，如在房式仓贮存 10 年的小麦脂肪酸为 45.15，地下仓则为 24.33"⑤。此外，"由

---

① 余扶危、贺官保编《隋唐东都含嘉仓》，第 27 页。
② 余扶危、贺官保编《隋唐东都含嘉仓》，第 59 页。
③ 薛居正：《旧五代史》，第 423 页。
④ 王若兰：《粮油储藏学》，北京：中国轻工业出版社，2009 年，第 215 页。
⑤ 王若兰：《粮油储藏学》，第 215～216 页。

于地下储粮具有低温、恒温、恒湿及防潮密闭性能，储粮不用倒仓，水分杂质不易发生变化，也无虫鼠雀危害，所以其自然损耗与地面储粮比几乎降低 100%"[1]。

由此可见，地下仓更利于粮食长期存储，而地面仓更适用于短期周转。考虑两类仓的储粮特性和仓储功能，进而探讨几座仓的选址问题。

4. 选址

《隋唐东都含嘉仓》一书总结了隋唐时期粮仓选址的特点，"都是建筑在有利于排水的地方，如含嘉仓就建在北高南低的邙山南麓，这种地形，雨水容易很快流走，对保持仓窖和仓窖周围的土地干燥十分有利，这既可以延长仓窖本身的寿命，又可以使窖内藏粮不易受潮变质"[2]。

从地形因素看北宋时期城内二仓选址，水南仓位于长夏门附近，而这一区域正是公认的洛南地势较高的区域（见第二章第二部分），利于排水，防止藏粮受潮变质。水北仓所在时泰坊，南邻洛水，从现代地形图上看，未见明显的高程优势。

从交通因素看，仓的位置选择存在两难：一方面，需要选择交通便利的地点，以便于粮食储藏和运输[3]；另一方面，又不能因为粮食的运输造成城市交通的拥堵。因此，可以看到含嘉仓、回洛仓等大仓城都是建设于城外的，故有学者推测，为避免漕船与商船的过度拥挤，故意将仓——漕粮卸御之地设于城外[4]。而水北仓和水南仓恰位于交通便利之地，临近城门和桥梁，又与城市核心区保持一定距离。

---

[1]　曹以民等编《粮食企业减亏增盈方略》，大连理工大学出版社，1992 年，第 165 页。

[2]　余扶危、贺官保编《隋唐东都含嘉仓》，第 58 页。

[3]　《宋史·食货志》："其输有常处，而以有余补不足，则以此输远，谓之支移。""田赋主要征收实物，农民居住分散，税收需要集中于国家府库，因此交纳田赋必须将所纳之物运送到官府指定地点"，故对于交通便利有着较高的要求。引文引自王文素：《论两宋朝在中国封建财税文化史上的地位》，《中国财税文化价值研究·"中国财税文化国际学术研讨会"论文集》，北京：经济科学出版社，2011 年，第 62 页。即便后来不用百姓直接支移，而是由政府统一组织运输，也需要粮食的储藏点选在交通方便之地。

[4]　"漕渠和通远市相接的渠段商船很多，拥挤不堪。这样，在此情况下如果再有漕船涌来，势必造成漕渠更加拥挤不堪。于是，为了避免漕船和商船过度拥塞，就采取了分流措施，把漕粮卸御之地设在了城外。实际上，进入唐代再设北市时，把北市以景行坊一坊之地和漕渠相隔，似乎就借鉴了这个经验。"曾谦：《隋唐洛阳运河体系与漕粮运输》，《农业考古》2013 年第 1 期。

至北宋时期，洛阳人口密度较唐东都有明显下降，本地粮食供给应较为充足①，对粮食的引入需求并不高。因此，其粮食流通主要是对外的，特别是对于东京汴梁的输出。

综合上述各仓规模、位置以及形制，我们可以推测，含嘉仓位于城外，主要作粮食存放之用，故使用地下仓窖，用于粮食的本地供给与平衡；水北仓和水南仓位于西京陆路（重要门址长夏门、上东门）和水路（会通桥、洛水）之咽喉，主要作粮食周转之用，故使用地面仓，以方便流通。

表 4.13　城市管理机构和设施分布表

公共设施	类别	里坊	文献	出处
河南府廨	官署	临阛坊	河南府廨。唐末张全义为尹，徙府廨于此。至宋皇祐初，夏竦、张奎重葺之。府东西皆有门，其榜钱惟演飞白书。张全义德政碑在府南门之西。	《河南志》第 17 页
转运使廨	官署	乐成坊	（修善坊）旧有转运使廨，今徙乐成坊。（乐成坊）转运使廨。庆历中，诏遣京西转运一员居洛，寻以非便，复许留司御史台。	《河 南 志》 第 12、15 页
留司御史台	官署	乐成坊	（思顺坊）旧有留司御史台，宋徙乐成坊。	《河南志》第 12 页
粮料院	官署	福善坊	料量院，自水北思恭坊徙。	《河南志》第 13 页
国子监	官署	陶化坊	国子监，后唐同光三年建文宣王庙于尊贤坊，至宋咸平三年重修，疑后徙于此。旧曰府学，景祐元年直集贤院谢绛论奏，始正监名。宝元中，立绛影堂于监，留守推官蔡襄为记。	《河南志》第 14 页
榷货务	官署	乐成坊	旧有榷货务，本唐李勣宅，今废。	《河南志》第 15 页
洛河竹木务	官署	上林坊	此坊自洛水之北徙。洛河竹木务，自宽政坊徙。	《河南志》第 15 页

---

① "都水监言，汴、蔡两河可就丁字河置牐通漕，从之。时有诏籴京西米赴河北封桩，患蔡河舟运不能达河北，故水官侯叔献、刘璯建议，汴、蔡两河间有丁字河，可因故道凿堤置牐，引汴水入蔡河，以通舟运，运河成可漕。"李焘：《续资治通鉴长编》，第 6487 页。

公共设施	类别	里坊	文献	出处
左军巡院	官署	永泰坊	左军巡院，本吴越国进奏院。	《河南志》第 17 页
右军巡院	官署	临阓坊	右军巡院	《河南志》第 17 页
盐麴院	官署	临阓坊	盐麴院	《河南志》第 17 页
清洛馆	客馆	上林坊	清洛馆，景祐中，留守张士逊建为客馆。	《河南志》第 15 页
紫嵩馆	客馆	临阓坊	紫嵩馆，景祐中判府事张士逊建为客馆，通判府事郭稹为记。	《河南志》第 17 页
临阓馆	客馆	临阓坊	临阓馆，旧监院之地，张士逊建。	《河南志》第 18 页
长夏亭	客亭	归德坊	长夏亭，门内客亭也。	《河南志》第 9 页
济川亭	客亭	上林坊	济川亭，在洛河中潬西偏，张士逊建。	《河南志》第 15 页
都亭西驿	驿站	思恭坊	都亭西驿，本粮料院，庆历中，西夏款附，岁时遣使经途，遂建驿以处。	《河南志》第 30 页
都亭驿	驿站	景行坊	都亭驿，前临瀍水，后对应天禅院。旧驿舍庳陋，皇祐初，知府事张奎葺之，始为宏敞，什器皆具。	《河南志》第 31 页
水北仓	仓	时泰坊	水北仓，本梁太祖宅，开平元年号大昌宫，敬翔兴创编遗录云：竟不施行，乃以为太仓。	《河南志》第 32 页
水南仓	仓	归德坊	水南仓，太祖常幸其所，制度甚雄敞；按今仓之南有土冢，俗传蔡邕墓，疑非是。	《河南志》第 9 页

五　公共空间

（一）寺观

　　洛阳城内寺观以唐、五代为盛，有的延续至北宋时期，但兴盛程度已远不如前。《宋高僧传》集录了唐至北宋前期的高僧传记，其中北宋洛阳僧人仅三人，皆在兴福篇①，占北宋所记总数的 11%。赞宁曰，"此命章曰兴福者，乃欲利他焉"，说明北宋

---

① 北宋东京在《宋高僧传》中也仅五处，绝大部分也出自兴福篇。

早期洛京寺院已不再是译经、习禅、义解之高地，其影响力较唐、五代时期急剧衰落。

关于北宋西京寺观在城内分布的情况，可以从《河南志》《洛阳县志》以及一些文学作品中找到线索，整理如下（表4.14，图4.9）。

表4.14　寺庙分布统计表

寺院	所在里坊	文献	出处
全真观	宣教坊	全真观，后唐天成四年改崇圣宫，宋大中祥符中改。	《河南志》第14页
福先寺	延福坊	福先寺水硙，四轮齐转。	《河南志》第18页
兴教寺	延福坊	洛都有两兴教，此在延福坊。	尹洙《河南集》
宁福观	从善坊	宁福观，晋天福二年建。	《河南志》第21页
靖安观	从善坊	靖安观，俗曰土星观，至宋嘉祐四年，判河南府文潞公奏改，潞公亲题其额。	《河南志》第21页
福严院	积善坊	福严院，晋天福八年建，开运元年赐名，院多植牡丹。	《河南志》第25页
立德禅院	立德坊	立德禅院，后唐同光二年，庄宗为僧无学大师契澄建，三年赐名。契澄，姓史，云州人。骁勇善开战，号史银枪。从庄宗入洛，自请度为僧。	《河南志》第28页
寿安禅院	立德坊	寿安禅院，梁开平二年，龙虎军统军袁象先建，正明二年赐名。院有罗汉阁。	《河南志》第28页
净众禅院	立德坊	净众禅院，梁正明元年建，后唐天成二年赐名。	《河南志》第28页
普济尼院	立德坊	普济尼院，后唐同光二年建，赐名。四年兵火焚荡，后重葺之。	《河南志》第28页
太微宫	清化坊	太微宫，唐之弘道观，有老君像，明皇、肃宗二像侍立。天祐二年，柳璨奏改曰太清宫，寻改为太微；后唐同光元年复为宫。天禧三年，王钦若奏重葺之，加两位廊庑及真武殿。天圣元年始成。	《河南志》第28页
长兴保寿禅院	道政坊	长兴保寿禅院，梁正明三年建，后唐长兴三年赐名，周时废，至宋开宝五年重修。	《河南志》第29页

续表 4.14

寺院	所在里坊	文献	出处
集福禅院	道政坊	集福禅院,后唐长兴四年,兼中书令李从敏建,汉乾祐元年赐名,有麹麹场。	《河南志》第 29 页
普庆禅院	思恭坊	普庆禅院,梁正明六年建,后唐长兴二年赐名。	《河南志》第 30 页
天福资庆尼院	思恭坊	天福资庆尼院,后唐长兴二年,前金州防御使长从简建,晋天福二年赐名。	《河南志》第 30 页
太平禅院	归义坊	太平禅院,在福胜院后,唐垂拱二年太平公主建,号太平寺,后废,复建为太平禅院。庆历五年,并入福胜院。今舍宇皆摧圮。	《河南志》第 30 页
广顺智度禅院	归义坊	广顺智度禅院,汉乾祐元年建,周广顺元年赐名。	《河南志》第 30 页
隆庆尼院	归义坊	隆庆尼院,周广顺二年,符彦卿女为尼,以宅建院,显德元年赐名。	《河南志》第 30 页
慧云尼院	归义坊	慧云尼院,晋天福五年建。	《河南志》第 30 页
应天禅院	北市坊	应天禅院。在河南府城东北市坊火烧街,即太祖降生甲马营故基也。	纳新《河朔访古记》卷下第 4 页
天福延庆禅院	邻德坊	天福延庆禅院,后唐长兴中,义州刺史刘再金以宅建,晋天福六年赐名。	《河南志》第 31 页
资圣禅院	邻德坊	资圣禅院,后唐同光二年建,天福二年赐名。	《河南志》第 31 页
普安禅院	邻德坊	普安禅院,梁正明五年建尼院,至宋皇祐四年,始为应天院廨院。	《河南志》第 31 页
兴福尼院	时泰坊	兴福尼院,太子太师致仕宋彦筠以宅建,汉乾祐三年赐名。	《河南志》第 32 页
严因院	时邕坊	严因院,晋天福七年公主建尼院,九年赐名,至宋淳化三年改为僧院。	《河南志》第 32 页
广顺洪福尼院	时邕坊	广顺洪福尼院,晋天福七年建,周广顺元年赐名弘福,至宋避庙讳改。	《河南志》第 32 页

寺院	所在里坊	文献	出处
天宫寺	尚善坊	就天宫寺西、天津桥南五代节度使安审琦宅故基，以郭崇废宅余材为屋三十间。	《邵氏闻见录》第195～196页
甘露院	睦仁坊	甘露院，汉乾祐三年建，周广顺三年赐名，有雕木经藏，其制甚巧丽。	《河南志》第21页
长寿寺果园	履道坊	长寿寺果园。	《河南志》第19页
长寿寺	嘉善坊	《唐会要》：嘉善坊有长寿寺。《朝野佥载》：东都丰都市在长寿寺之东北。	《增订唐两京城坊考》第339～342页
广爱寺	建春门附近	寻常每出，上马至大门外，前驱者请所访，杨与一老仆语曰："今日好向东游广爱寺。"老仆曰："不如向西游石壁寺。"少师举鞭曰："且游广爱寺。"鞭马欲东。老仆曰："且向西游石壁寺。"少师徐曰："且游石壁寺。"	《洛阳搢绅旧闻记》第14页
大字寺普明僧舍	履道坊	名园记，大字寺园，唐白乐天园也，寺中乐天刻甚多。司马光耆英会序，昔白乐天在洛，与高年者八人游，时人慕之，为九老图传于世。宋兴洛中诸公继而为之者，凡再矣，皆图形普明僧舍。普明，乐天之故第也。	《洛阳县志（嘉庆）·伽蓝记》第20～21页
通元观	修善坊或永丰坊	金石考，通元观，朗然子刘希岳悟真诗，政和元年立，后毁于兵，金天德二年重刻。案通元观，在洛水南，今名栖霞宫，即朗然子飞升处。	《洛阳县志（嘉庆）·伽蓝记》第28页

　　将北宋时期存在且位置大致可考的城内寺观整理并标注到图上，会发现其主要分布于洛南长夏门以东的区域和洛北上东门街两侧的区域。相对于唐及五代时期的寺观来说，北宋时期的寺观呈现出两个特点：

　　第一，总量明显减少①，分布较为集中。唐代寺观较为均衡地分布于城内各处，

---

① 减少的寺庙有的被用作官署，如"（陶化坊）国子监，后唐同光三年建文宣王庙于尊贤坊，至宋咸平三年重修，疑后徙于此"。徐松：《河南志》，第14页。

图4.9　北宋洛阳寺观分布图（王书林绘制）

大多数坊都有寺观；而北宋时期大部分坊内是没有寺观的，寺观集中分布于主要大街附近，即城市交通便利的区域。这一变化可能与北宋洛阳人口锐减、需求减少有关，对于城内居民的宗教活动习俗可能产生一定影响。

第二，新建寺观较少。北宋所存寺院大部分延续自唐、五代时期，仅有个别为北宋新建。而新建寺观多与纪念重要人物有关，如太祖出生地（法祥寺）①、重臣香火院（褒贤寺②、积庆寺③）、朗然子刘希岳升仙处（通元观④）等。

关于北宋时期洛阳衰落、寺观减少的情况，欧阳修也有感慨："河南自古天子之都，王公戚里、富商大姓处其地，喜于事佛者，往往割脂田、沐邑、货布之嬴，奉祠宇为庄严。故浮图氏之居与侯家主第之楼台屋瓦，高下相望于洛水之南北，若弈棋然。及汴建庙社，称京师，河南空而不都，贵人、大贾废散，浮图之奉养亦衰。岁坏月隳，其居多不克完。与夫游台、钓池并为榛芜者，十有八九。"⑤ 而存留下来的相对集中的寺观，为世人珍惜、游览并歌咏，留下很多记载。

1. 城内重要寺庙与活动

（1）寺庙与重要人物的关系

如前所述，西京的寺院总量较前朝明显减少，而留存下来的寺院大多与重要人物有着密切的关系。

● 长寿寺与太祖

太祖微时，游渭州潘原县，过泾州长武镇。寺僧守严者，异其骨相，阴使画工图于寺壁：青巾褐裘，天人之相也，今易以冠服矣。自长武至凤翔，节度使王彦超不留，复入洛。枕长寿寺大佛殿西南角柱础昼寝，有藏经院主僧见赤蛇出入帝鼻中，异之。帝寤，僧问所向，帝曰："欲见柴太尉于澶州，无以为

---

① "李通志，寺在府城东来马营，即宋太祖诞生之地，建隆二年建，初为应天寺，后改今额。案法祥寺里人云即今县学宫也。"魏襄：《洛阳县志（嘉庆）·伽蓝记》，第20页。
  "在东郭夹马营，宋太祖诞生之地，改寝殿为之。"龚崧林：《重修洛阳县志（乾隆）》卷十一古迹，第29页。

② "在彭婆镇，熙宁三年为范文正公香火院。"龚崧林：《重修洛阳县志（乾隆）》卷二地理，第16页，卷十一古迹，第29页。

③ "在县南五十里罗村，宋文潞公建此为香火院，康熙四十一年重修。"龚崧林：《重修洛阳县志（乾隆）》卷二地理，第16页，卷十一古迹，第29页。

④ "金石考，通元观，朗然子刘希岳悟真诗，政和元年立，后毁于兵，金天德二年重刻。案通元观，在洛水南，今名栖霞宫，即朗然子飞升处。"魏襄：《洛阳县志（嘉庆）·伽蓝记》，第28页。

⑤ 《河南府重修净垢院记》，欧阳修：《欧阳文忠全集》，第321页。

资。"僧曰："某有一驴子可乘。"又以钱币为献，帝遂行。柴太尉一见奇之，留幕府。未几，太尉为天子，是谓周世宗。帝与宣祖俱事之，南征北伐，屡建大功，以至受禅，万世之基，实肇于澶州之行。帝即位，尽召诸节度入觐，宴苑中，诸帅争起论功，惟彦超独曰："臣守藩无效，愿纳节备宿卫。"帝喜曰："前朝异世事安足论，彦超之言是也。"从容问彦超曰："卿当日不留我何也？"彦超曰："涔蹄之水，不足以泽神龙。帝若为臣留，则安有今日。"帝益喜，曰："独令汝更作永兴节度一任。"长寿寺僧亦召见，帝欲官之，僧辞；乃以为天下都僧录，归洛。今永兴有彦超画像，长寿寺殿中亦有僧画像，皆伟人也。呜呼！圣人居草昧之际，独一僧识之，彦超虽不识，及对帝之言自有理，异哉！①

太祖生于洛阳夹马营，本有故土之亲，后立法祥寺以纪念之②，而其建功立业直至万世之基，更离不开洛阳的扶持，其中长寿寺藏经院主僧的资助即为一例。由此，也可理解太祖对于洛阳的感情，及其屡思迁洛的原因。

• 广爱、兴教、长寿、天宫、甘露等寺与杨凝式

杨凝式少师，唐昭宗朝为直史馆，宰相涉之子也，博通经籍，能文工书，其笔力健，自成一家体③。其书法自颜、柳以入二王之妙④。《宣和书谱》评价道："（凝式）喜作字，尤工颠草。居洛下十年，凡琳宫佛祠墙壁间题纪殆遍。……笔迹独为雄强，与颜真卿行书相上下，自是当时翰墨中豪杰。"⑤

杨凝式"在洛，多游僧寺道观，遇水石松竹清凉幽胜之地，必逍遥畅适，吟咏忘归。故寺观墙壁之上，笔迹多满，僧道等护而宝之"。僧道为获墨宝，甚至在"少师未留题咏之处，必先粉饰其壁，洁其下，俟其至，若入院，见其壁上光洁可

---

① 邵伯温：《邵氏闻见录》，第 1 页。
　"应天禅院。在河南府城东北市坊火烧街，即太祖降生甲马营故基也。"纳新：《河朔访古记》卷下，北京：中华书局，1991 年，第 4 页。
② "景德四年，建神御殿于故宅，绘像祀之。寻改法祥寺。"龚崧林：《重修洛阳县志（乾隆）》卷十一古迹，第 29 页。
③ 张齐贤：《洛阳搢绅旧闻记》，第 10 页。
④ 邵伯温：《邵氏闻见录》，第 171 页。
⑤ 佚名：《宣和书谱》，上海书画出版社，1984 年，第 153 页。

爱，……引笔挥洒，且吟且书，笔与神会，书其壁尽方罢，略无倦怠之色"①。正是由于杨凝式题壁冠绝洛阳，"其寺观所书壁，僧道相承保护之"②，这些寺院在北宋时期也得到了较好的保存和延续③，因此成为后人游览的对象。

寺院的延续源自于重要人物的关爱与眷顾，而这些留存下来的寺院和寺中僧人也与宋时居洛的人物发生联系。

● 天宫寺与富弼、邵雍

如前文所述，因富弼年少时在天宫寺的求学经历，其与寺内行者宗颢交游甚密，致政后筑宅邸于天宫寺旁。为相以后，奏赐宗颢紫方袍，号宝月大师。而邵雍也蒙宗颢照顾。

● 资福院（可能在龙门）与尹洙

"皇祐初，洛阳南资福院有僧录义琛者，素出入尹师鲁门下。……义琛已密约，贷钱为师鲁买洛城南宫南村负郭美田三十顷。师鲁初不知，后义琛复以岁所得地利偿诸人。至师鲁卒，丧归洛，义琛哭柩前，纳其券于师鲁家。师鲁素贫，子孙赖此以生。呜呼，在仁宗朝一僧尚负义如此，风俗可谓厚矣。康节先生与义琛善，每称之也。"④ 由此可见，尹家也受到僧人义琛的照顾和帮助。

（2）普通民众信佛的情况

北宋时期，"僧人说法"应为寺庙常见活动，并受到信众的喜爱。北宋初年，"僧云辨能俗讲……云辨于长寿寺五月讲，少师诣讲院，与云辨对坐"⑤；至北宋中后

---

① 张齐贤：《洛阳搢绅旧闻记》，第 10 页。

② 张齐贤：《洛阳搢绅旧闻记》，第 16 页。

③ 题字寺院如：广爱、兴教、长寿、天宫、甘露等。"熙宁八年秋，余与士人十余辈讲学于洛阳建春门广爱寺端像院以待试。"邵伯温：《邵氏闻见录》，第 225 页。"居洛阳延福坊，每出，导从舆马在前，多步行于后。一日欲游天宫寺，从者曰：'盍往广爱寺'，亦从之。今两寺壁间题字为多。多宝塔院有遗像尚存。"邵伯温：《邵氏闻见录》，第 171 页。
然杨凝式的壁书，因洛中大水，受到破坏，所剩很少。"杨多书僧壁，而传于楮素者甚少，今壁书亦自少，洛阳惟有广爱寺西禅院两壁，胜果院一壁，天宫寺一壁而已，因甲子岁大水，损失者多矣。"黄伯思：《东观余论》，北京：中华书局，1991 年，第 23 页。"至兴国九年，大水淹没，墙壁摧坏，十无一存，可为惜之，可为惜之。"张齐贤：《洛阳搢绅旧闻记》，第 16 页。

④ 邵伯温：《邵氏闻见录》，第 172～173 页。

⑤ 张齐贤：《洛阳搢绅旧闻记》，第 16 页。

期，富弼因足疾归洛休养，知"僧显修开堂说法"，与吕公著偕往听之①。

与寺院宗教活动相关的，还有信众在家的自觉修佛。这一点在墓志记载中可得到佐证。从墓志记载看，北宋熙宁以后，关于佛道教信徒之记载明显增多，特别是在女性墓志中，尤为明显②。在洛阳本地出土的宋代墓葬中，也可以看到一些佛教因素，或与北宋中后期的佛教兴盛有关，如北宋末年宋四郎墓葬中做仰莲柱础，甚至墓顶也出莲瓣装饰③。

此外，墓志中还记有人去世后，暂安置于寺院，择良辰吉日再安葬的现象④。似

① "一日薄暮，司马温公见康节曰：'明日僧显修开堂说法，富公、吕晦叔欲偕往听之。晦叔贪佛已不可劝，富公果往，于理未便。某后进，不敢言，先生曷止之。'康节曰：'恨闻之晚矣。'明日，公果往，后康节因见公，谓公曰：'闻上欲用裴晋公礼起公。'公笑曰：'先生以为某衰病能起否？'康节曰：'固也。或人言上命公，公不起，一僧开堂公乃出，无乃不可乎？'公惊曰：'我未之思也。'"邵伯温：《邵氏闻见录》，第199页。

② 《故安康郡太君刘氏1074》："前此月余力疾，诣佛舍忏悔，又召比丘尼诵经于前，临终神明不乱，约束家事如平居，嗒然而化。"郭茂育、刘继保编《宋代墓志辑释》，第246页。《先太夫人万年县君（王氏1075）》："自终先君丧，率常蔬食恶衣，诵佛书。每佳辰亲戚有请召，皆谢绝不出外门，盖如是者二十四年。"乔栋、李献奇、史家珍编《洛阳新获墓志续编》，第285、534页。《故仁寿县君李氏（靓仪）1087》："晚年爱诵佛书，手未尝释卷，间至不茹荤。……悉取平生服玩珠金，散施佛刹，条处生事毕具，视日早暮而终。"吴钢编《千唐志斋新收墓志》，第472页。《故安喜县君楚氏1102》："故朝散郎致仕任公讳拱之夫人楚氏，……其先京师人。……生平乐诵佛书，颇通奥义，疾革之日，正坐而逝，神色如故，众亦异之。"郭茂育、刘继保编《宋代墓志辑释》，第412页。《故福昌县君阎氏（王安妻）1110》："夫人自少至老，肃恭神明，夙夜不渝，尤好诵佛书，遂悟性理，不忍杀生。"郭茂育、刘继保编《宋代墓志辑释》，第452页。《杨龙图公夫人恭氏1113》："夫人恭氏，开封人，……封长寿县太君。夫人好读佛书，诣理趣，存心养性，喜怒不形，……曾不以死生为念。"郭茂育、刘继保编《宋代墓志辑释》，第466页。《故承议郎刘公孺人杨氏1117》："自寝疾至于启手足，唯是默诵佛书，而神色不乱。"郭茂育、刘继保编《宋代墓志辑释》，第480页。《故硕人王氏1124》："侍郎公先硕人捐馆一纪越，自称未亡人，则屏斥铅华，栖心向道，衣淡素，从尼禅师智光游。请法名曰'净觉'，求所以达大道之理，卒有得焉。"郭茂育、刘继保编《宋代墓志辑释》，第492页。

③ 俞莉娜等：《新安县石寺李村北宋宋四郎砖雕壁画墓测绘简报》，《故宫博物院院刊》2016年第1期。

④ "长子右班殿直世安等，以年月未便，乃侍灵柩，权窆于京城北隅智度精舍。"河南省洛阳地区文管处、河南省文物研究所编《千唐志斋藏志》，第1263页。《故朝奉郎尚书司门员外郎柱国赐绯鱼袋任公（孚）1060》："嗣子扶其丧权窆于西京徽安门之佛舍。"河南省洛阳地区文管处、河南省文物研究所编《千唐志斋藏志》，第1269页。《故夫人吴氏1086》："既卒之明日，权厝于甘露寺。"河南省洛阳地区文管处、河南省文物研究所编《千唐志斋藏志》，第1286页。《杨国公主（懿宁）1110》："内侍省押班冯世宁管句权厝于奉先资福禅院。"洛阳市文物工作队：《洛阳出土历代墓志辑绳》，第748页。《故承议郎守将作监主簿监西京左藏库权知王屋县事任述1042》："四月二十八日启手足于府南紫嵩馆，享年二十四，翌日权涂于甘露院。"郭茂育、刘继保编《宋代墓志辑释》，第144页。

可推知，人去世后，可能需要在寺观做法事以超度，遂将尸骨暂存于寺观之中；当然，也有直接安葬于寺院者①。由此可见寺院的另一社会功能——超度与安葬。

（3）寺庙的游览属性

北宋时期寺庙除了供奉和纪念外，还兼有很强的游览属性，即寺庙作为古迹或景点被参观。

如前述杨凝式题字的寺院，人多慕名前往，"游客观之，无不欣赏"。

又如，天宫寺三学阁为一制高点，可登高望远，尽览洛之风景。邵雍登其院阁，尝作《洛阳怀古赋》曰："洛阳之为都也，居天地之中，有终天之王气在焉。……与殿院刘君玉登天宫寺三宝阁，洛之风景因得周览。……何幽怀之能快，唯高阁之可凭。天之空廓，风之轻冷，览三川之形胜，感千古之废兴。"②

此外，寺观也是洛中名流聚集之地，被选作大型集会的场所。

北宋中期，"洛中有名士十余人，分题作诗赋。遇旬日，会于僧寺"③。十日方得一旬休，逢旬休则聚会于僧寺，可见寺院的集会作用相当强大。北宋后期洛中建耆英会，诸公置酒相乐，图形妙觉僧舍④，成为洛阳城的一道风景，产生了较大影响。而正是寺院中的这种聚会，"坐听谈旧事，遍识洛中贤"，得到居洛官员和平民的喜爱⑤，也使寺院为城市生活提供了公共空间。

综上，这些城内寺庙充分融入了人们的生活，渗透到居民信仰、超度安葬、文人交游及参观览胜等各个方面。

---

① 《故七娘李瑶1120》（葬于广化寺）："七娘李瑶者，朝散旦之子，朝议偲之孙。……生于元祐壬申季秋之庚寅，卒于大观庚寅仲冬之癸酉，葬于宣和庚子季夏之甲申，兆在先茔之艮隅。"吴钢编《千唐志斋新收墓志》，第480页。

② 邵雍：《伊川击壤集》，第446页。

③ 邵伯温：《邵氏闻见录》，第175页。旬日，可能与唐代旬日休假有关。唐制，十日为一旬，遇旬日则官员休沐，称为"旬休"。

④ 《司马光耆英会序》："昔白乐天在洛，与高年者八人游，时人慕之，为《九老图》传于世。宋兴，洛中诸公继而为之者凡再矣，皆图形普明僧舍。普明，乐天之故第也。元丰中，文潞公留守西都，韩国富公纳政在里第，……一旦，悉集士大夫老而贤者会于韩公之第，置酒相乐，宾主凡十有一人。既而图形妙觉僧舍，时人谓之'洛阳耆英会'。"司马光：《司马温公集编年笺注》5，第160页。

⑤ "寺古依乔木，僧闲正莫年。为生何寂寞，爱客尚留连。虚牖罗修竹，空厨响细泉，坐听谈旧事，遍识洛中贤。"《将出洛城过广爱寺》，见苏辙：《栾城集》（上），上海古籍出版社，2009年，第91页。

2. 城外寺观

洛阳城外也有不少寺观，如城北上清宫、下清宫，城东白马寺（至今尚存），城东南司马庄洪恩寺①等，然城外寺观中最为重要、与城市生活关系最为紧密者，当属龙门诸寺。

真宗幸洛时，就专赴龙门，"十二日，幸广化寺，观无畏三藏真身塔，又至龙门，南望香山寺，还御广化寺，赐从官食。移幸潜溪寺，所至赐主事僧紫衣，贫民老疾者缗钱"②，并题"龙门铭"。由此可见，香山寺、广化寺、潜溪寺在北宋时期仍为龙门重要的寺院。

谢绛游记有载："十七日，宿彭婆镇，遂缘伊流陟香山，上上方，饮于八节滩上。始自峻极中院未及此，凡题名于壁、于石、于树间者，盖十有四处。大凡出东门极东而南之，自长夏门入，绕崧辕一匝四百里，可谓穷极胜览。"③

司马光与范镇的游览记，更详尽地记录了龙门诸寺的相对位置和游览顺序："司马温公居洛时，往夏院展墓，省其兄郎中公，为其群从乡人说书讲学。或乘兴游荆、华诸山以归。多游寿安山，买屋瓷窑畔，为休息之地。尝同范景仁过韩城，抵登封，憩峻极下院，登嵩顶，入崇福宫会善寺，由辕辕道至龙门，游广爱、奉先诸寺，上华严阁、千佛岩，寻高公堂，渡潜溪，入广化寺，观唐郭汾阳铁像，涉伊水至香山皇龛，憩石楼，临八节滩，过白公影堂。凡所经从多有诗什，自作序曰《游山录》，士大夫争传之。"④ 其游览顺序为：广爱、奉先寺——华严阁——千佛岩——高公堂——渡潜溪——广化寺——渡伊水至香山皇龛——憩石楼、临八节滩——过白公影堂，即先西山后东山。

根据《龙门奉先寺遗址调查记》可知奉先寺遗址位于龙门乡魏湾村北，大卢舍那

---

① "在县东南三十里司马庄，宋元祐三年建。"龚崧林：《重修洛阳县志（乾隆）》卷十一古迹，第29页。

② 刘琳、刁忠民、舒大刚校点《宋会要辑稿》，第1914页。

③ 欧阳修：《欧阳文忠全集》，第867页。

④ 邵伯温：《邵氏闻见录》，第117页。另在《重修洛阳县志（乾隆）》中也有记载："司马温公居洛，尝同范景仁游嵩山，由轩辕道至龙门，游奉先诸寺，上华严阁，千佛岩，寻高公堂，渡潜溪，入广化寺，观唐郭汾阳铁像，渡伊水至香山皇龛，憩石楼，临八节滩，过白公影堂，凡所经从多有诗。公不喜肩兴山中，亦乘马路险策杖以行，见嵩山记。"龚崧林：《重修洛阳县志（乾隆）》卷二十四，第62页。

像龛南①。在这里的第一级台地上还发现有残高约 10 米的夯土台，推测为华严阁遗址。因高公堂在天竺寺，且北宋时期的天竺寺当在龙门西山北部②，可知高公堂的大概位置。

接下来是"渡潜溪"。苏过有云："仆以事至洛，言还过龙门，少留一宿，自药寮度广化、潜溪、入宝应"③，可知潜溪位于广化和宝应之间。

《洛阳唐神会和尚身塔塔基清理》④ 认为，宝应寺位于龙门西山北麓。但 2008 年和 2016 年相继对擂鼓台区窟前建筑遗址和香山寺遗址进行了发掘。在龙门东山擂鼓台第五号窟前踏道右侧护坡石上，发现一则题刻，"彭城（刘）仲淑……庆历辛巳岁季冬月二十有三日，宿香山宝应，游广化、潜溪胜，概十有七处，明年孟春辞白傅影堂，初二日重宿藏院石楼题记"。在擂鼓台区发现的宋代其他题刻中也出现有"香山宝应"和"宝应"字样⑤。而北宋时期刘才邵有《游香山宝应寺恭睹仁宗皇帝御书发愿文》⑥，因此这几处文献中的"宝应寺"应位于东山香山区域。那么，刘仲淑的游览顺序则是自东山至西山。

另在龙门东山擂鼓台第六窟踏道左侧发现的经幢幢记中有"香山寺看经院""看经徒众上座"⑦ 等字样，故推测这一区域或与香山寺看经院、藏经院有关。那么，在第五窟窟前 T2 出土的乱石堆则可能与藏经院石楼的毁坏有所联系⑧。至此，可大致

① 温玉成、张乃翥：《龙门奉先寺遗址调查记》，《中国考古集成 华北卷》，郑州：中州古籍出版社，1999 年。

② 张乃翥：《龙门天竺寺事辑》，《佛教石窟与丝绸之路》，兰州：甘肃教育出版社，2014 年，第 177～208 页。

③ 苏过：《斜川集》，北京：中华书局，1985 年，第 16 页。

④ 余扶危等：《洛阳唐神会和尚身塔塔基清理》，《文物》1992 年第 3 期。

⑤ 龙门石窟研究院、北京大学考古文博学院、中国社会科学院世界宗教研究所编《龙门石窟考古报告——东山擂鼓台区》第二册，北京：文物出版社，2018 年，第 41～42 页。

⑥ 刘才邵：《游香山宝应寺恭睹仁宗皇帝御书发愿文》："龟洛隆周德，龙门赖禹功。天开形胜地，云捧法王宫。绣栱联霞绮，虹檐压雾虹。山河纷凑泊，星斗映穹崇。金界琅函秘，奎文笔势雄。独高今古外，何止帝王中。恭想重熙旦，追还太古风。开怀容直论，崇俭自清躬。俗厚刑刀措，时和岁屡丰。湛恩渐动植，大度纳华戎。致治臻无事，持盈愈若冲。皇居多暇日，宸翰写深衷。誓保基图永，期跻寿域同。含生蒙愿力，流泽浩无穷。"摘自张毅、于广杰：《宋元论书诗全编》，天津：南开大学出版社，2017 年，第 204 页。

⑦ 龙门石窟研究院、北京大学考古文博学院、中国社会科学院世界宗教研究所编《龙门石窟考古报告——东山擂鼓台区》第一册，第 227 页。

⑧ 龙门石窟研究院、北京大学考古文博学院、中国社会科学院世界宗教研究所编《龙门石窟考古报告——东山擂鼓台区》第二册，第 46 页。

绘制出司马光游龙门的线路（图4.10）。

由上述文献和考古材料，可见龙门在北宋时期的兴盛情况。

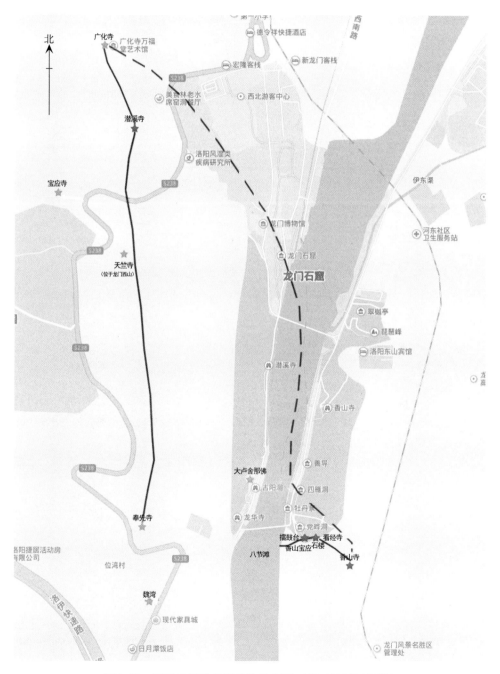

图4.10　司马光游览龙门线路示意图（基于地形图绘制）

（二）市场

《河南志》云："凡一百二十坊，隋曰里一百三，市三。唐改曰坊，今八十八坊隶河南县，三十二坊隶洛阳县……皇祐二年，张奎知府事，命布列之。洛阳志云：凡一百二十坊。"①

隋唐时期洛阳城内有三市，南市②、西市③、北市④，至北宋时期，由于城市中心的东移和缩小，西市、北市皆废市弃用。南市中的通利坊也不分市⑤，但应该是宋代洛阳城中非常繁华的区域。

北宋前期这一区域人口就较为密集，《洛阳搢绅旧闻记》载"院主遣行者随而伺之，至通利稠人中失之"⑥，即描述了通利坊热闹人稠的景象。而人口的聚集也使得这里道狭拥挤，出现了民舍侵街的现象，"乙巳，宴从臣于会节园，还经通利坊，以道狭，撤侵街民舍益之。命太子太师王溥与百官先归京师"⑦。

从文献记载看，北宋时期通利坊内应有旅店⑧、商铺等。但考其内住宅情况，唐时重要人物宅邸较多⑨，而宋时相关记载极少，仅有北宋末年游安民之父告老居通利坊的记录⑩。

这一点与通利坊所处城市核心区的位置极不相称。其周边里坊，如南部嘉善坊，

---

① 徐松：《河南志》，第 3 页。
② 南市："隋曰丰都市。东西南北居二坊之地……唐贞观九年促半坊，其下通利坊居半坊。"徐松：《河南志》，第 15 页。
③ 通济坊："按韦述记，厚载门第一街街西，本固本坊，又改西市；次北广利坊，其北抵苑。"徐松：《河南志》，第 26 页。
④ 北市坊："本临德坊，唐显庆中，立为北市。后废市，因以名坊。"徐松：《河南志》，第 31 页。
⑤ "唐贞观九年促半坊，其下通利坊居半坊，今不分市，通利直接嘉善。……今通利坊，即南市。通利坊，张全义筑垒以居，今号旧门。"徐松：《河南志》，第 15 页。
⑥ 《水中照见王者服冕》，张齐贤：《洛阳搢绅旧闻记》，第 110 页。
⑦ 李焘：《续资治通鉴长编》，第 370 页。
⑧ "忽有客谓廷让曰：'剑客尝闻之乎？'廷让曰：'闻。''曾见之乎？'曰：'未尝见。'客曰：'见在通利坊逆旅中，呼为处士。即剑客也，可同住见之。'"张齐贤：《洛阳搢绅旧闻记》，第 93 页。
⑨ 徐松撰，李健超增订：《增订唐两京城坊考》，第 343～344 页。
⑩ "公讳安民，字安之，……今为河南人，……宣和元年季四月十四日，终于私第之正寝，享年五十九。娶寇氏……先公亡。……六十告老治于通利坊，……卜以其季六月十五日，葬公于洛阳县贤相乡杜泽村口先域之次，举寇夫人祔焉。"洛阳市文物工作队：《洛阳出土历代墓志辑绳》，第 753 页。

东部永泰坊，东北延福坊，西部福善、思顺坊等均为北宋时期官员住宅非常集中的区域。从图上看，通利坊似乎被官员住宅"包围"了。这样的"冷清"似乎与文献所载的拥挤、繁荣，以及大量"侵街民舍"的记载有所矛盾（图4.11）。

图4.11（彩版一一）　北宋通利坊及其周边各坊情况（王书林绘制）

结合通利坊以北乐成坊"旧有榷货务，本唐李勣宅，今废"的记载，推测通利坊在北宋时期或为商业较为繁荣的区域，承担了部分市场的功能，但又不是独立的、与周边坊分隔开的专门市场，故《河南志》称"今不分市，通利直接嘉善"。到了北宋后期，似在天津桥附近也设市场①。

---

① "（富弼晚年）自致仕归西都，十余年，常深居不出。晚年，宾客请见者亦多谢以疾。……尝欲之老子祠，乘小轿过天津桥，会府中徙市于桥侧，市人喜公之出，随而观之，至于（徽）安门，市为之空，其得民心也如此。及违世，士大夫无远近、识与不识，相见则以言，不相见则以书，更相吊唁，往往垂泣，其得士大夫心也又如此。"司马光：《涑水记闻》，第295页。

北宋时期贸易发达，商业兴盛，人们已不满足于城内集中的市场，在城内主要干道上也设店铺，如官路上设店，"张工所居，直南一二里临官路，有店数十户"①；还设有夜市，"近因夜市，自去买熟食"②；另在坊内也设有各类店铺，"试往水北小清化内路某人铺子内问之，合有此药……在京除道政坊张家亦有此药，张须五百千万卖，某之药，四百千以下，少一钱亦不卖"③；另有流动商贩，"熙宁间，洛阳有老人党翁者卖药，日于水街南北往来，行步甚快，少年不及也"④。"水街南北"，在其他文献中未见提及，结合北宋时期商业繁盛、交通便利的地带，推测其可能指会通桥南北之地。

还有一些新兴的商品集散地，如嘉猷坊新开漕河⑤，商贾云集，"万艘潭汇嘉猷里，分洛疏伊尽北驰"⑥。

在城市周边也有一些镇市，如元丰时期有五镇——建春门、彭婆、洛阳、龙门、上东门，其中除洛阳（洛河以北省入"河南县洛阳镇"）外，两处位于洛阳城东面——上东门、建春门，两处位于洛阳城南面——龙门、彭婆，在一定程度上反映了北宋时期洛阳城外的发展重点也偏于东南的局面。

（三）教育场所

城内于陶化坊设国子监⑦，为官方教育机构。如前所述，一些寺院也承担有教育

① 张齐贤：《洛阳搢绅旧闻记》，第 126 页。
② 张齐贤：《洛阳搢绅旧闻记》，第 116 页。
③ 张齐贤：《洛阳搢绅旧闻记》，第 85 页。
坊内设店，自唐已有之。《资暇集》记有《李环饧》："苏乳煎之轻，咸云十年来始有，出河中。余实知其由，此武臣李环家之法也。余弱冠前步月洛之绥福里，方见夜作，问之，云乳饧。时新开是肆，每斤六十文。明日市得而归。不三数月，满洛阳盛传矣。开成初，余从叔听之镇河中。自洛招致饧者居于蒲，蒲土因有是饧。其法宁闻传得，唯博口军人窃得法之十八九。故今奉天亦出轻饧，然而劣于蒲者，不尽其妙焉。"李匡义：《资暇集》，北京：中华书局，1985 年，第 23 页。
④ 邵伯温：《邵氏闻见录》，第 188 页。
⑤ "开宝初，太祖皇帝将西幸于洛，命修大内，督工役甚急，兼开凿漕河。从嘉猷坊东出穿掘民田，通于巩，入黄河，欲大通舟楫之利，辇运军食于洛下。去洛城二十余里，凿地深二丈余……"张齐贤：《洛阳搢绅旧闻记》，第 141 页。
⑥ 文彦博：《文潞公集》，第 84 页。
⑦ 陶化坊："后唐同光三年建文宣王庙于尊贤坊，至宋咸平三年重修，疑后徙于此。旧曰府学，景祐元年直集贤院谢绛论奏，始正监名。"徐松：《河南志》，第 14 页。

功能，如天宫寺三学院、龙门利涉院①等。

　　伴随民间教育的发展，北宋时期洛阳地区也陆续开设多处书院，如张齐贤在伊川酒后海角镇创"和乐书院"，邵雍于伊川平等乡创"安乐书院"②，而最负盛名者，乃二程创办之"伊皋书院"（后称"伊川书院"），进而发展出盛极一时的洛学。

　　　　（程颢）居洛几十年，玩心于道德性命之际，有以自养其浑浩冲融，而必合乎规矩准绳……洛实别都，乃士人之区薮。在仕者皆慕化之，从之质疑解惑；闾里士大夫皆高仰之，乐从之游；学士皆宗师之，讲道劝义；行李之往来过洛者，苟知名有识，必造其门，虚而往，实而归，莫不心醉敛衽而诚服。于是先生身益退，位益卑，而名益高于天下。③

　　来往洛阳者皆慕名前往，伊川文化之胜渐成气候。有意思的是，这几座书院均设在伊川（洛南），如果与北宋中后期墓地南葬联系来看，似可见北宋中后期洛南伊川一地之兴盛。

（四）游览景点与线路

　　上述这些公共空间，本身是具有明确属性的，如宗教、商业、教育等，但在北宋西京，它们却是同时作为"景点"而存在的。这与西京城的城市风俗有关，也逐渐形成了西京的城市性格。

　　关于寺庙之游览属性，前文已经涉及，兹不赘述。从文献中，亦可见市场、书院等吸引游客的情况，如"院主使童行潜随之，或出城门，或游市肆，或游龙门，行步轻健"④，可见游市肆（逛街）与出城门（踏青）、游龙门（游览古迹）并行，呈现游览乐趣。由此可见，洛人好游览，其览胜之地不仅是名山大川、古迹胜地，也包括寺院宫观、市肆商铺、名人宅园以及书院等。

---

① "吕文穆公讳蒙正，微时于洛阳之龙门利涉院土室中，与温仲舒读书（其室中今有画像），有诗云：'八滩风急浪花飞，手把鱼竿傍钓矶。自是钓头香饵别，此心终待得鱼归。'又云：'怪得池塘春水满，夜来雷雨起南山。'后状元及第，位至宰相。"邵伯温：《邵氏闻见录》，第71页。
② 在伊川县平等村邵夫子祠旧址内发现印有"安乐书院"字样的土坯。
③ 程颐：《明道先生行状》，《二程集》第2集，北京：中华书局，1981年，第332页。
④ 张齐贤：《洛阳搢绅旧闻记》，第114页。

伴随北宋时期诸多重臣文人定居洛阳，这里文风大盛，留下了许多游览、歌咏之诗篇。如欧阳修《书怀感事寄梅圣俞》形象地描述了洛中将相的生活，"三月入洛阳，春深花未残，龙门翠郁郁，伊水清潺潺，逢君伊水畔，一见已开颜，不暇谒大尹，相携步香山……洛阳古郡邑，万户美风烟，荒凉见宫阙，表里壮河山，相将日无事，上马若鸿翩，出门尽垂柳，信步即名园……送君白马寺，独入东上门"；邵雍《闲适吟》中记录了洛阳四季之游览景观，"春看洛城花，秋瞰天津月，夏披嵩岭风，冬赏龙山雪"[①]。这些材料为我们研究洛阳重要览胜点、览胜线路及游览的季节性提供参考。《重修洛阳县志》载有"洛阳八景"，即金谷春晴、天津晓月、铜驼暮雨、洛浦秋风、马寺钟声、龙门山色、平泉朝游、邙山晚眺[②]，亦可作为参考。今将北宋时期洛阳览胜景致按城内外分述之。

1. 城内景致

（1）宫阙怀古

洛阳宫阙在北宋时期明显衰落，其主要作为怀古之处为人观览。

有登高者，远观宫阙，如邵雍作《洛阳怀古赋》曰："洛阳之为都也，地居天地之中，有中天之王气在焉。……与殿院刘君玉登天宫寺三学阁，洛之风景因得周览。……拥楼阁以高下，焕金碧之光鲜。当地势之拱处，有王居之在焉。"[③] 也有进入洛中宫殿区域参观者，"洛阳宫殿郁嵯峨，千古荣华逐逝波，别殿秋高风淅沥，

---

① 另有蔡襄梦游洛中，留诗十篇，也生动地反映了洛中生活。《梦游洛中十首（有序）》："九月朔，予病在告，昼梦游洛中，见嵩阳居士留诗屋壁。及寤，犹记两句，因成一篇。思念中来，续为十首，寄呈太平畅叔武。天际乌云含雨重，楼前红日照山明（梦中两句）。嵩阳居士今安否？青眼看人万里情（司门员外郎王益恭，年四十余致政，居洛中，自号'嵩阳居士'）；……过雨池塘凉气早，落花门户乱红多。松亭石上题名处，谁剥莓苔看在么（王相宅旁史馆园，尝与府僚游宴题名石上）？庙下春行香雾合，观中朝茹药牙尖。故人别后无消息，荒草生坟白露霭（尝与尹子渐游岳庙寺观，今子渐亡矣）；霜后丹枫照曲堤，酒阑明月下前溪。石楼夜半云中笑，惊起沙禽过水西（从尹师鲁宿香山石楼）；……名花百种结春芳，天与秾华更与香。每忆月陂隄下路，便开图画觅姚黄（月陂张家牡丹百多余种，姚家黄为第一）；……履道园池竹万竿，竹间池际笋斑斓。当时酒所夸文战，今日谁登上将坛（普明寺乃白乐天履道第，水竹最佳，数为文字饮）；白马寺前冠盖盛，送行宾友尽英豪。耿丞血染边场草，留得声名日月高（罢官时交游送饯白马寺，耿大监丞今死西事）。"蔡襄：《蔡襄全集》，福州：福建人民出版社，1999 年，第 189～191 页。

② 龚崧林：《重修洛阳县志（乾隆）》卷二地理，第 3 页。

③ 邵雍：《伊川击壤集》，第 446 页。

后园春老树婆娑，露凝碧瓦寒光满，日转觚棱暖艳多，早晚金舆此游幸，凤楼前后看山河"①。

（2）天津月陂

伴随城市重心东移，北宋时期的天津桥附近已不再是熙熙攘攘的交通节点，在城中颇为郊僻，然因其郊僻所带来的静幽却别具一番雅致。邵雍安乐窝即位于天津桥南，其日常生活、闲适交游常与天津相伴，也留下大量诗篇②。

天津桥的主要活动有宫阙北望、临洛听涛、凭栏观桥、月陂闲步等③。

（3）铜驼巷陌

铜驼坊，此坊自洛水之北徙④。从文献记载看，北宋时期水南新增的铜驼坊应较为重要，富弼描述其宅邸位置曰"幽居近铜驼"⑤，即以铜驼为坐标；王拱辰描述富公宅，"铜驼坊西福善宅"⑥，也以铜驼坊为参照。

考虑到北宋洛阳人口较唐时减少，而这一时期水南反新增坊地，应与这一区域人口相对密集有关。铜驼坊以南一线，为府廨临阗坊所在，乃洛南之中心；铜驼之西北，即会通桥，乃沟通水南水北之交通要道，因此，铜驼区域的繁荣热闹，应与其地理位置直接相关。

邵雍记录了铜驼景致，"金谷暖横宫殿碧，铜驼晴合绮罗光"⑦。然而到了南宋时期，陆游的词句也记录了洛阳的衰落与铜驼的荒凉，"曩者过洛阳，宫阙侵云起，今者过洛阳，萧然但荒垒，铜驼卧深棘，使我恻怅多"⑧。

---

① 苏舜钦：《苏舜钦集》，第59页。

② 《天津闲步》："天子旧神州，葱葱气象浮，园林闲近水，殿阁远横秋，浪雪暑犹在，桥虹晴不收，人间无事日，此地好淹留"；《天津水声（一）》："洛水近吾庐，潺湲到枕虚，湍惊九秋后，波急五更初，细为轻风背，豪因骤雨馀，幽人有此乐，何必待笙竽"；《月陂闲步》："因随芳草行来远，为爱清波归去迟。独步独吟仍独坐，初凉天气来寒时。"邵雍：《伊川击壤集》，第56、245页。

③ 月陂，"隋宇文恺版筑之。时因筑斜堤，束令东北流，当水冲捺堰，作九折，形如偃月，谓之月陂。其西有上阳、积翠、月陂三堤记"。徐松：《河南志》，第24~25页。

④ 唐时洛北铜驼坊临近北市和唐代漕渠，为繁华之地。

⑤ 司马光：《司马温公集编年笺注》5，第165页。

⑥ 厉鹗辑《宋诗纪事》（一），第296~297页。

⑦ 邵雍：《伊川击壤集》，第19页。

⑧ 陆游：《陆游集》，北京：中华书局，1976年，第371页。

（4）赏花尚园

宋初即有某用事"求洛中一樱桃园不得"，乃不顾世交关系，"因而有隙，常欲中伤之"①，可见其洛中人对于花圃园囿的偏爱早有传统，"曾是洛阳花下客，野芳虽晚不虚嗟"②。其后关于北宋洛阳风俗的两部文献——欧阳修《洛阳牡丹记》（后有周师厚《洛阳花木记》）、李格非《洛阳名园记》，对北宋时期洛人爱花尚园的风俗进行了颇为详尽的记录。"洛阳之俗，大抵好花。……花开时，士庶竞为游遨。往往于古寺废宅有池台处，为市井张幄幕，笙歌之声相闻。最盛于月陂堤、张家园、棠棣坊、长寿寺东街与郭令宅。至花落乃罢。"③ "洛阳交友皆奇杰，递赏名园只似家"④，"年少曾为洛阳客，眼明重见魏家红"⑤，可见赏花、品酒、游园、吟诗已成为洛中文人交游的重要内容。

更为重要的是，这种赏花访园的活动，并非文人官员的独享乐趣，而是一场不分阶层的全民狂欢，"虽贫者亦戴花饮酒相乐"⑥。春季，乃洛中赏花时节，花卉遍布洛城，"满洛城中将相家，广栽桃李作生涯，年年二月凭高处，不见人家只见花"⑦，甚至还出现"熙宁元年春，（张唐英）以前御史服除还京朝过洛，府尹同僚属出赏花，皆不见"⑧ 的现象，特别是牡丹绽放的时候，"满城方始乐无涯"⑨。

（5）寺院雅集

前文已述。这样的文人集会，也成一景，又引来都人观之。

> 洛阳多名园古刹，有水竹林亭之胜，诸老须眉皓白，衣冠甚伟，每宴集，

---

① 张齐贤：《洛阳搢绅旧闻记》，第 55 页。

② 《戏答元珍》，欧阳修：《欧阳文忠全集》，第 71 页。

③ 欧阳修：《洛阳牡丹记》，《牡丹谱》，第 53 页。

④ 邵雍：《伊川击壤集》，第 252 页。

⑤ 《答西京王尚书寄牡丹》，欧阳修：《欧阳文忠全集》，第 85 页。

⑥ 邵伯温：《邵氏闻见录》，第 186 页。

⑦ 邵雍：《伊川击壤集》，第 180 页。

⑧ "张唐英者，天觉丞相兄也。丞相少受学于唐英，唐英有史才，尝作《宋名臣传》、《蜀梼杌》行于代。熙宁元年春，以前御史服除还京朝过洛，府尹同僚属出赏花，皆不见。唐英题诗传舍云：'先帝昭陵土未干，又闻永厚葬衣冠。小臣有泪皆成血，忍向东风看牡丹。'"邵伯温：《邵氏闻见录》，第 172 页。

⑨ 邵雍：《伊川击壤集》，第 396 页。

都人随观之。潞公又为同甲会，司马郎中旦、程太常珦、席司封汝言，皆丙午人也，亦绘像资胜院。其后司马公与数公又为真率会，有约：酒不过五行，食不过五味，惟菜无限。楚正议违约增饮食之数，罚一会。皆洛阳太平盛事也。洛之士庶又生祠潞公于资胜院，温公取神宗送潞公判河南诗，隶书于榜曰竚瞻堂，塑公像其中，冠剑伟然，都人事之甚肃。①

2. 城外景致

（1）出城踏青

洛阳城外山水胜地，洛人常出城观田园风光，赏山水景致。

向南出长夏门、厚载门，"出郭心已清，青山忽相对，游人傍流水，俯仰秀色内"②，"初出都门外（厚载门），西南指洛陬，山川开远意，天地挂双眸，村落桑榆晚，田家禾黍秋，民间有此乐，何必待封侯"③。

向北可游上清宫，"洛城二月春摇荡，桃李盛开如步障，高花下花红相连，垂杨更出高花上，闲陪太尹出都门，邙阜真宫共寻访，不见翠华西幸时，临风尽日独惆怅"④。

向西可游上阳宫、金谷原，"向晚驱车出上阳，初程便宿水云乡，更闻数弄神仙曲，始新壶中日月长"⑤；"上阳门外云连草，车马遥遥往来道，昔王游豫几何年，今人岂识当时好"⑥；"草软沙平月陂下，云轻日淡上阳西，花深柳暗铜驼陌，风暖莺娇金谷堤"⑦。

（2）龙门寻古

龙门乃洛阳游览胜地，前文已述。龙门东山擂鼓台的发掘，说明此地至北宋时期，仍有诸多文人游客前来。正如彭城刘仲淑所记："寻幽选胜，终日忘归，……游得香山

---

① 邵伯温：《邵氏闻见录》，第 105 页。
② 张耒：《张耒集》，第 85 页。
③ 邵雍：《伊川击壤集》，第 35 页。
④ 邵雍：《伊川击壤集》，第 96 页。
⑤ 邵雍：《伊川击壤集》，第 72 页。
⑥ 司马光：《司马温公集编年笺注》6，第 74 页。
⑦ 邵雍：《伊川击壤集》，第 421 页。

宝应凡数宵，徘徊登眺，不忍轻别，岂敢继古贤仁智之趣，聊自足山水之赏。"①

　　由上述梳理可知，洛阳城在北宋时期已逐渐转变为一座休闲型城市，城中形成了寄情山水、闲适雅集的风气。而这种游览山川和古迹名胜的路线，也从城内和城市周边延伸至更广阔的区域，如向东至嵩岳地区，形成"几日游"的线路②。

---

① 龙门石窟研究院、北京大学考古文博学院、中国社会科学院世界宗教研究所编《龙门石窟考古报告——东山擂鼓台区》，第41页。龙门之景，也见于其他诗文中，如"彩阁萦林转，苍崖隔水开。龛明千像日，波起一滩雷。绿浅春前草，香余腊后梅。背人惊鹭去，将雨好风来，云气随衣袂，岚光入酒杯，清游不知屡，欲下更徘徊"，《游龙门香山寺》，蔡襄：《蔡襄集》，上海古籍出版社，1996年，第71页。

② 其中记录最为详尽者，为谢绛《游嵩山寄梅殿丞书（明道元年九月）》，文中记录了自建春门出，一路向东而后向南，转至龙门，最后从长夏门归洛的线路，辗转四百里，共六天五夜，也从另一个侧面反映出洛阳建春门、长夏门在交通方面的重要性。"十二日昼漏未尽十刻，出建春门，宿十八里河。翌日，过缑氏，阅游嵩门诗碑，碑甚大字而未镌。上缑岭，寻子晋祠。陟辗辕道，入登封，出北门，斋于庙中。是夕寝既兴，吏白五鼓有司请朝服行事，事已，谒新治宫，拜真宗御容。稍即山麓，至峻极中院，始改冠服，却车，徒从者不过十数人，轻赍遂行。……又寻韩文公所谓石室者，因诣尽东峰顶，既而与诸君议，欲见诵《法华经》注僧。……明日，访归路，步履无苦，……午间，至中院，……申刻，出登封西门，道颍阳，宿金店。十六日晨发，据鞍纵望，太室犹在后，虽曲，南西则但见少室。……自是行七十里，出颍阳北门，访石堂山紫云洞，即邢和璞著书之所。……犹冒夜行二十五里，宿吕氏店。……十七日，宿彭婆镇，遂缘伊流陟香山，上上方，饮于八节滩上。……大凡出东门极东而南之，自长夏门入，绕嵩辕一匝四百里，可谓穷极胜览……"欧阳修：《欧阳文忠全集》，第867页。

第五章　北宋西京的城市定位

上一章对城市要素的复原，让我们了解了北宋西京城市概貌。它与唐代东都城有延续关系，也有着很大的不同。那么，北宋西京在宋代城市中的地位如何？与东京开封是什么关系？其城市定位和城市性格是否有所变化和发展？城市定位与城市建设是否有所关联？要回答这些问题，仅靠城市格局和要素的复原，是远远不够的。因此，本章试从时间和空间两个维度来衡量北宋西京，以期将其置于大的历史时空背景中，讨论西京的城市定位问题。

一　北宋西京的分期问题

根据文献记载，北宋西京城市和大内有几次比较大的修缮活动，分别在太祖、真宗、神宗和徽宗时期①。然而这几次修缮的历史背景和敕修动机完全不同，与北宋历史发展的脉络密切相关，也决定了西京在一段时间内的城市定位及发展走向。

因此，本书将太祖、真宗、神宗及徽宗朝作为北宋时期西京城市定位与发展的关键节点分期概述，以了解北宋西京城市发展历程。

（一）前期（960～997年）：太祖、太宗朝

"上生于洛阳，乐其土风，有迁都之意。"② 太祖生于洛阳夹马营③，对洛阳有很

---

① 张祥云：《北宋西京河南府研究》，河南大学博士论文，2010 年，第 13～16、32～33 页，对文献有较为全面的梳理。韩建华：《试论北宋西京洛阳宫城、皇城的布局及其演变》，《考古》2016 年第 11 期也有涉及。因考古材料不足以支撑城市分期问题，故本节主要以历史文献整理为主。

② 李焘：《续资治通鉴长编》，第 369 页。

③ "太祖生西京夹马营。至九年西幸，还其庐驻跸，以鞭指其巷曰：'朕忆昔得一石马，儿为戏，群儿屡窃之，朕埋于此，不知否？'斸之，果得。"文莹：《玉壶清话》，北京：中华书局，1984 年，第 65 页。

深的感情，其统领天下更离不开洛阳的扶持，"圣人居草昧之际，独一僧识之"。更为重要的是，太祖充分认识到开封作为都城之利弊，一方面因漕运的便利，可以给予国都足够的补给；另一方面，开封无天险可据，"府库重兵，皆在大梁"，重兵镇守，必定耗费，故太祖担心"不出百年，民力殚矣"。

因此，太祖常存迁洛之念①，"吾将西迁者无它，欲据山河之胜而去冗兵，循周、汉之故事以安天下也"②。他登基之后，对洛阳城陆续做了几件事：

1. 梳理交通

（1）修天津桥

（建隆二年即961年四月）西京留守向拱言："重修天津桥成，甃石为脚，高数丈，锐其前以疏水势，石缝以铁鼓络之，其制甚固。"降诏褒美。③

（2）修古道（陆运）

（建隆三年即962年正月九日）诏西京修古道险隘处，东自洛之巩，西抵陕之湖城，悉命治之，以为坦路。④

（3）修漕渠（水运）

开宝初，太祖皇帝将西幸于洛，命修大内，督工役甚急，兼开凿漕河。从嘉猷坊东出，穿掘民田，通于巩，入黄河，欲大通舟楫之利，辇运军食于洛下。⑤

2. 加强城市管理

（开宝二年即969年）西京留守向拱在河南十余年，专修饰园林、第舍，好声

---

① "太祖幸西京，将徙都，群臣不欲留。时节度使李怀忠乘间谏曰：'东京有汴渠之漕，坐致江淮之粟四五千万，以赡百万之军，陛下居此，将安取之？且府库、重兵皆在东京，陛下谁与此处乎？'上乃还。"司马光：《涑水记闻》，第7页。

② 邵伯温：《邵氏闻见录》，第66页。

③ 刘琳、刁忠民、舒大刚校点《宋会要辑稿》，第9542页。

④ 刘琳、刁忠民、舒大刚校点《宋会要辑稿》，第9463页。建隆三年正月，"修西京古道，峻隘处悉令坦夷"，李焘：《续资治通鉴长编》，第61页。

⑤ 张齐贤：《洛阳搢绅旧闻记》，第141页。

妓，日纵酒，恣所欲。政府坏废，群盗白日劫人于市，吏不能捕。上闻之怒，庚子，徙拱为安远节度使……（九月）丁未，以左武卫上将军长社焦继勋知河南府。谕继勋曰："西洛久不治，卿无复效向拱也。"继勋视事月余，都下清肃。①

3. 修西京宫室

（开宝八年即 975 年冬十月）丁巳，修西京宫阙。②

遣庄宅使王仁珪、内供奉官李仁祚与知河南府焦继勋同修洛阳宫室，上始谋西幸也。③

（1）宫室合九千九百九十余区④。

（2）太祖开宝八年十一月丙寅，西京明堂殿成⑤。明堂殿即为太极殿⑥。

（开宝九年即 976 年三月）辛巳，上至西京，见洛阳宫室壮丽，甚悦，召知河南府、右武卫上将军焦继勋面奖之，加彰德节度使。……继勋女为皇子德芳夫人，再授旌钺，亦以德芳故也。⑦

4. 确定巩义宋陵

（1）改葬宣祖于永安陵

周世宗始征淮南之岁，宣祖崩，葬于安陵。安陵在京城东南隅。（乾德元年即 963 年闰十二月）辛未，命司天监浚仪赵修己、内客省使王仁赡等改卜于西京巩县西南四十里邓封乡南訾村。⑧

————————

① 李焘：《续资治通鉴长编》，第 231 页。
② 脱脱等：《宋史》，第 2104 页。
③ 李焘：《续资治通鉴长编》，第 348 页。
④ 脱脱等：《宋史》，第 1418 页。
⑤ 王应麟：《玉海》。
⑥ 从景德年间"明堂殿前三门改为太极门"可知，明堂殿，即太极殿，乃西京宫殿建筑群中轴线上最重要的建筑。
⑦ 李焘：《续资治通鉴长编》，第 367 页。
⑧ 李焘：《续资治通鉴长编》，第 113 页。

（开宝三年即 970 年三月）升河南府巩县为次赤，以奉安陵。①

（2）改葬杜太后于永安陵

太祖登极未久，杜太后上仙，初从宣祖葬国门之南奉先寺。后命宰相范质为使，改卜未得地。质薨，更命太宗为使，迁奉于永安陵。又欲迁远祖于西京之谷水，盖宣祖微时葬也。相并两冢，开圹皆白骨，不知辨，遂即坟为园，岁遣官并祭，洛人谓之一寝二位云。伊川先生程颐曰：“为并葬择地者，可以谓之智矣。”②

（3）确定太祖葬地

（开宝九年）上谒安陵，奠献号恸，左右皆泣。既而登阙台，西北向发鸣镝，指其所曰：“我后当葬此。”赐河南府民今年田租之半，复奉陵户一年。③

5. 郊祀

（开宝九年春正月）庚辰，诏幸西京，将以四月有事于南郊。④

旧仪，将有事于南郊，必先告太庙。于是，将如西京，不欲载神主俱行。壬申，上亲告太庙，常服乘步辇，百官班于庙庭，不设乐悬，止一献，不行祼礼，不饮福酒，不祭七祀。及祀圜丘于西京，前二日，复命东京留守告宣祖庙焉。⑤

庚子，合祭天地于南郊（国史改称雩祀，恐失其实，今从实录正言之）。还，御五凤门，大赦，有司将奉册上尊号，上卒不受。⑥

6. 祈停雨

（开宝九年三月）辛卯，幸龙门广化寺，开无畏三藏塔。⑦

---

① 李焘：《续资治通鉴长编》，第 245 页。
② 邵伯温：《邵氏闻见录》，第 5 页。
③ 李焘：《续资治通鉴长编》，第 367 页。
④ 李焘：《续资治通鉴长编》，第 363 页。
⑤ 李焘：《续资治通鉴长编》，第 367 页。
⑥ 李焘：《续资治通鉴长编》，第 368 页。
⑦ 李焘：《续资治通鉴长编》，第 368 页。

初，雨弥月不止，上遣中使赍三木与岳神约，宿斋日雨不止，当施桎梏，又使祷无畏三藏塔，不如约则毁之。及期始晴霁，以讫成礼。都民垂白者相谓曰："我辈少经乱离，不图今日复观太平天子仪卫。"有泣下者。①

这几个举措奠定了洛阳作为北宋西京的地位，也确立了西京的主要职能——祭祀。一方面，太祖在西京建明堂殿，后又行南郊正祭，可见洛阳作为"天下之中"的正统地位为太祖所认可，也因此成为重要的郊祀场所。这一点应是承袭了五代以来在洛郊祀的传统②。另一方面，太祖将宋陵设于河南府巩县，并升巩县为次赤县，安排奉陵户，则赋予了西京新的职能——奉陵寝。

至太宗朝，对西京的关注和认可就减少了很多，仅太平兴国三年（978 年）二月"制西京新修殿名"③，而其郊祀则在开封进行④。

更有意思的是，太平兴国七年（982 年）三月，太宗"罢廷美开封尹，授西京留守。赐

---

① 李焘：《续资治通鉴长编》，第 368 ～ 369 页。
② "事定，象先遣赵岩赍传国宝至东京，请帝即位于洛阳。（梁末帝）帝报之曰：'……公等如坚推戴，册礼宜在东京，贼平之日，即谒洛阳陵庙。'"薛居正：《旧五代史》卷八《梁末帝纪》，第 78 页。
其后租庸使赵岩劝帝郊天，且言："帝王受命，须行此礼，愿陛下力行之"，而梁末帝不顾宰臣敬翔"郊祀之礼，颁行赏赉，所谓取虚名而受实弊"的反对，亲幸洛阳。薛居正：《旧五代史》卷九《梁末帝纪》，第 91 页。关于这一问题，《宋代开封研究》也有着较为精到的论述，"后晋、后汉时期，宫廷和政府重回开封，但太庙和南郊依旧留在洛阳。不过皇帝不再参加亲祭活动，而以所谓有司摄事（宰相等代理执行）形式实施在太庙和南郊的祭祀。部分史料表明，后周在建国初期，依然将郊坛、太庙以下祭祀设施置于洛阳，并派宰相在太庙进行祭祀。在开封进行的首次郊祀已是后周太祖广顺三年（953 年）以后之事"。"这种首都设施的'圣'、'俗'分离状态在后晋、后汉、后周也时有出现，可以称得上是'首都功能的分离'。换一种角度思考，它是一种反常状态。在同一个城市里，按'左祖右社、面朝后市'的位置关系设置太庙、社稷、官厅，是《周礼》中理想的首都形态。而将太庙、社稷、郊坛留在洛阳，只把朝廷搬到开封，这是一种怪现象。"［日］久保田和男：《宋代开封研究》，上海古籍出版社，2010 年，第 25 ～ 26 页。这种"怪现象"形成的原因应与洛阳长期以来的正统地位有关，"谒洛阳陵庙"只是传统，更是一项昭告天下的仪式。这种观念一直延续至北宋时期。
③ 脱脱等：《宋史》，第 39 页。
④ 太平兴国三年十一月，"乙未，亲享太庙。丙申，合祭天地于南郊。御丹凤楼，大赦。受册尊号于乾元殿。国初以来，南郊四祭及感生帝、皇地祇、神州，凡七祭，并以四祖迭配。上即位，但以宣祖、太祖更配。于是合祭天地，始奉太祖升侑焉。殿直王操献南郊颂，上悦之，召问曰：'汝在江南与谁等？'操曰：'与张泊同。'上问：'泊今为何官？'左右对曰：'太子中允。'己酉，即以操为太子中允"。李焘：《续资治通鉴长编》，第 437 页。

袭衣、通犀带，钱千万缗，绢、彩各万匹，银万两，西京甲第一区"①。根据张祥云的研究，"西京留守"的职位在宋初"多由元老宿将或皇帝侍从亲信等充任……其位显、俸优，政治地位较高"②。太宗将廷美置于西京，是别有意义的。一方面认可其政治地位，给予较高的俸禄待遇；另一方面，剥夺实权，发配陪都，既远离政治中心，又在君主可控的范围之内。

这是一个政治事件，但从中可看出太宗对于西京的态度较太祖发生了巨大的变化，即将西京定义为陪都。自此以后，西京又承担了另一项重要职能——官员任免的调节器（政治缓冲器）。西京官员地位职级较高，享受一定的俸禄，然多为闲差，加之分司制度③，决定了西京士大夫阶层与政治中心若即若离的微妙关系，也产生了特有的精神状态和生活状态，体现在西京城市性格之中。

北宋前期，政局尚未稳定，民间生活也并不安稳，西京周边甚至有群盗现象发生④。这一时期的洛阳尚在休养生息的过程中，百废待兴。

（二）中前期（998～1067 年）：真宗、仁宗、英宗朝

真宗年间对西京有较大规模的建设工程，兹列举如下：

1. 修路

（天禧三年即 1019 年八月）遣使西京至陕府修葺道路，以霖雨坏道故也。⑤

2. 拟修宫阙廨舍

"景德二年（1005 年）八月十三日，以将朝陵，诏西京八作司修葺大内及诸司廨舍。"至景德四年（1007 年）修宫阙未成，"诏曰：'国家经制，动著于典常；殿

---

① 脱脱等：《宋史》，第 7188 页。

② 张祥云：《北宋西京河南府研究》，河南大学博士论文，2010 年，第 72 页。

③ "（淳化五年即 994 年）上又谓近臣曰：'朕每日后殿自选循吏，候选及三二百人，天下郡县，何愁不治。迁懦因循之人，并与诸州副使、分司西京，或且给俸禄，不与差遣，然此辈又如何消国家禄食也！'"李焘：《续资治通鉴长编》，第 788 页。关于分司制度，张祥云《北宋西京河南府研究》有较为详细的分析。

④ "（至道三年即 997 年）西京奏，十月二十三日，有贼一百五十三人入白波兵马都监廨署，并劫一十四家，至午时，夺州船往垣曲，至河阳、巩县界。……今月二日西京奏，王屋县贼一百余人，白高渡溃散军贼六十余人……群贼自河北渡过河南；八日西京奏，草贼见把截土壕镇，官私往来不得。岂有京师咫尺而群盗如此，边防宁静而叛卒如是。"李焘：《续资治通鉴长编》，第 890 页。

⑤ 刘琳、刁忠民、舒大刚校点《宋会要辑稿》，第 9463 页。

囷规模，上符于天象。缅维列祖，尝幸旧都，修宫阙以未成，正名称而靡暇。今因巡省，周览禁庭，县示于人，题号非便，须从改作，用协彝章。其明堂殿前三门改为太极门。其诸殿诸名号，宜令崇文院检讨详定以闻'"①。

大中祥符三年（1010 年），"有司言至京西具銮驾仪仗，皇帝乘大辇，而城门卑庳不能容，望高广之"，上虑劳人，诏："将来出西京，经丽景、金耀平头门，改乘小辇，其金玉辂大辇并由城外"②。

3. 整饬馆驿、行宫

（景德三年即 1006 年八月）癸未，诏以来年春朝谒诸陵。初，司天言岁在酉戌乃可行。上曰："朕遵用典礼，意已决矣。"王旦曰："春候和暖，亦可顺动，惟行宫损坏，要须修葺。"上曰："如此，亦劳民矣。"乃诏所至州县，但增饬馆驿，不得更建行宫。侍从臣僚并百司供拟及供御之物，并令减省。③

（景德四年正月）丙寅，斋于永安镇行宫，太官进蔬膳。④

4. 造祭祀场所

（景德四年二月）癸酉，就西京建太祖神御殿，又置国子监、武成王庙。⑤

（天禧元年即 1017 年五月）西京应天禅院太祖皇帝神御殿成，为屋凡九百九十一区。己未，命宰相向敏中为奉安圣容礼仪使，入内都知张景宗管勾迎奉，左谏议大夫戚纶告永昌陵。⑥

（大中祥符二年即 1009 年六月，王曾上疏）并睹西京造太宗影殿。⑦

（大中祥符三年七月）令西京葺后唐庄宗庙。⑧

————————

① 刘琳、刁忠民、舒大刚校点《宋会要辑稿》，第 9278 页。

② 李焘：《续资治通鉴长编》，第 1694 页。即从五凤楼出，入皇城西行，出金耀、丽景门，参考图 3.9。

③ 李焘：《续资治通鉴长编》，第 1418 页。

④ 李焘：《续资治通鉴长编》，第 1443 页。

⑤ 李焘：《续资治通鉴长编》，第 1445 页。"景德四年，建神御殿于故宅，绘像祀之。寻改法祥寺。"龚崧林：《重修洛阳县志（乾隆）》卷十一古迹，第 23 页。

⑥ 李焘：《续资治通鉴长编》，第 2061 页。

⑦ "并睹西京造太宗影殿，东岳置会真之宫，计其工佣，亦皆不啻中人百家之产，然于尊祖礼神则盛矣，其于邦国大计则犹未足为当时之急务也。"李焘：《续资治通鉴长编》，第 1614 页。

⑧ 李焘：《续资治通鉴长编》，第 1686 页。

真宗对于洛阳的重视与眷顾，应源于景德和大中祥符年间的两次朝陵与西幸。因为要朝陵，故诏令"葺西京大内及诸司廨舍"，也才需要"营建城邑，充奉山园，祇率徽章，用崇先烈"。继而建永安镇为县，隶河南府，同赤县。景德四年真宗在洛阳的活动曾有所记录：

> （正月）己未，车驾发京师。……甲子，次巩县。罢鸣鞭及太常奏严、金吾传呼。或献洛鲤，上曰："吾不忍食也。"命放之。丙寅，斋于永安镇行宫，太官进蔬膳。……二月戊辰朔，车驾遂如西京，夕次偃师县，始复奏严。……己巳，至西京，始奏乐，道经汉将军纪信家、司徒鲁恭庙，诏赠信为太尉，恭为太师。辛未，命吏部尚书张齐贤祭周六庙。……癸酉，就西京建太祖神御殿，又置国子监、武成王庙。甲戌，诏赐酺三日。①

这些经历真宗以为贵，"命翰林侍讲学士邢昺等编集车驾所经古迹"。大中祥符元年（1008 年）八月，"翰林侍讲学士邢昺等上《景德朝陵地里记》六十卷，诏褒之"②。洛阳古迹观览之风盛行，这或许也是一个原因。

然而，即使"洛阳宫阙壮丽"，真宗也因"城北地隘，谷、洛浅滞，辇运艰阻"，认为其为"非久居之所"，第因行礼，暂巡幸耳③。

这一时期，一些重臣请老归洛，皆获许可，如吕蒙正④、张齐贤⑤等。吕蒙正至洛，在洛阳建设宅园，"有园亭花木，日与亲旧宴会，子孙环列，迭奉寿觞，怡然自得。大中祥符而后，上（真宗）朝永熙陵，封泰山，祠后土，过洛，两幸其第，锡赉有加"⑥。张齐贤归洛后，得裴晋公午桥庄，凿渠周堂，花竹照映，又在伊川开办和乐书院，对于北宋后期洛阳园林和文风兴盛产生了一定的影响。

到了仁宗朝，建设活动似更加频繁：

① 李焘：《续资治通鉴长编》，第 1443 ~ 1445 页。
② 李焘：《续资治通鉴长编》，第 1445、1556 页。
③ 李焘：《续资治通鉴长编》，第 1715 页。
④ 景德二年，"太子太师吕蒙正请归西京养疾，诏许之。丁未，召见，听肩舆至殿门外，命二子光禄寺丞从简、校书郎知简掖以升殿，劳问累刻，因言：'北戎请和，从古以为上策。今先启诚意，继好息民，天下无事，惟愿以百姓为念。'上甚嘉赏之，其二子皆迁官"。李焘：《续资治通鉴长编》，第 1320 页。
⑤ 大中祥符五年八月，"左仆射张齐贤再表请老，戊戌，以司空致仕，还洛阳旧业。入辞便坐，方拜而仆，上遂止之，许二子扶掖升殿，命并坐墩为三以优之"。李焘：《续资治通鉴长编》，第 1777 页。
⑥ 脱脱等：《宋史》，第 7518 页。

1. 修筑城池，布列城坊

仁宗景祐元年（1034 年）九月十五日，宰臣王曾言："西京水南地里阔远，居民甚多，并无城池，望令渐次修筑。"诏知河南府李若谷计度兴筑。①

自唐末五代，鞠为荆棘。后依约旧地列坊云。坊久无榜。皇祐二年，张奎知府事，命布列之。洛阳志云：凡一百二十坊。②

2. 桥梁

明道二年（1033 年）正月，钱惟演督修天津桥③。

庆历中造会通桥④。

3. 官署

天圣元年（1023 年），"丙辰，以岁饥，权罢修西京太微宫、白马寺，其修永定陵家役二人者免一人。……河南府太微宫成，给田五顷"⑤。

明道元年（1032 年），钱惟演重修河南府使院⑥、河南府净垢院⑦，水北巡检署

---

① 刘琳、刁忠民、舒大刚校点《宋会要辑稿》，第 9279 页。

② 徐松：《河南志》，第 3 页。

③ "甲申，以侍御史孙祖德为夏州祭奠使，朱昌符道病故也。祖德，北海人，前通判西京。方冬苦寒，诏罢内外工作，而钱惟演督修天津桥，格诏不下，祖德曰：'诏书可稽留耶？'卒白罢役。"李焘：《续资治通鉴长编》，第 2604 页。

④ 徐松：《河南志》，第 18 页。

⑤ 李焘：《续资治通鉴长编》，第 2321、2337 页。

⑥ 龚崧林：《重修洛阳县志（乾隆）》。"洛都天下之仪表，提封万井，隶县十九，王事浩穰，百倍他邑。而典史之局甚陋，不称。彭城相居守之明年，若曰：'政教之废兴出于是，官吏之缓猛系于是，义不可忽。'始谋新之。乃度地于府之西偏，斥大其旧居，列司存整按牒，以图经久之制，夏某月，工徒告成，制作虽壮不逾矩，官司虽冗执其方。"《河南府重修使院记》，欧阳修：《欧阳文忠全集》，第 321 页。

⑦ "河南自古天子之都，王公戚里、富商大姓处其地，喜于事佛者，往往割脂田、沐邑、货布之赢，奉祠宇为庄严。故浮图氏之居与侯家主第之楼台屋瓦，高下相望于洛水之南北，若弈棋然。及汴建庙社，称京师，河南空而不都，贵人、大贾废散，浮图之奉养亦衰。岁坏月隳，其居多不克完，与大游台、钓池并为榛芜者，十有八九。净垢院在洛北，废最甚，无刻识，不知谁氏之为，独榜其梁曰长兴四年建。丞相彭城钱公来镇洛之明年，祷雨九龙祠下。过之，叹其空阔，且呼主藏者给缗钱二十万。洛阳知县李宋卿干而辑焉，于是规其广而小之，即其旧而新之。即旧焉，所以速于集工；损小焉，所以易于完修。易坏补阙三十六间。工既毕，宋卿刻之于石以纪。夫修旧起废，由彭城公赐也，且志其复兴之岁月云。从事欧阳修遂为记。"《河南府重修净垢院记》，欧阳修：《欧阳文忠全集》，第 321 ~ 322 页。

修丛翠亭①。

景祐元年（1034 年），"以河南府府学为国子监。后唐同光三年，初建文宣王庙。咸平三年，重修。旧止名府学，于是直集贤院谢绛论奏，乃正监名"②。

景祐年间，"（上林坊）清洛馆，景祐中，留守张士逊建为客馆。济川亭，在洛河中潭西偏，张士逊建"③；"（临阛坊）紫嵩馆，景祐中判府事张士逊建为客馆，通判府事郭稹为记。右军巡院，盐麴院，临阛馆，旧监院之地，张士逊建"④。

皇祐初，夏竦、张奎重葺临阛坊河南府廨，"府东西皆有门，其榜钱惟演飞白书"⑤；"（景行坊）都亭驿，前临瀍水，后对应天禅院。旧驿舍庳陋，皇祐初，知府事张奎葺之，始为宏敞，什器皆具"⑥。

4. 祭祀场所

天圣元年，"景灵宫有真宗御容，将奉安于西京应天院。……甲戌，奉真宗御容于西京应天院"。天圣九年，"奉安太祖、太宗、真宗御容于西京凤台山会圣宫"⑦。

明道二年，"乙巳，诏修河南府周六庙、郑州周太祖世宗庙，并祀恭帝"⑧。

皇祐初，重葺绥福坊张全义祠堂⑨。

如果说真宗朝洛阳城的建设是皇家动议，那么仁宗朝则更多是地方行为。上述仁宗朝的建设活动都与西京地方长官有着直接的关系。其中最重要者当推钱惟演（天圣九年即 1031 年判河南府）和张士逊（明道二年即 1033 年判河南府）。

《邵氏闻见录》卷八载："天圣、明道中，钱文僖公自枢密留守西都，谢希深为通判，欧阳永叔为推官，尹师鲁为掌书记，梅圣俞为主簿，皆天下之士，钱相遇之

① "城中可以望而见者，若巡检署之居洛北者，为尤高，巡检使内殿崇班李君始入其署，即相其西南隅而增筑之治亭于上，敞其南北向以望焉。"《丛翠亭记》，欧阳修：《欧阳文忠全集》，第 323 页。
② 李焘：《续资治通鉴长编》，第 2677 页。
③ 徐松：《河南志》，第 15 页。
④ 徐松：《河南志》，第 17～18 页。
⑤ 徐松：《河南志》，第 17 页。
⑥ 徐松：《河南志》，第 31 页。
⑦ 李焘：《续资治通鉴长编》，第 2316、2318、2555 页。
⑧ 李焘：《续资治通鉴长编》，第 2647 页。
⑨ "全义为尹时，民为立生祠，后设本主祭之。皇祐初，族孙奎知府事，重葺之，命从事吴师孟为记。"徐松：《河南志》，第 20 页。

甚厚。一日，会于普明院，白乐天故宅也，有《唐九老画像》，钱相与希深而下，亦画其旁。因府第起双桂楼，西城建阁临阛驿，命永叔、师鲁作记。永叔文先成，凡干余言。师鲁曰：'某止用五百字可记。'及成，永叔服其简古。永叔自此始为古文。……一时幕府之盛，天下称之。"① 而正如王水照所言，"钱惟演的到任直接促进了文人集团的形成"②。从文学史上看，这一文人集团的交游活动对北宋诗文革新运动及宋代文学发展起到了巨大的作用；而从城市史看，短短三年间诸多文人集聚洛阳，交游唱和，观览游饮，进而文风大盛，天下称之，造就了这座城市的性格与风尚，也奠定了西京洛阳在文人阶层心中的地位。

明道二年，张士逊罢相判河南府，虽已 69 岁高龄，仍延续其"练习民事"的为官作风，勤勉执政，政绩突出。

可以说仁宗景祐以前的西京仍然是一派欣欣向荣的景象，虽然不如政治中心汴梁般士族显赫、商业繁华，但文风鼎盛，人民自得。正如《邵氏闻见录》所记"本朝唯真宗咸平、景德间为盛，时北虏通和，兵革不用，家给人足。以洛中言之，民以车载酒食声乐，游于通衢，谓之棚车鼓笛。仁宗天圣、明道初尚如此"。然"至宝元、康定间，元昊叛，西方用兵，天下稍多事，无复有此风矣。元昊既称臣，帝绝口不言兵。庆历以后，天下虽复太平，终不若天圣、明道之前也"③。可见仁宗朝的转折源于西夏战事。战事引发了东西京地位讨论及后续庆历新政，直接影响了西京的发展轨迹，从而走向衰落。

景祐三年（1036 年）五月，范仲淹《论西京事宜劄子》认为不可迁都，但要修西京，营廪食，"西洛帝王之宅，负关、河之固。边方不宁，则可退守。然彼空虚已久，绝无储积，急难之时，将何以备。宜托名将有朝陵之行，渐营廪食。陕西有余，可运而下，东路有余，可运而上。数年之间，庶几有备。太平则居东京通济之地，

① 邵伯温：《邵氏闻见录》，第 81 页。
② 王水照曾就"北宋洛阳文人集团的构成"进行考证，认为"以钱惟演为核心、谢绛为实际盟主的洛阳文人集团，今可考知姓名者共约二十二人"，主要包括钱惟演、谢绛、张汝士、尹洙、杨愈、梅尧臣、张太素、王复、欧阳修、尹源、富弼、张先、次公、孙祖德、张谷、王顾、钱暄、杨辟、张亢、张至、王尚恭、王尚喆。另外，"围绕这一洛阳文人集团周围有一群西京国子学的生徒们，人数达百余人"。王水照：《王水照自选集》，上海教育出版社，2000 年，第 132～149 页。
③ 邵伯温：《邵氏闻见录》，第 23 页。

以便天下；急难则居西洛险固之宅，以守中原"①。庆历三年（1043 年），韩琦也建议"营洛邑"，因为汴梁"无城隍之固以备非常，议兴葺则为张皇劳民"，不如"阴葺洛都以为游幸之所，岁运太仓羡余之粟，以实其廪庾，则皇居壮矣"②。

但至庆历四年（1044 年），范仲淹再次谏言，放弃了营洛邑的提案，转为乞修东京外城，"修京师外城者，后唐无备，契丹一举，直陷洛阳；石晋无备，契丹一举，直陷京师。故契丹之心，于今骄慢。且为边城坚而难攻，京师坦而无备，一朝称兵，必谋深入。我以京师无备，必促河朔重兵，与之力战。彼战或胜，则更无所顾，直趋澶渊，张犯阙之势，至时，遣使邀我以大河为界，将何以御之？是京师不可以无备也。若京师坚完，则戒河朔之兵勿与之战，彼不得战，则无乘胜之气。欲谋深入，前有坚城，后有重兵，必将沮而自退。退而不整，则邀之击之皆可也。故修京城者，非徒御寇，诚以伐深入之谋也。汉惠帝时，起六百里内男女城长安，二年而就；唐明皇时城长安，九十日而就。今约二年而城之，则民不劳而利大，不可不早计也"③。

可见其之前修西洛的建议并未被仁宗采纳，只能背负劳民之名而议葺东京。嘉祐四年（1059 年）六月，仁宗"赐筑新旧京城役卒缗钱"④，应是对东京城墙进行了加固。由此可见，西京的战略地位未被仁宗重视。

皇祐二年（1050 年），仁宗在东都开封重启明堂制度⑤，则强化了开封城的政治职能，进一步巩固了开封的正统地位。"大飨天地于明堂，以太祖、太宗、真宗配，从祀如圜丘。大赦，文武职官及分司、致仕官，并特与转官。内臣入仕及十年，亦与迁改，即不为永例。"⑥

"国之大事，在祀在戎。"当西京不再承担国家重要祭祀典礼，也不需要修筑城

---

① 李焘：《续资治通鉴长编》，第 2783 页。
② 李焘：《续资治通鉴长编》，第 3414 页。
③ 李焘：《续资治通鉴长编》，第 3603 页。
④ 李焘：《续资治通鉴长编》，第 4571 页。
⑤ "先是，宋庠建议，以今年当郊而日至在晦，用建隆故事，宜有所避，因请季秋大飨于明堂。乙亥，帝谓辅臣曰：'明堂之礼，自汉以来诸儒议论不同，将安适从？'文彦博对曰：'此礼废久矣，俟退而讲求其当，自圣朝行之。'……三月戊子朔，诏罢今年冬至亲祠南郊之礼，以九月择日有事于明堂。帝谓辅臣曰：'明堂者，布政之宫，朝诸侯之位，天子路寝，乃大庆殿是也。况明道初，合祀天地于此。今之亲祠，不当因循，尚于郊坛寓祭。'己丑，诏以大庆殿为明堂。……己亥，诏祠明堂宜尽物以遵典礼，自乘舆及服御诸物，务令有司裁简之。……甲午，礼院上明堂五室制度图。"李焘：《续资治通鉴长编》，第 4034～4041 页。
⑥ 李焘：《续资治通鉴长编》，第 4060 页。

池为东京汴梁提供安全屏障的时候，代表着其政治地位急速下降，与之配套的，是城市面貌的衰落与空虚。

> 唐会昌中，河南府有户一十九万四千七百余户，置二十县。今（庆历三年）河南府主客户七万五千九百余户，仍置一十九县。主户五万七百，客户二万五千二百。巩县七百户，偃师一千一百户，逐县三等而堪役者，不过百家，而所要役人不下二百数。新旧循环，非鳏寡孤独，不能无役。西洛之民，最为穷困。臣请依后汉建武六年故事，遣使先往西京，并省诸邑为十县，其所废之邑，并改为镇。……（庆历四年）省河南府颍阳、寿安、偃师、缑氏、河清五县并为镇。①

西京的政治地位虽在仁宗后期有所下降，但因其地理位置和经济地位，其一直承担着国家军事补给的功能，主要表现在两个方面：

第一，购买并储备军粮。

大中祥符五年（1012 年）十月，"癸丑，诏京西市籴军粮，转运使止当劝诱，无得迫促。时转运使于西京市籴，条约过当，民不如约则杖之，故特示禁戒"②。

天圣六年（1028 年）六月，"乙酉，出内藏库缗钱二十万，下京西转运司市籴军储"③。

嘉祐三年（1058 年）八月，"丁未，诏三司，京西比岁旱，屡蠲民租，其以缗钱十万下本路助籴军储"④。

第二，畜牧管理与马匹交易⑤。

天圣六年，"废洛阳监。于是河南诸监皆废，悉以马送河北"。明道元年（1032

---

① 李焘：《续资治通鉴长编》，第 3442、3617 页。

② 李焘：《续资治通鉴长编》，第 1797 页。

③ 李焘：《续资治通鉴长编》，第 2475 页。

④ 李焘：《续资治通鉴长编》，第 4519 页。

⑤ 西京官员直接参与了马匹交易和管理的政策制定，例如，咸平元年十一月，"戊辰，西京左藏库使杨允恭言：'准诏估蕃部及诸色进贡马价，请铸印。'诏以'估马司印'为文。置估马司始此。凡市马之处，河东则府州、岢岚军，陕西则秦、渭、泾、原、仪、环、庆、阶、文州、镇戎军，川峡则益、黎、戎、茂、雅、夔州、永康军，皆置务，遣官以主之，岁得五千余匹，以布帛茶他物准其直。招马之处，秦、渭、阶、文之吐蕃、回纥，麟、府之党项，丰州之藏才族，环州之白马、鼻家、保家、名市族，泾仪延鄜、火山保德保安军、唐龙镇、制胜关之诸蕃。每岁皆给以空名敕书，委缘边长吏择牙吏入蕃招募诣京师，至则估马司定其直，三十五千至八千凡二十三等。其蕃部又有直进者，自七十五千至二十七千凡三等，有献尚乘者，自百二十千至六十千亦三等"。李焘：《续资治通鉴长编》，第 921～922 页。

年），又复洛阳监①。

（三）中后期（1068～1100 年）：神宗、哲宗朝

这是北宋历史上的变革期，先后经历熙丰变法、元祐更化、绍圣绍述等几个阶段，其间政治反复、党争频繁，而在仁宗时期地位下降的陪都西京却因变法而成为旧党聚集地，一时文人士大夫齐聚洛阳，形成了北宋西京继真宗朝后的第二次文化高峰。

这一时期，皇家对于西京投入和建设较少，从文献记载看，主要是西京大内的翻修和元丰城破后的加固。

1. 维护西京大内

神宗熙宁二年（1069 年）十月十六日，京西转运司言："西京大内，损坏屋宇，比旧少四千余间矣，乞于春首差中使一员，计会留守司通判检定翻修，每二间折创修之数一间。"诏令通判检定，本京修葺，转运司提举。

（熙宁）四年（1071 年）二月十一日，诏京西转运司每年拨钱一万贯，买材木修西京大内。

元丰七年（1084 年）七月四日，尚书工部言："知河南府韩绛乞修大内长春殿等，欲下转运司支岁认买木钱万缗。"从之。②

2. 元丰水灾后修城

甲辰，知河南府韩绛言："伊、洛暴涨，冲注城中军营，欲望应被水灾厢、禁军等第与特支钱，及先修军营。其水北军民被害续奏请。"诏："经水灾民户，令体量赈恤。被水厢、禁军，以差赐般移钱，死者依漂溺民户法给钱。"（旧纪书：伊、洛溢，浸西京。新纪但书：伊、洛溢。）……丙午，诏："户部员外郎张询、勾当御药院刘惟简赈济西京被水灾军民，并催督救护官物城壁等。其合行事如有违碍，从宜施行。"③

---

① "议者谓：'自河南六监废，京师须马，取之河北，道远非便。'诏遣左厢提点王舜臣往度利害。舜臣言：'镇宁、灵昌、东平、淳泽四监虽废，然其地犹牧本监并骐骥院马。洛阳、单镇监去京师近，罢之非便。'乃诏复二监，以牧河北孳生马。"脱脱等：《宋史》，第 3295 页。

② 刘琳、刁忠民、舒大刚校点《宋会要辑稿》，第 9279 页。徐松：《河南志》，第 156 页。

③ 李焘：《续资治通鉴长编》，第 8322～8323 页。

十日，知河南府韩绛言："近被水灾，自大内、天津桥、堤堰、河道、城壁、军营、库务等皆倾坏。闻转运司财用匮乏，必难出办；役兵累经划刷，府官职事繁多。欲望许臣总领，赐钱十万缗。"①

诏河南府被水诸军借一月粮，见克纳者并除之。②

诏"西京被水漂溺之家及秋田灾五分户，并免来年夏秋支移折变"，从户部员外郎张询请也。③

元丰七年甲子六月二十六日，洛中大雨，伊、洛涨，坏天津桥，波浪与上阳宫墙齐。夜，西南城破，伊、洛南北合而为一流，公卿士庶第宅庐舍皆坏，唯伊水东渠有积薪塞水口，故水不入府第。……筑水南新城新堤，增筑南罗城。明年夏，洛水复涨，至新城堤下，不能入，洛人德之，康公尹洛有异政也。④

考古所见北宋补筑城墙、西墙外河堤可能皆与这次"增筑南罗城"有关，所谓"新城新堤"也。

但从元丰八年司马光《乞罢将官状》可知，西京虽增筑南罗城以防水患，但城市管理却出现问题，守御不固。"西京城郭周围数十里，卑薄颓阙，犬豕可踰，又瀍、洛二水交贯其中，每夜诸门扃镝虽严，而滩流之际，人皆可以平行往来。其属水南北巡检下所管兵士，除出军外，余数不多，通判以下诸官白直，来往防送，仓库守宿，街市巡逻，尽出其间。向者先帝违豫，敕西京留守亲诣嵩山起建道场，其将下禁军充白直者，于条皆不得出城经宿，所留者剩员七八人而已。西京，天子别都也，其守御不固如此；留守，前宰相重官也，其侍卫单寡如此。"故臣下提出担心"万一有凶狡之贼，驱乌合之众，突入城邑，或戕贼长吏，以焚烧庐舍，杀掠吏民，将何以制之哉？此则天下太平之久，习俗淳厚，群心安固，贼不测虚实，胆智怯弱，故未敢为之耳！岂可忽略，谓之必无而不为之备哉？"⑤

---

① 刘琳、刁忠民、舒大刚校点《宋会要辑稿》，第 9279 页。
② 李焘：《续资治通鉴长编》，第 8351 页。
③ 刘琳、刁忠民、舒大刚校点《宋会要辑稿》，第 8205 页。
④ 邵伯温：《邵氏闻见录》，第 148～149 页。关于元丰七年这一次水患的时间，根据干支测算，应为元丰七年七月六日，而非邵书中所记"六月二十六日"。
⑤ 李焘：《续资治通鉴长编》，第 8500～8501 页。

这一时期的西京洛阳，仍然起着政治调节器的作用。司马光①、富弼②、文彦博③等一批重臣归于西洛，他们所获俸禄较高，而职务相对清闲，在西京城内兴起大量宅邸建设工程。

富弼："公自汝州得请归洛养疾，筑大第。"④

王拱辰："王拱辰即洛之道德坊，营第甚侈，中堂起屋三层，上曰朝元阁。"⑤

司马光："时司马光亦居洛，于私居穿地丈余，作壤室"⑥，洛人戏云"王家钻天，司马家入地"。

苗授：（元祐六年六月）甲寅，知潞州苗授为右卫上将军，提举崇福宫，从其请也。刘挚云："授……家富洛下，生理已成，居第甲于洛，盖所谓'史馆园'者。官穷家富，故日为去计，不复有意于报效。"⑦

任逸："别馆占洛城，绕水石花竹之胜，每受代还乡，从容宴息于其间，春风之朝，明月之夕，多与文士赋诗为乐。中年又与里闬耆儒宿德，约为老会，益以觞咏相追逐，浩乎洋然。"⑧

这些官员在洛建设宅邸，并仰赖洛阳深厚的造园传统和人文底蕴，营造出精美的园林，盛景甲于天下。"名公大人，为冠冕之望。天匠地孕，为花卉之奇。加以富贵利达，优游闲暇之士，配造物而相妩媚，争妍竞巧于鼎新革故之际，馆榭池台，

---

① "庚戌，司马光登对，乞许州及留台，上曰：'必得许州乎？'光曰：'臣安敢必，但稍便乡里，即臣之幸也。'上曰：'西京如何？'光曰：'恐非臣所能了，若朝廷差遣，又安敢辞。'因拜谢而退。先，命知河南府王陶知永兴军、知邓州吕诲知河南。诲敕既出，上收入禁中，盖将以河南授光也。"李焘：《续资治通鉴长编》，第 5243~5244 页。

② "先是，判亳州富弼四上章乞解使相，不许，又乞给假就西京养疾，未报。会青苗狱起，弼因不敢言，及朝廷有案后收坐指挥，弼知免劾，乃复乞养疾西京。是日诏与弼假。弼四上章乞罢使相，据剳子。许给假就西京养疾。"李焘：《续资治通鉴长编》，第 5437 页。"左仆射、知汝州富弼许以西京养疾。弼至汝州，踰两月，固称疾求归。诏听之。……祖无择为秘书监、分司西京。"李焘：《续资治通鉴长编》，第 5514 页。

③ 元丰三年九月丙戌，"河东节度使、检校太师、守司徒、兼侍中、判大名府、潞国公文彦博守太尉、开府仪同三司，依前河东节度使、判河南府。两纪并书"。李焘：《续资治通鉴长编》，第 7488 页。

④ 邵伯温：《邵氏闻见录》，第 198 页。

⑤ 王得臣：《麈史》，第 60 页。

⑥ 王得臣：《麈史》，第 60 页。

⑦ 李焘：《续资治通鉴长编》，第 11003 页。

⑧ 郭茂育、刘继保编《宋代墓志辑释》，第 266 页。

风俗之习，岁时嬉游，声诗之播扬，图画之传写，古今华夏莫比。"①

这一时期洛阳的城市建设主要集中于民间宅邸，特别是私家园林的建设达到了一定的高峰，对南宋及其以后的园林有着深远的影响。伴随园林建设，洛阳园圃也有了较大的发展②。

伴随一批因反对变法而赋闲的官员集中在洛居住，形成了如"耆英会"③ 这样的组织，加之具有重要影响力的理学家邵雍、程颐、程颢也聚集于西京，洛阳成为当时的文化中心④。

这批士人团体，在文人士大夫阶层中有着相当的影响力。"熙宁中，洛阳以道德为朝廷尊礼者，大臣曰富韩公，侍从曰司马温公、吕申公，士大夫位卿监以清德早退者十余人，好学乐善有行义者几二十人。康节先公隐居谢聘皆相从，忠厚之风闻于天下。里中后生皆知畏廉耻，欲行一事，必曰：'无为不善，恐司马端明知，邵先生知。'"⑤ 邵雍《四贤诗》云："彦国之言铺陈，晦叔之言简当，君实之言优游，伯淳之言调畅。四贤洛之观望，是以在人之上。有宋熙宁之间，大为一时之状。"⑥

洛中风俗尚齿不尚官，洛阳文人集团以一种独特的方式建立了自己的秩序，并

---

① 李格非：《洛阳名园记》，第 1 页。正如王拱辰所记 "况承开阁厚宾客，富有景物佳园池。铜驼坊西福善宅，修竹万个笼清漪，天光台高未百尺，下眺林岭如屏帏……六相街中潞公第，碧瓦万木烟参差，左隅庙室本经礼，右阁宸翰尊星奎……伊予陋宇治穷僻，姑喜地广为环溪，楼名多景可旷望，台号风月延清晖"。厉鹗辑《宋诗纪事》（一），第 297 页。

② 周师厚著有《洛阳花木记》："然天下之人徒知洛土之宜花，而未知洛阳衣冠之渊薮，王公将相之圃第鳞次而栉比，其宦于四方者，舟运车辇取之于穷山远徼，而又得沃美之土，与洛人之好事者又善植此，所以天下莫能拟其美且盛也。"《牡丹谱》，第 69 页。

③ "元丰五年，文潞公以太尉留守西都，时富韩公以司徒致仕，潞公慕唐白乐天九老会，乃集洛中公卿大夫年德高者为耆英会。以洛中风俗尚齿不尚官，就资胜院建大厦曰耆英堂，命闽人郑奂绘像其中。时富韩公年七十九，文潞公与司封郎中席汝言皆七十七，朝议大夫王尚恭年七十六，太常少卿赵丙、秘书监刘几、卫州防御使冯行已（按：应为己）皆年七十五，天章阁待制楚建中、朝议大夫王慎言皆七十二，太中大夫张问、龙图阁直学士张寿皆年七十。时宣徽使王公拱辰留守北京，贻书潞公，愿预其会，年七十一。独司马温公年未七十。"邵伯温：《邵氏闻见录》，第 104 页。

④ 葛兆光《洛阳与汴梁：文化重心与政治重心的分离——关于 11 世纪 80 年代理学历史与思想的考察》对这一问题有较为深入的阐释，见《历史研究》2000 年第 5 期。

⑤ 邵伯温：《邵氏闻见录》，第 210 页。

⑥ 邵伯温：《邵氏闻见录》，第 161 页。

吸引和聚集了一批士大夫阶层，与东京分庭抗礼。

伴随改革的进行与反复，这一时期还发生了一件大事与洛阳的发展和城市生活息息相关，即引洛通汴。

元丰二年（1079 年），引洛通汴完成。为保证水源，"禁伊、洛上源私取水者。大约汴舟重载，入水不过四尺，今深五尺，可济漕运"，"洛水惟西京分引入城，下流还归洛河，禁之无益"①。然针对西京的这一取水条款在实际操作中似乎并未得到认可。"主者遏绝洛水，不使入城中，洛人颇患苦之"②，"元丰初，开清汴，禁伊、洛水入城，诸园为废，花木皆枯死，故都形势遂减"③。因此，导洛通汴伊始，西京并未享受到交通疏浚带来的便利，而是牺牲城市用水，服务首府。

元丰三年，文彦博判河南府。元丰四年，文彦博奏"自会通桥下至白马寺，洛河水路滩碛浅涩，难行纲运，遂奏乞开淘古漕河旧道，稍令深阔，抵至白马寺，却合洛河，回避二十余里，滩碛所贵通行纲船，不至滞碍。今蒙朝旨，依奏施行"④。"自是由洛舟行可至京师，公私便之。洛城园圃复盛。"⑤

也因为文彦博的这次漕河疏浚，使得西京的水上交通与东京相连，成为东京和陕西沟通的枢纽。西京的城市经济因其交通地位的提升而日益繁荣，"万艘潭汇嘉猷里，分洛疏伊尽北驰。远引驶风通越货，肇营胜迹在唐时。通渠中梗年滋久，美利重兴势亦迟。漕口罗门今并复，相君一一授成规"⑥。

元丰六年十一月，"提举导洛通汴司宋用臣言：'被旨岁运粮百万石赴西京，见今洛水安流，诚可漕运。已计置截拨东河粮纲至洛口，以浅船对装，计会本路转运司下卸。'从之，仍候来岁终一全年，见利害别议废置"⑦。这一举措至元丰八年即被废止，"诏罢岁运粮一百万石赴西京。先是，导洛通汴，舟楫可入洛，诏运东南粟以实洛下。至是，户部奏罢之（吕大防《政目》云：宋用臣奏，先准旨运粮百万石赴

① 李焘：《续资治通鉴长编》，第 7224～7225 页。
② 脱脱等：《宋史》，第 8275 页。
③ 邵伯温：《邵氏闻见录》，第 104 页。
④ 文彦博：《文潞公集》，第 251 页。
⑤ 邵伯温：《邵氏闻见录》，第 104 页。
⑥ 文彦博：《文潞公集》，第 630 页。
⑦ 李焘：《续资治通鉴长编》，第 8195～8196 页。

西京、候一年取旨。诏罢运）"①。

虽然运粮至西京的举措被废止，但从中可以看出，漕运使西京的经济地位得到显著提高，甚至运送来自东南的粮食"以实洛下"。为此，西京还专门筹资建仓，用以存粮。"京东西路转运判官沈希颜言：'西京创盖仓敖，其费无虑五万缗，先给到度僧牒百道，不足支用。'诏再给五十道。"②

漕河通航后，可由水路赴东都汴梁。"元丰八年神宗晏驾，三月二十七日范祖禹自西京赴召，司马光送别于下浮桥船中……范祖禹以十二月赴召，时冬暖，洛水不冰，乘漕司官船以行。"③

漕运为官家所用的同时，也极大地方便了民间的商业、运输与交通。所谓"公私便之"，大概民间也出现利用漕运私货搭载的情况。因此，元丰七年诏曰："西河下水私船载谷，应输力胜钱，而回避诈匿不输者，计不输物数论。如非提举汴河提（按：当为"堤"）岸司船筏，辄载西河盐、枣、谷，陶器、皂荚过西京及入汴者，虽经场务出引投税，许人告捕，罪赏依私载法。"④

这一时期的西京洛阳，仍然承担着重要的祭祀功能，但因奉陵开支巨大，京西路已无力承担，故请求中央财政支持⑤。

---

① 李焘：《续资治通鉴长编》，第 8512 页。
② 李焘：《续资治通鉴长编》，第 8274 页。
③ 李焘：《续资治通鉴长编》，第 11539 ~ 11540 页。
④ 李焘：《续资治通鉴长编》，第 8326 页。
⑤ "先是，御史中丞赵君锡言：'臣闻天子以尊奉天地、神祇、宗庙、陵寝为重事，君臣上下所当究心，悉力于此而不敢小怠也。臣伏见自来京西路财赋岁入至少，支用至多，每苦不足，则亏请于朝，而后仅能支吾，如陵寝之奉，杂出其中，竭蹶奔走，常惧不集者。……今国用浩繁，不可胜计，而顾不能致孝于陵寝，以四海九州之富而使有司惴惴焉，常忧阙乏以误大事，徒ау给时予，不得已而供其无穷之求，而未能立法制，谨储积，不下杂于经费，以明尽物至敬之道。此实司耳目者不能上广聪明之罪也。伏望圣慈特降指挥，应于陵寝费用钱物，悉自朝廷给付京西路转运司，别作一项桩管应奉。臣窃度岁数不过二三十万，在朝廷所出至少，而昭事列圣为孝至大。兼本路岁入若免应奉陵寝，则不待逐时所赐支赏自可充足，是乃易有司干请之烦，为明主盛德之美，善否相去灼然远甚。惟二圣留神裁幸。'于是行君锡之言也。"
"（元祐六年）三省言：'京西路财用支费不足，元祐四年十一月尝诏转运、提刑司共相度分拨场务钱二十万贯给本路，至今分拨未粮。今将应奉陵寝之费会计约二十万贯。'诏陵寝支费钱粮物帛等，令京西两路提刑司将朝廷封桩钱物逐旋支拨与河南府支用，不得将不缘陵寝别作名目支使。"李焘：《续资治通鉴长编》，第 11072 ~ 11073 页。

（四）后期（1101~1127 年）：徽宗、钦宗朝

因文献散佚，这一时期的记载相对较少。所知官方对于西京的营建活动有二：

1. 修西京大内

政和间，议朝谒诸陵，敕有司预为西幸之备，以蔡攸妻兄宋升为京西都漕，修治西京大内，合屋数千间，尽以真漆为饰，工役甚大，为费不赀。①

西京大内的修缮广袤十六里，费不可胜②，耗费了大量财物和民力。这项工程也因用材过度而造成民怨载道，甚至有掘漏泽人骨用于建筑灰布的记载③。因此，官方先后下令不得采伐槁木、损毁古迹，不得过度奢侈。政和三年（1113 年）"诏：'见修西京大内，窃虑乱有采伐槁木、损毁古迹去处，仰王铸觉察以闻，违者以违御笔论'"；政和四年（1114 年）"诏：'西京大京（内）近降指挥补饰添修，或闻官有计度，甚失本意。如实颓圮朽腐，方许整葺，不得过侈'"④。

2. 修天津桥

政和四年八月十日，京西路计度都转运使宋升奏："河南府天津桥依仿赵州石桥修砌，令勒都壕寨官董士貌彩画到天津桥，作三等样制修砌图本一册进呈。"诏依第二桥样修建，许于新收税钱内支拨粮米，本司应办，仍不立名行遣。仍诏孟昌龄同宋升措置。其后宋升奏："西京端门前，考唐《洛阳图》，旧有四桥。曰谷水，曰黄道，在天津桥之北；曰重津，在天津桥之南，并为疏导洛水夏秋泛涨。岁月寝久及自经坏桥之后，悉皆湮没。今看详，见修天津桥居河之中，除谷水已与洛河合为一流外，其南北理当亦治二桥以分其势。盖不如是，则两马头虽用石段砌垒，两岸之水东入桥下，发泄不快，则两马［头］不

---

① 脱脱等：《宋史》，第 1418 页。
② "升治宫城，广袤十六里，创廊屋四百四十间，费不可胜。会髹漆，至灰人骨为胎，斤直钱数千。尽发洛城外二十里古冢，凡衣冠垄兆，大抵遭暴掘。"《宋乔年传》附《宋升传》，脱脱等：《宋史》，第 8913 页。
③ "宫室梁柱、栏槛窗牖，皆用灰布。期既迫，竭洛阳内外猪、羊、牛骨，不充用。韩溶建议掘漏泽人骨以代，升欣然从之。一日，李宸暴疾死，而还魂具言冥官，初追正以灰骨事，有数百人讼于庭……"彭乘：《墨客挥犀》（及其他三种），第 90 页，实《蒙斋笔谈（卷上）》，第 2 页。
④ 刘琳、刁忠民、舒大刚校点《宋会要辑稿》，第 9279 页。

无决溢之患。又桥之上十里有石堰曰分洛，自唐以来引水入小河东南流入于伊。闻之耆旧，每暴涨则分减其势。若今来修建（大）［天］津桥而不治分洛堰，不能保其无虞。臣前项所乞止是天津一桥，今欲如旧制添修重津并黄道桥，及置分洛堰，增梁以疏其流于下，作堰以分其势于上，实为永久之利。"从之。①

这一时期虽然官修大内，但西京城郭却出现了萧条颓废的景象。"国家四京，惟西京城壁不备"②。

宣和七年（1125 年）十一月，金兵分两路南侵，钦宗"拜师道静难军节度使、京畿河北路制置使，听用便宜檄兵食。师道闻命即东，遇姚平仲以步骑三千戍燕，遂与之俱北。至洛阳而斡离不已屯于京城之北矣"。其后唐恪"密启钦宗，请以亲征为名，西幸洛京，还据秦雍，以图兴复，而留太子居守。钦宗将从其议"③。然钦宗未幸洛，而选择"死守社稷"。北宋末年内忧外患，而西京政治地位持续衰落，城壁不备，恐也难以为据。

通过对北宋西京城市发展历程的梳理，可知太祖、真宗、神宗及徽宗朝为北宋时期西京城市发展的关键节点。在不同的历史时期，北宋西京的城市定位有所变化，城市地位也随之起伏。

太祖朝对洛阳颇为认可，确立了西京地位，甚至有迁都之意；太宗朝将其定位为陪都；至真宗和仁宗前期，加强了其祭祀职能和陪都地位，一方面进行了大量城市建设，另一方面文人聚集、文风鼎盛，这是洛阳城主动发展的一个时期，但仁宗庆历以后洛阳地位出现衰退；伴随神宗朝熙丰变法和导洛通汴，西京洛阳的主要职能转变为服务首都，政治地位明显下降，但同时也发展了经济，吸引了旧党聚居，迎来了文化的第二次繁荣，这是一个被动发展的时期；至北宋末期，西京则萧条颓废，城市跌入低谷。

二　北宋西京的城市空间与城市生活

伴随历代官民营建，北宋洛阳城逐渐形成了独特的城市空间，服务于皇家、士

① 刘琳、刁忠民、舒大刚校点《宋会要辑稿》，第 9545～9546 页。
② 李纲：《李纲全集》，长沙：岳麓书社，2004 年，第 511 页。
③ 王称：《东都事略》，第 915、924 页。

大夫以及在这里生活和居住的平民，也服务于城市生活的方方面面。从上一节城市发展的分期我们可以看出不同时期城市的定位直接影响了城市建设和居民构成，与城市风貌息息相关。本节试从城市空间一窥城市生活，以物见人，从而探讨城市空间与城市生活的互动关系①。

（一）功能分区与城市空间特点

本书第二、三、四章已经对北宋西京城市格局和城市空间分布进行了一定的探讨，现根据西京洛阳的城市功能，将其内空间类型分为：皇家宫殿区、商业区、居住区、宗教区、市政区、交通与城市服务区、丧葬区、皇家祭祀区、游览区等（图5.1）。

根据图示，试分析城市功能区的空间特点，总结如下：

1. 独立的空间——仅供皇家使用

西京洛阳城的城市空间中有一类非常特殊，仅供皇家使用的功能区——皇家宫殿区与皇家祭祀区。为便于管理，它们相对独立，基本不与其他城市功能区叠合。

（1）皇家宫殿区主要延续自隋唐洛阳城宫城和皇城，位于洛阳城西北，为城中地势最高的区域。

太平兴国年间，西京右军巡使、光禄寺丞李之才因与布衣携酒入宫殿聚饮，被贬为平民②，可见西京宫殿区当为禁区。景祐元年（1034年）春末，苏舜钦从汴京归长安省亲，路经洛阳时作《游洛中内》③，时苏舜钦为陕西转运使，治所长安。一个外地官员，何以进入大内游览并赋诗发布？这是一个值得思考的问题。从诗文中看，作者见到"碧瓦"，应是游览了宫殿中的重要区域，但行文中只提到"别殿""后园""凤楼前后"，并未提及中轴线及西辅轴线的建筑，考虑到东城衙署区域也发现有琉璃瓦件，故推测其可能游览了皇城和东城区域。不过，西京并非首都，大内

---

① 城市空间分析的理想途径，是以第五章第一部分城市发展分期为基础，做出不同时期的城市断面，研究其空间形态和发展历程。但因材料所限，本书城市格局的复原主要反映了北宋中期的面貌，仅住宅、墓葬等材料相对丰富的要素可以实现分期讨论。

② "（太平兴国三年春正月）己亥，西京右军巡使、光禄寺丞李之才除名为民，永不齿叙。坐与布衣李承瑞携酒入宫殿中聚饮，为巡检所奏，按得实故也。"李焘：《续资治通鉴长编》，第421页。

③ "洛阳宫殿郁嵯峨，千古荣华逐逝波，别殿秋高风淅沥，后园春老树婆娑，露凝碧瓦寒光满，日转觚棱暖艳多，早晚金兴此游幸，凤楼前后看山河。"苏舜钦：《苏舜钦集》，第59页。

长期无人使用，宫阙区域管理不力，故苏舜钦游览大内的可能性也是存在的。

宣和年间，内官容佐奏陈以会节坊会节园为景华御苑。宫殿区挤占了民间土地，其独立空间破坏。监西京洛南稻田务崔德符也因误入景华御苑，罪废累年①。

（2）皇家祭祀区中皇陵区域属西京值守范围，归永安县管理，因远离洛阳城市中心，本书暂不涉及。另在西京会圣宫、应天禅院奉皇帝御容，其中西京会圣宫位于偃师县，即洛阳城与巩县皇陵之间，也远离城市，唯有应天禅院位于城内洛北北市坊。

这是一座皇家敕建并维护的寺院②，担任着重要的祭祀职能，供奉有自太祖至哲宗御容③。每月初一、十五，西京留守皆要率府官朝拜，因其位于洛北，居住在洛南

---

① "崔鹦德符，颍昌阳翟人。……宣和中，监西京洛南稻田务，时中官容佐掌宫钥于洛。郡僚事之，惟恐不及，惟德符不肯见之，容极衔之。德符一日送客于会节园，时梅花已残，与客饮梅下。已而容奏陈以会节园为景华御苑，德符初不知也。明年暮春，复骑瘠马，从老兵，径入园中梅下，诗曰：'去年白玉花，结子深林间，小憩藉清影，低鬟啄微酸，故人不复见，春事今已阑，绕树寻履迹，空余土花斑。'徘徊而去。次日容见地有马迹，问园吏，吏以崔对，容怒其轻已，遂劾奏鹦径入御苑，以此罪废累年。"张邦基：《墨庄漫录》，北京：中华书局，2002 年，第 92～93 页。

② 皇家敕建："（天禧元年）西京应天禅院太祖皇帝神御殿成，为屋凡九百九十一区。己未，命宰相向敏中为奉安圣容礼仪使，入内都知张景宗管勾迎奉，左谏议大夫戚纶告永昌陵。"李焘：《续资治通鉴长编》，第 2061 页。
西京出资运行："（天禧三年）令西京增给应天禅院常住钱日三千，从冯拯之请也。"李焘：《续资治通鉴长编》，2174 页。
专建大坊："（元丰以后）洛水溢，坏堤舍，去应天禅院、六圣神御殿百余步，公言，万一三川暴溢，宁无昏垫之虞乎？有司曾上朝廷赐度牒以修，而移为他用，愿以禁钱作一大坊，以卫祖宗万世之灵，从之。"李朴：《丰清敏公遗事》，北京：中华书局，1985 年，第 11 页。

③ 从文献看，应天禅院在哲宗以前，应供奉有太祖、太宗、真宗、仁宗、英宗、神宗等六位，正如前述"应天禅院六圣神御殿"。另在徽宗时期，奉哲宗御容于应天院。天圣元年，"景灵宫有真宗御容，将奉安于西京应天院。……甲戌，奉真宗御容于西京应天院"。李焘：《续资治通鉴长编》，第 2316～2318 页。"西京应天禅院奏告太祖太宗真宗皇帝御容祝文（告迁奉还本殿之意）。"王安石：《王临川全集》，国学整理社，1935 年，第 268 页。"西京应天禅院及会圣宫奉安仁宗英宗皇帝御容了毕德音。"司马光：《司马文正公传家集》，北京：商务印书馆，1937 年，第 234 页。元祐元年，"又诏会圣宫、应天禅院修奉神宗皇帝御容，令知河南府孙固提举，仍令京西转运司应副用度，礼部检举典礼"。李焘：《续资治通鉴长编》，第 9531 页。崇宁二年二月，"癸亥，奉安哲宗御容于西京会圣宫及应天院"。脱脱等：《宋史》，第 245 页。

的官吏需要早起，遂苦之①。

2. 集聚的空间——供重要阶层使用

与上述独立的空间形态相似，城内部分功能区非常集中地分布于一定区域，形

独立空间:宫殿区　　　集聚空间:市政区　━━　交通要道和城市服务区　　　商业区　　　　　0　　　　　2000 米
分散空间:宗教区　━━　游览区

图 5.1（彩版一二）　　北宋城市功能分区与空间分析（王书林绘制）

---

① "天圣中，钱文僖留守西都，而应天院有三圣御像，去府仅十里，朔望集众官朝拜，未晓而往，朝拜
毕，三杯而退。文僖戏为句曰:'正好睡时行十里，不交谈处饮三杯'，又有人送驴肉，复曰:'厅前
捉到须依法，合内盛来定付厨。'"宋敏求:《春明退朝录》，北京:中华书局，1980 年，第 23 页。
"京师辇毂之下，风物繁富，而士大夫牵于事役，良辰美景，罕或（获）宴游之乐，其诗至有'卖花
担上看桃李，拍酒楼头（前）听管弦'之句。西京应天禅院有祖宗神御殿，盖（寺）在水北，去河
南府十余里，岁时朝拜，官吏常苦晨兴，而留守达官简贵，每朝罢，公酒三行，不交一言而退。故其
诗曰:'正梦寐中行十里，不言语处吃（饮）三杯'，其语虽浅近，皆两京之实事也。"欧阳修:《欧
阳文忠全集》，第 675 页。

成城市的核心。在此区域内，各功能区之间交错布置，并不相互独立，从而产生的空间形态，我们称之为"集聚的空间"。北宋西京城内集聚的空间位于城之东南，其集聚形态表现在几个方面：

（1）市政区。河南府廨在临阗坊，其他官署集中在其周边，包括临阗、乐成、永泰、福善诸坊。行政区的集中，一方面体现了西京政务较轻，官署较少，正如欧阳修所言"河南虽赤县，然征赋之民户，绕七八千田利之入，率无一钟之亩，人稀土不膏腴，则少争讼，幸而岁不大凶，亦无逋租，凡主簿之所职者，甚简"①；另一方面，也在一定程度上提高了西京的行政效率。

（2）交通要道和城市服务区。从交通上看，北宋时期最为重要的出入口建春门、长夏门均在此区域，高等级街道和水上运输要道——漕河也在此区域。城市服务设施如客馆、粮仓、桥梁等也大多集中于此。

（3）商业区。这一区域本就是隋唐商业重心——南市所在，北宋时期通利坊似延续承担了城市内集中贸易的功能，加之北宋时期漕河南移，更促进了这一区域的商贸发展。

3. 分散的空间——供多阶层使用

西京城中第三类空间的特点是分散，即散见于城中各处，包含两种功能区：宗教区和游览区。

（1）宗教区

洛阳寺院较唐时大量减少，主要分布于交通便利的地区。其空间分布与第二类空间有着明显的不同，不是集中分布于洛南长夏门以东地区，而是较为均匀地分布于洛水南北。

这些寺院大多因唐之旧，"及汴建庙社，称京师，河南空而不都，贵人大贾废散，浮图之奉养亦衰，岁坏月鑠，其居多不克完"②，至北宋仍能幸存下来者，必定香火不断。

寺院分布相对分散，说明宗教并不是只为一部分人服务，而是有着广泛的社会

---

① 《东斋记》，欧阳修：《欧阳文忠全集》，第 323 页。
② 欧阳修：《欧阳文忠全集》，第 321 页。

需求，就连皇家敕建的应天禅院也有着民间信众和游览者①，而非仅服务于皇室。

（2）游览区

与寺院的分布相似，西京城内及周边的游览景点也相对分散。城北有华丽的宫阙楼观、繁华的上东门区域，城南有名臣宅园、天津晓月、铜驼风光等。城外向东可过白马寺、游嵩山，向北可游上清宫，向西有上阳、金谷，向南可游伊川、龙门，处处有景。

游览区的分散，一方面是由洛阳悠久的城市历史和丰富的城市景观决定的，另一方面，也体现了整座城市的休闲属性。

4. 分化的空间——供多阶层使用

西京城中还有一类空间，从整体上看是分散的，但若按人群划分又相对集中，即空间分布具有按阶层分化的特点。这类空间主要集中在两方面——住宅和墓葬。

由于古代文献主要由士大夫阶层所撰写，因此也主要记载了士大夫的生活。本书第四章根据文献记载所考证的重要人物宅园位置以及根据出土墓志确定的墓葬位置，皆反映了士大夫阶层住宅和墓葬所处的空间，而普通民众的生活空间则更多需要考古材料的佐证。

（1）住宅

官员宅邸大多分布于西京东南部，离市政中心较近，即位于上述第二类"集聚的空间"，以享受城市生活带来的便利。

关于平民住宅，北宋早期《洛阳搢绅旧闻录》中记有民居于贤相坊（洛南）、道政坊（洛北）、西宫南里（西北部郊区）等地，北宋中后期张耒也提到在洛阳山区有山民居住②。又根据寺院在城内分布较为分散的特点，考虑到寺院的维护和兴盛需要信众的支持，故推测平民住宅于洛水南北均有分布，以城东为多，有的也居住在北部或西部山区。

---

① "印节传呼洛北还，府庭无讼不妨闲。度桥寒色侵春服，按辔晴光露晓山。香穗徘徊凝广殿，花篮繁会满通阛。自知白雪高难和，忍愧谁能寄我颜。"《和子华应天院行香归过洛川》，司马光：《司马温公集编年笺注》2，第488～489页。

② "山民为生最易足，一身生计资山木。负薪入市得百钱，归守妻儿蒸斗粟。"《感春六首》，张耒：《张耒集》，第230页。

但对于不同阶层住宅的占地规模、建筑形制以及住宅建筑群之间的相互关系，尚有待考古工作提供更丰富的材料。

（2）墓葬

从墓志出土的地点看，官员墓葬集中于洛北邙山和洛南万安山[①]。而考古工作发现了大量平民墓葬，分布于洛北邙山脚下[②]、涧西[③]、皇城西墙外（隋唐洛阳城西苑区域）[④]、城市南郊[⑤]及龙门[⑥]等地，与官员墓地有着明显的区域分隔（图5.2）。

从出土的墓葬形制分析，官员墓葬与平民墓葬在墓室规模和结构上也存在等级差异，官员墓葬墓室尺寸较大，有的使用砖石墓，有较长的墓道和甬道，而平民则多用土洞墓。至北宋中期以后，仿木构砖室墓开始被平民使用[⑦]。从墓葬位置看，出土的北宋中期以后的仿木构砖室墓[⑧]多位于平民墓地区域，如洛阳涧西宋墓（九·七·二号）、龙门砖雕墓等，也从另一个侧面佐证了这类墓葬的主人身份。

（二）城市空间与城市生活的互动关系

如果说"独立的空间"代表皇权，"分散的空间"代表城市普遍需求，那么，更有意思的则是"集聚的空间"和"分化的空间"，分别反映了城市结构与社会结构。

---

① 根据王支援、吴迪先生的研究，"宋代的丧葬制度规定非品官者不得使用墓志。《政和五礼新仪》卷216《凶礼品官丧葬仪中》葬条记载九品以上官出葬的情形：'未发前五刻击鼓为节，陈布吉凶仪仗、方相、志（即墓志，九品以下无）、大棺车及明器以下陈于柩车前……灵车后方相车、次志石车、次大棺车、次明器……'"，因此有墓志出土之地可认其为官员墓地。王支援、吴迪：《洛阳地区宋墓型制及相关问题探讨》，《耕耘论丛》（二），北京：科学出版社，2003年，第280页。

② 翟继才：《洛阳邙麓街清理了一座宋墓》，《文物参考资料》1956年第11期；吴业恒、杜娟、李红：《河南洛阳市苗北村五代、宋金墓葬发掘简报》，《考古》2013年第4期；吴业恒等：《河南省洛阳市苗南村两座宋墓发掘简报》，《洛阳考古》2015年第1期。

③ 何凤桐：《洛阳涧河两岸宋墓清理记》，《考古》1959年第9期；赵青云：《洛阳涧西宋墓（九·七·二号）清理记》，《文物参考资料》1955年第9期。

④ 王支援、吴迪：《洛阳地区宋墓型制及相关问题探讨》，《耕耘论丛》（二）；冯承泽：《洛阳涧滨仰韶、殷文化遗址和宋墓清理》，《考古》1960年第10期。

⑤ 霍宏伟：《洛阳南郊皂角树村宋墓》，《文物》1995年第8期。

⑥ 傅永魁：《洛阳龙门发现北宋墓》，《考古通讯》1958年第6期。

⑦ 秦大树：《宋元明考古》，北京：文物出版社，2004年，第143页。

⑧ 本书涉及的仿木构砖雕墓，是以俞莉娜《宋金时期墓葬仿木构建筑史料研究 ——以河南中北部、山西南部为例》的分期结论为依据，筛选出北宋时期的仿木构砖雕墓后使用。俞莉娜：《宋金时期墓葬仿木构建筑史料研究 ——以河南中北部、山西南部为例》，北京大学硕士论文，2015年。

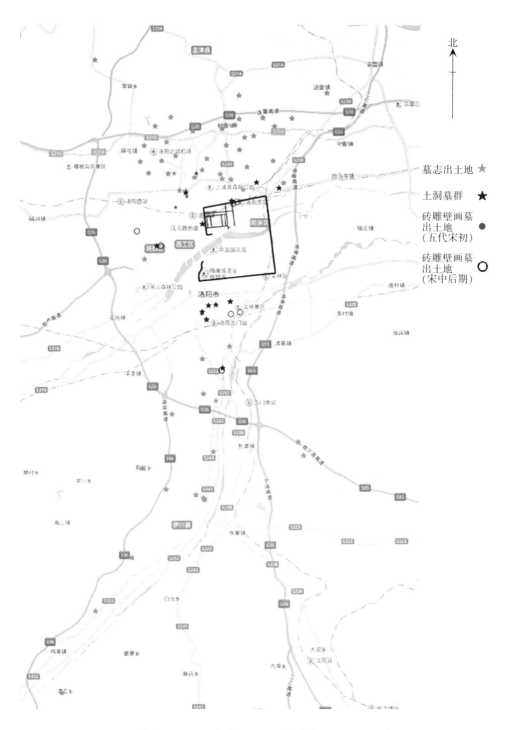

图 5.2（彩版一三）　北宋洛阳城外墓葬分布情况（王书林绘制）

1. 集聚的空间——城市结构中的"中央政务（商务）区"

北宋时期，西京城之东南形成了一个以府廨为核心的集聚空间。那么，这一集聚空间是如何形成的，在其形成和发展的过程中是否受到其他因素的影响，而集聚区的产生是否对城市居民的生活产生影响？即本节要重点讨论的城市空间与城市生活的关系问题。

五代时期张全义以南市筑南州①，以嘉善坊筑南城②，并立府廨于临阛坊③，初步奠定了西京东南部的重要地位。张全义本人的宅邸和祠堂就选址于南州以东的会节坊和绥福坊。当时洛阳"兵乱之余，县邑荒废，悉为榛莽；白骨蔽野，外绝居人，洛城之中，悉遭焚毁。……州中所存者仅百户"④，民生凋敝。这一举措可使洛中居民相对集中，府廨区域相对繁荣，也产生了大量"侵街民舍"。但由于皇宫的位置偏居西北，且天津桥沟通南北的交通地位非常重要，因此，"南州"的建成还并不足以改变隋唐以来形成的以定鼎门为城市正南门，以天街为最主要街道的城市格局。

北宋初期，伴随政治中心东移汴京，北宋皇陵定址巩义，西京洛阳需要更多的向东交流，因此东边的城门建春门、上东门变得更为重要。而开宝年间从嘉猷坊东出穿掘民田，开漕河，疏导水上交通，也从另一个侧面证明西京向东发展的需求。可以说，定都东京、巩义建陵是洛阳城城市重心向东南移动的重要原因，而漕河的开凿在一定程度上也促进了洛南经济的发展。这一时期，尚书右仆射魏仁浦、太子太师王溥均选择居住在洛南会节坊。开宝年间，太祖幸洛，"仁浦献其园"，太祖"宴从臣于会节园"，足以显示这一区域在君臣心中的地位。

北宋中前期，官署进一步向洛东南集中，这一区域便成为洛阳官员集中居住之地⑤，

---

① "同光二年，张全义取南市曹界，分兼展一两坊地，修筑两城，以立府衙廨署。"王钦若：《册府元龟》，第164页。

② "后更于市南又筑嘉善坊为南城。"王钦若：《册府元龟》，第164页。

③ "河南府廨。唐末张全义为尹，徙府廨于此。"徐松：《河南志》，第17页。

④ 张齐贤：《洛阳搢绅旧闻记》，第42~43页。

⑤ "天圣中，钱文僖留守西都，而应天院有三圣御像，去府仅十里，朔望集众官朝拜，未晓而往，朝拜毕，三杯而退。文僖戏为句曰：'正好睡时行十里，不交谈处饮三杯'，又有人送驴肉，复曰：'厅前捉到须依法，合内盛来定付厨。'"宋敏求：《春明退朝录》，第23页。由府廨前往水北应天禅院需行十里路，众官朔望朝拜，未晓就出发，则可推测，留守西京官员应大多居住在水南府廨附近，前文已有所述及。这里提到从临阛坊到北市坊有十里的距离，则推测真宗时期，安众坊以北的新中桥可能还在使用。

进一步巩固了洛城东南的区域地位。一些官员居住在官署里，也有一些官员在官署附近营建私人宅园，如吕蒙正居永泰坊、张齐贤居会节坊、寇准居延福坊等，故在这一区域出现"贤相坊"等地名，可见其已从五代宋初的人口密集、经济繁荣之地发展为名流聚居之地。庆历中，在铜驼坊西北开会通桥，加强了洛水南北，特别是"南州"一带与洛北都亭驿、水北仓、应天禅院等主要城市建制的联系。

北宋中后期，洛阳县省入河南，既是上述重要建制空间集聚的结果，也在某种程度上加速了这种集聚效应。一批旧党官员闲居洛阳，富弼、文彦博、司马光等皆在洛城东南置地建宅。富弼原居尚善坊，离宫城较近，熙宁引疾归洛后改居距府衙更近的福善坊，而文彦博所居从善坊也有"六相街"的美誉。居住区的集中，使得北宋后期的洛阳士人沟通更加方便，交流也更加频繁，从而在远离政治中心的洛阳，形成了一派强大的政治势力，也营造了特殊的城市文化。

从上述集聚区的形成过程，已经可以看到城市空间与城市生活的互动关系。洛阳城东南的城市核心空间不是一日建成的，其最初的选择存在有一定偶然性，然而伴随社会资源的"集聚效应"，城市生活的逐渐强化，最终走向必然。

2. 分化的空间——社会结构的分层

从上述功能分区和城市空间特点的分析，可以看出，北宋洛阳社会分层较为严重，从住宅到墓葬，从生到死，士大夫和平民是截然分离的两大群体，有着明显的阶层界限。

同时，社会资源向士大夫阶层集中，如市政区、市场、交通要道和城市服务区域等。如果说士大夫阶层的置业选择决定了他能享受更多的社会资源，那么他能够完成这样的选择，也与他的身份、地位、财力有着密切的关系；更重要的是，伴随大量官员的集聚，区域优势凸显，资源的"集聚效应"就愈发突出，于是士大夫阶层在社会生活中掌握了话语权。

我们可以看到，社会阶层的差异影响了人们的生活方式，也影响了城市的空间布局，即生活在城市中的不同阶层的人对城市空间的形成产生了影响，进而改变着城市的面貌，那么城市及城市空间本身，又是通过何种方式，对人的生活产生影响的呢？本书试以住宅的价格与选址为切入点，探讨城市空间对城市生活的影响。

富弼在洛阳的居第变化（未及第时居西郊，及第后于尚善坊筑大第，身居高位致仕归洛后在城市核心区经营园宅），形象地反映了不同社会阶层在洛阳的住宅分布情况。不同位置，邻里不同，对应的城市服务不同，其价格当然也不同，直接影响了人们对于宅邸置地的选择。

首先，洛阳宅贵。要在洛阳城定居营宅，并非易事。墓志有记，苏澄初娶夫人时家贫，幸得生于京师的夫人以嫁妆为基础，协助经营，才成洛居①。而有的低等级官员只能世代居于城郊，如王德伦②。

其次，水北不如水南。邵雍参观水北杨郎中新居时写道："买宅从来重见山，见山今直几何钱。奇峰环列远隔水，乔木俯临微带烟。行路客疑经洞府，凭栏人恐是神仙"③，可见水北的山景房纵有奇丽风光，但并不值钱。吕公著也道"高斋旷望极三川，却顾卑居不直钱。二室峰峦凝画碧，万家楼阁带轻烟……碧瓦朱门将相居，见嵩临洛百家无。登高此地还能赋，会老他年定入图"④，可推知水北宅邸的价格较水南便宜很多。就连苏轼也云："先君昔爱洛城居，我今亦过嵩山麓，水南卜居吾岂敢，试向伊川买修竹"⑤，可见在水南定居得充分掂量。

最后，就水南而言，长夏门以西不如长夏门以东。邵雍居尚善坊安乐窝时，司马光曾赋诗赠之："家虽在城阙，萧瑟似荒郊。远去名利窟，自称安乐巢。云归白石

---

① "朝奉大夫、知华州武功苏澄道渊夫人，仁寿县君李氏，河南人也。……夫人字靓仪，景祐乙亥八月戊午生京师。皇祐辛卯九月丁卯，年十有七，归苏氏。……夫人以元祐丁卯四月辛酉卒，享年五十有三。……初归道渊，家尚贫约，夫人尽剪衾妆，以助经营，遂成洛居。"吴钢编《千唐志斋新收墓志》，第472页。

② "并韬光晦迹，以孝悌力田为业，然自五世祖以来，咸居于洛北，丘墓存焉。公生于潞州里舍，自襁褓中，即与列考妣来居于洛阳贤相乡勋德里之第。……天圣四年六月二十九日，考终于本家之正寝，享年七十有六。……以宝元二年十月乙酉，举葬于所居西北高平之地，近于先域，顺也。"《赠大理评事太原王公（德伦）》，郭茂育、刘继保编《宋代墓志辑释》，第132页。

③ 邵雍：《留题水北杨郎中园亭二首》，邵雍：《伊川击壤集》，第347页。

④ 吕公著：《杨郎中新创高居二首和尧夫先生韵》，邵雍：《伊川击壤集》，第348页。

⑤ 苏轼：《别子由三首兼别迟》，【施注】按子由《卜居赋叙》云：'昔余先君，以布衣学四方，尝过洛阳，爱其山川，概然有卜居意，而贫不能遂。'【查注】《韵语阳秋》：东坡兄弟，以仕宦久，不得归蜀，怀归之心，屡见于篇咏。嘉祐丙申，老苏在京师，尝有意嵩山之下，洛水之上，买地筑室而居。故为诗曰：'岷山之阳土如腴，江水清清多鲤鱼。古人居之富者众，我独厌倦思移居。'"摘自《苏东坡全集》，北京燕山出版社，2009年，第584页。

洞，鹤立碧松梢。得丧非吾事，何须更解嘲。"① 邵先生所居安乐窝所在，竟是"城阙"中的"荒郊"地带，表明尚善坊（天津桥区域）在北宋中后期地位明显下降，并且"远去名利窟"。这里的"名利窟"应该就是指南市周边的城市核心区——达官贵人集中居住的区域。

而以富丽奢华甲于洛阳的王拱辰道德坊宅邸，竟自称为"伊予陋宇治穷僻，姑喜地广为环溪，楼名多景可旷望，台号风月延清晖"②。连道德坊都被称为"穷僻之地"，只有"铜驼坊西福善宅""六相街中潞公第"上得了台面，可见当时洛人心中对于城市核心区是有绝对认同的。

由此可知，城市空间的形成影响了人们的选择：城内贵，城郊便宜；城南贵，城北便宜；核心区贵，其他地区便宜，人们的选择加剧了集聚效应，进一步促成城市空间的定格。

城市空间可以影响城市生活，那么城市生活又以怎样的方式塑造着城市空间？本书试分析城外墓葬的情况，探讨这一问题。

关于洛阳城外官员墓葬的分布情况，本书第四章已有较为详细的分析，伴随北邙墓地的日益稀缺，自北宋中期开始，北邙葬地主要为"祔先茔"，新墓地很少，即使有，其规模也较小，且离城市距离更近，而在洛南伊汭乡、龙门乡新增很多墓地，如哲宗赐程珦、程颢、程颐墓葬地于龙门南五十里，邵雍、范仲淹、王拱辰、文彦博等重臣也卜葬于洛南，渐成气候，到了北宋大观年间，更多世家大族选择洛南为葬地。从北邙到洛南万安山区域墓地的转移，可能有很多原因，如北邙"无卧牛之地"，墓地价高且可用地较少；又如洛南地位的提升、佛教的兴盛，抑或洛南风景优美，很多名人别墅和宅邸在此，如程颢、程颐等。

而如果从考古学材料出发，将官员墓地和平民墓地分开，从墓葬的分布区域分析，有如下特点（见图 5.2）：第一，墓葬有成群分布特点，一方面是受家族葬制的影响，后世需要祔葬先茔；另一方面，当时应已有"墓区"的概念。第二，士大夫阶层墓葬分布于北邙和龙门附近，离城市相对较远，距离城市居住区 10 公里以上，

---

① 司马光：《赠尧夫先生》，邵雍：《伊川击壤集》，第 150 页。
② 厉鹗辑《宋诗纪事》（一），第 297 页。

一般在 15 ~ 25 公里；平民阶层墓葬多分布于城市近郊，近者 2 ~ 3 公里，远者也不过 5 ~ 6 公里。第三，平民墓葬在洛阳城外北、西、南均有发现，仅东面尚未发现大面积平民墓地。

从上述几个特点可以推测，墓地位置的选择可能与交通有直接的联系，衡量因素有二，一是墓葬与住宅的距离，二是交通工具。

表 5.1　官员住宅与葬地距离分析表

官员	住宅与葬地直线距离	住宅与葬地陆地距离
富弼	8.2 公里	15.6 公里
邵雍	31 公里	38 公里
王拱辰	20 公里	25.3 公里
姜知述	7.6 公里	12 公里

从士大夫阶层来看，他们大多居住于城内洛南，安葬北邙，相较南部万安山还是会近便一些。邵雍葬大父于伊川神阴原，距洛城近 40 公里。故诸公讨论邵雍后事时，就有人建议选择近城的墓地①，可见墓地与宅邸的距离是选择墓地的重要因素，也就是说，人们在选择墓地的时候，会考虑祭祀扫墓的交通和时间成本。那么士大夫阶层的墓地距宅邸动辄十来公里，远的有三四十公里，他们何以抵达？这就引出了西京洛阳城市交通的问题。

早在五代及北宋前期，洛阳重要官员出门就是乘车或骑马，杨凝式居洛阳延福坊，"每出，导从舆马在前，多步行于后"②；"（苻）彦卿退居于洛，八年闲乘小车驷遍游佛寺、名园"③；"王冀公钦若以使相尹洛，振车骑入城，士民聚观"④。

至北宋中后期，也是如此。"司马温公为西京留台，每出，前驱不过三节。后，

① "康节先公泣涕以从。康节谋葬大父，与程正叔先生同卜地于伊川神阴原。不尽用葬书，大抵以五音择地，以昭穆序葬，阴阳拘忌之说，皆所不信。以是年十月初三日葬，开棺，大父颜貌如生，伯温尚记之。……时康节正寝，诸公议后事于外，有欲葬近洛城者。康节先公已知，呼伯温入曰：'诸公欲以近城地葬我，不可，当从伊川先茔耳。'……以是夜五更捐馆，其治命如大父，伯温不敢违。"邵伯温：《邵氏闻见录》，第 221 页。

② 邵伯温：《邵氏闻见录》，第 171 页。

③ 王称：《东都事略》，第 150 页。

④ 邵伯温：《邵氏闻见录》，第 188 页。

官宫祠，乘马或不张盖，自持扇障日。程伊川谓曰：'公出无从骑，市人或不识，有未便者。'公曰：'某惟求人不识尔。'"①"（司马光）不喜肩舆，山中亦乘马，路险策杖以行，故嵩山题字曰：'登山有道：徐行则不困。措足于平稳之地则不跌，慎之哉！'"②

由上可知，居洛士大夫阶层的交通工具大致有三种：肩舆、车或马匹。其中，肩舆主要用于比较近的道路或者车马不方便行走的山路。远途交通多用车和马匹，这里的车可能是牛车或马车。考虑到北宋时期缺马的情况，暂按一般官员乘坐牛车进行测算。若按牛车行驶速度 7 公里/小时算，单程 25 公里需要花费近 4 小时。因此，这应该是墓地的极限距离了。故我们可见北宋元丰以前，大部分官员墓地均位于洛北。

而元丰以后，墓地情况发生了一些变化。越来越多的官员葬于洛南，然而动辄 30～40 公里的路程，恐非一般人可以承受。考虑到北宋中后期这一时间节点的特殊性，再联系熙丰变法中的"保马法"和"户马法"，即可知变法以后，民间养马数量迅速增加。因此推测，可能是因为洛阳马匹数量的增加，使得越来越多的士大夫家族可以选择乘马或马车出行，从而扩大了其活动范围，也为其选择墓地提供了更大的空间。若按马车 15 公里/小时的速度，洛南万安山的距离也就不在话下了。

《邵氏闻见录》的另一条记载，也能为这一时期交通工具的变化提供一定佐证。"枢密章公楶谓余曰：'某初官入川，妻子乘驴，某自控，儿女尚幼，共以一驴驮之。近时初为官者，非车马仆从数十不能行，可叹也。'前辈勤俭，不自侈大盖如此，因以录之。"③

---

①　邵伯温：《邵氏闻见录》，第 115 页。

②　邵伯温：《邵氏闻见录》，第 117 页。同书还记有"王荆公辞相位，居钟山，惟乘驴。或劝其令人肩舆，公正色曰：'自古王公虽不道，未尝敢以人代畜也'"。邵伯温：《邵氏闻见录》，第 115 页。司马光、王安石二人皆不乘肩舆（人力轿子），而官位较高的王安石（尚书左仆射，从一品；观文殿大学士，从二品）骑驴，官位较低的司马光（端明殿学士，正三品）骑马，则可能跟地域有关。如前所述，洛阳专有洛阳监牧养官马，且这一地域地理气候条件有利于马匹生长，"太仆寺言：'犬马非其土性不畜。前代皆置牧于西北之地，藉其地气高凉。今单镇、原武置监，皆地炎热，马失其性。尝比较洛阳监损挚生分数，皆胜单镇、原武二监。'诏改单镇监作杂犬马监，牧养调习一千五百匹。其见管马除留本监外，余相度洛阳、原武草地多寡，分隶逐监"，见李焘：《续资治通鉴长编》，第 11102 页。故洛阳地区马匹数量会略多一些，洛阳的官员也就有条件乘坐马匹。

③　邵伯温：《邵氏闻见录》，第 188 页。

再来看普通民众。

> 僧曰："某有一驴子可乘。"又以钱币为献，帝遂行。①

> 国初，隐士石砬居洛阳之北邙山，冯拯侍中为留守。砬每骑驴直造侍中，见必拜之，饮酒至醉乃去。②

> 熙宁间，洛阳有老人党翁者卖药，日于水街南北往来，行步甚快，少年不及也。③

平民阶层的交通方式多为步行，条件稍好一些者可骑驴④。反观墓葬分布的情况可见，平民墓葬位于城市周边，若按步行 3.5 公里/小时的速度，考古发现的这些集中的平民墓地基本在距离城市 2 个小时可达的范围之内。也就是说，平民日常的出行方式决定了其选择墓地的范围。

若从交通的角度出发，讨论洛阳城南东墙外区域暂未发现平民墓地或者平民墓地较少的原因，则可能是由于城东南主要为士大夫阶层住宅区，平民住宅较少，因此葬在城东，反而不方便祭祀⑤。

由此可见，阶层决定了人的生活方式，也影响了城市的布局和空间形态。

三　城市定位及与开封城的关系

（一）城市定位与城市性格

北宋西京的城市定位在不同阶段的侧重点有所变化，从太祖朝的天子认可，到太宗朝的定位陪都，至真宗、仁宗时期，加强了其祭祀职能和陪都地位，再至神宗、

---

① 邵伯温：《邵氏闻见录》，第 1 页。

② 邵伯温：《邵氏闻见录》，第 171 页。

③ 邵伯温：《邵氏闻见录》，第 188 页。

④ 富弼"致政归西都，尝著布直裰，跨驴出郊"，从后文"卒声愈厉"，说明跨驴出行的交通方式，是与"著布直裰"的服饰相关的，也从另一个侧面反映了普通民众骑驴出行的特点。朱彧：《萍州可谈》，北京：中华书局，1985 年，第 34 页。

⑤ 考古发掘所发现的北宋中后期砖雕壁画墓，与平民墓位于相近的区域，但其大多不紧靠城墙边，而是与城圈有一定距离，考虑到砖石墓与土洞墓之主人经济实力的差异，似可推测营建砖石墓的家族可能使用驴或驴车作为交通工具。然而砖石墓发现和发表的材料均较少，这一推测是否成立尚待更多资料的统计与分析。

哲宗朝，因熙丰变法及导洛通汴，西京洛阳在经济上有所发展，在文化上更是达到鼎盛，成为文人向往之地。

城市定位确定了城市职能的侧重方向，决定了城市中的社会结构，影响了城市的建设与改造，也塑造了独具特色的城市性格。总的来说，北宋西京洛阳的城市定位有以下几点：

1. 陪都

陪都往往是因首都的主核心功能存在某种缺陷，为弥补这一功能缺陷的需要而设立的。陪都在首都主核心主导下，发挥着呼应、补充、配合等辅助性作用，处于副核心地位①。

北宋首都开封的交通优势非常明显。"今之京师，古所谓陈留，天下四通八达之地"，但其无天险所恃，故需要以重兵把守，"非如雍、洛有山河形势足恃也，特依重兵以立国尔"②。军队的战斗力需要马匹的支撑，数量庞大的禁军之维系需要充足的粮食供给，而粮食来源于漕运。因此，"国依兵而立，兵以食为命，食以漕运为本，漕运以河渠为主……故国家于漕事至急至重。……有食，则京师可立；汴河废，则大众不可聚。汴河之于京师，乃是建国之本，非可与区区沟洫水利同言也"③。

这时的陪都洛阳，正起到了补充和配合的作用。首先，京西转运司购买军粮，充盈国库，保证军需。为保证军粮的收购和储备不至于影响人民生活，朝廷会配套政策和经费予以支持。其次，在西京设洛阳监饲养军马，鼓励民间养马。第三，导洛通汴，疏通漕运。节约汴河每岁清淤、汴口开闭等大量开支④，疏浚后汴河水可四季通航，公私便之。同时，西京在一定程度上起到后备都城的作用，如范仲淹云"太平则居东京通济之地，以便天下；急难则居西洛险固之宅，以守中原"⑤。此外，西京洛阳除在军事和经济上对汴京有直接辅助作用外，在政治上，特别是官员任免

---

① 李久昌：《国家、空间与社会——古代洛阳都城空间演变研究》，第91页。
② 李焘：《续资治通鉴长编》，第4436页。
③ 李焘：《续资治通鉴长编》，第6592页。
④ 皇祐三年（1051年）九月下诏"汴河每岁一开浚之"。李焘：《续资治通鉴长编》，第4110页。熙宁六年（1073年），"汴口每岁开闭，劳人费财，不惟民力重困，兼闭口后阻绝漕运"。李焘：《续资治通鉴长编》，第6039页。
⑤ 李焘：《续资治通鉴长编》，第2783页。

上，也起到了政治缓冲器的作用。

2. 祭祀中心

宋陵归河南府管辖，因此，奉陵寝成为西京官员的重要职守①。自太祖开宝八年亲幸洛阳，确定宋陵位置以后，真宗两次幸洛谒陵。

另在西京会圣宫、城内应天禅院修神御殿奉皇帝御容。北宋朝在全国设有多处神御殿，其中最为重要者，也是皇帝定期朝谒者，乃东京景灵宫②和启圣院（太宗诞生地）。若将西京应天禅院与此二者相比，可见其地位非常特殊。

应天禅院是太祖诞生地，与太宗诞生地启圣院类似；其内供奉多个皇帝神御，这一点又与东京景灵宫类似，故其既具有特殊的纪念属性和政治意义，又兼具皇家集中祭祀的功能③。在陪都西京设立这样一处奉神御之地，更强化了其祭祀职能，也反映出西京在国家祭祀和政权稳固方面所承担的责任和地位。

除北宋皇陵建于巩义外，大量官员家族墓地也选址洛阳。真宗两次幸洛，皆给随行官员准假拜祭先茔④，可见这里也是民间祭祀很兴盛的区域。

3. 文化中心

洛阳自然地理条件优越，历史悠久，名胜古迹众多，正如邵雍所言，"洛阳自为都，二千有余年。举步图籍中，开目今古间。西北岌宫殿，东南倾山川。照人伊洛

---

① 司徒致仕陈执中"自进跸宰相，兼秉将钺，其劲正方重，有大臣之风，及居守伊洛，惧筋力不能奉陵寝，愿易小郡。迨乎晚节，年甫七十，即告还君事，可谓终始不渝矣"。李焘：《续资治通鉴长编》，第4562页。

② "神宗元丰后，在京师的北宋各皇帝的神御殿都集中于景灵宫，使景灵宫与太庙制结合在一起，成为国家宗庙祭祀的一部分，充分显示了神御殿与国家宗庙制度的关系。"田思思：《北宋神御研究》，厦门大学硕士论文，2007年，第44页。

③ "应天寺在某种程度上来讲类似于景灵宫，它不是单独供奉某一个皇帝的神御，而是皇帝神御集中之地。由于应天寺远在西京，虽然皇帝不可能亲自主持祭拜，但其地位是其他寺院所不能相比的，更不同于地方性的神御殿。与启圣院相同，应天寺也是皇帝诞生之地。太祖赵匡胤是北宋开国皇帝，比太宗更具有神圣性和权威性。……在此处建寺不但有纪念意义，而且有政治意义。因此，在建寺之初的诏令中就指出：'一如启圣院制度。'"田思思：《北宋神御研究》，厦门大学硕士论文，2007年，第38~40页。

④ 第一次：景德四年，"诏从官先茔在洛者，赐告拜扫"。李焘：《续资治通鉴长编》，第1444页。第二次：大中祥符四年，"车驾将朝陵，诏自西京至巩县不举乐，文武官有先茔在近者并给假拜祭。戒扈从人践田稼"。李焘：《续资治通鉴长编》，第1716页。

清，迎门嵩少寒"①。这里兼具山川形胜和人文景观，乃北宋时期著名的游览胜地。其游观之风自唐代就已经开始盛行，北宋初期继续延续②。就连真宗西幸后，也"命翰林侍讲学士邢昺等编集车驾所经古迹"。

这里名花荟萃，赏花已成为洛阳大众日常休闲的方式。"岁正月梅已花，二月桃李杂花盛开，三月牡丹开。于花盛处作园圃，四方伎艺举集，都人士女载酒争出，择园亭胜地，上下池台间引满歌呼，不复问其主人。抵暮游花市，以筠笼卖花，虽贫者亦戴花饮酒相乐，故王平甫诗曰：'风暄翠幕春沽酒，露湿筠笼夜卖花。''姚黄'初出邙山后白司马坡下姚氏酒肆，水地诸寺间有之，岁不过十数枝，府中多取以进。次曰'魏花'，出五代魏仁浦枢密园池中岛上。初出时，园吏得钱，以小舟载游人往观，他处未有也。自余花品甚多，天圣间钱文僖公留守时，欧阳公作《花谱》，才四十余品，至元祐间韩玉汝丞相留守，命留台张子坚续之，已百余品矣。"③

这里名园聚集，世人以得而游之为荣。"洛阳古帝都，其人习于汉唐衣冠之遗俗，居家治园池，筑台榭，植草木，以为岁时游观之好……一亩之宫，上瞩青山，下听流水，奇花修竹，布列左右，而其贵家巨室，园囿亭观之盛，实甲天下。"④

二者相得益彰，"王公将相之圃第鳞次而栉比，其宦于四方者，舟运车辇取之于穷山远徼，而又得沃美之土，与洛人之好事者又善植此，所以天下莫能拟其美且盛也"⑤，所谓"洛土之宜花，衣冠之渊薮"也。

这样的地方，引得文人雅士向往之。西京俸禄丰厚，几为闲差，可得"优游以嬉"⑥。对于年龄稍长的罢职官员来说，更"甚有返嵩洛退闲之意"，在这个衣冠渊薮之地，"与诸耆老优游燕处觞咏，衍衍几二十年"⑦。

---

① 邵雍：《寄谢三城太守韩子华舍人》，邵雍：《伊川击壤集》，第 7 页。

② "彦卿退居于洛，八年闲乘小车驹遍游佛寺、名园。"王称：《东都事略》，第 150 页。

③ 邵伯温：《邵氏闻见录》，第 186 页。

④ 苏辙：《栾城集》（上），第 515～516 页。

⑤ 周师厚：《洛阳花木记》，《牡丹谱》，第 69 页。

⑥ "河南虽赤县，然征赋之民户，绕七八千田利之入，率无一钟之亩，人稀土不膏腴，则少争讼，幸而岁不大凶，亦无逋租，凡主簿之所职者，甚简。少故未尝忧吏，责得优游以嬉应之。"《东斋记》，欧阳修：《欧阳文忠全集》，第 323 页。

⑦ 河南省洛阳地区文管处、河南省文物研究所编《千唐志斋藏志》，第 1289 页。

此外，这里还设有西京国子监，加之邵雍安乐书院、二程伊皋书院也在此，吸引了大批年轻人慕名而来。邵雍讲程颢"身益退，位益卑，而名益高于天下"，是因为"在仕者皆慕化之，从之质疑解惑；闾里士大夫皆高仰之，乐从之游；学士皆宗师之，讲道劝义；行李之往来过洛者，苟知名有识，必造其门，虚而往，实而归，莫不心醉敛衽而诚服"①。然而，这种尚礼求知的风气，与洛阳深厚的文化底蕴和氛围是分不开的。"洛实别都，乃士人之区薮"，洛阳也成为当时名副其实的文化中心。

上述城市定位与特点造就了北宋西京的城市性格：**政治上服从安排，服务首都；文化上名流会聚，独树一帜；生活上闲适安逸，悠然自乐**。这样的城市性格在文献中也有一定反映。

《宋史·地理志》云："洛邑为天地之中，民性安舒，而多衣冠旧族。然土地褊薄，迫于营养。"②

《太平寰宇记》卷三西京风俗载："《周礼·职方氏》：'河南曰豫州'，豫者，逸也，言常安逸也。李巡曰：'豫者，舒也，言禀中和之气，性理安舒。'又《汉书·地理志》：'周人巧伪趋利，贵财贱气，高富下贫，熹为商贾。'《九州记》云：'洛阳转毂百数。'贾耽《郡国志》云：'无所不至。'"③

《邵氏闻见录》则载："洛中风俗尚名教，虽公卿家不敢事形势，人随贫富自乐，于货利不急也。"④

北宋西京的地理位置临近开封，又有天险可据，加之自周朝以来的"都城光环"，及其为"天下之中"的共识，使得这座城市具有重要的军事意义，并获得了较高的政治地位。

西京洛阳的城市地位仅次于首都开封，可谓"一城之下，万城之上"。如遇节日活动时，常"两京"并提，如"（天庆节）休假五日，两京诸路州、府、军、监前七日建道场设醮，断屠宰；节日，士庶特令宴乐，京师然灯"⑤；"大中祥符五年三月

①　程颐：《明道先生行状》，《二程集》第 2 集，第 332 页。

②　脱脱等：《宋史》，第 1427 页。

③　乐史：《太平寰宇记》，第 44 页。

④　邵伯温：《邵氏闻见录》，第 186 页。

⑤　脱脱等：《宋史》，第 1805 页。

二十六日，诏：自今两京诸路每遇天庆节七日，天贶节一日，毋得行刑。帝曰：'今后天庆等节并依天祯（祺）、天贶节例'"①；又如皇帝赐酺，西京略低于东京，"（天禧五年二月）丙寅，雨，丁谓等称贺，上甚悦。谓因请赐酺，与人共乐。诏从之，在京五日，西京三日，诸州一日"②。

在改革中，西京也常被选择为试点城市，然后再推广到其他城市。如省并县时，"遣使先往西京，并省诸邑为十县，其所废之邑，并改为镇。……候西京并，省稍成伦序，则行于大名府，然后遣使诸道，依此施行"③。此外，从皇家祭祀场所的配置、官员的任免和选拔、官方经费的支持等方面看，城市地位也是如此。

西京较高的城市地位使居住在这里的臣民感到自信和骄傲，"洛都，天下之仪表，提封万井，隶县十九，王事浩穰，百倍他邑"④。

葛兆光先生曾以《洛阳与汴梁——文化重心与政治重心的分离》⑤ 来阐述洛阳和汴梁的关系，也从另一个侧面揭示了洛阳城的城市性格——文化昌盛。这一点也是此前学者投入极大关注的地方。

研究北宋西京洛阳的著述，如程民生《宋代洛阳的特点与魅力》⑥、周宝珠《北宋时期的西京洛阳》⑦、张显运《从政治型都市文化到休闲娱乐型文化的嬗变——北宋洛阳城市文化研究》⑧、顾飞《古典文化视域下的宋代西京洛阳官员文娱休闲之疏解》⑨，多集中反映神宗以后洛阳文人集团兴盛的情况，并以此作为西京洛阳的主要城市特点。然而正如张祥云《北宋西京河南府研究》中指出的"现实生活中的陪都西京没有，也不可能远离现实政治，充其量其受到的政治影响程度和功能表现形式

---

① 刘琳、刁忠民、舒大刚校点《宋会要辑稿》，第 2003 页。

② 李焘：《续资治通鉴长编》，第 2242 页。

③ 李焘：《续资治通鉴长编》，第 3442 页。

④ 欧阳修：《欧阳文忠全集》，第 321 页。

⑤ 葛兆光：《洛阳与汴梁：文化重心与政治重心的分离——关于 11 世纪 80 年代理学历史与思想的考察》，《历史研究》2000 年第 5 期。

⑥ 程民生：《宋代洛阳的特点与魅力》，《河南大学学报》（社会科学版）1994 年第 5 期。

⑦ 周宝珠：《北宋时期的西京洛阳》，《史学月刊》2001 年第 4 期。

⑧ 张显运：《从政治型都市文化到休闲娱乐型文化的嬗变——北宋洛阳城市文化研究》，《洛阳师范学院学报》2012 年第 7 期。

⑨ 顾飞：《古典文化视域下的宋代西京洛阳官员文娱休闲之疏解》，《黄河科技大学学报》2017 年第 2 期。

有所不同罢了"。或者说，神宗以后洛阳地区文人的集中、文风的兴盛，事实上也与北宋政治的变革密不可分。

因此，梳理和判断北宋西京的城市定位和城市性格，首先需要了解其政治职能。自由闲适、悠然嬉游、思想活跃或许是北宋中后期的洛阳所表现出来的面貌，也发展成为其城市性格，但不可忽视的是，这一切其实源自其政治地位的下降。因此，讨论陪都西京的城市定位就必须涉及其与首都汴梁的关系。

（二）西京洛阳与东都汴梁的关系

北宋时期洛阳与汴京的关系很微妙。有学者将洛阳定位为陪都，如周宝珠言，"宋之西京洛阳，在当时是一座重要的城市，政治上保持陪都地位，'衣冠将相占籍繁多'，在宋廷拥有较多的发言权，这是其他城市无法比拟的。园林上有突出特点，'生居洛阳'，这里是士大夫们向往的地方。经济及至文化等，也有相当实力，交通便利，人文荟萃，在宋代城市中仍有它的典型意义"[①]；有学者视西京为储备首都，如赵天改认为，"以皇帝为首的政治家们把洛阳作为未来的正式都城去准备，使洛阳能在开封城破后肩负起首都的重任"[②]；也有学者认为洛阳与东京存在对峙关系，如程民生，"强大的历史背景与宋代的特殊地位，使洛阳在某种程度上与东京形成对峙"[③]；有学者认为洛阳是一座休闲娱乐型城市，完成了由唐政治型都市文化到宋休闲娱乐型文化的嬗变，这是洛阳城市文化不得不适应政治中心的转移而做出的成功尝试，顾飞言"北宋王朝的西京洛阳，城市文化的发展已经脱却先期浓郁的政治色彩，专朝文化中心之路不息地演进，朝堂喧嚣、萧墙纷争渐行渐远，城市文化融入更多的恬淡、幽静、悠然、品位等元素，散发出更加诱人宜居的文化气息"[④]。

北宋西京洛阳究竟是政治型还是休闲型的城市，对于首都开封来说究竟是辅助的陪都，还是竞争抑或对峙的关系？在北宋一百余年的历史中，伴随立国定都、政权稳固、变法谋新、党争反复等历史事件，洛阳的地位及其与开封的关系也在不断地起伏和发生变化。

---

① 周宝珠：《北宋时期的西京洛阳》，《史学月刊》2001 年第 4 期。
② 赵天改：《论北宋首都定位的地缘政治基础》，《理论界》2010 年第 1 期。
③ 程民生：《宋代洛阳的特点与魅力》，《河南大学学报》（社会科学版）1994 年第 5 期。
④ 顾飞：《古典文化视域下的宋代西京洛阳官员文娱休闲之疏解》，《黄河科技大学学报》2017 年第 2 期。

1. 开封：学习和取代

开封建都之初，未如王者之制①。拟"大治宫阙"，以西京洛阳城的宫殿作为样板，"仿西京之制"。"建隆三年，广皇城东北隅，命有司画洛阳宫殿，按图修之，皇居始壮丽矣。"②

那么，"画洛阳宫殿，按图修之"的模仿到什么程度呢？因开封宫城尚未经过系统考古发掘，故仅能从文献记载及前人研究中得到一些信息。

（1）总体大小

根据张劲的研究，"金皇城与明萧墙重叠，周围九里十三步。北宋皇城加上延福宫，与金皇城、明萧墙重叠，周围亦是九里十三步。因此如果不算延福宫的话，北宋皇城的周围就没有九里十三步，其东、西墙均较金皇城、明萧墙短约500米，这样，不包括延福宫的北宋皇城，东西约长1050米，南北约长1090米，全长约4280米"③。这一尺度与洛京宫城大内尺寸有着较高的相似度，可能存在关联。

（2）城门

北宋东京与洛阳大内城门配置一致，皆有六座城门，即南面三座，东、西、北各一。其中正南门宣德楼的"凹"字形平面应该源于洛阳五凤楼的式样。二者皆以东西城门连接宫城内东西横街。而北门皆名之曰拱宸门。

（3）横街

大内中央有一条东西向横街，将大内分为外朝和内朝。

"今东京内城一重横街，文德殿正衙与大庆殿排行殿后，即是横街。"④

西京大内延续自唐之格局，但将第二横街贯通东西，形成西隔门——千秋门——通天门柱廊——脩福门——东隔门一线，位于太极殿和文明殿之后。与东京宫城西华门——右承天门——左承天祥符门——东华门一线横街贯通的做法如出一辙（见图3.16、3.19）。

---

① "东京，唐汴州，梁太祖因宣武府置建昌宫，晋改曰大宁宫，周世宗虽加营缮，犹未如王者之制。太祖皇帝受天命之初，即遣使图西京大内，按以改作。"邵伯温：《邵氏闻见录》，第5页。
② 脱脱等：《宋史》，第1413~1414页。"初，梁太祖因宣武府署修之为建昌宫，晋改命曰大宁宫，周世宗复加营缮，犹未尽如王者之制。太祖始命改营之，一依洛阳宫之制。既成，太祖坐正殿，令洞开诸门直望之，谓左右曰：'此如我心，小有邪曲，人皆见之。'"司马光：《涑水记闻》，第14页。
③ 张劲：《两宋开封临安皇城宫苑研究》，暨南大学博士论文，2004年，第13页。
④ 张舜民：《画墁录》，第4~5页。

（4）主要殿宇

洛阳大内正南门五凤楼，之内即太极殿门。（太极殿门）门东西各有门，门外各有东西横门。太极殿的这种格局，与东京皇宫大庆殿相同。

除中轴线格局相似外，东京大内之中也以西内为重，在中轴线西侧设西辅轴线，并将宫中重要建筑群置于西辅轴线。

不仅宫室仿照洛阳建造，城市也仿雍洛之制。"初，梁氏建都草创，闾巷皆因旧号。（至道元年十一月）丁卯，诏参知政事张洎，改撰京城内外坊名八十余。由是分定布列，始有雍洛之制云。"[1]（图5.3）

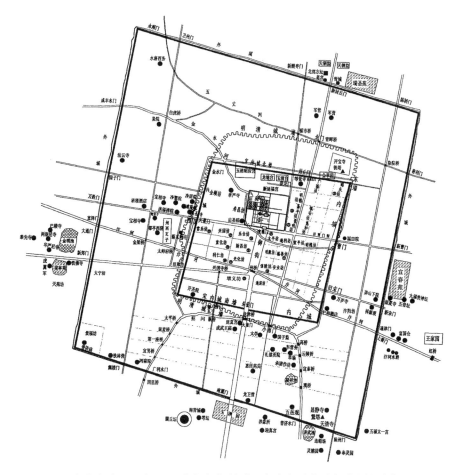

图5.3　北宋东京布局示意图（采自李合群《北宋东京城营造与布局研究》图9－2）

---

① 李焘：《续资治通鉴长编》，第823页。

从图上分析，北宋东京不仅在京城内外列坊，更重要的是，在宫城以南设御街，跟洛阳定鼎街有着天然的联系，象征了帝国的威严。从另一个侧面也表示，东京向西京学习的时间主要在北宋早期，或者说其是以隋唐洛阳城为模仿重点的。

在学习洛京的同时，开封也在逐步营建，不断夯实和巩固自己的统治地位。北宋仁宗以前，洛阳政治地位较高，作为国都的第二选择而存在。几代国君都曾考虑过迁都或者被大臣奉劝迁都。直到仁宗朝仍然将此事纳入议题①。仁宗朝在开封重启明堂制度，皇祐二年，"辛亥，大飨天地于明堂，以太祖、太宗、真宗配，从祀如圜丘"②，强化了东京的正统地位。

至神宗朝，西京政治地位持续下降，不仅不被作为后备都城建设，其原有的城市职能也逐渐被开封取代。同时，其城市面貌已远不及东京汴梁。皇家对于东京的扶持和眷顾，甚至是以牺牲洛阳为代价的。

第一，神宗大修开封城，强化了开封城的军事地位③。这次筑城的规格要求较高，基本是参照当时边防之城的形制对原城进行了改建，"土脉坚致，粗亦完好，何必高深楼橹以拟边疆"④。经过此次筑城后的外城，周长、高度和宽度均有所增加⑤，墙上的各种守战设施也愈加齐备⑥。与此相反的，是被放弃的后备都城西京城阙的破败。

---

① 范仲淹虽不赞成迁都，但对洛阳的地理位置和地位还是非常认可的，称若开封守不住，就可以退居洛阳。

② 李焘：《续资治通鉴长编》，第4060页。

③ "上批：'都城久失修治，熙宁之初，虽尝设官缮完，费工以数十万计。今遣人视之，乃颓圮如故，若非选官总领，旷日持久，不能就绪，可差入内东头供奉官宋用臣提辖修完，有当申请事条具以闻。仍差河北、京东简中崇胜、奉化十指挥及废监牧军士五千人，专隶其役，军士仍隶步军司。应缘修城役使犯杖以下，令提选修城所决之，合干追照仍送步军司，每五百人许奏辖殿直以下至殿侍一人督役。'九月七日置广固等，《地理志》云：熙宁八年九月癸酉完都城，元丰元年十月丁未告毕。初修月日与实录不同，当考。"李焘：《续资治通鉴长编》，第6552页。

④ 李焘：《续资治通鉴长编》，第6561页。

⑤ "诏知制诰、直学士院孙洙撰记，刻石于南薰门上。城周五十里百六十步，高四丈，广五丈九尺，外距隍空十五步，内空十步。自熙宁八年九月癸酉兴工，以内侍宋用臣董其事，役羡卒万人。"李焘：《续资治通鉴长编》，第7148页。

⑥ "新城每百步设马面、战棚，密置女头，且暮修整，望之耸然。……每二百步置一防城库，贮守御之器，有广固兵士二十指挥，每日修造泥饰，专有京城所提总其事。"孟元老：《东京梦华录》，北京：中华书局，1985年，第19页。

第二，元丰以后，东都神御均迁移至景灵宫，进行统一供奉与管理，皇帝定期对神御进行朝拜，在一定程度上也削弱了西京祭祀中心的地位。

第三，导洛通汴，以洛水支持开封漕运，不惜一切保证开封城的供给。"主者遏绝洛水，不使入城中，洛人颇患苦之。"

2. 洛阳：辅助与支持

洛阳作为陪都，一直为汴京提供补给和支持，不仅背负有沉重的税赋和徭役，为汴京提供粮食、马匹这类军需物资，还承担了陵邑维护和黄河防汛工作，甚至城市水源也随时服务于汴京需要。

从政治上来说，为首都提供充分的辅助与支持是陪都应尽的责任，然事实上却形成了资源掠夺的态势，带来了洛阳本地资源的匮乏，从而出现了与京城地位不相称的财政困难现象①，正如范仲淹所言"西洛之民最为穷困"②。

而汴京的强势不止于此，甚至连洛中之花也要向首都供应，最开始还只是向东都进贡，"洛阳至东京六驿，旧不进花，自今徐州李相迪为留守时始进御。岁遣牙校一员，乘驿马，一日一夕至京师，所进不过姚黄、魏紫数朵"③。到北宋后期，甚至出现花未开，官方就派人移至京师的情况，"余去乡久矣，政和间过之当春时，花园花市皆无有，问其故，则曰：'花未开，官遣吏监护，甫开，尽槛土移之京师，籍园人名姓，岁输花如租税。洛阳故事遂废。'余为之叹息，又追记其盛时如此"④。

除了物资的掠夺与集中外，汴京作为都城的集聚效应还反映在人上。伴随开封地位的提升，越来越多的人愿意到开封定居。宋初很多居洛重臣的后人都到开封置业。如赵普过世后，其西京园林也随之凋敝，"子孙皆家京师，罕居之，故园池亦以扃钥为常"⑤。又如王溥之子贻庆、贻孙，以及孙子王甫均居于东京。甚至一些世代居于河南的家族，也迁居开封，如"河南郡君，姓元氏，其先河南人，后魏孝文改

① 张祥云：《北宋西京河南府研究》，河南大学博士论文，2010年，第185页。文中专辟一节讨论河南府财政空虚问题，本书不赘述。
② 李焘：《续资治通鉴长编》，第3442页。
③ 欧阳修：《洛阳牡丹记》，《牡丹谱》，第54页。
④ 邵伯温：《邵氏闻见录》，第186页。
⑤ 李格非：《洛阳名园记》，第7页。

拓跋为元氏，元者，善之。……以乾德六年十月十五日终于东京开封县望仙坊"①。

虽然这些世家大族多迁往汴京居住，但由于家族葬制的限制，他们的家族墓地大多留在了洛阳。如此，洛阳就成为落叶归根的地方。加之洛阳乃形胜之地，文化氛围浓厚，很多大臣愿意请老归洛，从某种程度上来说，洛阳似乎成了士大夫阶层的精神家园。

结合东都汴梁和西京洛阳的城市分工和地位消长，再看北宋西京的两次文风大盛，或有一些新的认识。如果说天圣、明道间洛阳文化的兴盛，是延续自唐以来的传统，得益于皇家的厚爱和地方官员的支持，那么神宗以后的文人聚集，则承载了厚重的变革背景，是历史的必然，也是无奈的选择，开封城的每一次加固，每一次权力的集中，都是对西京洛阳的摒弃，而北宋西京也正是在这种政治不得意的情况下，走上了休闲型城市的道路。

---

① 河南省洛阳地区文管处、河南省文物研究所编《千唐志斋藏志》，第 1243 页。

第六章 余论

一 隋唐、五代洛阳城与北宋洛阳城的关系

北宋洛阳城沿袭自隋唐洛阳城，其城市范围基本保持了隋唐时期的规模，但城市面貌却发生了较大的变化。

唐玄宗天宝以前，伴随东都地位的提升，城市进行了大规模建设，也因其政治和经济地位，吸引了大量官员士大夫来此定居①。而天宝以后，特别是安史之乱以后，洛阳政治地位急剧下降，城市面貌也变得残破不堪，"夫以东周之地，久陷贼中，宫室焚烧，十不存一。百曹荒废，曾无尺椽，中间畿内，不满千户。井邑榛棘，豺狼所嚎，既乏军储，又鲜人力。东至郑、汴，达于徐方，北自覃怀，经于相土，人烟断绝，千里萧条"②。

到了唐末，东都更加破落。"初，东都经黄巢之乱，遗民聚为三城以相保，继以秦宗权、孙儒残暴，仅存坏垣而已。全义初至，白骨蔽地，荆棘弥望，居民不满百户，全义麾下才百余人，相与保中州城，四野俱集耕者。"③

唐末五代时期，在张全义的葺理和建设下，洛阳城市面貌有所改观。首先，修葺洛阳宫室，"（天祐元年即 904 年正月）毁长安宫室百司及民间庐舍，取其材，浮渭沿河而下，长安自此遂丘墟矣。全忠发河南、北诸镇丁匠数万，令张全义治东都宫室，江、浙、湖、岭诸镇附全忠者，皆输货财以助之"④；其次，鼓励城内荒芜之

---

① 李久昌：《国家、空间与社会——古代洛阳都城空间演变研究》，第694页。
② 刘昫等：《旧唐书》，第2349页。
③ 司马光：《资治通鉴》，第8359页。
④ 司马光：《资治通鉴》，第8626～8627页。

处耕垦农田，"（天祐二年即 905 年十月）洛城坊曲内，旧有朝臣诸司宅舍，经乱荒榛。张全义葺理已来，皆已耕垦，既供军赋，即系公田"①；第三，鼓励居民占地筑宅定居，"（同光二年即 924 年八月）京城应有空闲地，任诸色人请射盖造。藩方侯伯、内外臣僚，于京邑之中，无安居之所，亦可请射，各自修营。其空闲有主之地，仍限半年，本主须自修盖，如过限不见屋宇，亦许他人占射。贵在成功，不得虚占"，同月又下诏云："诸道节度、观察、防御、团练、刺史等，并宜令雒京修宅一区，既表皇居之壮丽，复佳清雒之浩穰。"②

在官方的鼓励和扶持下，经过三十年的休养生息，洛阳城内人口渐多，城市面貌有所恢复。但伴随城市的自由发展，出现民间居室侵街占巷的现象，就连宫苑、宗庙、祠宇周边也交错布置菜园农田，污秽难堪③，有碍都城观瞻，对城市管理提出了新的要求。于是，政府开始着手城池的恢复，采取了一系列的措施。五代同光三年（925 年），奏请对于唐末五代时期城内所筑城垒实施平填④，恢复城内统一面貌；

---

① 刘昫等：《旧唐书》，第 541 页。

② 王钦若：《册府元龟》卷十四，第 162～163 页。

③ 同光三年（925 年）六月，敕河南府开永通、厚载二门，应京城内外空闲地，如本主有力即速令盖造，若不修营即许诸邑人请射起屋，其月左谏议大夫崔墀上言曰："臣伏见，洛下顷当制葺之初，荒凉至甚。绕通行径，遍是荆榛，此际集人开耕，便许为主，或农或圃，逾三十年。近岁，居人渐多，里巷颇隘，须增居室，宜正街坊。都邑之制度既成，华夏之观瞻益壮。因循未改，污浊增深。窃惟旧制，宫苑之侧，不许停秽恶之物。今以菜园相接宗庙、祠宇、公府、民家，秽气熏蒸，甚非蠲洁。请议条制，俾令四方则之。"王钦若：《册府元龟》卷十四，第 163 页。

④ 同光三年八月，左补阙杨途奏："明君举事，须合前规。窃见京城之内，尚有南州、北州，纵市井不可移改，城池即宜毁废；复见都城旧墙，多已摧塌，不可使浩穰神京，旁通绿野，徘徊壁垒，俯近皇居，无或因循，尝宜修葺。"初，光启末，张全义为河南尹，为蔡贼所攻，乃于南市一方之地，筑垒自固，后更于市南又筑嘉善坊为南城。天复修都之际，元未毁撤。途所奏颇适事宜。九月，中书奏："右补阙杨途先奏毁废京内南北城、臣简到同光二年八月二十七日河南尹张全义奏：'臣自僭宗朝，叨蒙委寄，节制雒京。位临之初，须置城垒，臣乃取南市曹界分兼展一两坊地，修筑两城，以立府衙廨署。'今区宇一平，理合毁废，其城濠如一时平治，即计工不少，百姓忙时，难为差使。今欲且平女墙及拥门，余候农隙，别取进止者。"

奉敕"京都之内，古无都城，本朝多事以来，诸侯握兵自保，张全义土工斯设，李罕之寨地犹存。时既朗清，故宜除划，若任盖造屋宇，其城址内旧有巷道处，便为巷道，不得因循，妄有侵占。仍限一月。如无力平划，许有人户，占射平填"。王钦若：《册府元龟》，第 164 页。

长兴二年（931 年），要求民众建设屋宇，不得侵占道路，保证道路宽度可通车马①；接着，根据此前街坊的分布，划分大街和诸坊边界，重建街坊格局②；此外，为维护都城气象，允许城内新建房屋，但禁种农桑菜园③。

从文献记载来看，唐末的战乱令洛阳城毁坏殆尽，"都城旧墙，多已摧塌"，坊制因此受到破坏：一方面，张全义筑垒抗敌，建成"城中城"；另一方面，五代时期农田的耕垦、民居的建设，也突破了街坊的限制。

因此，北宋洛阳城虽然是在隋唐洛阳城的基础上建造的，但其承接的并非盛唐时东都的基础，而是一座被战乱摧毁的城市。北宋洛阳城的城市建设，更像是在隋唐洛阳城的棋盘范围内，重新谋划道路和部署棋子，其城市格局与隋唐城有着千丝万缕的联系，但并不完全重合，甚至有很多错位，同时，也受到五代时期城市管理政策和城市建设的影响。

---

① "长兴二年六月，戊辰，应京城六街及诸间坊，先许人修建房屋。如闻侵地太多，乃至不通车驾，今后盖造外须通车马；或有越众牵盖，并须画时毁拆，并果园池亭外，余种莳菜园空间田地，如本自办，即限三月内盖造须毕，如不自办，并请他人收买。"
后唐长兴二年（931 年）六月八日，"据左右军巡使奏，诸厢界内，多有人户侵占官街，及坊曲内田地，盖造舍屋，……自后相次诸色人陈状，委河南府勘逐，如实是闲田，及不侵占官街，然后指挥劈画交付。……京城应天街内，有人户见盖造得屋宇外，此后并不得更有盖造。其诸坊巷道两边，常须通得牛车，如有小小街巷，亦须通得车马来往，此外并不得辄有侵占。应诸街坊通车牛外，即日或有越众，迥然出头，牵盖舍屋棚阁等，并须画时毁拆，仍据搏截外，具留街道阔狭尺丈，一一分析申奏。此后或更敢侵占，不计多少，宜委地分官司量罪科断"。王溥：《五代会要》，第 315～316 页。
② 后唐长兴二年六月八日，"据左右军巡使奏，……已有居人诸坊曲内，有空闲田地，及种莳并菜园等，如是临街堪盖店处，田地每一间破明间七椽。其每间地价，宜委河南府估价收买。……其未曾有盖造处，宜令御史台、两街使、河南府依已前街坊地分，劈画出大街，及逐坊界分，各立坊门，兼挂名额。先定街巷阔狭尺丈后，其坊内空闲，及见种田苗，并充菜园等田地，亦据本主自要量力修盖外，并许诸色人收买修盖舍屋地宅。如是临街堪盖店处田地，每一间破明间七椽，其每间地价，亦委河南府估价，准前收买。……诸色人置到田地等，并限三个月内修筑盖造，……其地只许修造宅院，及其间小小栽植竹木外，不得广作园圃及种植田苗，仍令御史台常加觉察"。王溥：《五代会要》，第 316 页。
③ "京城六街及诸间坊先许人修建室，如闻侵地太多，乃至不通车驾，今后盖造外须通车马，或有越众牵盖并须画时毁拆，并果园、池亭外，余种莳菜园、空闲田地，如本自办，即限三月内盖造须毕。如自不办，并许人收买。敕旨伊洛之都，皇王所宅，乃夷夏归心之地，非农桑取利之田。"同月，河南府上奏文书："只要增修舍屋，添益闾阁，贵使华夏，共观壮丽。朝廷以邦本兴隆之计，务使骈阗。"王钦若：《册府元龟》卷十四，第 164 页。

（一）由唐至宋城市的变化

在中国城市发展史中，唐宋之际的变革引人注目，从封闭式的坊市制变为开放式的街巷制，这一变革不仅反映在物化的城市格局和城市形态上（图6.1），更直接影响了城市生活。那么，这种变化如何而生？

洛阳城作为由唐至宋的都城所在（虽大部分时间仅为陪都），政治、经济地位较一般城市突出，城市要素丰富，且自唐经五代一直延续至宋，期间未有长时间断裂，本书试分析唐宋之间洛阳城的变化，从个案分析管窥唐宋城市变革。

1. 宫室活动明显减少

从宫城、皇城和东城出土遗迹、遗物的情况来看，北宋时期宫城区域的建设活动颇多，但却基本没有生活用具出土，也就是说，这是一座经过建设的宫城，却未能得到皇家的有效使用。

与唐代遗物主要分布于宫城大内西部不同，宋代遗物大多分布于东城区域。这一区域出土了大量生活用品和钱币，应是北宋时期宫皇城区域中最为活跃的地带，考虑到东城区域主要为官署之用，也可以推知，北宋时期的洛阳城虽贵为陪都，但并未得到皇帝的眷顾，宫城大内几乎闲置不用，仅有日常巡逻而已，而在东城官署区域内有较多活动。

2. 官署数量减少，分布集中

北宋时期城内官署较唐代明显减少，其主要职能为掌管西京地方事务，反映出北宋时期洛阳城城市职能的减少和地位的下降。正因为城内管理事务简单，官署数量减少，其分布也呈现出集中的态势，主要分布于河南府廨所在临阛坊周边。

3. 人口锐减，省并乡里

北宋初期，河南府人口锐减，所辖乡里数量明显减少，"河南县，旧管四十乡，今四乡五十坊。洛阳县，旧三十乡，今三乡四十三坊"，经过北宋时期的休养生息和发展，至北宋后期仍未达到唐代的人口数量。

表6.1　唐宋户数统计对比表

	唐	北宋初期		北宋中期		北宋后期
	户总数	主户	客户	主户	客户	户总数
河南府	194746	42818	39139	78550	37125	127767
开封府	82100	90232	88399	183770	51829	261117

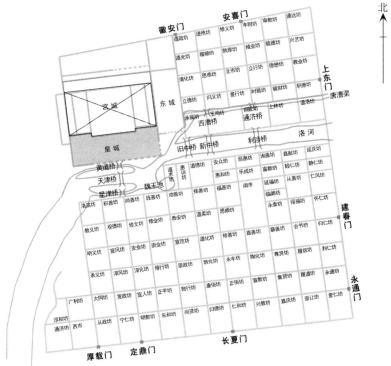

1 唐代城址

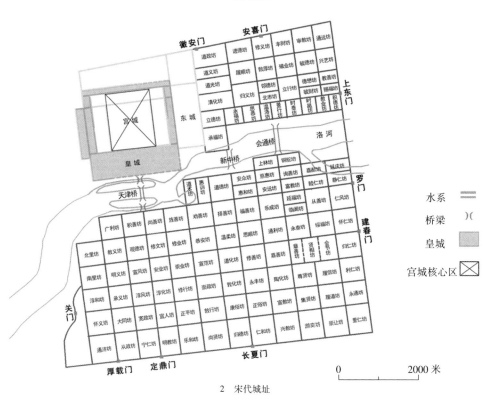

2 宋代城址

图 6.1 唐宋城址对比图

4. 坊制崩溃

晚唐时期坊制的崩溃在文献中多有体现，而从考古材料上，也能反映这一点。

建春门街从隋至宋一直沿用，路土堆积很厚，上面密匝深深的车辙印痕。考古工作者在建春门街北清理出宋代临街店铺建筑遗迹①。

定鼎门街西，即宁人坊东坊门的位置，"被一晚期夯土基础叠压，该夯土打破东坊墙……夯土西南端紧邻一砖砌排水沟……此排水沟可能为该夯土建筑的排水设施。该晚期夯土建筑当为隋唐里坊制度崩坏之后所建"②。

此外，在宁人坊"南坊门和西坊门均发现晚期叠压在坊墙和坊门上的遗迹，有路土和卵石区、瓦砾区、灰坑等。这种破坏坊墙、侵街的现象开始于晚唐时期，与文献记载相符"③，"也发现了少数晚期路土从坊墙上越过，其上层地层中出土了一些宋、元时期瓷片"④，可见晚唐时期坊墙就已经被破坏，建筑侵街现象常见，甚至道路也可以穿坊墙而过。

更令人惊讶的是，在定鼎门街东侧，发现一条呈东北—西南向的道路，穿明教坊西坊墙而过，路土宽约80米。这一新建道路宽度与定鼎街宽度接近，且发现路土上有大量辙痕，故可推测其应该也是宋代一条非常重要的道路⑤。

如果说坊墙倒塌、建筑侵街、局部道路穿越坊墙是唐末坊制崩溃的表现，是城市生态的自然发展，那么这条宽达80米的斜街则应该经过了特殊设计，可能蕴藏着新的城市设计逻辑。

伴随坊墙的消失，坊的物理空间被打破，五代时期"逐坊界分，各立坊门，兼挂名额"，北宋"坊久无榜，皇祐二年，张奎知府事命布列之"，都只是依照文献记录及当地居民的大致说法，列坊榜题而已。北宋时期的"坊"，更多的代表着一片区域的称谓，而不一定有明确的地理边界，因此才会出现如贤相坊这类夹在章善、会节中间，却无法确认边界的坊。

---

① 洛阳市文物管理局编著《洛阳大遗址研究与保护》，第182页。
② 《宁人坊遗址》，2016年6月16日，http://sc121.800tzw.com/faxshow.php?cid=4&id=26。
③ 史家珍等：《隋唐洛阳城宁人坊遗址发掘简报》，《洛阳考古》2014年第2期。
④ 陈良伟：《隋唐东都宫院遗址的发现与研究》，《扬州城考古学术研讨会论文集》，第132~147页。
⑤ 中国社会科学院考古研究所编《隋唐洛阳城：1959~2001年考古发掘报告》，第74页。

北宋时期水北里坊的变化也同样反映出坊制的消失。根据上文对安喜门位置的研究，可知北宋时期可能将唐代坊内南北十字街打通作为坊间道路使用，故在原坊间道路，如宋安喜门街两侧则出现安喜门东街、安喜门西街，形成新的街巷格局。此外，在上东门街南北，特别是上东门街以南，新增大量里坊，且布置无序，恐因五代宋初民宅所占，人口稠密的缘故。

5. 交通要道由洛北转向洛南

唐东都的两个都亭驿皆在城北：清化和景行，对城北之安喜门和徽安门；而唐代漕渠也位于洛北，经立德、归义、景行、时邕、毓财、积德等坊之南后出城，皆反映出唐代洛北对于交通的重要性。正因其交通便利的地理优势，唐代将大型官仓含嘉仓也设于洛北。

北宋时期的都亭驿建于思恭、景行，位于上东门街之南，应是延续了洛北的交通优势。伴随城北地位的下降，洛北的繁荣区域集中于上东门街沿线，北面城门安喜门、徽安门没落。而洛南则以长夏门街为界，其东西呈现出完全不同的面貌。长夏门以西，厚载门街沦为墓葬区，定鼎门街侵街现象严重，街道明显变窄，定鼎门在北宋后期缩减为单门道；长夏门以东，长夏门、建春门仍保留三门道，为城市重要的陆路交通出入口，又在嘉猷坊以东开凿新的漕渠，贯通水运，并在这一区域建设多处客馆、客亭，反映出北宋时期洛阳城东南片区的繁荣。

6. 住宅向城市东南部转移

妹尾彦达《隋唐洛阳城の官人居住地》①、李久昌《隋唐洛阳城里坊住宅时空变化与环境的关系》② 对隋唐洛阳城中的住宅进行了系统而全面的分析，可见唐代住宅的分布受到政治、商业、交通等因素的影响，主要分布在三大片区：定鼎门街、上东门街沿线③；

---

① 妹尾达彦：《隋唐洛阳城の官人居住地》，《东洋文化研究所纪要》1997 年第 133 册。

② 李久昌：《隋唐洛阳城里坊住宅时空变化与环境的关系》，《西北大学学报》（自然科学版）2009 年第 4 期。

③ "出于政治需要，居于洛阳的官员选宅往往以靠近政治中心为首选原则。……在洛南，宫城皇城以南的定鼎门两侧各二排里坊；在洛北，东城东门宣仁门至上东门间东西大道两侧各坊，形成高官、贵族聚居区。因洛北里坊数量少于洛南，所以从隋代开始就初步出现洛北住宅密度高于洛南的趋势。"李久昌：《隋唐洛阳城里坊住宅时空变化与环境的关系》，《西北大学学报》（自然科学版）2009 年第 4 期。

南市、北市周边①；东南隅②，在城中分布较为均衡。

与此对应，到了北宋时期，洛阳沦为陪都，其宫城皇城大多数时间处于闲置状态，从未作为政治中心而存在，因此，居住在宫城皇城周边未见便利。相反，这一时期的政治中心位于洛阳以东的开封，官员选择居住地当首选城内生活更便利且前往开封更快捷的位置。于是，长夏门街、建春门街沿线取代了定鼎门街、上东门街，成为高官筑宅的主流选择。

值得注意的是，位于城市东南的唐代南市区域及其周边仍然是北宋时期官员，特别是高级官员的住宅集中地，呈簇群分布态势。究其原因，第一，五代时期张全义在此筑城，民众聚集，此地相对于其他地区更为繁荣热闹；第二，区域内通利坊可能为北宋时期的商业区，为洛阳城经济中心；第三，北宋时期河南府廨建于此，相关官署也多位于这一区域，官员为行事方便，多置宅于此；第四，大量高级官员的聚集，使得这一区域有贤相坊、六相街之美誉，形成了高官住地的传统，更吸引后来者定居于此。

（二）城市格局变化产生的原因及城市建设思想的转变

从隋唐洛阳城到北宋西京，其最大的变化，莫过于城市重心的转移和城市脉络的重建。

1. 城市重心的转移

社会流动往往被看作是社会变迁的指示器。特定时期内，该社会大多数人的流动方向和频率反映着社会变迁的趋势。北宋洛阳城城市重心向东南移动，受到很多因素的影响，包括：

政治因素：首都由长安迁至东京汴梁，洛阳居于二者之间。作为沟通东西的枢纽

---

① "南北两市是洛阳经济活动的中心，也是都城文化、娱乐中心，两市位置都偏于城东部，故洛阳住宅也多偏于城东部，围绕两市周边诸坊选建宅第，在上东门和宣仁门之间东西横街和建春门东西横街一带形成簇群状分布。这些住宅的主人，既有官僚贵族，也不乏一般平民。"李久昌：《隋唐洛阳城里坊住宅时空变化与环境的关系》，《西北大学学报》（自然科学版）2009 年第 4 期。

② "安史之乱以后，在恐怖的政治氛围下，一些官僚便选择了与长安都城地位相近、又远离政治斗争中心的洛阳，过着亦官亦隐、诗酒自娱的"中隐"生活。洛南的东南角，即长夏门以东的南面 3 列 15 坊因去朝、市较远，一般居民不喜欢，居人较少而园林滋茂，成为全城风景最优美的地方。部分仕途失意者和文人学者便以此为理想居所，在此建宅筑房，形成仕途失意者和文人聚居区。"李久昌：《隋唐洛阳城里坊住宅时空变化与环境的关系》，《西北大学学报》（自然科学版）2009 年第 4 期。

城市，至北宋以后，其向东的交流更为频繁。此外，洛阳宫城偏居西北隅，入宋以后不再作为皇家常驻之所，故宫城以南的天街、定鼎门等象征皇权威仪的区域也迅速衰落。

历史因素：五代时期张全义在南市附近筑城，引导民户耕垦、筑宅、定居，由此，在城市东南形成了一个新的核心区。

经济因素：宋太祖在洛南新开漕河，便利水运，北宋中后期引洛通汴以后，洛南漕渠附近更是商贾云集，贸易繁盛。加之延续自唐南市功能的集中市场（通利坊）也位于洛南片区，进一步强化了这一区域的经济优势。

自然因素：唐宋时期，洛阳诸水时有泛滥。从文献记载看，洛阳城西上阳宫，城南天津桥、中桥、定鼎门、长夏门，洛水两岸里坊，洛城西南角、东北角，都是受到水患侵蚀的区域，由此，唐南市附近自然成为远离水患最安全的区域（图6.2）。

2. 城市脉络的重建

唐末五代时期，洛阳城棋盘式里坊格局被打破。伴随城市重心的东移，破败的洛阳城面临着城市脉络和城市秩序的重新建立。在这个过程中，一些新的城市建设思想出现，并对宋以后的城市发展产生了深远的影响。

（1）权力中心的辐射效应

城市中出现人口和资源集聚于某一区域，即权力中心，且向周边辐射的状态。唐代洛阳城政治地位较高，其宫城曾作为权力中心存在，故城市以西北宫城为中心，向东南辐射，与宫城直接联系的定鼎门街、上东门街就成为最重要的区域。而到了北宋时期，伴随西京地位的下降，西京宫城不再是权力常在之所，宫殿周边甚至被农田、苗圃占据，洛阳城的权利中心转移到洛南河南府[①]。故北宋时河南府廨所在临阛坊成为权力中心，其周边交通便利，官署、市场、高官住宅聚集，呈现辐射效应。

（2）"街道"上升成为组织城市的第一要素

讨论北宋洛阳城的建设问题，不容忽视的一点是，这是一座经过战乱而没落的

① 张祥云指出："在北宋西京政治生活中，西京留守一职一般没有专门的人选来充任，而是以河南府长官河南尹或河南知府兼任。……大中祥符七年（1014年），'诏西京留守司御史台，今后行香拜表，不以官班高下，止以知府兼留守为首'。这一事件的实质是留守司官员与河南府兼职官员之间的一次政治矛盾冲突。从宋政府的处理结果来看，是维护了河南府长官兼留守的地位，显示出河南在西京政治事务中的独大局面。"张祥云：《北宋西京河南府研究》，河南大学博士论文，2010年，第73～74页。

城市，是一座人口锐减的城市，是一座从废墟中重建的城市。在重建或者说再生的过程中，城市是自然扩张和发展的，而并未经过专门设计和规划。因此，北宋洛阳城的建设与隋唐洛阳城最大的不同便是，不再定位于都城，不再将秩序作为城市建设第一要务，而是以休养生息为首要目标，更讲求直接和便捷。

唐代已经出现一些高官大户对街开门的现象，到了晚期，侵街现象更加频繁，沿街开店的做法也开始出现。至五代北宋以后，城市自然发展，不再受限于坊墙的控制和管理，新增人口沿街筑屋和开店即为最方便且经济的做法①，官方立坊也是"先画大街"，再立坊门②。由此，"街道"上升成为组织城市的第一要素。

根据本书第四章的统计，洛阳城内寺院、衙署、重要人物宅园等多分布于主要道路两侧，而从《洛阳名园记》记载的园林顺序，也可推断作者是以城内主要大街串联园林参观游线。再来看洛北上东门街两侧的里坊分布，其坊间道路南北并不完全相通，出现错位关系，也从另一个角度说明洛北的城市组织是以东西大街——上东门街为主要脉络，进而向其他小街分流。

由此可见，北宋洛阳城是以街道作为城市组织单位，由主要城市道路构成城市脉络，这或许正开启了后世"纵街横巷"格局的先河。突破坊墙的限制，通过街道直接前往目的地，反映出北宋时期城市建设的特点。而这种直接的想法，也孕育了斜街的出现。

从这个角度，再看定鼎门东侧的斜街。虽然考古工作只探得局部，但综合考虑北宋时期的城市重心所在，以及街道使用的目的地属性，其方向从"西南通向东北"则不难被理解，甚至应该是必然的选择，即从衰落的定鼎门区域通往繁华的城市核心临阛坊区域的快捷路径。

由唐至宋，坊墙的倒塌只是城市面貌的一个表现形式。而从更深层次上看，城市建设的内在逻辑——即围绕核心区进行建设并未改变，改变的只是城市空间的组织方式。

---

① "张公所居，直南一二里临官路，有店数十户。"张齐贤：《洛阳搢绅旧闻记》，第 126 页。
② "宜令御史台、两街使、河南府依已前街坊地分，劈画出大街，及逐坊界分，各立坊门，兼挂名额。"王溥：《五代会要》，第 316 页。

图 6.2（彩版一四） 宋代洛阳城水患示意图（王书林绘制）

城市始终是有核心的，不论是唐代的宫城，还是宋代的衙署，都承担着城市内核的作用。城市核心区有着极强的凝聚力和辐射效应，这也充分体现了中国古代城市的政治属性。正如徐苹芳先生所言，"在城市职能中政治性一直是第一位的，不论是早期的宫庙一体，或后期的以宫为主的封闭式里坊制和开放式街巷制，皆是以政治性为主的"[1]，而自隋唐洛阳城到宋西京，再到后来的金中京以及明清洛阳城[2]，历代叠压，又根据核心区的转移不断调整城市重心，从而影响城市的布局和组织，恰可为中国城市的政治属性提供绝佳的注脚。

另一方面，城市空间的布局展开方式发生了改变，不再以秩序化、模式化、有固定空间的里坊为基本要素，而是以更直接、便捷、可以随宜增减的街巷组织城市空间，从而对城市居民的生活产生影响。

---

[1] 徐苹芳：《论历史文化名城北京的古代城市规划及其保护》，《文物》2001 年第 1 期。

[2] 明清洛阳城的城市格局及其与中心区的关系，详见刘鹏、董卫：《洛阳老城的功能空间演化及其启示》，《现代城市研究》2012 年第 7 期。

二　北宋以后的洛阳城

金正隆初迁府治，自水南入城宣仁门里①。天眷间，迁宣圣庙学于东城东二百余步。宣仁门里，即北宋西京东城之内。从前述数据分析可知，东城为宋代衙署密集的区域，也是宋代官员活动较多的区域。因此，金代府治的选址，应该是受到宋衙署位置的影响，并考虑到洛北更加安全而定。在此基础上，金重筑新城②。

《河南志》中，关于金代洛阳城，有两处记载，内容相近，"金于正大初（1224年）筑城，东临瀍水，南仍承福门迤东，西据东城之西故皇城，北缩于东城之郭仅一里，为中京金昌府，置留守司"③；"金初仍宋制。正大初，以河南为中京，该河南为金昌府。筑城东据涧水（按：应为瀍水），南接东城之南郭，西亦因东城之西郭，北缩于旧仅一里。按金史地理志，河南府，兴定元年升为中京，府曰金昌。此言正大初筑城为中京金昌府，与史不合。盖升京在宣宗兴定，筑城在哀宗正大也。哀宗纪，正大四年春正月，增筑中京城，浚汴城外濠。"④

从文献记载来看，金代城址应东临瀍河，西据东城西墙，南接东城南郭，北较东城北郭缩一里，较现存洛阳老城的范围小。就已发表的考古材料看，西墙、南墙、东墙的位置应出入不大，而主要差异应在北墙。

金元明清洛阳城东南隅 2014 年度发掘工作中，在文峰塔东侧 80 米，T2 探方内，发现有东西向城墙与南北向城墙交会处的东南城角马面。该马面分早、晚两期，从金元时期延续至明代⑤。这一处马面恰与 2000 年在洛阳老城区洛阳宾馆北侧发现的明代城

---

① 除府治外，"凡官署公廨悉自水南徙入，实今府城也"。徐松：《河南志》，第 36、157 页。

② "宋仁宗景祐元年王曾判府改筑，即今城，方之周都缩五之四，占隋唐一隅耳，金元俱仍旧制。"《洛阳县志》卷二地理，第 17~19 页。事实上，金元洛阳城址并非承袭完整宋城，而只是宋城的局部。王曾的这次加筑应是承继隋唐洛阳城的城池加筑，特别是水南的部分，"仁宗景祐元年九月十五日，宰臣王曾言：'西京水南地里阔远，居民甚多，并无城池，望令渐次修筑'"，而非仅仅筑于洛北。"至宋景祐元年，王曾判府事，复奏加筑，于是城雉仅完。"徐松：《河南志》，第 1 页，因此《洛阳县志》的记载应有误。

③ 徐松：《河南志》，第 36 页。

④ 徐松：《河南志》，第 157 页。

⑤ 王炬等：《金元明清洛阳城东南隅 2014 年度发掘简报》，《洛阳考古》2015 年第 3 期。

墙东北角马面①在一条直线上，由此可大致复原出明代东城墙的位置。然而，东北角的城墙筑法是在原生土上挖基槽，然后再铺大型条石做基石，这一段城墙并未发现明以前的遗迹，也就是说，金代的北墙可能与明代北墙并不重合，有可能更往南（图6.3）。

宋代东城 ▭ 明洪武城圈可能范围 ◁▷ 考古所见明代城角 ◖●◗

图6.3 明初洛阳城圈示意图（王书林绘制）

伴随金代河南府治及其他官署迁到洛北，原宋城内其他区域（如宫殿区、洛南区）渐呈现出破败衰退的面貌："大内对伊阙，望王屋不百里，宫墙之内，草深不见遗基。旧分水南、水北，居水南者什七八。今止水北有三千户，水南墟矣"②；陆游过洛，也云"曩者过洛阳，宫阙侵云起。今者过洛阳，萧然但荒垒。铜驼卧深棘，使我恻怆多。可怜陌上人，亦复笑且歌"③。

————————————

① 洛阳市文物工作队：《洛阳老城明代城墙东北角马面建筑的初步发掘》，《考古与文物》2000年第1期。

② 郑刚中：《西征道里记并序》，顾宏义等整理《宋代日记丛编》，上海书店出版社，2013年，第648页。

③ 陆游：《步虚》，《陆游集》，第371页。

至元代，洛北城内尚有人居，而城外原宫阙区、洛南区均沦为农田，"元朝皆如旧制。但故皇城内暨水南，种□民田。城内止十四坊"①。

"明洪武初，置河南卫，六年卫使陆龄砌以砖石，高四丈，基广如之，环城凿壕，计城四围八里三百四十五步，壕深五丈，阔三丈，减门为四，东建春，西丽景，南长夏，北安喜。上建重楼，外筑月城，又构角楼四，敌台三十有九。"② 上述城东北角发现的明代马面上就发现有洪武时期的砖，应该是这一次修筑的结果。此外，洪武时期修筑的四座城门，其名称恰与宋西京四面城门一致，其中，丽景为皇城西小城西城门，或非偶然，而乃明代复古的选择。

其后，明成化、弘治、正德、万历、崇祯，清顺治、康熙、雍正等朝陆续对城池有所修葺，皆记于《重修洛阳县志（乾隆）》中③。对照《重修洛阳县志（乾隆）》今城阙全图中祖师庙和广济桥的位置，即可大致确认，现存洛阳老城的范围应该至迟到乾隆年间就已经形成（图6.4）。

民国及以后的变化，段笑蓉《宋元以降洛阳城市变迁研究》④，刘鹏、董卫《洛阳老城的功能空间演化及其启示》⑤ 整理较为详细，兹不赘述。

① 徐松：《河南志》，第157页。
② 龚崧林：《重修洛阳县志（乾隆）》卷二地理，第17～18页。
③ "成化、弘治间，指挥张杰、王臣相继葺治。正德六年，重盗猖獗，中州戒严，知府刘献督役濬壕，深如旧，阔倍之，又引瀍、涧二水入壕，筑堰以资防御。七年三月寇至，为壕阻引去。嗣是增修，俱失考。万历初，守道杨俊民委县卫重葺，改故四门额，东长春，西端光，南薰风，北拱辰。日久倾圮。崇祯四年，知县杨四重谋于绅士，捐三千金，委庠生张秉厚、董役修复，历二年余工峻而流寇至，后先窥城者，四迄不克，继任刘宏绪于壕边增筑拦马土墙一匝，高一丈，周一千五百六十八丈五尺，濬疏闸口，复引瀍水入壕。知府王孕长以寇屡薄城关罹害，与宏绪议，于郭外筑土城一座，延袤三十三里，居民赖之。闯寇陷洛，居民平城，土城一时并毁。本朝顺治二年，守道赵文蔚草创修筑，仅完西面。六年知府金本重捐俸倡修，萃明福藩废府砖甓甃砌佐之，三面俱完。四门四维建八楼，坚耸视昔有加。康熙四十四年，知府赵于京、知县吴徽重修南门月城，建楼于上，又改东门额曰迎恩，四十六年署府赵光荣修东门，建城楼。六十一年，知府刘天爵、知县曾汝为修西门，建城楼，额曰万安，修北门，建城楼，额曰长庆。雍正六年，知府张汉、知县王箴兴修南门，额曰望涂。"龚崧林：《重修洛阳县志（乾隆）》卷二地理，第18～19页。
④ 段笑蓉：《宋元以降洛阳城市变迁研究》，河南科技大学硕士论文，2015年。
⑤ 刘鹏、董卫：《洛阳老城的功能空间演化及其启示》，《现代城市研究》2012年第7期。

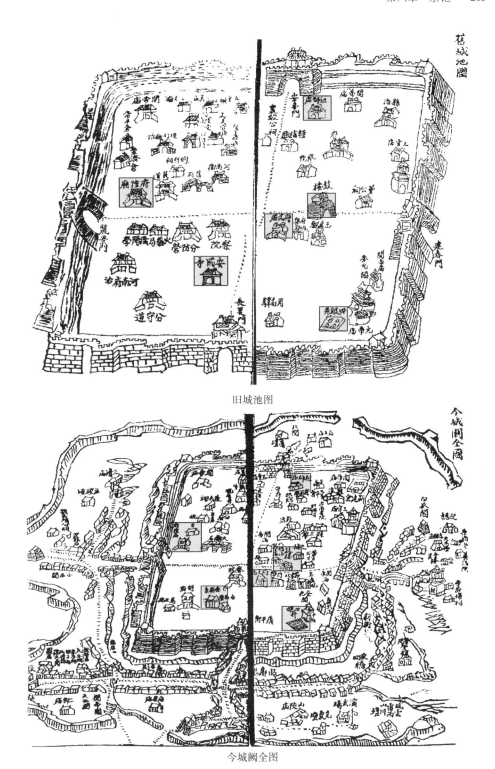

图 6.4 乾隆时期洛阳城图（基于《重修洛阳县志（乾隆）》绘制）

三 历史城市格局的研究和保护

(一) 历史城市格局与现代洛阳城的关系

徐苹芳先生曾指出，"自古今重叠的现代城市中所保留的古代城市遗痕，是这个城市历史发展的见证，它为我们研究这种类型的城市考古，探索出了一个科学的方法。除此之外，也为这个城市保留它自身的历史遗迹提供了科学的依据"①。在北宋洛阳城的研究中，也发现了很多这类现代城市中的历史遗痕，其中最为重要的，当属街道遗痕。

霍宏伟在《洛阳老城十字街与隋唐城街道遗迹》② 中指出，宣仁门街和宣仁门外大街通向上东门的道路，即成为明清洛阳城的东西大街和东关大街。老城十字街受到了隋唐洛阳城街道布局的极大影响，故老城十字街交叉路口并非位居全城中心，而是偏于城南。

又如城关街道，对比考古勘探所得街道图纸、文献记载及现存道路的关系，可推测老城东关南北向启明南路、夹马营路，东西向熙春西路、启明西路可能与唐宋城市街道有关。

洛北老城现存其他街道可能也跟历史城市格局存在关联，例如考古发现的明洪武城墙东北角，恰压于南北向老城区人民街以东，沿着人民街向南抵文峰塔，可与考古所见东南角马面相连，因此，人民街—柳林街一线可能与明代东城墙脚下的街道有关，而治安南街—同化街一线则可能与明洪武北墙有关。

再来看洛南的情况。由于洛南在北宋以后就荒芜了，而新中国成立以后未经大面积建设所破坏，得到了有效的保护。因此，很多早期道路均可在现存城市中找到遗痕。如果将考古勘探所见路土与现代城市道路对应，则可见明显对位关系。例如建春门街对应工农路、学院路；建春门南一街对应唐聂十五街、景石路；长夏门街对应新区大道；厚载门街对应聂泰路等，这些重要干道在今天仍为洛南主要道路。

---

① 徐苹芳：《中国城市考古学论集》，上海古籍出版社，2015 年，第 24 页。
② 霍宏伟：《洛阳老城十字街与隋唐城街道遗迹》，《考古》2012 年第 8 期。

　　有意思的是，如果我们将洛南的坊间大道和后世自然村落联系到一起看，就会发现，村落和坊的关系有两种：第一种占绝大多数，是以坊间大路为村落主干，向周边发展，例如军屯村、何村、楼子村、梁家寨、北王村、董圪垱、夏工村、郑村、东岗村、西岗村、水磨村、聂湾村等，这或许体现了北宋以后城市沿街发展的面貌；第二种是村落位于同一坊内，以坊内十字街为主干发展，例如狮子桥、董家村、何村、茹家凹、中岗村、赵村、王庄等，这应是反映了里坊内部沿十字街布局的面貌，是唐坊制的遗痕。直至今天，仍能从航片上清晰地看到唐宋洛阳城南格局规整、纵横交错的街道体系。由此可见，唐宋时期形成的主要城市街道（坊间大路和坊内十字街）延续下来，成为后世城市发展的基础。北宋以后沿街发展，以街道为城市脉络的组织方式对后世影响深远。

　　除街道外，洛阳城中的很多地名，都保留着历史的影子。例如，定鼎门所在位置南对伊阙，北对天津桥，称"圪塔庙"；在金谷园车站东南有双圪塔，已夷为平地，钻探结果证实地下为夯土，并有碎砖破瓦，是城门的位置，"圪塔"这样的词形象地表现了城门的基础①；又如《河南志》中反复出现的银沙滩，后来发展成为白渍村②；又如《洛阳搢绅旧闻记》所记《焦生见亡妻》有"柿园店"③，而现洛阳仍有柿园村；太祖诞生地位于"夹马营"，现洛阳城内仍有夹马营街，穿北市、邻德而过，与文献记载之应天禅院的位置可相互呼应。

　　城市中的一些轴线、建筑、水井和古桥，也承载着城市的历史。例如沿定鼎街向北过洛河恰穿过宫城中轴线，过应天门、明堂遗址，与文献所记定鼎门与宫城的关系完全一致；而建春门遗址中部压在楼子村寨门下，与寨门几乎重叠④，也反映了宋以后村落沿建春门大街自然生长的过程。

　　如果将《重修洛阳县志（乾隆）》中旧城池图、今城阙全图对比（见图 6.4），可见东南府文庙、西北府城隍庙、西南安国寺⑤、北部祖师庙、东大街鼓楼（为

---

① 阎文儒：《洛阳汉魏隋唐城址勘查记》，《考古学报》1955 年第 1 期。

② 阎文儒：《洛阳汉魏隋唐城址勘查记》，《考古学报》1955 年第 1 期。

③ 张齐贤：《洛阳搢绅旧闻记》，第 136 页。

④ 中国社会科学院考古研究所编《隋唐洛阳城：1959～2001 年考古发掘报告》，第 68 页。

⑤ "安国寺，旧在水南宣风坊，本隋杨文思宅，后赐樊子盖，唐为宗楚客宅，楚克流岭南，为节愍太子宅，太子升储，神龙三年建为崇因尼寺，复为卫国寺。景云元年改为安国寺。会昌中废，后复葺之，改为僧居，诸院牡丹特盛。今徙东城承福门内，为祝釐之所，内有八思巴帝师殿。"徐松：《河南志》，第 23～24 页。

2000 年后原址重建）等在今天的洛阳老城都仍然存在，考古工作还发现了洛阳老城东南的四眼井①，这些都是研究明清洛阳城很重要的节点。而在"今城阙全图"中，东关瀍河上绘有一座桥，这座桥到现在仍然是当地居民渡河的必经之路，即现东关拱桥，又称广济桥。桥上栏杆为 2000 年后新建，而桥身仍保留着明代建造的基础。这座桥自洛阳老城东门而出，其从西而来的道路，即宋时宣仁门外大街，向东应走向上东门街。再结合河南府路廨宇图、唐宋河南府城阙街坊图可见，宋元时期在同一位置，即宣仁门外大街至上东门街一线和瀍河交叉处也有一座桥，且桥上建有楼阁，似为廊桥的式样。这一处遗迹对我们了解洛阳城唐宋至明清的变迁，有着非常重要的价值。

（二）历史城市格局对洛阳城市规划和城市建设的借鉴意义

民国时期，洛阳城的主要建设集中于老城区以西的西工区。而新中国成立以后，洛阳文物保护工作力度很大，历史城市得到了有效的整体保护，特别是洛南的隋唐城区域保存良好，除自然村落外主要是农田，受现代城市建设干扰较小。

洛阳政府将隋唐城遗址定为文物古迹保护用地，非建设用地，具有高度的前瞻性；避开隋唐洛阳城遗址，在其南部成立洛南新区，也足见洛阳对于文物保护的重视程度。在现代化发展的过程中，我们可以看到洛阳古都文化已深入人心，随着定鼎门、天堂、明堂等一系列隋唐洛阳城城市景观的复原和建设，更进一步恢复和展示了洛阳的古都风貌。本书拟依据上述历史城市格局的研究及城市发展脉络分析，对洛阳城市建设和历史文化展示提供一些建议。

第一，隋唐洛阳城的街坊格局构成了城市的主要脉络，若要对这种棋盘式的城市格局进行全面展示，除了坊间大道、坊墙之外，还应对坊内街巷布局进行考古发掘和充分研究；就里坊格局而言，洛南片区保护较好，但洛北里坊变化较大，应对洛北里坊的变迁进行深入探讨，特别是讨论其与漕渠、瀍河、洛水等的关系，进而对唐宋之间城市的变化进行展示。

第二，北宋洛阳城仍不容忽视。欧阳修曾云"洛都，天下之仪表，提封万井，

---

① 在老城东南角发现四眼井，就在文峰塔旁边，而道路也有四眼井路。

隶县十九，王事浩穰，百倍他邑"①，而郭宝钧先生也说："即自北宋以来，仍有其重要性……宋元以后现尚无中心地点可指，但宋墓宋磁片的分布，到处皆是，……如遇宋元后遗物发现，应专题分论，积久亦自可成章。"② 可重点关注北宋洛阳城洛南临阛坊附近，即唐南市周边区域，其地应有大量官署、名人宅邸、园林及市场等，有待进一步的考古工作。在此基础上，可考虑北宋洛阳城的展示问题。

第三，建筑遗址的复原性展示应与城市格局结合起来，不能只停留在依据遗址做建筑复原的阶段，展示中应充分突出单体建筑与城市格局和城市风貌的关系，反映建筑在历史城市中的地位；对于唐宋宫殿建筑本体的复原，特别是建筑组群的复原，需要特别谨慎，因为一些宫殿组群的布局与其功能密切相关，与现存唐宋木构建筑实例（主要为寺院建筑）存在差异，需要对其历史沿革、使用功能、平面布局、屋檐关系、大木构架、彩绘及内部装修进行充分分析和研究后方可实施。

第四，城市是发展的，故需要同时关注隋唐及其以后城市的遗痕。将城市的保护、复原和展示停留在某一个历史时期是片面、断裂、违背历史发展规律的。失去了和今天的联系，古代城市的复原和保护也就失去了土壤，建议充分利用新的技术手段，展现历史城市与当代城市的差异及其变革历程。

---

① 欧阳修：《欧阳文忠全集》，第 321 页。
② 郭宝钧：《洛阳古城勘察简报》，《考古通讯》1955 年第 1 期。

参考文献

一 历史文献

白居易：《白居易集》（全4册），北京：中华书局，1979年。

蔡襄：《蔡襄集》，上海古籍出版社，1996年。

曹清华：《富弼年谱》，四川大学硕士论文，2002年。

程颐：《明道先生行状》，《二程集》第2集，北京：中华书局，1981年。

龚崧林：《重修洛阳县志（乾隆）》，北大图书馆刻本，1745年。

郭预衡、郭英德编：《唐宋八大家散文总集》卷5王安石，石家庄：河北人民出版社，2013年。

韩愈：《韩愈全集》，上海古籍出版社，1997年。

黄伯思：《东观余论》，北京：中华书局，1991年。

李昉：《文苑英华》，北京：中华书局，1966年。

李昉：《太平广记》，上海古籍出版社，1990年。

李格非：《洛阳名园记》，文学古籍刊行社，1955年。

李匡乂：《资暇集》，北京：中华书局，1985年。

李朴：《丰清敏公遗事》，1985年。

李焘：《续资治通鉴长编》，北京：中华书局，1979年。

李攸：《宋朝事实》，北京：中华书局，1955年。

厉鹗辑《宋诗纪事》（一），上海古籍出版社，2013年。

刘敞：《公是集》，北京：中华书局，1985年。

刘琳、刁忠民、舒大刚校点《宋会要辑稿》，上海古籍出版社，2014年。

刘昫等：《旧唐书》，北京：中华书局，1975年。

刘肃等：《大唐新语 外五种（含唐阙史）》，上海古籍出版社，2012 年。

陆游：《陆游集》，北京：中华书局，1976 年。

路朝霖选辑：《洛阳龙门志》，扬州：广陵书社，2006 年。

孟元老：《东京梦华录》，北京：中华书局，1985 年。

欧阳忞：《舆地广记》，北京：国家图书馆出版社，2017 年。

欧阳修：《欧阳文忠全集》，北京：中华书局，1936 年。

欧阳修、宋祁：《新唐书》，北京：中华书局，1975 年。

欧阳修：《太常因革礼》，北京：中华书局，1985 年。

欧阳修：《洛阳牡丹记》，《牡丹谱》，郑州：中州古籍出版社，2016 年。

彭乘：《墨客挥犀》，北京：中华书局，1991 年。

邵伯温：《邵氏闻见录》，北京：中华书局，1983 年。

邵雍：《伊川击壤集》，上海古籍出版社，2016 年。

司马光：《司马文正公传家集》，北京：商务印书馆，1937 年。

司马光：《资治通鉴》，北京：中华书局，1956 年。

司马光：《涑水记闻》，北京：中华书局，1989 年。

司马光：《司马温公集编年笺注》，成都：巴蜀书社，2009 年。

宋敏求：《春明退朝录》，北京：中华书局，1980 年。

苏辙：《栾城集》（上），上海古籍出版社，2009 年。

苏舜钦：《苏舜钦集》，上海古籍出版社，1981 年。

王安石：《王临川全集》，国学整理社，1935 年。

王安石著，沈钦韩注，中华书局上海编辑所编辑《王荆公诗文沈氏注》，北京：中华书局，1959 年。

王称：《东都事略》，济南：齐鲁书社，2000 年。

王存：《元丰九域志》，北京：中华书局，1985 年。

王得臣：《麈史》，北京：中华书局，1985 年。

王泾：《大唐郊祀录》，《大唐开元礼附大唐郊祀录》，北京：民族出版社，2000 年。

王辟之、陈鹄：《渑水燕谈录 西塘集耆旧续闻》，上海古籍出版社，2012 年。

王溥：《唐会要》，北京：中华书局，1985 年。

王溥：《五代会要》，北京：中华书局，1998 年。

王钦若：《册府元龟》，北京：中华书局，1960 年。

王士点：《禁扁》，北京：中国建筑工业出版社，2009 年。

王应麟：《玉海》，上海书店出版社，1990年。

韦述、杜宝：《两京新记辑校 大业杂记辑校》，辛德勇辑校，西安：三秦出版社，2006年。

魏襄：《洛阳县志（嘉庆）》，北大图书馆刻本，1813年。

文彦博：《文潞公集》，太原：山西人民出版社，2008年。

文莹：《玉壶清话》，北京：中华书局，1984年。

脱脱等：《宋史》，北京：中华书局，2000年。

徐松：《唐两京城坊考》，北京：中华书局，1985年。

徐松：《河南志》，北京：中华书局，1994年。

徐松撰，李健超增订：《增订唐两京城坊考》，西安：三秦出版社，2006年。

薛居正：《旧五代史》，北京：中华书局，2000年。

叶梦得：《石林燕语》，上海古籍出版社，2012年。

佚名：《宣和书谱》，上海书画出版社，1984年。

尹洙：《河南集》（二十七卷），上海古籍出版社，1987年。

乐史：《太平寰宇记》，北京：中华书局，2007年。

张邦基：《墨庄漫录》，北京：中华书局，2002年。

张耒：《张耒集》，北京：中华书局，1990年。

张齐贤：《洛阳搢绅旧闻记》，北京：中华书局，1985年。

张舜民：《画墁录》，北京：中华书局，1991年。

张毅、于广杰：《宋元论书诗全编》，天津：南开大学出版社，2017年。

郑处海、裴庭裕：《明皇杂录》，北京：中华书局，1994年。

郑刚中：《西征道里记并序》，顾宏义等整理《宋代日记丛编》，上海书店出版社，2013年。

周师厚：《洛阳花木记》，《牡丹谱》，郑州：中州古籍出版社，2016年。

朱熹：《伊洛渊源录》，北京：中华书局，1985年。

朱彧：《萍州可谈》，北京：中华书局，1985年。

二　考古资料

陈久恒：《隋唐东都城址的勘查和发掘》，《考古》1961年第3期。

陈久恒：《"隋唐东都城址的勘查和发掘"续记》，《考古》1978年第6期。

陈良伟：《隋唐洛阳城永通门遗址发掘简报》，《考古》1997年第12期。

陈良伟：《河南洛阳隋唐城宣仁门遗址的发掘》，《考古》2000年第11期。

陈良伟等：《定鼎门遗址发掘报告》，《考古学报》2004 年第 1 期。

陈良伟、石自社、韩建华：《北宋西京洛阳监护城壕的发掘》，《考古》2004 年第 1 期。

冯承泽：《洛阳涧滨仰韶、殷文化遗址和宋墓清理》，《考古》1960 年第 10 期。

傅永魁：《洛阳龙门发现北宋墓》，《考古通讯》1958 年第 6 期。

高虎、王炬：《近年来隋唐洛阳城水系考古勘探发掘简报》，《洛阳考古》2016 年第 3 期。

龚国强、何岁利、李春林：《西安市唐长安城大明宫丹凤门遗址的发掘》，《考古》2006 年第 7 期。

郭宝钧：《洛阳古城勘察简报》，《考古通讯》1955 年第 1 期。

郭茂育、赵水森：《洛阳出土鸳鸯志辑录》，北京：国家图书馆出版社，2012 年。

郭茂育、刘继保编《宋代墓志辑释》，郑州：中州古籍出版社，2016 年。

郭培育、郭培智主编《洛阳出土石刻时地记》，郑州：大象出版社，2005 年。

何凤桐：《洛阳涧河两岸宋墓清理记》，《考古》1959 年第 9 期。

河南省博物馆、洛阳市博物馆：《洛阳隋唐含嘉仓的发掘》，《文物》1972 年第 3 期。

河南省洛阳地区文管处、河南省文物研究所编《千唐志斋藏志》，北京：文物出版社，1984 年。

霍宏伟：《洛阳南郊皂角树村宋墓》，《文物》1995 年第 8 期。

霍宏伟：《洛阳老城十字街与隋唐城街道遗迹》，《考古》2012 年第 8 期。

考古研究所洛阳发掘队：《洛阳涧滨东周城址发掘报告》，《考古学报》1959 年第 2 期。

李献奇、郭引强编《洛阳新获墓志》，北京：文物出版社，1996 年。

刘建新、余扶危：《天津桥遗址被发现纪实》，《洛阳日报》2000 年 8 月 5 日。

刘景龙、李永强：《洛阳龙门奉先寺遗址发掘简报》，《中原文物》2001 年第 2 期。

龙门石窟研究院、北京大学考古文博学院、中国社会科学院世界宗教研究所编《龙门石窟考古报告——东山擂鼓台区》，北京：文物出版社，2018 年。

洛阳市第二文物工作队编《富弼家族墓地》，郑州：中州古籍出版社，2009 年。

洛阳市文物工作队：《洛阳出土历代墓志辑绳》，北京：中国社会科学出版社，1991 年。

洛阳市文物工作队：《洛阳老城明代城墙东北角马面建筑的初步发掘》，《考古与文物》2000 年第 1 期。

洛阳市文物管理局，洛阳市文物工作队编《洛阳出土墓志目录》，北京：朝华出版社，2001 年。

洛阳市文物考古研究院编《洛阳出土墓志目录续编》，北京：国家图书馆出版社，2012 年。

洛阳市文物考古研究院编《隋唐洛阳城天堂遗址发掘报告》，北京：科学出版社，2016 年。

洛阳市文物考古研究院：《洛阳市文物考古研究院 2015 年度田野考古与文物保护利用工作汇报会召开》，2016 年 2 月 5 日，http：//www. lywwj. gov. cn/bencandy. php？fid = 79&id = 7818。

《宁人坊遗址》，2016 年 6 月 16 日，http：//sc121. 800tzw. com/faxshow. php？cid = 4&id = 26。

乔栋、李献奇、史家珍编《洛阳新获墓志续编》，北京：科学出版社，2008 年。

石自社、陈良伟：《河南洛阳隋唐东都皇城遗址出土的红陶器》，《考古》2005 年第 10 期。

石自社等：《河南洛阳隋唐城明堂和天堂遗址的发掘》，《中国文物报》2011 年 4 月 15 日。

史家珍等：《洛阳新区厚载门唐墓发掘简报》，《文物》2011 年第 1 期。

史家珍等：《隋唐洛阳城宁人坊遗址发掘简报》，《洛阳考古》2014 年第 2 期。

宋云涛、墓建中：《洛阳邙山宋代壁画墓》，《文物》1992 年第 12 期。

王炬等：《金元明清洛阳城东南隅 2014 年度发掘简报》，《洛阳考古》2015 年第 3 期。

王岩、杨焕新、冯承泽：《唐东都武则天明堂遗址发掘简报》，《考古》1988 年第 3 期。

王岩、冯承泽、杨焕新：《洛阳隋唐东都城：1982～1986 年考古工作纪要》，《考古》1989 年第 3 期。

王岩、李春林：《洛阳宋代衙署庭园遗址发掘简报》，《考古》1996 年第 6 期。

温玉成、张乃翥：《龙门奉先寺遗址调查记》，《中国考古集成 华北卷》，郑州：中州古籍出版社，1999 年。

吴钢编《千唐志斋新收墓志》，西安：三秦出版社，2006 年。

吴业恒、杜娟、李红：《河南洛阳市苗北村五代、宋金墓葬发掘简报》，《考古》2013 年第 4 期。

吴业恒等：《河南省洛阳市苗南村两座宋墓发掘简报》，《洛阳考古》2015 年第 1 期。

谢虎军、张敏、赵振华：《隋东都洛阳回洛仓的考古勘察》，《中原文物》2005 年第 4 期。

阎文儒：《洛阳汉魏隋唐城址勘查记》，《考古学报》1955 年第 1 期。

杨作龙、赵水森等编《洛阳新出土墓志释录》，北京图书馆出版社，2004 年。

叶万松等：《洛阳发现宋代门址》，《文物》1992 年第 3 期。

余扶危、贺官保编《隋唐东都含嘉仓》，北京：文物出版社，1982 年。

余扶危等：《洛阳唐神会和尚身塔塔基清理》，《文物》1992 年第 3 期。

俞莉娜等：《新安县石寺李村北宋宋四郎砖雕壁画墓测绘简报》，《故宫博物院院刊》2016 年第 1 期。

翟继才：《洛阳邙麓街清理了一座宋墓》，《文物参考资料》1956 年第 11 期。

张如意等：《隋唐洛阳城宁仁坊区域考古调查报告》，《洛阳考古》2013 年第 1 期。

张亚武、顾立林：《隋唐洛阳城恭安坊遗址发现两处民居的院落》，2004 年 9 月 24 日，http：//www. huaxia. com/zt/whbl/2004 - 88/801070. html。

赵君平、赵文成编《河洛墓刻拾零》，北京图书馆出版社，2007 年。

赵孟林等：《洛阳唐东都履道坊白居易故居发掘简报》，《考古》1994 年第 8 期。

赵青云：《洛阳涧西宋墓（九·七·二号）清理记》，《文物参考资料》1955 年第 9 期。

中国社会科学院考古研究所编《隋唐洛阳城：1959～2001 年考古发掘报告》，北京：文物出版社，2014 年。

三　研究著述

曹以民等编《粮食企业减亏增盈方略》，大连理工大学出版社，1992 年。

陈良伟：《隋唐至宋洛阳城田野发掘与研究》（讲稿），2014 年。

陈良伟：《隋唐东都宫院遗址的发现与研究》，《扬州城考古学术研讨会论文集》，北京：科学出版社，2016 年。

成一农：《古代城市形态研究方法新探》，北京：社会科学文献出版社，2009 年。

程存洁：《唐代东都洛阳城市研究概况》，《中国史研究动态》1993 年第 10 期。

程民生：《宋代洛阳的特点与魅力》，《河南大学学报》（社会科学版）1994 年第 5 期。

段笑蓉：《宋元以降洛阳城市变迁研究》，河南科技大学硕士论文，2015 年。

方孝廉：《方孝廉考古文集》，郑州：中州古籍出版社，2014 年。

傅熹年：《隋唐长安洛阳城规划手法的探讨》，《文物》1995 年第 3 期。

傅熹年：《中国古代城市规划、建筑群布局及建筑设计方法研究》，北京：中国建筑工业出版社，2001 年。

傅熹年：《宋赵佶〈瑞鹤图〉和它所表现的北宋汴梁宫城正门宣德门》，《中国古代建筑十论》，上海：复旦大学出版社，2004 年。

傅熹年编《中国古代建筑史》（第 2 卷　三国、两晋、南北朝、隋唐、五代建筑），北京：中国建筑工业出版社，2009 年。

葛信来：《北宋时期的洛阳士人》，《许昌学院学报》2009 年第 3 期。

葛兆光：《洛阳与汴梁：文化重心与政治重心的分离——关于 11 世纪 80 年代理学历史与思想的考察》，《历史研究》2000 年第 5 期。

龚亚萍：《北宋西京地区节庆娱乐活动研究》，河南大学硕士论文，2010 年。

顾飞：《古典文化视域下的宋代西京洛阳官员文娱休闲之疏解》，《黄河科技大学学报》2017 年第 2 期。

郭绍林：《隋唐洛阳》，西安：三秦出版社，2006 年。

郭伟民：《论聚落考古中的空间分析方法》，《华夏考古》2008 年第 4 期。

韩建华：《隋唐洛阳城考古发掘与城市研究的回顾与思考》，《西部考古》第二辑，西安：三秦出版社，2007 年。

韩建华：《唐东都洛阳"丽景（门）夹城"考》，《考古学集刊》18，北京：科学出版社，2010 年。

韩建华：《北宋西京洛阳宫皇城考古发现与初步研究》，辽上京城市考古会议，赤峰，2014 年。

韩建华：《北宋西京宫城五凤楼研究》，《扬州城考古学术研讨会论文集》，北京：科学出版社，2016 年。

韩建华：《试论北宋西京洛阳宫城、皇城的布局及其演变》，《考古》2016 年第 11 期。

杭侃：《中原北方地区宋元时期的地方城址》，北京大学博士论文，1998 年。

何红中、惠富平：《中国古代粟作史》，北京：中国农业科学技术出版社，2015 年。

何新所：《试论西京洛阳的交游方式与交游空间——以邵雍为中心》，《河南社会科学》2011 年第 4 期。

胡戟：《唐代度量衡与亩里制度》，《西北大学学报》（哲学社会科学版）1980 年第 4 期。

扈晓霞、郑卫、赵振华：《北宋官员文士祖无择生平仕履疏证（上）——以〈祖无择墓志〉和妻〈黄氏墓志〉为中心》，《洛阳考古》2016 年第 4 期。

扈晓霞、郑卫、赵振华：《北宋官员文士祖无择生平仕履疏证（下）——以〈祖无择墓志〉和妻〈黄氏墓志〉为中心》，《洛阳考古》2017 年第 1 期。

贾珺：《北宋洛阳私家园林考录》，《中国建筑史论汇刊》2014 年第 2 期。

姜波：《唐东都上阳宫考》，《考古》1998 年第 2 期。

姜波：《隋唐洛阳城研究史论》，《21 世纪中国考古学与世界考古学》，北京：中国社会科学出版社，2002 年。

［日］久保田和男：《宋代开封研究》，上海古籍出版社，2010 年。

李浩：《〈洛阳名园记〉与唐宋园史研究》，《理论月刊》2007 年第 3 期。

李久昌：《国家、空间与社会——古代洛阳都城空间演变研究》，西安：三秦出版社，2007 年。

李久昌：《隋唐洛阳城里坊住宅时空变化与环境的关系》，《西北大学学报》（自然科学版）2009 年第 4 期。

李优优：《〈洛阳名园记〉丛考之"湖园"》，《现代语文》（学术综合版）2014 年第 6 期。

李优优：《〈洛阳名园记〉丛考之"李氏仁丰园"》，《科教文汇》（上旬刊）2015 年第 7 期。

梁庚尧：《南宋城市的社会结构》，《大陆杂志》1990 年第 4 期，

梁庚尧：《南宋城居官户与士人的经济来源》，梁庚尧编《宋代社会经济史论集》，台湾：允晨文化实业股份有限公司，1997 年。

刘鹏、董卫：《洛阳老城的功能空间演化及其启示》，《现代城市研究》2012 年第 7 期。

洛阳古代艺术馆编《洛阳出土墓志研究文集》，北京：朝华出版社，2002 年。

洛阳市文物管理局编著《洛阳大遗址研究与保护》，北京：文物出版社，2009 年。

妹尾达彦：《隋唐洛阳城の官人居住地》，《东洋文化研究所纪要》1997 年第 133 册。

木田知生：《北宋時代の洛陽と士人達——開封ての對立のなかで》，《东洋史研究》1978 年第 38 期。

宁欣：《唐宋都城社会结构研究——对城市经济与社会的关注》，北京：商务出版社，2009 年。

［日］平田茂树：《宋代政治结构研究》，上海古籍出版社，2010 年。

秦大树：《宋元明考古》，北京：文物出版社，2004 年。

邵明华：《邵雍交游研究》，山东大学博士论文，2009 年。

申建伟、李德方、叶万松：《隋唐东都洛阳城考古所见的门址综论》，中国古都学会第十四届年会，中国山东曲阜，1997 年。

石自社：《隋唐东都形制布局特点分析》，《考古》2009 年第 10 期。

石自社：《北宋西京洛阳城市形态分析》，辽上京城市考古会议，赤峰，2014 年。

斯波义信：《宋代江南経済史の研究》，东京：汲古书院，1988 年。

［日］斯波义信：《宋代江南经济史研究》，方健、何忠礼译，南京：江苏人民出版社，2001 年。

宋宏飞：《宋朝田赋制度探微》，西南政法大学硕士论文，2005 年。

宿白：《隋唐长安城和洛阳城》，《考古》1978 年第 6 期。

宿白：《宣化考古三题——宣化古建筑·宣化城沿革·下八里辽墓群》，《文物》1998 年第 1 期。

宿白：《青州城考略——青州城与龙兴寺之一》，《文物》1999 年第 8 期。

宿白：《现代城市中古代城址的初步考察》，《文物》2001 年第 1 期。

田思思：《北宋神御研究》，厦门大学硕士论文，2007 年。

田银生：《走向开放的城市——宋代东京街市研究》，北京：生活·读书·新知三联书店，2011 年。

王贵祥：《古都洛阳》，北京：清华大学出版社，2012 年。

王炬：《唐东都上阳宫问题再探讨》，《洛阳考古》2017 年第 3 期。

王若兰：《粮油储藏学》，北京：中国轻工业出版社，2009 年。

王水照：《王水照自选集》，上海教育出版社，2000 年。

王文楚：《北宋东西两京驿路考》，《中华文史论丛》2008 年第 4 期。

王文素：《论两宋朝在中国封建财税文化史上的地位》，《中国财税文化价值研究·"中国财税文化国际学术研讨会"论文集》，北京：经济科学出版社，2011 年。

王岩：《关于唐东都武则天明堂遗址的几个问题》，《考古》1993 年第 10 期。

王岩：《唐东都履道坊白居易故居遗址勘察》，《寻根》1996 年第 2 期。

王岩：《有关白居易故居的几个问题》，《考古》2004 年第 9 期。

王支援、吴迪：《洛阳地区宋墓形制及相关问题探讨》，《耕耘论丛》（二），北京：科学出版社，2003 年。

肖红兵：《居洛士宦与北宋神哲朝政》，上海师范大学硕士论文，2011 年。

辛德勇：《唐东都"武则天明堂"遗址质疑》，《中国历史地理论丛》1989 年第 3 期。

辛德勇：《隋唐两京丛考》，西安：三秦出版社，2006 年。

徐金星编《河洛通览》，郑州：中州古籍出版社，2008 年。

徐苹芳：《元大都的勘查和发掘》，《考古》1972 年第 1 期。

徐苹芳：《现代城市中的古代城市遗痕》，《远望集：陕西省考古研究所华诞四十周年纪念文集》，西安：陕西人民美术出版社，1998 年。

徐苹芳：《论历史文化名城北京的古代城市规划及其保护》，《文物》2001 年第 1 期。

徐苹芳：《中国城市考古学论集》，上海古籍出版社，2015 年。

严文明：《关于聚落考古的方法问题》，《中原文物》2010 年第 2 期。

阎文儒：《隋唐东都城的建筑及其形制》，《北京大学学报》（人文科学）1956 年第 4 期。

阎文儒、阎万钧编《两京城坊考补》，郑州：河南人民出版社，1992 年。

杨鸿年：《隋唐两京坊里谱》，上海古籍出版社，1999 年。

杨鸿年：《隋唐两京考》，武汉大学出版社，2000 年。

杨焕新：《略论北宋西京洛阳宫的几座殿址》，《中原文物》1994 年第 4 期。

杨焕新：《略谈隋唐东都宫城、皇城和东城的几个问题》，《汉唐与边疆考古研究》（第 1 辑），北京：科学出版社，1994 年。

杨焕新：《隋唐东都宫城、皇城形制与布局的探讨——兼谈东城有关问题》，《跋涉集——北京大学历史系考古专业七五届毕业生论文集》，北京图书馆出版社，1998 年。

杨焕新：《试谈唐东都洛阳宫的几座主要殿址》，《汉唐与边疆考古研究》（第 1 辑），北京：科学出版社，1999 年。

杨宽：《中国古代都城制度史研究》，上海人民出版社，2016 年。

杨清越：《隋唐洛阳城遗址的分期和空间关系的考古学研究》，北京大学博士论文，2012 年。

叶丽媛：《邵雍诗歌与洛阳地域文化》，山东师范大学硕士论文，2010 年。

余扶危、李德方：《唐东都武则天明堂遗址探索》，中国古都学会：《中国古都研究（第五、六合辑）——中国古都学会第五、六届年会论文集》，北京古籍出版社，1987 年。

俞莉娜：《宋金时期墓葬仿木构建筑史料研究 ——以河南中北部、山西南部为例 》，北京大学硕士论文，2015 年。

郁敏、张亚辉：《从〈洛阳名园记〉中寻找北宋洛阳私家园林》，《太原城市职业技术学院学报》2010 年第 8 期。

曾谦：《隋唐洛阳运河体系与漕粮运输》，《农业考古》2013 年第 1 期。

张海：《Arc View 地理信息系统在中原地区聚落考古研究中的应用》，《华夏考古》2004 年第 1 期。

张劲：《两宋开封临安皇城宫苑研究》，暨南大学博士论文，2004 年。

张显运：《从政治型都市文化到休闲娱乐型文化的嬗变——北宋洛阳城市文化研究》，《洛阳师范学院学报》2012 年第 7 期。

张祥云：《北宋西京河南府研究》，河南大学博士论文，2010 年。

张祥云：《北宋西京河南府研究》，郑州：河南大学出版社，2012 年。

张祥云：《北宋西京洛阳的社会风尚》，《洛阳师范学院学报》2013 年第 1 期。

赵天改：《论北宋首都定位的地缘政治基础》，《理论界》2010 年第 1 期。

赵振华：《北宋和镇墓志考释》，《洛阳工学院学报》（社会科学版）2001 年第 3 期。

赵正之：《元大都平面规划复原研究》，《科技史文集》（第 2 辑），上海科学技术出版社，1989 年。

周宝珠：《北宋时期的西京洛阳》，《史学月刊》2001 年第 4 期。

附 录

附录 1 五代至北宋官员宅邸位置

姓名	时代	宅邸位置	文献	来源
朱温	五代	时泰坊	水北仓，本梁太祖宅，开平元年号大昌宫，敬翔《兴创编遗录》云：竟不施行，乃以为大仓。	《河南志》第 32 页
张策	五代后梁	敦化—福善坊	梁刑部尚书致仕张策宅。策本居敦化坊，相梁太祖，风志，致仕居此，修篁嘉木，图书琴酒自适。	《河南志》第 13 页
郭崇韬（宅、园）	五代后唐	道德坊	后唐枢密使郭崇韬园，后没入官，俗名"进过园"。园有十二斗角亭子，制作甚精；郭崇韬，枢密使安重海宅。	《河南志》第 10～11 页
张全义	五代后唐	会节坊	后唐齐王张全义宅。全义入梁名宗奭。梁太祖乾化元年七月辛丑幸宗奭第，至甲辰视事于归仁亭，辛臣视事于归仁亭，至甲辰视事于归仁亭，今失所在。	《河南志》第 19 页
张全义祠堂	五代后唐	绥福坊	张全义祠堂。全义为尹时，民为立生祠，后设本主祭之。皇祐初，族孙奎知府事，重葺之，命从事吴师孟为记。	《河南志》第 20 页
安重海	五代后唐	道德坊	枢密使安重海宅。	《河南志》第 11 页

续表 1

姓名	时代	宅邸位置	文献	来源
李琪	五代后唐	福善坊	后唐太子少傅致仕李琪宅。	《河南志》第 13 页
朱汉宾	五代后唐	怀仁坊	汉宾少勇健，及晚岁酖饮过人，其状貌伟如也。……寻还洛阳，有第在怀仁里，北限洛水，南枕通衢，修木交干，层屋连甍，养彼天和，保其余齿，此乃近朝知止之良将也。晋高祖即位，赠太子少傅，谥曰贞惠。	《旧五代史》第 595 页
李从珂	五代后唐	清化坊	后唐废帝宅，天成二年赐。帝为河中节度使，失守，命归私第。	《河南志》第 28 页
吕琦	五代后唐	清化坊	后唐端明殿学士吕琦宅，与废帝宅相近。长兴中，废帝失守河中，罢居清化坊，与琦同巷，琦数往过之。待琦甚厚。及废帝入立，拜知制诰、给事中，枢密院直学士，端明殿学士。	《河南志》第 28 页 《新五代史》第 424 页
杨凝式	五代	从善坊	太子太保致仕杨凝式宅，宅绕三十余间，其地南北长，园林称是，而景趣萧洒，人号"锦缠鐏"。自后凡更数主。凝式为太子少师最卒而世人但呼杨少师。	《河南志》第 21 页
		延福坊	杨凝式少师……居洛阳延福坊，每出，导从舆马在前，多步行于后，当为广爱寺（按：当者曰："葛住广爱寺？"亦从之。今两寺壁间题字为多。多至塔院有遗像尚存。近岁刘寿臣为留台，于延陵按中得少师书假牒十数纸，皆楷法精绝。世论少师书以行草为长，得误矣。	《邵氏闻见录》第 171 页

续表 1

姓名	时代	宅邸位置	文献	来源
白文珂	五代后周	福善坊	周太子太师致仕白文珂宅。	《河南志》第 13 页
安重遇	五代后周	福善坊	于广顺元年九月四日寝疾终于西京福善坊私第。	附录 2 墓志 2
安审琦	五代后周	尚善坊	坊之东，郭从义、安审琦宅。	《河南志》第 6 页
冯丞	五代	道化坊	武胜军节度使兼中冯丞园，今属民家。	《河南志》第 10 页
李肃	五代末初	思顺坊	宋太子少师致仕李肃宅。肃仕唐、历五代，至建隆初卒。	《河南志》第 12 页
姜知逊	五代后周	嘉善坊	显德五年岁在戊午十月九日考终于西京嘉善坊私第（妻大宋建隆三年岁在壬戌十二月四日，以疾终于嘉善里之正寝，享年七十三）。	附录 2 墓志 13
杨龟从	五代末初	临阛坊	丁丁巳年八月五日启手足于临阛坊之私第。	附录 2 墓志 14
毛氏（田景咸妻）	五代末初	绥福坊	乾德元年闰十二月一日启手足，终于洛阳县绥福坊私第。	附录 2 墓志 15
宋彦筠	五代末初	时泰坊	兴福尼院，太子太师致仕宋彦筠以宅建，汉乾祐三年赐额名。	《河南志》第 32 页
柴守礼	五代末初	嘉善坊	太子少傅致仕柴守礼宅。守礼即世宗父，世宗即位，拜光禄卿致仕，为造大第于洛阳。恭帝嗣位，加太子少保，国初加少傅。守礼在洛十五年，颐指纵恣。当时将相王晏、王彦超、韩令坤等，父居洛中，常与守礼游处，任意所适，无复拘检，洛中号为"十阿父"，按此宅，显德六年守礼为太子少保致仕方买之，疑为别宅，其官修大第，今失其处，至天禧中，守礼玄孙元吉复鬻之为陈氏居。	《河南志》第 14 页
刘涛	五代末初	清化坊	秘书监致仕刘涛宅。大祖时人。	《河南志》第 28 页
			(刘)涛性刚毅不挠，素与宰相范质不协，常郁郁不得志，遂退居洛阳之清化里，杜门以书史自娱。	《宋史》第 7469 页

续表 1

姓名	时代	宅邸位置	文献	来源
冯光度	五代末初	章善坊	洛中彰善宅足以聚居，东南庄足以充岁计。	附录 2 墓志 26
魏仁浦	五代末初	会节坊	尚书右仆射魏仁浦园，仁浦献其园，侧有魏紫。牡丹有魏紫，盖出于此园，今并荒废。	《河南志》第 20 页
郭从义	五代末初	尚善坊	坊之东，郭从义、安审琦宅。	《河南志》第 6 页
符彦卿	五代末初	归义坊	魏王符彦卿宅，今废。	《河南志》第 30 页
安崇礼		延福里	开宝四年正月十日寝疾终于延福里之私第。	附录 2 墓志 3
李谦溥	五代末初	道德坊	太祖朝名将也。在汾，晋二十余年，未尝少晦。每巡边，老幼望拜，呼以为父。晚治第于道德坊，中为小圃，购花木竹石植之。颇与朝士大夫游。久之，遂以所居之第质于宋延偓。后其子谦质子陈王，忍属它姓？太宗即遣中使出内府钱付延偓赎还。王禹偁作记美其事，名二亭曰兄家，肯构。孪相毕士安而下及诸名公赋诗纪述，自成一编。	《渑水燕谈录》第 62 页
王溥	北宋前期	会节坊	太子太师王溥宅，浦居丧，留守向拱共为营园宅，坚宅，浦居表，而韦述记而不载。林木丰蔚，甲于洛城，以尝监修国史，洛人名"王史馆园"。	《河南志》第 20 页
郭氏（吴元载母）	北宋前期	积善里	于太平兴国七年三月六日癸于积善里之第，享年五十七。	附录 2 墓志 49
张氏（李延珪夫人）	北宋前期	富教坊	夫人张氏，以太平兴国八年五月十八日，薨于洛阳富教坊之私第，享年六十有二。	附录 2 墓志 50
石守信	北宋前期	惠和坊	崇信军节度使兼中书令石守信宅，今悉摧毁。	《河南志》第 13 页

续表 1

姓名	时代	宅邸位置	文献	来源
赵普（宅）	北宋前期	从善坊	太师赵普宅。普为留守，官为葺之，凡数位，后有园池。其宏壮甲于洛城，迄今完固不坏。普以大师归其第，家上都，尝空置之，尚有乐器、壶酒、簿书之类，扃鐍甚多。	《河南志》第 21 页
赵普（园）	北宋前期	从善坊	国初诏诺将作营治，故其经画制作，殆侔禁省。子孙皆家京师，罕居洛中，韩王以大师归是第。百日而薨，故居池亦以扃钥为常。高亭大榭，花木之渊薮，岁时独厮养、子其间而已。盖人之子宴闲，每自咨惜，宜甚于声名爵位。	《洛阳名园记》第 9~10 页
吕端	北宋前期	仁风坊	太师赵普园，有水硙。	《河南志》第 22 页
吕端	北宋前期	延福坊	专勾司太子太保吕端宅。	《河南志》第 18 页
王承衍	北宋前期	乐成坊	本驸马都尉王承衍宅。	《河南志》第 15 页
张曙	北宋前期	旌善里	以咸平四年……善里之私第。	附录 2 墓志 75
马伟	北宋前期	永泰坊	五年正月二十四日启手足于西京永泰坊之私第。	附录 2 墓志 76
张去华	北宋前期	永泰坊	尚书、工部侍郎致仕张去华宅。	《河南志》第 17 页
乐史	北宋前期	永泰坊	直史馆乐史宅。	《河南志》第 17 页
宋可度	北宋前期	归仁坊	公讳可度，字遵圣（开府仪同三司太子太师致仕蔡国公，赠侍中彦筠之孙，赠左骁卫上将军棠又之子）……以大中祥符纪号之初，……示疾，溘然顺化于仁坊新第，享寿艾服有五。	附录 2 墓志 77
温仲舒	北宋前期	会节坊	吏部尚书温仲舒园，旧有治院，今废。	《河南志》第 20 页
吕蒙正	北宋前期	集贤坊	太子太师致仕吕蒙正（园）。	《河南志》第 16 页
吕蒙正	北宋前期	永泰坊	观文殿学士张观宅，本太子太师致仕吕蒙正（宅），真宗两临幸之。	《河南志》第 17 页
李建中	北宋前期	永泰坊	直集贤院李建中宅，有书堂号"净居"。	《河南志》第 17 页

续表 1

姓名	时代	宅邸位置	文献	来源
张齐贤	北宋前期	贤相坊	辇红者，单叶深红花，亦曰青州红，出青州。故张仆射齐贤有第西京贤相坊，自青州以驲驼驮其种，遂传洛中。	《洛阳牡丹记》第 44 页
		会节坊	司空致仕张齐贤宅，园在宅之南。	《河南志》第 20 页
			故相致仕张齐贤居会节坊，号南张，去华号北张，洛中冠冕，二族最盛。	《河南志》第 17 页
任述	北宋前期	临圜坊紫嵩馆	四月二十八日启手足于府南紫嵩馆，享年二十四，翌日权涂于甘露院。	附录 2 墓志 102
郭稹（宅）	北宋中期	嘉善坊	龙图阁直学士郭稹宅。	《河南志》第 14 页
郭稹（园）	北宋中期	尊贤坊	龙图阁直学士郭稹园。	《河南志》第 16 页
寇准	北宋中期	延福坊	莱国公寇准宅，本洛民左氏居。有紫牡丹花者，准谪官始创之。	《河南志》第 18 页
张知白	北宋中期	福善坊	工部尚书，同中书门下平章事张知白之。	《河南志》第 13 页
王曙（晦叔）	北宋中期	陶化坊	余为潞州长子县尉，西寺中有王文康公祠，其老僧为余言：文康公之父，邑人也，以教授村童为业。有儿年七、八岁，不能养，欲施寺之祖师。祖师善相，谓曰："儿相贵，可令读书。"因以钱币资之。是谓文康公。后公贵，祖师已死，命令僧图祠之。文康公最受寇莱公知，因妻以女，益荣。荣官龙图阁直学士，有时名，益荣官龙图阁直学士，有时名，居洛阳陶化坊，洛人至今谓之西州王相公宅云。有子益恭、慎术，俱列大夫，孙慎言、慎行、慎术，皆贤，从康节先生交游也。	《邵氏闻见录》第 84～85 页
		思顺坊	枢密使，同中书门下平章事王晦叔宅，园在宅南街，宅有小书楼。	《河南志》第 12 页

续表 1

姓名	时代	宅邸位置	文献	来源
张宗诲	北宋中期	会节坊	公讳宗诲,字某,其先曹州宛句人。大父讳某,避乱徙河南,遂为河南人。父讳齐贤,以道德名望相太宗、真宗,赠太师,尚书令、中书令、英国公。母崔氏,秦国太夫人。……庆历五年闰五月一日,薨於河南会节坊之私第,年七十有七。	《全宋文》第472页
范雍	北宋中期	绥福坊	礼部尚书范雍宅,雍再知府事,葺园亭甚佳。	《河南志》第20页
尹洙	北宋中期	思顺坊	起居舍人尹洙宅。	《河南志》第12页
李迪	北宋中期	睦仁坊	太子太傅致仕李迪园,本袅象先园,园有松岛。	《河南志》第21页
			松、柏、杉、桧,皆美木。洛阳独爱栝,而敬松、松岛。数百年松也。其东南隅,双松尤奇。本朝属李文定公丞相。今为吴氏园。传三世矣,植竹木其务。南筑台,北构堂。东北曰道院。池前后为临池之馆。又东有池,颇葺草亭树池沼,植竹木其间。自东大渠引水注园中,清泉细流,涓涓无不通处,在他郡尚无有,而洛阳独以其松名。	《洛阳名园记》第8页
李氏(仁丰园)	北宋中期	睦仁坊	李卫公有《平泉花木记》,百余种耳。今洛阳良工巧匠,批红判白,接以艺木,与造化争妙,故岁岁益奇且广。桃、李、梅、杏、莲、菊,各数十种,牡丹、芍药至百余种。而又远方奇卉,如紫兰、茉莉、琼花、山茶之俦,号为难植,独植之洛阳,辄与其土产无异,故洛中花至千种者。花木有至千种者,甘露院东李氏园、人力甚治,而洛中花木无不有。中有四井,迎翠、观德、濯缨、超然五亭。	《洛阳名园记》第7~8页

续表 1

姓名	时代	宅邸位置	文献	来源
朱文郁	北宋中期	延福坊	庆历九年秋八月，尚书主客郎中朱君终于河南府延福坊归仁园旧第。	附录 2 墓志 111
丁度	北宋中期	归仁坊	观文殿学士丁度园，本唐相牛僧孺归仁园，池石仅存得其半。	《河南志》第 22 页
刘元瑜	北宋中期	思顺坊	三司副使刘元瑜宅。	《河南志》第 12 页
	北宋中期	思顺坊	（窦氏）感疾终于思顺里第，享年六十六。	附录 2 墓志 108
张师雄（会隐园）	北宋中期	履道坊	大字寺园，唐白乐天园也。乐天云："吾有第，在履道坊，有竹千竿。"是也。今张氏得其半，为某宅。某亭堂有某水。会隐园，水竹尚甲洛阳，但以其图考之，则某堂有某水。某，其水，其木至今犹存，而曰堂曰亭某，无复仿佛矣。岂因于天理者可久，而成于人力者，存者尚多。	《洛阳名园记》第 10 页
吴育（宅）	北宋中期	乐成坊	吏部侍郎吴育宅。	《河南志》第 15 页
吴育（园）	北宋中期	富教坊	尚书、礼部侍郎吴育园。	《河南志》第 18 页
王君	北宋中期	思顺坊	君子大中祥符间以荫朴卫侍禁，天禧三年奏换卫寺丞，自卫尉寺、大六迁为尚书司封员外郎，除库部。皇祐三年，大改为司门封外郎，例叙封。改水部，又改饩明堂，考功二郎中。以大祀恩，用子升朝，上即位，授司农少卿。治平二年仓部，考功二郎中。嘉祐八年，终于西省思顺里第，年七十四。以其年十一月二十八日葬河南县魏封县思顺里公之城。娶李氏，封金城县君。	《蔡襄全集》第 788 页
何庆之	北宋中期	永泰坊	吾友何庆之于治平三年五月十九日，卒于永泰里第……自率附葬河南新安，遂家河南。……君卒之年五十六，以是年七月九日，葬于贤相乡次，先大夫之墓。	附录 2 墓志 126

续表1

姓名	时代	宅邸位置	文献	来源
张景儒	北宋中期	永泰坊	君讳景儒，字文通，姓张氏，其上世自许入洛，遂为河南人。曾祖讳诗谊，任中书舍人赠工部尚书；祖讳去华，相讳诗省少卿致仕，皇任光禄少卿致仕。……君赠司徒；烈考讳师锡，皇任工部侍郎。以熙宁三年二月三日，卒于西京永泰坊之私第，享年七十三。嗣子奉君之柩，以八年二月二十六日葬河南县平洛乡上店村先公之兆。有文集十卷，号《清白集》，藏于家。小字"诰"等以元祐七年八月初九日，自上店村迁葬于洛阳县杜翟原，从告口口墓记"。	附录2墓志184
仁和县君李氏	北宋中后期	尊贤坊	熙宁二年三月十四日终于尊贤坊私第，享年四十六。	附录2墓志129
赵宗道	北宋中后期	修善坊	熙宁四年夏六月，赵君子渊自管勾西京留司御史台引年得谢退处于修善坊之私第，未几病……七月二十九日果卒……以其年十一月四日，诸子举子渊之丧，葬于空之兆。	附录2墓志131
姚奭	北宋中后期	积善坊北之月陂	邵雍《访姚辅周月中月陂西园》相忆不可遽，西街来访时。交横过沟水，窈窕绕疏畦。筑高换手持，树偃低头避，何乐更如之。《天宫小阁中月陂西园》嘉祐卜居终是窟，道德坊中旧散仙。	《伊川击壤集》第69页
邵雍	北宋中后期	道德坊	《天津新居成谢府尹王君贶尚书》（嘉祐七年）嘉祐王寅岁，新巢始缔功，仍分道德里，更近帝王宫。槛仰端门峻，轩迎两观雄。窗虚响溪溜，台迥瞰伊嵩。花木四时分景致，经书千卷号生涯。有人若问闲居处，道德坊中第一家。	《伊川击壤集》第248、49页
门下侍郎安公（丛春园）	北宋中后期	安众坊	今门下侍郎安公买亭于尹氏。岑叔而高亭乔木森然。桐梓桧柏，皆就行列。其大亭有丛春亭。高亭有先春亭。从春亭出荼蘼架上，北可望大溪。盖洛水自西洶涌之东。天津桥左，叠石为之，底与水争，喷薄成霜雪，直力诸其窦，而纳之于洪下。洪下皆大石，声闻数十里。子尝务冬月夜，登定足亭，听洛声，久之，觉清冽侵人肌骨，不可留，乃去。	《洛阳名园记》第5页

续表 1

姓名	时代	宅邸位置	文献	来源
张氏	北宋中后期	静仁、延庆	自东园并城而北，张氏园，亦绕水而富竹木，有亭竹四。《河图志》云："黄帝坐玄扈台"，郭璞云："在洛汭"，或曰："此其处也"。	《洛阳名园记》第9页
民家（湖园）	北宋中后期	集贤坊	洛人云："园圃之胜，不能相兼者六：务宏大者，少幽邃；人力胜者，少苍古；多水泉者，艰眺望。兼此六者，惟湖园而已。"子尝游之。信然。在唐为裴晋公宅园。园中有堂，湖中有堂，曰"百花洲"，名盖旧，堂盖新也。湖北之大堂曰"四并堂"，名盖不足，胜盖有余也。其四达而当东西之蹊者，桂堂也。截然出于湖之右者，迎晖亭也。过横地，拔林莽，循曲径而后得者，梅台、知止庵也。自竹径望之超然者，环翠亭也。渺渺重蓬，犯檀花开之盛，而前据池亭之胜者，翠樾轩也。若夫百花酺而白昼眩；青芊动而林阴合；水静而群峰出，虽四时不同，而景物皆好，则又其不可殚记者也。	《洛阳名园记》第11～12页
王尚恭	北宋中后期	嘉善坊	中书令裴度宅，园池尚存，今号"湖园"，属民家。 元丰七年八月九日，朝议大夫致仕王公，以疾终于西都嘉善里之第，享年七十有八。	《河南志》第16页 附录2墓志139
李建	北宋中后期	延福坊	邵雍有《寄李景真太博》，又有《延福坊李太博乞园池诗》云：宣威十九次高牙，荣叶旧臣功将家。清世辞荣归里第，白头行乐过华。杯盈香醑浮春水，曲度新声出靓花。如此园池如此寿，儿孙满眼庆无涯。	《伊川击壤集》第146页
宋道	北宋中后期	归仁坊	会改官制，为朝请大夫，以年高倦于民政，遂请闲职，得提举西京崇福宫。元丰六年五月丁酉，终于洛之归仁坊私第，享年七十。	《全宋文》第338页

续表1

姓名	时代	宅邸位置	文献	来源
司马光	北宋中后期	尊贤坊	熙宁三年，司马温公与王荆公议论新法不合，不拜枢密副使，乞守郡，以端明殿学士知永兴军。后数月，神宗思之，令过阙上殿。公力辞，乞判西京，乞判西京御史台。遂居洛。买园于尊贤坊，以独乐名之，始与伯温君子康节子游。尝曰"光幼节人，先生卫人，今同居洛，即乡人也。有如先生道学之尊，当以年德为贵，官职不足道也"。	《邵氏闻见录》第200页
王拱辰	北宋中后期	道德坊	六年，买田二十亩于尊贤坊北，辟以为园。熙宁间，王拱辰即洛之道德坊，营第甚侈，中堂起屋三层，上曰朝元阁。时司马光亦居洛，于私居穿地丈余，作壤室，尧夫居地穷地文余，作一穴居之。尧夫见夫夫，遂以二公对，富大笑。	《司马温公集编年笺注》4 第204~205页；《嵩史》第60页
范子修妻	北宋中后期	思顺坊	西京始小第于思顺坊，再徙天宫寺南，因以为洛人焉。	附录2墓志175
巩申	北宋中后期	临阛坊	卜居于洛之临阛坊，年八十矣。	附录2墓志181
游及	北宋中后期	嘉善坊	初治第于嘉善坊，与诸耆老优游燕处畅咏。	附录2墓志178
和镇	北宋中后期	福善—嘉善坊	卜居西都福善坊。元丰甲子岁，洛水大涨，一女四甥，皆为水溺不救。遂迁居嘉善坊故第焉。	附录2墓志180
宁君(麟)夫人许氏	北宋中后期	嘉善坊	至和三年七月五日以疾终于河南嘉善坊之第室。	附录2墓志179
楚建中	北宋中后期	延福坊	《游楚渎议园宅呈留守宫徽留台端明司马君实》五里依仁宅，西邻数切墙。主人为屏翰（楚令环庆），园吏古风光。地胜金瓯小，林深草径长（楚今缰樊）。轻烟草丛桂，幽鸟入修篁。薛色沿茶灶，有木皆交荫，无花不并芳。相树挂冠后，同此事琴筋（楚建中正议宅，同此事琴筋，俗呼为鹃禅）。	《文潞公集》第69页

续表 1

姓名	时代	宅邸位置	文献	来源
杨夫人（张子立妻）	北宋中后期	嘉善坊	元祐五年十二月戊午，以疾终于京西嘉善坊之第。	附录 2 墓志 120
任拱妻楚氏	北宋中后期	嘉善坊	实绍圣二年十二月十二日，终于河南府嘉善坊甲舍之正寝，享年六十有四。	附录 2 墓志 212
张嵲	北宋中后期	永泰坊	曾祖去华，工部侍郎，赠司徒。祖师古，国子博士，赠都官员外郎。父景纯，虞部员外郎，赠左中散大夫。母彭城郡太君刘氏。……绍圣三年六月二十五日，以疾终于永泰坊私第之正寝，享年七十。	附录 2 墓志 193
张嵲妻王夫人	北宋中后期	永泰坊	暨捐馆，夫人始专家政，敦睦姻族……卒于河南府永泰坊私第之正寝，享年五十四。	附录 2 墓志 199
宋迪	北宋中后期	尊贤坊	司马光《和邻守宋度支（迪）卜居与南园为邻》，弱冠交游鬓发苍，饱谙官况好深藏。闲居共买一廛宅，卜居同安宅异周郎。	《司马温公集编年笺注》2 第 382 页
吕公著	北宋中后期	福善坊	（河南）府城白狮巷张知白西。	《河南通志》第 15 页
富弼	北宋中后期	福善坊	福善居第，林馆幽邃，文忠侠于老而终终侠于老，优游一纪。夫人每同其乐，优游一纪……元祐元年十一月二十八日以疾终于福善第之口口。	《富弼家族墓地》第 54~55 页
何中行	北宋中后期	永泰坊	何君，适道绍圣二年乙亥三月十七日，以疾卒于永泰里之第，越丙子岁，其孤彦将以十月十七日举君之柩，树于贤相乡先茔之次。……娶张氏，先君三年而亡。	附录 2 墓志 128

续表 1

姓名	时代	宅邸位置	文献	来源
苗授	北宋中后期	会节坊	开宝宰相王溥园。……然此圃未尝不得王丞相故园阁，水东为直龙图阁赵氏所得，亦大创第宅园池其间。稍北曰："郏鄏陌"，陌列七丞相之第。文潞公、程丞相宅旁皆有池亭，而赵韩王园独可与诸园列。	《洛阳名园记》第 7 页
文彦博（宅）	北宋中后期	从善坊	家富洛下，生理已成，居第甲于洛，盖所谓'史馆园'者。官劳家富，故日为去计，不复韩王园意于报效。今保平军节度使，同中书门下平章事文彦博家并宅。庆历元年郊祀赦，许三品以上立家庙，而未有奉其诏者。皇祐三年，公为宰相，奏于河南府建私庙，可之。其制四室，自宰相至本梁末州宣武军节度使象衰象先宅，此地本药圃。	《续资治通鉴长编》第 11003 页　《河南志》第 21 页
文彦博（东园）	北宋中后期	静仁坊	本药圃。地薄东城，水滨弥漫广，泛舟游者，如在江湖间也。渊映、瀍水二堂，宛宛在水中。湘肤、药圃二堂，西去其第里余，今潞公宅太师。年九十，尚时杖屦游之。静仁坊，唐有官药园。	《洛阳名园记》第 9 页　《河南志》第 22 页
江新道	北宋中后期	绥福坊	大观元年九月十九日，河南江新道以疾卒于绥福坊私第之正寝，享年五十有二。	附录 2 墓志 232
陈氏	北宋中后期	嘉善坊	政和元年正月庚寅，先夫人终于河南嘉善坊之私第。	附录 2 墓志 225
恭氏	北宋中后期	尊贤坊	曾不以死生为念，政和三年五月乙酉，卒于尊贤之第，享年七十五。	附录 2 墓志 230
杨氏	北宋中后期	温柔坊	政和七年九月初六日终于正寝，享年七十有三。	附录 2 墓志 241
游安民	北宋中后期	通利坊	六十告老治第于通利坊。	附录 2 墓志 246

附录 2　墓志

序号	年代	埋葬时间	埋葬地点	人物	现代地点	墓志来源
1	926 后	天成元年以后	葬河南府河南县金谷乡张村	张□林	苗北村	《河南洛阳市苗北村五代宋金墓葬发掘简报》第 49 页
2	954	显德元年十一月八日	卜宅兆于河南县平乐乡朱阳村	安重遇		《千唐志斋藏志》第 1232 页
3	971	开宝四年十月二十三日	归葬于河南县平乐乡朱阳村之大茔	安崇礼		《千唐志斋藏志》第 1246 页
4	954	显德元年十一月二十六日	归葬于洛阳县玄象乡南陶里	刘光赞		《千唐志斋藏志》第 1233 页
5	960	建隆元年二月二日	寄葬于河南县平洛乡杜泽村	韩通	安驾沟村出土	《洛阳出土历代墓志辑绳》第 736 页
6	960	建隆元年五月二日	是得佳城于河南县平乐乡朱阳村	安番（审）韬	苗南村东南都市雅居建材城	《河南省洛阳市北宋安番（审）韬墓发掘简报》
7	960	建隆元年二月十四日	迁葬于河南县北宅乡宣武管宋村	王守恩	沟上村	《千唐志斋藏志》第 1238 页
8	960	建隆元年十二月一日	归葬于西京河南县平乐乡河内村	窦俨		《宋代墓志辑释》第 10 页
9	960	建隆元年十二月一日	与先夫人合葬于洛阳县贤相乡原	孙延合		《洛阳出土历代墓志辑绳》第 737 页
10	961	建隆二年正月二十六日	葬于京西河南县龙门乡南王里	刘汉遇	洛阳南郊社村出土	《洛阳新获墓志续编》第 281、527 页
11	961	建隆二年闰三月二十七日	合祔于河南县北乡杜泽村	郎公		《洛阳出土历代墓志辑绳》第 738 页

续表 2

序号	年代	埋葬时间	埋葬地点	人物	现代地点	墓志来源
12	961	建隆二年十月十六日		匡图	西陡村出土	《千唐志斋藏志》第1239页
13	962	建隆三年十二月二十八日	改玄寝于河南县金谷乡尹村西北隅	姜知述	洛阳城北葛家岭	《洛阳出土历代墓志辑绳》第739页
14	963	乾德元年八月十一日	迁公于河南县朱阳村北邙原	杨龟从		《洛阳出土历代墓志辑绳》第740页
15	964	乾德二年四月二十日	归葬于洛阳县贤相乡勋德村	毛氏		《洛阳出土历代墓志辑绳》第741页
16	965	乾德三年二月七日	举襄事于洛河南县北原	冯氏（范旻妻）	姚凹村南出土	《千唐志斋藏志》第1240页
17	966	乾德四年孟夏十八日	自河南县诸阳村移葬于梓泽乡宣武村	杨光赞	水口村出土	《千唐志斋藏志》第1241页
18	966	乾德四年十一月十二日	迁葬于河南府河南县谷阳乡司徒村	牛筠	邙山乡征集	《洛阳新获墓志》第136页
19	967	乾德五年八月十八日	葬于河南县朱阳村	蔡徽	邙山吕祖庙南出土	《千唐志斋藏志》第1242页
20	968	乾德六年十月十五日	北邙	元氏		《千唐志斋藏志》第1243页
21	970	开宝三年十月五日葬	地则为西都河南县平乐乡杜翟村	牛知业	孟津县朝阳乡向阳村出土	《洛阳新获墓志》第137页
22	970	开宝三年十月五日迁葬	窆于西都河南县平乐乡杜翟村原	牛孝恭	前海资出土（今孟津县向阳村）	《千唐志斋藏志》第1244页
23	970	开宝三年十月五日迁葬	遂卜其地瀍水之阳邙山之面里曰杜翟乡曰平乐，盖西都河南县形胜之地也	牛存节	孟津县送庄乡出土	《河洛墓刻拾零》第653、654页

续表 2

序号	年代	埋葬时间	埋葬地点	人物	现代地点	墓志来源
24	970	开宝三年十月十七日	葬于洛阳县玄将乡积润里	马测	洛阳	国家图书馆馆藏拓片，墓志3693
25	970	开宝三年十二月三日	归葬于西京河南县勋德乡	祁珪		《千唐志斋新收墓志》第465页
26	970	开宝三年十二月二十三日	归葬于洛京河南县平乐乡朱阳村杜泽里	阎光度	洛阳前李村出土	《千唐志斋藏志》第1245页《洛阳出土历代墓志辑绳》第742页
27	971	开宝四年八月二十七日	袝于洛阳河南县伊汭乡尹樊里之茔	刘温叟		《千唐志斋新收墓志》第466~467页
28	972	开宝五年十一月十七日	葬于河南府河南县平乐乡河内村北邙原先茔之次	窦仪	孟津平乐镇出土	《河洛墓刻拾零》第667、668页
29	972	开宝五年二月二十三日	敕葬我公于河南府河南县平乐乡张阳村	吴廷祚兄吴公		《宋代墓志辑释》第32页
30	972	开宝五年四月十九日	于洛京河南府河南县金谷乡石楼里北邙原，与黎阳郡夫人袝葬于祖坟	张昭远		《宋代墓志辑释》第34页
31	975	开宝八年正月二十三日	归葬于河南县洛苑乡西平化村	史珪	孙旗屯东南豫西农专	《洛阳新获墓志》第138页
32	975	开宝八年五月一日	迁公与郡君合葬于西京洛阳县贤相乡陶村原	孙汉筠	杨凹村	《千唐志斋藏志》第1247页
33	975	乙亥岁十一月四日	权葬于河南府河南县龙门乡口王村。……于大宋乙亥岁十一月四月徙魏王改葬洛阳县陶村原	苻彦琳	洛阳	《千唐志斋藏志》第1248页

续表 2

序号	年代	埋葬时间	埋葬地点	人物	现代地点	墓志来源
34	1001	咸平四年八月廿一日	葬于西京洛阳县贤相乡陶村原，祔先王之域	苻昭愿	洛阳东北凤凰台村西北出土	《宋代墓志辑释》第94页
35	1018	天禧二年七月廿四日		苻承训	洛阳北十七里凤凰台村西北数十步出土	《洛阳出土石刻时地记》
36	1034	明道三年三月十三日	葬于河南府河南县龙门乡南王村……从魏王改葬洛阳县陶村原	苻承煦	洛阳城东北凤凰台村西北地出土	《宋代墓志辑释》第130页
37	1095	绍圣二年十一月庚申（廿八日）	绍圣二年十一月庚申葬焉	苻辅之	洛阳东北十六里凤凰台村西，北小梁村东	《千唐志斋藏志》第1300页
38	1097	绍圣四年九月十六日	终于洛都，九月十六日合葬先叔之茔	苻辅之妻太原王夫人	洛阳东北十六里凤凰台村西北，小梁村东地出土	《千唐志斋藏志》第1303页
39	1100	元符三年四月庚子（四日）	葬于河南府洛阳县贤相乡陶村原	苻守规	洛阳北十六里小梁村东地出土	《洛阳出土历代墓志辑绳》第747页
40	1105	崇宁四年正月十三日	葬于河南府洛阳县陶牙村先茔之侧	苻守诚	苻守诚之曾祖昭矩、与彦卿之子昭愿同辈。其祖承训，与昭愿之子承煦同辈。昭愿、承煦志石亦藏开封博物馆	《宋代墓志辑释》第422页
41	1114	政和四年七月十二日	葬于河南府洛阳县淘牙村魏王之茔	苻守诚妻赵氏		《宋代墓志辑释》第470页

续表 2

序号	年代	埋葬时间	埋葬地点	人物	现代地点	墓志来源
42	1122	宣和四年九月二十九日	与永宁郡君合葬于河南府洛阳县陶牙村	苻世表	洛阳东北十八里凤凰台村西北出土	《千唐志斋藏志》第1322页
43	1104	崇宁三年十月二日	祔葬于河南府河南县陶村先茔之侧	赵氏	洛阳东北十八里凤凰台村西北出土	《千唐志斋藏志》第1308页
44	977	太平兴国二年十二月十四日	石毁	冯继业	东北廿里营庄村	《洛阳出土石刻时地记》
45	983	太平兴国八年五月五日	勑葬于洛都，祔于侍中之茔	冯继业妻程氏	东北廿里营庄村	《千唐志斋藏志》第1250页
46	997	至道三年正月二十日	敕葬于河南府巩县之南原	冯氏	偃师县城关镇窑头村	《洛阳新获墓志》第139页
47	978	太平兴国三年七月廿六日	改卜于洛之邙山，从吉地也	张秉	邙山	《洛阳出土历代墓志辑绳》第743页
48	982	太平兴国七年十一月六日	葬于河南府河南县宣武原	王建福	洛阳西北冢头村出土	《千唐志斋藏志》第1249页
49	982	太平兴国七年十月二十七日	同归葬于河南府河南县平乐乡张阳村	吴元载母亲郭氏		《宋代墓志辑释》第48页
50	984	太平兴国九年二月十五日	归葬于故太傅李公之茔	李廷珪夫人张氏	洛阳城北廿里北陈庄村	《千唐志斋藏志》第1251页
51	984	雍熙元年四月五日	同葬于西京河南府河南县宣武村先茔	石熙载	洛阳出土	《宋代墓志辑释》第54页
52	1049	皇祐元年十二月	归葬于河南府洛阳县宣武原	石中立	洛阳西北冢头村出土/孟津常袋乡石碑凹村出土	《宋代墓志辑释》第156页
53	1049	皇祐元年十月十五日	归葬于河南府洛阳县宣武原	石从简	孟津	《宋代墓志辑释》第158页《河洛墓刻拾零》第671～672页

续表 2

序号	年代	埋葬时间	埋葬地点	人物	现代地点	墓志来源
54	1080	元丰三年九月十三日	奉长安君归葬于河南府河南县宣武原，光禄君之兆	石祖方	洛阳西北冢头村出土/东马沟村	《宋代墓志辑释》第280页《千唐志斋藏志》第1285页
55	1101	建中靖国元年二月二十九日	葬于河南府洛阳县宣武村	石祖温		《宋代墓志辑释》第406页
56	988	端拱元年十月八日	迁于洛京洛阳县平乐乡杜泽里	祖仲宣	洛阳北十五里（孟津）后海资村西北出土——朝阳镇	《千唐志斋藏志》第1252页
57	989	端拱二年正月十五日	葬于河南府洛阳县贤相乡陶公里	钱俶	出土地不详	《洛阳新获墓志续编》第282、528页
58	1083	元丰六年九月二十八日	洛阳北邙原，文僖□□□□墓之后	钱景诜	孟津送庄乡营庄村	《洛阳新获墓志续编》第287、535页；《北宋钱景诜、钱文楚墓志摭谈》，《中原文物》1998年第2期
59	1111	政和元年四月丙申（四日）	举朝散公葬于西京洛阳县北邙山	钱愔	洛阳北十六里小梁村出土	《千唐志斋藏志》第1314页
60	990	淳化元年二月十四日	于贤相乡积润原	通惠大师		《宋代墓志辑释》第68页
61	990	淳化元年十二月十九日	归葬于洛阳县平洛乡杜泽里	魏延福	洛阳出土	国家图书馆馆藏拓片，墓志3709《全宋文》第四册第81页
62	993	淳化四年十一月七日	葬于洛阳县宣武原	梁文献	洛阳西北冢头村出土	《千唐志斋藏志》第1253页
63	1003	咸平六年二月十月廿九日	葬于西京洛阳县宣武原	镡氏	洛阳西北李营村和冢头村之间出土	《千唐志斋藏志》第1260页

续表 2

序号	年代	埋葬时间	埋葬地点	人物	现代地点	墓志来源
64	994	淳化五年七月十一日	于河南府洛阳县宣武村	石继远	洛阳西北老苍凹村北出土	《千唐志斋藏志》第1254页
65	1000	咸平庚子（三年）丁亥月癸酉（十月卅日）	具大葬之礼于洛阳县金谷原	源崇	洛阳西北营庄村出土	《千唐志斋藏志》第1256页
66	996	至道丙申（二年）十一月十八日	安兆于河南府洛阳县金谷乡尹村之原	源护	洛阳西北冢头村出土	《千唐志斋藏志》第1255页
67	1000	咸平三年七月十三日	归葬于河南府洛阳县平乐乡	魏丕		《宋代墓志辑释》第80页
68	1000	咸平三年十月八日		冯说	洛阳东北廿里营庄村东南出土，在北魏元天穆冢东南	《洛阳出土石刻时地记》
69	1000	咸平三年十月卅日	诏归葬于河南府洛阳县金谷乡尹村	安守中	洛阳西北东陡沟村出土	《鸳鸯七志斋藏石》第316页
70	1001	咸平四年五月十三日	葬于西都伊阙县归善乡府下里之祖茔	张宏		《宋代墓志辑释》第86页
71	1002	咸平五年十一月戊申（十七日）	归葬于河南府洛阳县北乡徐楼村	范贻孙	洛阳东北十二里马沟村西岭出土	《千唐志斋藏志》第1257页
72	1002	咸平五年十一月廿三日	归祔于西京洛阳县平乐乡张阳村	吴元载	洛阳北十六里张扬村东出土——张阳村	《千唐志斋藏志》第1258页
73	1007	景德四年正月廿三日	归葬于西京洛阳县上店管张杨村	吴元吉	洛阳北十六里张扬村东，南石山村北	《千唐志斋藏志》第1261页

序号	年代	埋葬时间	埋葬地点	人物	现代地点	墓志来源
74	1003	咸平六年二月二十四日	葬于西京河南县龙门乡龙门里	李昭瑀	龙门西山张沟村出土	《河洛墓刻拾零》第668~669页《宋代墓志辑释》第104页
75	1003	咸平六年三月十二日	卜葬于洛阳县平乐乡□□里	张曙	洛阳北南石山村出土	《千唐志斋藏志》第1259页
76	1003	咸平六年十月五日	举葬于洛阳北原贤相乡杜泽里	马伟		《宋代墓志辑释》第106页
77	1008	大中祥符元年十一月魄望日	归葬于洛水之阳，邙山之麓	宋可度	洛阳城北上瑶村出土	《千唐志斋藏志》第1262页
78	1021	天禧五年十月七日	归葬于西京洛阳县	宋文质	洛阳城北上瑶村出土	《千唐志斋藏志》第1263页
79	1009	大中祥符二年四月十七日	葬于河南县金谷乡	张昭允	洛阳景家沟购得	《五代墓志汇考》第644页《洛阳出土石刻时地记》
80	1012	大中祥符五年十一月三日	遂于城南卜地，地属河南府河南县龙门村	胡一娘		《宋代墓志辑释》第116页
81	1021	天禧五年七月十二日		魏呆	洛阳北十四里前海资村北地出土——向阳村	《洛阳出土石刻时地记》
82	1058	嘉祐三年十二月戊申（廿日）	魏氏世葬河南府洛阳县平乐乡杜泽里北邙之原	魏处约	洛阳北十四里前海资村北地出土——向阳村	《洛阳出土石刻时地记》
83	1069	熙宁二年闰十一月十五日		魏处约妻赵公主	洛阳北十四里前海资村北地出土——向阳村	《洛阳出土石刻时地记》

序号	年代	埋葬时间	埋葬地点	人物	现代地点	墓志来源
84	1093	元祐癸酉（八年）八月十五日	葬于河南府洛阳县平乐乡杜泽里北邙原	魏孝孙	洛阳北十四里前海资村北地出土	《千唐志斋藏志》第1291页《宋代墓志辑释》第341页
85	1093	元祐八年八月十五日	葬河南府洛阳县平乐乡杜泽里北邙原先茔	魏孝孙夫人寿安县君赵氏	洛阳北十四里前海资村北地出土	《千唐志斋藏志》第1292页《宋代墓志辑释》第345页
86	1097	绍圣四年九月二十三日	今举其柩以祔侯之墓	魏钧	洛阳北十四里前海资村北地出土	《千唐志斋藏志》第1304页
87	1023	天圣元年十一月六日		刘旦	洛阳出土	《洛阳出土石刻时地记》
88	1024	天圣二年八月初二日	合葬于河南府洛阳县金谷原奉先里	苏昌嗣		《宋代墓志辑释》第122页
89	1028	天圣六年十一月二十八日	克葬公于洛阳县之贤相乡积润里	卫渎		《宋代墓志辑释》第126页
90	1030	天圣八年七月廿五日	祔葬于洛阳县平洛乡杜泽里之先茔	刘藏用	洛阳	《邙洛碑志三百种》第344页
91	1032	天圣十年十一月四日	归葬于河南府洛阳县平洛乡张阳村	吴昭明	洛阳北南石山村北、张扬村东南出土	《宋代墓志辑释》第128页
92	1036	景祐三年十月二十九日	今卜兆于河南府伊阙县神阴乡中费里	马奕	伊川县平等乡马庄村北	《洛阳新获墓志》第140页
93	1034	景祐元年三月廿五日	祔太尉之茔于河南府洛阳县金谷乡尹村	焦宗古	洛阳西北冢头村出土	《千唐志斋藏志》第1264页

序号	年代	埋葬时间	埋葬地点	人物	现代地点	墓志来源
94	1062	嘉祐七年二月二十四日	改葬河南府洛阳县金谷乡尹村	薛氏	洛阳西北冢头村出土	《千唐志斋藏志》第1270页
95	1062	嘉祐七年	改葬于西京河南县金谷乡尹村	焦从约	孟津县马屯乡宋岭村——西工区麻屯宋岭村	《洛阳新获墓志》第142页
96	1062	嘉祐七年二月廿四日	葬河南府洛阳县金谷乡尹村	焦宗说	洛阳西北冢头村出土	《宋代墓志辑释》第192页 《千唐志斋藏志》第1271页
97	1062	嘉祐七年二月廿四日	葬河南府洛阳县金谷乡尹村	焦世昌夫人张氏	洛阳西北冢头村出土	《宋代墓志辑释》第190页 《千唐志斋藏志》第1272页
98	1039	宝元二年十月二十七日	举葬于所居西北高平之地	王德伦		《宋代墓志辑释》第132页
99	1041	康定二年十一月二十六日	葬河南洛阳县邙山北原	王贻庆	洛阳北后洞村西出土	《宋代墓志辑释》第134页 《千唐志斋藏志》第1265页
100	1069	熙宁二年十一月十日	葬于河南府洛阳县宣武村	王珣瑜		《千唐志斋藏志》第1276页
101	1095	绍圣二年八月廿一日	葬于河南府洛阳县宣武村先茔之兆	王甫	洛阳北后洞村西出土	《宋代墓志辑释》第368页 《千唐志斋藏志》第1298页
102	1042	庆历二年七月	葬于河南县龙门伊汭乡中梁村	任述	伊川中梁村	《宋代墓志辑释》第144页
103	1044	庆历四年十一月十五日	今君又葬于伊阙县归善乡府下村	杨日宣		《千唐志斋新收墓志》第467页
104	1072	熙宁五年十月十日	葬于河南府河南县归善乡府下村	丁氏		《千唐志斋新收墓志》第469页

序号	年代	埋葬时间	埋葬地点	人物	现代地点	墓志来源
105	1048	庆历八年十月八日	葬于河南府洛阳县贤相乡上店里	刘永	洛阳北廿里北陈庄村出土	《千唐志斋藏志》第1267页
106	1048	庆历八年十月八日	从葬于北邙之原	刘再思	洛阳北廿里北陈庄村出土	《千唐志斋藏志》第1266页
107	1048	庆历八年十月八日	葬于洛阳北原贤相乡杜泽里	刘拯	洛阳北廿里北陈庄村出土	《千唐志斋藏志》第1268页
108	1050	皇祐二年十一月十九日	与先职方安祔于洛阳县平洛乡杜泽里先茔之西南隅	刘元瑜母亲窦氏		《千唐志斋新收墓志》第468页
109	1091	元祐六年十一月六日	葬于洛阳杜泽原谏议大君之左	刘元瑜		《宋代墓志辑释》第328页
110	1091	元祐六年闰八月十六日	奉其丧归葬于洛阳县杜泽里	燕氏		《宋代墓志辑释》第326页
111	1051	皇祐三年	葬偃师县义堂店之北原	朱文郁		《宋代墓志辑释》第162页
112	1051	皇祐三年十月七日		杜氏	洛阳北十五里南石山村出土	《洛阳出土石刻时地记》
113	1056	至和三年	合葬河南府洛阳县北邙山杜泽村	任颢	北邙山出土	《千唐志斋新收墓志》第469页
114	1056	至和三年十二月	葬于河南尹樊里之万安山下	范仲淹	伊川县彭婆乡许营村北万安山南麓	《龙门区系石刻文萃》第398页 《洛阳出土历代墓志辑绳》第135页
115	1093	元祐八年正月七日	卜葬万安山尹樊村先文正公茔域之次	张氏	伊川县范仲淹墓园东侧出土	《洛阳墓志辑释》第332页 《千唐志斋新收墓志》第473～474页
116	1057	嘉祐二年	比部公于洛阳县金谷乡北张里	康茂先妻	苗北村	《河南洛阳市苗北村五代宋金墓葬发掘简报》

序号	年代	埋葬时间	埋葬地点	人物	现代地点	墓志来源
117	1060	嘉祐五年十月十八日	葬夫人于河南府邙山之阳杜泽村	王氏	孟津送庄乡护庄出土	《洛阳新获墓志续编》第 283、531 页
118	1060	嘉祐五年十月十八日	合葬于河南府洛阳县平乐乡杜泽里	任孚	洛阳北姚凹村东南岭出土	《千唐志斋藏志》第 1269 页
119	1060	嘉祐五年十月十八日	归葬于河南府河南县之冷泉村	张子立	洛阳	《洛阳新出土墓志释录》第 366 页《洛阳出土鸳鸯志辑录》第 297 页
120	1091	元祐六年三月	归葬于河南县洛苑乡冷泉里	杨夫人	洛阳	《宋代墓志辑释》第 324 页《洛阳新出土墓志释录》第 368 页《洛阳出土鸳鸯志辑录》第 299 页
121	1060	嘉祐五年十一月十九日		张子元	洛阳出土	《洛阳新出土墓志释录》第 367 页
122	1061	嘉祐六年正月六日	归葬于河南府洛阳县贤相乡北邙山淘牙村先茔之次	冯宪	孟津宋庄乡营庄村出土	《洛阳新获墓志续编》第 284、533 页
123	1062	嘉祐七年七月二十七日	石存洛阳	卢震		《洛阳出土墓志目录》420
124	1065	治平二年五月一日	葬于河南府洛阳县平乐乡宣武村之梓泽原	石元孙	孟津	《河洛墓刻拾零》第 672 页
125	1066	治平三年九月十一日	举申氏之丧祔于吾先兄之墓	申氏	西北家头村	《千唐志斋藏志》第 1275 页
126	1066	治平三年七月九日	葬于贤相乡次，先大夫之墓	何庆之	洛阳城北廿里北陈庄村	《宋代墓志辑释》第 204 页《千唐志斋藏志》第 1274 页

序号	年代	埋葬时间	埋葬地点	人物	现代地点	墓志来源
127	1089	元祐四年九月十七日	迁其枢祔于先考之墓	何君夫人柴氏	洛阳北廿里北陈庄村/南驾沟村出土	《宋代墓志辑释》第314页《千唐志斋藏志》第1290页
128	1096	绍圣丙子岁（三年）十月十七日	祔于贤相乡先茔之次	何中行	洛阳北廿里北陈庄村	《千唐志斋藏志》第1299页
129	1069	熙宁二年九月二十八日	权葬夫人于河南洛阳县贤相乡上店里姑之茔侧	李氏	洛阳	《邙洛碑志三百种》第346页
130	1069	熙宁二年四月二十三日	葬于河南府洛阳县北邙山杜泽之原	潘承裕及夫人王氏	孟津县	《河洛墓刻拾零》第673页
131	1071	熙宁四年十一月四日	葬于司空之兆	赵宗道		《宋代墓志辑释》第234页
132	1072	熙宁五年五月六日	葬于北邙尹原里之先茔	姚奭	洛阳西北冢头村出土	《鸳鸯七志斋藏石》第317页
133	1066	治平三年正月廿七日	葬于洛阳县北邙之原	姚奭妻米氏	洛阳西北冢头村出土	《千唐志斋藏志》第1273页
134	1072	熙宁五年五月六日	葬于洛阳县尹原里先茔之次	姚奭妻米氏		《千唐志斋藏志》第1278页
135	1072	熙宁五年五月六日	合葬洛阳县尹原村先茔之次	姚奭夫人崇德县李氏	洛阳西北冢头村出土	《千唐志斋藏志》第1279页
136	1071	熙宁四年八月廿日	于河南府洛阳县上店村之北原	王与时妻张氏	洛阳城北廿里北陈庄村东北出土	《千唐志斋藏志》第1277页
137	1071	熙宁四年辛亥八月廿日	迁神宅于洛阳县贤相乡上店村之西原	王汲	洛阳北廿里北陈庄村东北三里处	《邙洛碑志三百种》第347页

续表 2

序号	年代	埋葬时间	埋葬地点	人物	现代地点	墓志来源
138	1071	熙宁四年辛亥八月廿日		王汲妻安定县君胡氏	洛阳北廿里北陈庄村东北三里处	《洛阳出土石刻时地记》
139	1084	元丰七年十月十九日	归葬于河南府河清县上店里之原	王尚恭	洛阳北廿里北陈庄村东北	《河洛墓刻拾零》第678页
140	1101	建中靖国元年三月十一日	其地在洛阳北邙上店之原	王纯	洛阳北郊	《洛阳新获墓志续编》第291、538页
141	1071	熙宁四年十一月九日	葬河南府洛阳县凤台乡陶牙里邙山之阳	沈邈	孟津	《河洛墓刻拾零》第674、675页
142	1072	熙宁五年十二月十日	于河南府洛阳县北邙山之祖茔,别域而葬焉,实平乐乡之杜泽里也	黄氏	洛阳北十五里后海资村西北角出土	《北宋官员文士祖无择生平仕履疏证》
143	1072	熙宁五年十二月十日	葬于河南府洛阳县平乐乡杜泽里	祖士衡	洛阳北十五里后海资村西北角出土	《鸳鸯七志斋藏石》第318页
144	1074	熙宁七年二月四日	葬于河南□□乡龙门村祖庄西	孙铸		《宋代墓志辑释》第244页
145	1074	熙宁七年八月甲申	归葬秦国公之墓次	刘氏		《宋代墓志辑释》第246页
146	1075	熙宁八年四月二十四日	葬君于河南府河南县杜泽原	张庚	孟津朝阳镇杨凹村北	《宋代墓志辑释》第248页《河洛墓刻拾零》第676页
147	1075	熙宁八年四月二十四日	合葬先君太夫人于河南杜泽原	王氏	孟津县杨凹村	《洛阳新获墓志续编》第285、534页

续表 2

序号	年代	埋葬时间	埋葬地点	人物	现代地点	墓志来源
148	1077	熙宁十年二月十五日	葬于河南县龙门村之先茔	李孝基		《宋代墓志辑释》第254页 《洛阳出土鸳鸯志辑录》第301页
149	1077	熙宁十年二月十五日	改祔夫人于河南县龙门村光禄公新茔	马氏		《洛阳出土鸳鸯志辑录》第303页 《宋代墓志辑释》第252页
150	1078	元丰元年正月廿七日	举葬于西京河南县贤相乡杜泽里	宋世昌	洛阳北上瑶村出土	《千唐志斋藏志》第1281页 《宋代墓志辑释》第262页
151	1083	元丰六年五月二十一日	举君及杨夫人之丧葬于河南府河南县贤相乡杜泽村	宋世宁	洛阳北上瑶村出土	《宋代墓志辑释》第290页
152	1083	元丰六年五月丙申	举葬于河南府河南县贤相乡杜泽里先茔之次	宋世则	洛阳北上瑶村出土	《宋代墓志辑释》第292页
153	1078	元丰元年二月十五日	卜葬于西京河南县南北张里之大墓	乐夫人	洛阳城西北营庄村出土	《千唐志斋藏志》第1282页 《宋代墓志辑释》第264页
154	1078	元丰元年十二月廿一日	奉公之丧于河南府河南县贤相乡北张里	舒昭叙	洛阳北十五里南陈庄村出土	《千唐志斋藏志》第1283页 《宋代墓志辑释》第270页
155	1078	元丰元年十二月廿一日	葬于河南府河南县贤相乡北张里	舒氏冢妇李夫人	洛阳北十五里南陈庄村出土	《千唐志斋藏志》第1284页 《宋代墓志辑释》第268页

序号	年代	埋葬时间	埋葬地点	人物	现代地点	墓志来源
156	1096	绍圣三年十二月十六日	葬于洛阳县贤相乡北张村	舒之翰		《洛阳出土历代墓志辑绳》第 746 页
157	1107	大观元年九月七日	葬于河南府洛阳县北张村	仁和县君王氏	洛阳西北李家凹村出土	《千唐志斋藏志》第 1309 页《宋代墓志辑释》第 430 页
158	1078	元丰元年十二月二十日	葬君于河南府河南县伊汭乡中梁村恭惠公之域	任逸	洛阳伊川	《宋代墓志辑释》第 266 页
159	1080	元丰三年十一月八日	宅西南卜茔吉地	宋清	洛阳	《宋代墓志辑释》第 284 页《河洛墓刻拾零》第 677 页
160	1080	元丰三年闰九月十二日	葬于北邙山宣武之原	范楫		《宋代墓志辑释》第 282 页
161	1081	元丰四年十一月初二日	葬于河南府河清县平洛乡上店村	张津		《宋代墓志辑释》第 286 页
162	1083	元丰六年十一月一日	葬公于河南府河南县太尉乡尹樊村万安山之原	苏澄		《千唐志斋新收墓志》第 471 页
163	1087	元祐二年七月十二日	河南府河南县太尉乡尹樊村万安山原大夫之墓	李氏		《千唐志斋新收墓志》第 472 页
164	1108	大观二年十月二十一日	葬君河南县太尉乡万安原	苏之才		《千唐志斋新收墓志》第 477 页
165	1108	大观二年十月丁酉	葬河南县太尉乡万安原先茔之次	韩氏		《千唐志斋新收墓志》第 479 页
166	1083	元丰六年三月二十五日	祔于河南县龙门山虞部之墓	范氏		《宋代墓志辑释》第 288 页
167	1083	元丰六年八月甲申	归葬于河南府河南县宣武村之先茔	张子和		《宋代墓志辑释》第 294 页

序号	年代	埋葬时间	埋葬地点	人物	现代地点	墓志来源
168	1083	元丰六年十一月庚申	葬于河南府河南县金谷乡南张里	富弼	家族墓地发现于"王城之珠"经济适用房住宅小区	《富弼家族墓地》
169	1084	元丰七年二月廿五日	葬公于河南县平乐乡杜泽村之原	祖无择	洛阳北十五里后海资村西北角出土	《北宋官员文士祖无择生平仕履疏证》《宋代墓志辑释》第300页
170	1085	元丰八年十二月二十四日	葬于河南府河南县教忠乡府下里之原	王拱辰妻薛氏	伊川县城关镇窑底村西200米处	《洛阳新获墓志》第142页
171	1085	元丰八年十二月二十四日	葬于河南府河南县教忠乡府下里之原	王拱辰	伊川县城关镇窑底村西200米处	《宋代墓志辑释》第306页《洛阳新获墓志》第144页
172	1093	元祐八年七月十日	祔于河南县教忠乡府下里	薛氏	伊川县城关镇窑底村西200米处	《洛阳新获墓志》第146页
173	1086	元祐元年闰二月二日	葬于河南府河南县贤相乡杜泽里	任君稷之夫人渤海吴氏	洛阳北老仓凹村	《千唐志斋藏志》第1286页
174	1086	元祐元年五月十六日	卜葬于洛阳金谷乡，祔先祖忠献公之墓	范子修妻	洛阳西北冢头村	《千唐志斋藏志》第1287页
175	1087	元祐二年十一月一日	举葬于西京洛阳县宣武原	王镃	洛阳西北冢头村/孟津县前海资出土	《千唐志斋藏志》第1288页
176	1087	元祐二年十月十六日	葬于河南县洛苑乡平华里	宋氏	洛阳涧西拖拉机厂工地	《洛阳出土历代墓志辑绳》第744页
177	1087	元祐二年十月十六日	葬于河南县洛苑乡平华里	罗承嗣	洛阳涧西拖拉机厂工地	《洛阳出土历代墓志辑绳》第745页

序号	年代	埋葬时间	埋葬地点	人物	现代地点	墓志来源
178	1088	元祐三年三月廿五日	葬于洛阳县贤相乡杜泽里	游及	洛阳北盘龙冢村	《千唐志斋藏志》第1289页《宋代墓志辑释》第310页
179	1089	元祐四年十二月辛西	葬于河南府河南县洛苑乡龙门里之新茔	许氏		《宋代墓志辑释》第316页
180	1090	元祐五年三月七日	葬公于河南府河南县洛汭乡中梁里龙山之阳	和镇	伊川县城关镇马营村	《宋代墓志辑释》第318页《北宋和镇墓志考释》
181	1090	元祐五年七月二十三日	葬于河南府洛阳县贤相乡杜泽村之北原	巩申		《洛阳新获墓志续编》第286、536页
182	1092	元祐七年九月十九日	葬于洛阳宣武村梓泽原秦武烈王故茔之西南	徐氏	孟津常袋乡石碑凹村	《河洛墓刻拾零》第679页
183	1093	元祐八年正月丙午	葬公于河南县中梁里万安之原	赵宗颜	伊川县鸦岭乡梁刘村东南约1.5公里凹地	《洛阳新获墓志》第145页
184	1093	元祐八年八月廿六日	自上店村迁葬于洛阳县杜翟原	张景儒	洛阳北十五里安驾沟村出土	《宋代墓志辑释》第250页《千唐志斋藏志》第1280页《洛阳出土石刻时地记》
185	1093	元祐八年十月十七日	葬侯河南府洛阳县金谷乡	朱绩	洛阳西北廿里卢村出土	《千唐志斋藏志》第1293页《宋代墓志辑释》第352页
186	1093	元祐八年十月十七日	葬于河南县中梁里龙门之西原	王兴安	龙门镇魏湾出土	《洛阳新获墓志续编》第288、537页

续表 2

序号	年代	埋葬时间	埋葬地点	人物	现代地点	墓志来源
187	1094	元祐九年四月二十六日	葬于河南府洛阳县金谷乡南北张村	刘乙	洛阳北官庄西二里地出土/营庄村	《千唐志斋藏志》第1294页《宋代墓志辑释》第356页
188	1094	绍圣元年五月二日	葬从其先墓，在洛阳北山之宣武原	范子猷	洛阳西北冢头、宋岭二村之间出土	《千唐志斋藏志》第1295页《宋代墓志辑释》第358页
189	1095	绍圣二年三月八日	葬于河南府洛阳县杜翟原	杨夫人	洛阳城北十五瑞安驾沟村	《千唐志斋藏志》第1296页
190	1095	绍圣二年	举葬于河南府洛阳县金谷乡南北张村之先茔	赵氏	洛阳西北宋岭村出土	《千唐志斋藏志》第1301页
191	1095	绍圣二年五月八日	举葬于河南府洛阳县金谷乡南北张村之先茔	赵氏	洛阳西北宋岭村出土	《千唐志斋藏志》第1297页
192	1095	绍圣二年二月二十一日	葬于洛阳县北邙之原	安恋		《宋代墓志辑释》第362页
193	1096	绍圣三年十月五日	葬于河南府洛阳县平洛乡上店村	张毖		《千唐志斋新收墓志》第475页
194	1096	绍圣三年七月二十二日	河南府洛阳县宣武村徽安门西北一里高原	刘宣	洛阳铁路分局北邙山游泳池工地	《洛阳新获墓志》第147页
195	1096	绍圣三年十月十七日	迁定于西京，祔韩王之域	赵思温	邙山镇望朝岭村西、李家凹村东	《洛阳宋代赵思温夫妇合葬墓发掘简报》
196	1118	政和八年九月五日	始葬于洛阳金谷乡石楼村北邙山之原，从忠献韩王祖茔，祔于承制公焉	赵思温妻	邙山镇望朝岭村西、李家凹村东	《洛阳宋代赵思温夫妇合葬墓发掘简报》

序号	年代	埋葬时间	埋葬地点	人物	现代地点	墓志来源
197	1096	绍圣三年十月二十九日	于甘泉乡徐杨村漫流店之北砖甃一洞	潘宗达	宜阳县白杨乡漫流店	《洛阳新获墓志》第148页
198	1097	绍圣四年八月甲	葬于龙门之原	王氏		《宋代墓志辑释》第380页
199	1097	绍圣四年六月二十七日	葬于洛阳县平洛乡上店村	王夫人	洛阳白马寺帽郭村出土	《洛阳新获墓志续编》第289、538页
200	1097	绍圣四年二月六日	于洛阳县陶牙村	慕容伯才	洛阳东北凤凰台村出土	《千唐志斋藏志》第1302页《宋代墓志辑释》第372页
201	1098	绍圣五年五月十三日	葬于河南洛阳贤相乡积润里	段择	其地应在今洛阳北十四里前海资村一带，与其母寿安县君王氏墓志同时出土	《千唐志斋藏志》第1305页
202	1098	绍圣五年五月十三日	葬于河南洛阳贤相乡积润里	段择之母王氏	前海资村一带	《洛阳出土石刻时地记》
203	1098	元符元年十月二十三日	葬于河南洛阳县上店村	席氏	洛阳北廿里北陈庄村	《千唐志斋藏志》第1306页
204	1099	元符二年十二月壬寅	葬于河南府洛阳县贤相乡杜泽村北邙之原	宋良臣		《宋代墓志辑释》第384页
205	1097	绍圣四年十二月壬寅	葬于河南府洛阳县贤相乡杜泽村北邙之原	宋良臣妻		《宋代墓志辑释》第388页
206	1100	元符三年七月二十日	葬于河南府洛阳县金谷乡金谷原	王茂之		《宋代墓志辑释》第392页
207	1100	元符三年八月八日	葬于河南府永安县	杨国公主（懿宁）		《洛阳出土历代墓志辑绳》第748页

序号	年代	埋葬时间	埋葬地点	人物	现代地点	墓志来源
208	1100	元符三年十一月十日	葬于河南府洛阳县金谷乡宣武里之原	王彦辅		《洛阳出土历代墓志辑绳》第 749 页
209	1100	元符三年十一月十日	葬于河南府洛阳县金谷乡宣武里之原	王寀		《洛阳出土石刻时地记》
210	1101	元符四年二月庚申	葬君于河南府河南县龙门之原	王冒		《洛阳出土鸳鸯志辑录》第 306 页《宋代墓志辑释》第 402 页
211	1101	元符四年二月庚申	葬其父于河南府河南县龙门之原	刘氏		《洛阳出土鸳鸯志辑录》第 308 页《宋代墓志辑释》第 404 页
212	1102	建中靖国二年正月十七日	于河南府河南县洛苑乡中梁里	楚氏（任拱之妻）		《宋代墓志辑释》第 412 页
213	1102	崇宁元年三月十八日	举葬于洛阳县贤相乡积润里	成延年	东孔家寨小潘村	《千唐志斋藏志》第 1307 页
214	1102	崇宁元年正月十七日	葬于河南县中梁里	任宽之	伊川县城关马营	《洛阳新获墓志续编》第 292、539 页
215	1102	崇宁元年五月二十四日	葬于河南府永安县	赵氏（宗室）		《洛阳出土历代墓志辑绳》第 750 页
216	1104	崇宁三年九月十五日	祔夫人之丧于先茔	高氏	孟津瓦店小寨出土	《洛阳新获墓志续编》第 293、540 页
217	1108	大观二年正月十六日	迁于河南府河南县龙门村	张夫人	龙门镇	《河洛墓刻拾零》第 682 页
218	1108	大观二年七月十三日	葬于洛阳曾高之次	王仲原	孟津	《千唐志斋藏志》第 1310 页《宋代墓志辑释》第 432 页《洛阳新获墓志》第 150 页

序号	年代	埋葬时间	埋葬地点	人物	现代地点	墓志来源
219	1108	大观二年七月二十四日		文彦博第五子	伊川县城关镇罗村西北约100米处	《伊川县发现宋代文彦博家族墓地》，《中国历史学年鉴》，1989年，第357页
220	1110	大观四年十一月八日	葬于河南府洛阳县贤相乡杜泽村先茔之次	宋元孙	洛阳北上瑶村西北出土	《千唐志斋藏志》第1311页
221	1110	大观四年十一月八日	葬于洛阳县金谷乡宣武村	范辉	洛阳西北沟上村出土	《宋代墓志辑释》第448页《千唐志斋藏志》第1312页
222	1110	大观四年十一月初八日	葬君于洛阳县金谷乡宣武里之原	范子舟	洛阳西北沟上村出土	《宋代墓志辑释》第450页《千唐志斋藏志》第1313页
223	1110	大观四年十二月廿七日	葬于河南府河南县洛苑乡龙门里	阎氏		《宋代墓志辑释》第452页
224	1110	大观四年十二月廿七日	葬于河南府河南县洛苑乡龙门里	王安		《宋代墓志辑释》第454页
225	1111	政和元年四月甲午	祔先君之墓	陈氏		《历代石刻史料汇编》第636页
226	1111	政和元年四月丙申（四日）	于西京洛阳县北邙山	向氏夫人	洛阳北十六里小梁村出土	《千唐志斋藏志》第1315页
227	1112	政和二年十二月十九日		钱景祥	洛阳北十六里小梁村出土	《洛阳出土石刻时地记》
228	1112	政和二年十二月十九日	葬于华阴君茔之东	钱旦	洛阳北十六里小梁村出土	《洛阳出土石刻时地记》
229	1112	政和二年十二月十九日		王明允	洛阳东北凤凰台北地出土	《洛阳出土石刻时地记》

续表 2

序号	年代	埋葬时间	埋葬地点	人物	现代地点	墓志来源
230	1113	政和三年七月七日	葬于洛阳县贤相乡杜翟里	恭氏		《宋代墓志辑释》第466页 《千唐志斋藏志》第1316页
231	1113	政和三年十月	葬于宣武原村梓泽原	石夫人宗姬	洛阳西北石碑凹村出土	《洛阳出土石刻时地记》
232	1114	政和四年十月二十九日	葬于洛阳县平洛乡	江鼎	孟津瓦店小寨出土	《洛阳新获墓志续编》第294、541页
233	1114	政和四年十月八日	葬于洛阳县金谷乡宣武原之新茔	王士英	洛阳北后洞村出土	《千唐志斋藏志》第1317页 《宋代墓志辑释》第472页
234	1114	政和四年十月八日	葬其先公于洛阳县金谷乡宣武村之原	范氏	洛阳北后洞村出土	《千唐志斋藏志》第1318页
235	1116	政和六年四月廿一日	于河南府洛阳县宣武村之原	许咸亨	洛阳西北冢头村出土	《宋代墓志辑释》第476页 《千唐志斋藏志》第1319页
236	1116	政和六年四月廿一日		许安国	洛阳西北冢头村出土	《洛阳出土石刻时地记》
237	1116	政和六年四月	葬公于河南府河南县洛苑乡平华里	李林		《洛阳新获墓志》第152页
238	1120	宣和二年八月庚寅	合祔于河南县洛苑乡平华里茂直之墓	李林夫人	洛阳郊区孙旗屯乡孙旗屯村东南豫西农专基建工地	《洛阳新获墓志》第154页

序号	年代	埋葬时间	埋葬地点	人物	现代地点	墓志来源
239	1117	政和七年四月十二日	葬于河南府寿安县甘泉乡毚涧里之原	王夫人	伊川县鸦岭乡胡坡村	《宋代墓志辑释》第478页《洛阳新获墓志》第153页
240	1117	政和七年四月十五日	葬于河南府寿安县毚涧里	陈氏	寿安县	《洛阳出土历代墓志辑绳》第751页
241	1117	政和七年十二月七日	葬于洛阳县杜泽里	杨氏		《宋代墓志辑释》第480页
242	1118	政和八年闰九月五日	葬于邙山之原	赵琢	洛阳北十五里南陈庄村出土	《千唐志斋藏志》第1320页
243	1118	政和八年九月五日		王氏	洛阳北十三里郑凹村出土	《洛阳出土石刻时地记》
244	1118	政和八年闰九月十二日	葬于河南府洛阳县上店村	魏宜	洛阳北廿里北陈庄村一带	《千唐志斋藏志》第1321页
245	1119	宣和元年四月廿七日	葬于河南府洛阳县贤相乡旌德里	赵氏		《洛阳出土历代墓志辑绳》第752页
246	1119	宣和元年六月十五日	葬公于洛阳县贤相乡杜泽村□先域之次	游安民	洛阳北十二里盘龙冢头村西出土	《洛阳出土历代墓志辑绳》第753页
247	1120	宣和二年六月十五日	兆在先茔之艮隅	李瑶	龙门镇广化寺	《千唐志斋新收墓志》第480页
248	1121	宣和三年正月	葬公于河南府河南县龙门村	李晟		《宋代墓志辑释》第484页
249	1121	宣和三年九月二十四日	葬于河南府河南县龙门村	王氏	龙门镇花寨村北砖厂	《洛阳新获墓志续编》第295、541页
250	1122	宣和四年八月初四	葬于河南县洛苑乡中梁里	任直翁		《宋代墓志辑释》第488页
251	1122	宣和四年九月二十四日	葬于河南府河南县平乐乡杜泽里	王鲁翁		《洛阳出土历代墓志辑绳》第754页

续表 2

序号	年代	埋葬时间	埋葬地点	人物	现代地点	墓志来源
252	1123	宣和五年三月十三日	归葬于河南府洛阳县贤相乡陶牙村	钱文楚	孟津送庄乡营庄村	《洛阳新获墓志续编》第 296、542 页
253	1123	宣和五年九月廿二日	丧至西京洛阳县贤相乡上店里	乐夫人	洛阳北廿里北陈庄村一带	《洛阳出土历代墓志辑绳》第 755 页
254	1124	宣和六年十二月二十九日	河南县龙门之原	王氏		《宋代墓志辑释》第 492 页
255	1125	宣和七年八月初三	葬河南府洛阳县金谷乡尹村原	张氏	邙山出土	《洛阳新获墓志》第 155 页

图 2.5 安喜门、徽安门位置分析图（王书林绘制）

彩版二

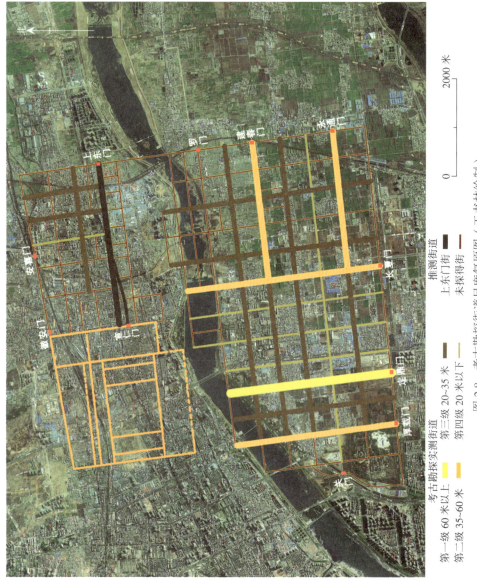

考古勘探实测街道　　　　　　　　　　推测街道
第一级 60 米以上　　第三级 20~35 米　　　　上东门街　　　　　考古勘探街道尺度复原图（王书林绘制）
第二级 35~60 米　　第四级 20 米以下　　　　未探得街　　　　　图 2.8

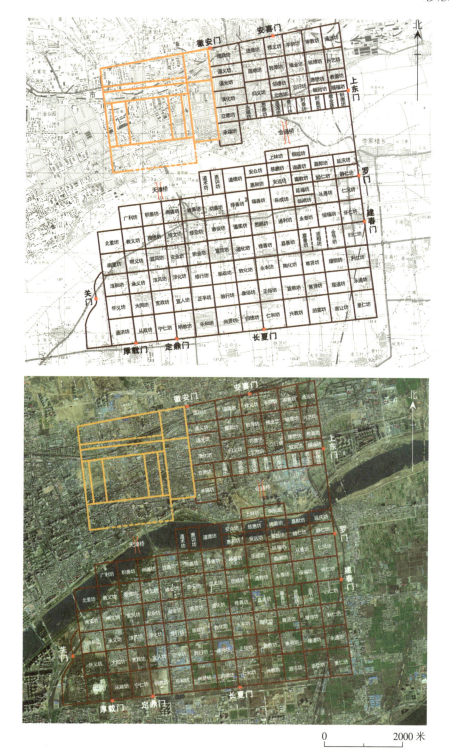

图 2.9　北宋里坊分布复原图（分别基于地形图和航片绘制）

［图 2.11 唐宋漕渠水系变更图（王书林绘制）

唐代里坊　　宋代里坊　　水系　　桥梁

图 3.10 唐宋宫城、皇城城墙修筑分析图（基于《隋唐洛阳城：1959~2001 年考古发掘报告》图 5–1 绘制）

图 3.26 唐宋宫城规划分析图（王书林绘制）

北

唐代遗物数量 ■   宋代遗物数量 ■

生产工具	
兵器 车马器	
钱币	
生活用品	
建筑构件	

自下而上依次为

图 3.27　唐宋出土遗物数量分析图（底图采自《隋唐洛阳城：1959~2001 年考古发掘报告》图 1-3）

彩版八

[图 4.1　北宋洛阳城水系复原示意图（王书林绘制）

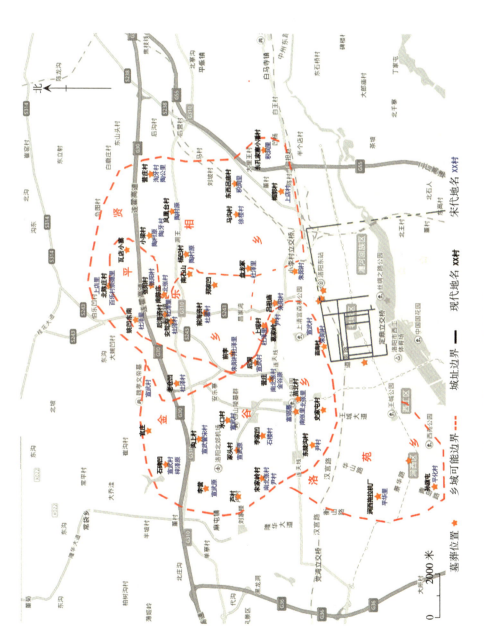

图 4.6　北宋洛北乡里归属示意图（王书林绘制）

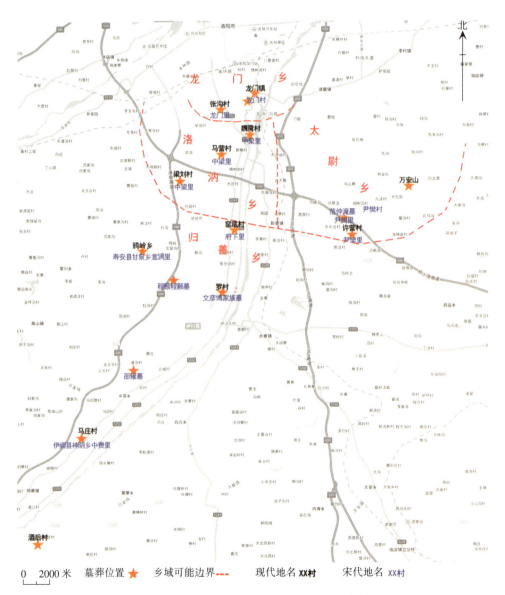

图 4.7　北宋洛南乡里归属示意图（王书林绘制）

北

五代住宅　宋前期住宅　宋中期住宅
宋后期住宅　官署　客馆驿站
一般寺观　有宋代修缮记载　通利坊

通利坊

建春门街

长夏门街

0　　　　1000 米

图 4.11　北宋通利坊及其周边各坊情况（王书林绘制）

彩版一二

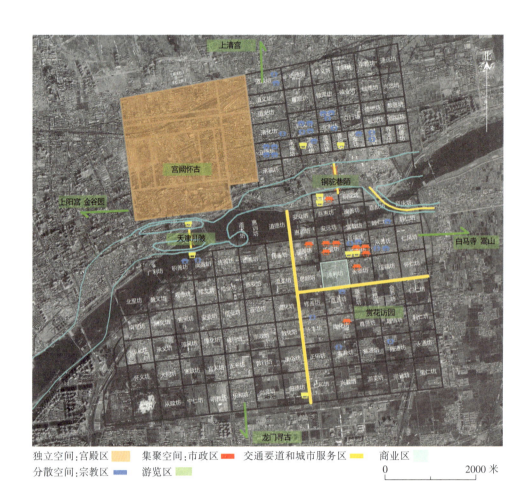

独立空间:宫殿区 ▮ 集聚空间:市政区 ▮ 交通要道和城市服务区 ▮ 商业区 ▮

分散空间:宗教区 ▮ 游览区 ▮   0   2000 米

图 5.1 北宋城市功能分区与空间分析（王书林绘制）

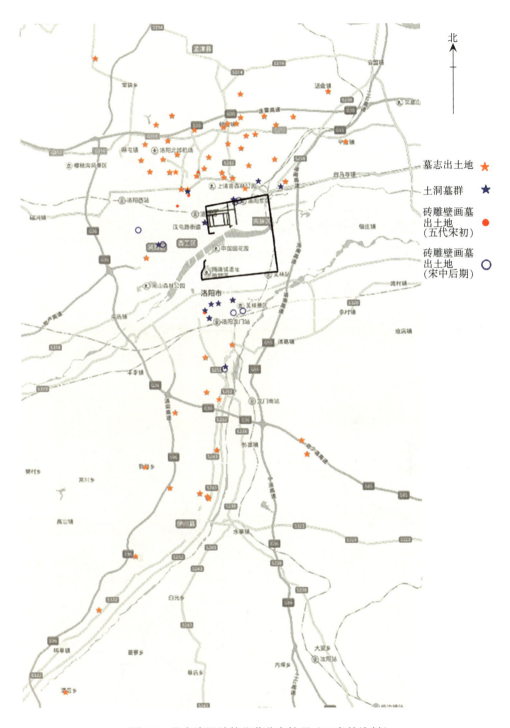

图 5.2　北宋洛阳城外墓葬分布情况（王书林绘制）

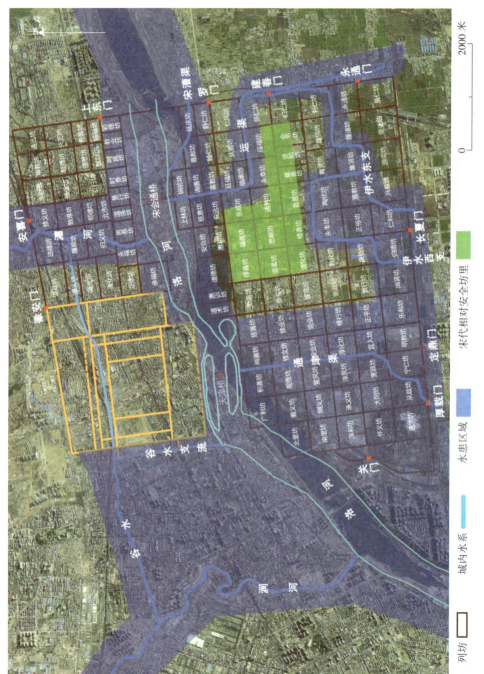

列坊 □　城内水系 ——　水患区域 ■　宋代相对安全坊里 ■

图 6.2　宋代洛阳城水患示意图（王书林绘制）

考古新视野

考古新视野
青年学人系列

2019 年（待出版）

罗　伊：《云南地区新石器时代考古学文化研究》
赵献超：《二至十四世纪法宝崇拜视角下的藏经建筑研究》